FOUNDED MDCCCLXVII

MUHLENBERG COLLEGE

Gift of
Embassy of Spain
The Cultural Office

E.B BIRD

LA POBLACIÓN DE LUISIANA ESPAÑOLA
(1763-1803)

TRABAJOS MONOGRÁFICOS SOBRE LA INDEPENDENCIA DE NORTEAMÉRICA

5

Estos trabajos han sido realizados bajo los auspicios del Comité Conjunto para Asuntos Educativos y Culturales establecido en virtud del Tratado de Amistad y Cooperación entre España y los Estados Unidos de Norteamérica de 24 de enero de 1976

LA POBLACIÓN
DE
LUISIANA ESPAÑOLA

(1763-1803)

POR

ANTONIO ACOSTA RODRÍGUEZ

MINISTERIO DE ASUNTOS EXTERIORES

DIRECCIÓN GENERAL DE RELACIONES CULTURALES

MADRID

© ANTONIO ACOSTA RODRÍGUEZ, 1979.

MINISTERIO DE ASUNTOS EXTERIORES, Madrid.

Depósito Legal: M. 31834 - 1979.

ISBN 84-85290-16-X.

Impreso en España. Printed in Spain.

Gráficas Cóndor, S. A.

Sánchez Pacheco, 81, Madrid, 1979.— 4970.

A Maribel.

PRÓLOGO

El autor de este libro, Antonio Acosta Rodríguez, reúne todas las idóneas condiciones que exigía la investigación que se impuso al escoger el tema. No enumero esas condiciones porque el resultado de sus pesquisas —este libro— está proclamando la realidad de nuestra afirmación. Queremos, sin embargo, señalar cómo nuestro autor, entre esas atribuciones, contaba con el bagaje formativo que le habían facilitado dos Licenciaturas cursadas en la Facultad de Filosofía y Letras de Sevilla: la de Historia de América y, además, la de Filología Inglesa, que le ha permitido, como es de imaginar, un fácil manejo de las fuentes norteamericanas.

Antonio Acosta llega al tema de su tesis doctoral por propia y personal elección. Por nuestra parte sólo le habíamos indicado dos premisas: tenía que abordar un aspecto de las relaciones España-Estados Unidos y, cronológicamente, ceñirse a una etapa o época cercana a 1783. Todo lo determinaba la conmemoración del Bicentenario de la Independencia de Norteamérica. A partir de una reunión que tuvimos en Los Ángeles el 5 de mayo de 1973, varios españoles y una serie de profesores estadounidenses, se acordó promover, dentro de los actos a realizar en España y por España, varias investigaciones a base de fondos documentales españoles que se atuvieran a las condiciones referidas. Dos de estas indagaciones se harían en Sevilla, bajo mi dirección. Y sus autores, si lo deseaban, podían presentarlas en su día para obtener el grado de Doctor. Antonio Acosta fue uno de los discípulos que seleccioné en función, precisamente, de sus condiciones. Creo que no nos engañamos cuando realizamos tal designación, y el hoy ya Doctor, respondió sobradamente a la confianza que en él depositamos.

Porque su libro es modelo de acuciosidad y seriedad científica, no exento de diafanidad literaria.

Cuando el tema se propuso a la correspondiente Comisión, ésta lo aceptó de inmediato dado su novedad e interés. Novedoso lo era dentro de la historiografía americanista y dentro de las investigaciones al uso en nuestra Facultad hispalense. Tan nuevo era para nosotros mismos que llegamos a dudar de su realización; pero los conocimientos del potencial doctorando, su vocación y entusiasmo y el contacto directo —cuando se presentó la necesidad de ello— con algún especialista francés radicado en París y, mediante correspondencia, con estudiosos norteamericanos, le permitió solventar cuantas dificultades se le presentaron. Algunas de tipo metodológico. Por vez primera en nuestro Departamento de Historia de América, un miembro del mismo utilizaba el Centro de Cálculo de la Universidad para una investigación de demografía histórica.

Luisiana fue la región escogida, una región casi marginada por el americanismo español y, por lo mismo, poco conocido su pasado hispánico. De ahí el interés del tema. La evolución de su población, entre las fechas de 1763 y 1803 fue la temática que Antonio Acosta se propuso aclarar. Los hitos son bien elocuentes: entre la Paz de París que trajo para España la posesión del territorio luisianés y la posterior retrocesión a Francia. España, como una consecuencia de la Guerra de los Siete Años, recibe de Francia (1762) el territorio de Luisiana, mucho mayor que el actual estado. España había explorado la región en el siglo XVI, pero en el XVII dejó vía libre a Francia que situó así una zona divisoria y aislante, que iba del Canadá al Golfo de México, entre las Trece Colonias y el Virreinato de Nueva España. Francia funda Nueva Orleans en 1718 y San Luis en la segunda mitad del siglo. Agricultura y pieles constituyen la base económica de indios, blancos y negros. Cuando España recibe el territorio manda, en 1764, al débil Antonio de Ulloa e inicia una experiencia inédita para ella, cual era gobernar y desarrollar un país colonizado ya por otra potencia europea. Hubo oposición por parte de los pobladores galos, pero se impuso la prudencia y el tacto de los gobernadores Unzaga, Gálvez, Miró, Carondelet, Gayoso, Casa-Calvo y Salcedo, el último del régimen hispánico (1803).

Es este un período no bien conocido aún. Luisiana era una región de frontera cargada de problemas. La investigación a realizar, de entrada, no sabíamos hasta dónde podría abarcar. Porque las fuentes, las atinentes a la temática, no eran muchas. Todo esto queda evidenciado en la *Introducción* y los dos *Apéndices* finales, en los que el autor lleva a cabo un estudio crítico de las fuentes y expone unas sugerentes consideraciones metodológicas, dejando sentado bien claro cuales son sus objetivos y saliendo ya al paso de posibles críticas por limitarse al uso de los censos. Con ellos, o basándose fundamentalmente en ellos, Acosta escudriña el crecimiento poblacional (el biológico y el debido a la inmigración), la composición, diferentes tasas, etc. En su plan establece tres períodos o etapas cronológicas: 1.ª) 1763-77, 2.ª) 1778-89 y 3.ª) 1789-1803, dentro de las cuales aplica siempre el mismo esquema: movimiento real, composición (edad, estado civil y sexo), fertilidad y composición de los «menages» de la población libre, y para la población esclava, su crecimiento, edad y sexo. El resultado ha sido óptimo. Desde nuestro punto de vista al menos.

La Introducción que Antonio Acosta ha redactado para su primera obra abunda en aspectos que podríamos haber tocado en este mínimo Prólogo. Por eso no insistimos en ellos. Tampoco nos parece necesario ampliar estos renglones. Queremos estar a tono con la idiosincrasia de nuestro autor, hombre parco, de claras ideas. Y las nuestras —ideas o juicios—, junto con nuestros sentimientos en relación con el autor y su obra, nos parece que están clara y parcamente expresadas. Una vez más una investigación histórica ha servido no sólo para poner en contacto a un autor con fuentes y estimular su imaginación, sino que ha permitido conocer el desarrollo y hasta el comportamiento de unos grupos humanos actuantes bajo determinadas condiciones. Ello gracias a la interpretación que nuestro autor ha hecho, magistralmente, de unas fuentes poco examinadas por el americanismo español, que convendría proseguir viendo para dar fe de lo que fue la Luisiana hispánica en todos sus aspectos.

A lo dicho, y concluyendo, añadiríamos que el proyecto —desde que lo fue hasta que se convirtió en realidad— ha contado con unos valedores que no podemos silenciar: Ramón Bela y Luis Sánchez Belda. Dos buenos amigos a quienes desde aquí damos las gracias por muchas cosas.

Sevilla, junio de 1979.

FRANCISCO MORALES PADRÓN

AGRADECIMIENTOS

Iniciar la exposición de este trabajo sin antes reconocer y agradecer profundamente la gran cantidad de ayudas y orientaciones que he recibido durante su elaboración sería como cometer un fraude con el lector.

Los doctores Abraham Nasatir y William Coker, en los inicios de mi investigación, me aconsejaron sabiamente cuando quizás más necesidad tenía de ello. Durante el tiempo que duró la investigación tuve el placer de conocer y cambiar interesantes impresiones con historiadores norteamericanos que me honraron con su trato. Ellos fueron Douglas Inglis, Brian Coutts y Light Cummins, quienes también trabajaron sobre otros aspectos de la historia de Luisiana Española.

Los profesores Gonzalo Anes y Jacques Dupâquier atendieron amablemente mis consultas, y sus consejos me fueron de gran ayuda. Mi amigo, el profesor Jesús Moreno Sánchez, de la Facultad de Ciencias Físicas de la Universidad de Sevilla, con inmensa paciencia, confeccionó los dos programas para el ordenador electrónico con que fueron tratados los datos de los censos.

La experiencia y desprendida ayuda que me prestaron los doctores Jack Holmes y Gilbert Din, en varias ocasiones puedo afirmar que fueron de una importancia decisiva en la orientación y la base del trabajo. El tratarse de dos de los mejores especialistas en Luisiana Española ni que decir tiene que supuso una impagable ayuda. El profesor Paul Hoffman de la Lousiana State University gestionó mi estancia en su Universidad, mi asistencia a la reunión anual de la Lousiana Historical Association en 1976, mi visita a diversos archivos de Baton Rouge y Nueva Orleans, y me honró con su generosa amistad, por todo lo cual le debo un especial reconocimiento.

El profesor Carlos Álvarez Santaló ha sido un continuo sostén, brindándome constantemente sus inapreciables y profundos conocimientos históricos, y en especial en Demografía Histórica. En una gran medida mi interés por esta disciplina está motivado por su concienzudo trabajo en la Universidad de Sevilla.

Por último, mis estudios y trabajo se han gestado en el Departamento de Historia de América de la Universidad de Sevilla al que, en su conjunto, no podría agradecer suficientemente sus enseñanzas. En él, D. Francisco Morales Padrón fue el director de mi tesis doctoral que actualmente se publica. Sus consejos, preocupaciones e interés fueron la auténtica base de mi trabajo. A él, en suma, mi más sincero y profundo agradecimiento.

INTRODUCCIÓN

La Luisiana Española presenta a quien por primera vez se asoma a su panorama histórico un aspecto multivariado y complejo, en el que desempeñan papeles importantes, de un lado, la influencia de tres naciones diferentes —durante el período de administración española se convertirían realmente en cuatro— con todas las implicaciones que esto supone, y de otro, el hecho del fenómeno expansionista que experimentó la región durante la citada época.

Esta complejidad se traduce para el investigador en gran número de temas de estudio que merecen ser abordados, entre los que muchos plantean aún problemas que aguardan solución.

Desde nuestro punto de vista, uno en especial, aunque de forma muy general al principio, se presentaba bajo un aspecto más sugerente. Se trataba de la relación hombre-medio geográfico, fundamental en esta época de crecimiento para la colonia. Pero este tema, así expuesto, engloba diferentes problemáticas: desde la mera observación de los hombres, en sentido estricto, hasta la del propio medio, pasando por el análisis del nexo entre ambos factores. En relación con esta última faceta, nuestra primera intención fue la de abordar el estudio de ciertos problemas de la economía de la colonia que no se hallan satisfactoriamente resueltos en el conjunto de trabajos existentes sobre la antigua colonia francesa. En efecto, se puede afirmar que se ha prestado excesiva atención a determinados sectores económicos de la colonia, dejando al margen otros no menos importantes. Concretamente nos referimos al aspecto comercial en perjuicio del sector agrícola, principal fuente de riqueza de la Provincia, y cuya evolución es importante seguir para comprender muchos de los problemas de la historia de aquella región. Precisamente en las dificultades y características de esta agricultura, verdadero motor de la economía colonial, era donde queríamos centrar nuestro interés. En forma preferente sobre aspectos específicos como podía ser el de la capacidad productiva de la colonia. Actualmente no podemos decir que conozcamos, sino muy superficialmente, la estructura de la producción de la región y su evolución a lo largo del período español. En el plano cuantitativo, excepto la presentación de algunos cuadros, parciales y no excesivamente elaborados, sobre volumen de cosechas y rendimiento medio por hectárea[1] para algún cultivo muy concreto, como el tabaco en Natchez en años aislados[2], o ciertas evaluaciones globales provenientes, a veces, de apreciaciones subjetivas de viajeros[3], los conocimientos que tenemos sobre agricultura de la Provincia son escasos. Cualitativamente, se conocen los principales cultivos que producía la región, aproximadamente en las zonas más importantes[4], pero se puede decir también que falta mucho por precisar aún. Otros aspectos complementarios, como el nivel de conocimientos técnicos o el grado de capitalización de las empresas agrícolas, esperan igualmente ser investigados.

Sin embargo, y esto fue lo que llamó más fuertemente nuestra atención, había un tema cuyo tratamiento era previo para poder iniciar sobre bases firmes el estudio de cualquier problema económico, y por supuesto el agrícola, que no había sido analizado en profundidad por ninguno de los autores que dedicaron sus esfuerzos a temas socioeconómicos. Nos estamos refiriendo a la

---

[1] Se hace difícil imaginar un cálculo realizado con tanta exactitud como el que presenta J. Clark en *New Orleans, 1718-1812. An economic history*, Baton Rouge, 1970, p. 191. El cuadro se titula «Tobacco Planters at Natchez and Estimates of crop per Planter, Acreage, and Labor Force Required per Planter, 1789». Cita fuentes utilizadas para su confección.

[2] Cuadros de número de cabezas de ganado en Natchez en 1792 y 1794, extraídos de los mismos censos que nosotros utilizamos en este estudio, son citados por J. Holmes en *Gayoso, the Life of a Spanish Governor in the Mississippi Valley, 1789-1799*, Baton Rouge, 1965, p. 103.

[3] Ver como ejemplos De Pages, *Voyages autour du monde*, París, 1782, vol. I, pp. 44-45; D. K. Bjork, «Documents relating to Alexandro O'Reilly and an expedition sent by him from New Orleans to Natchitoches, 1769-1770», *Louisiana Historical Quartery*, vol. VII, n.º 1, p. 28; Villiers du Terrage, *Les dernières annèes de la Louisiana Française*, París, 1903, p. 148.

[4] Una enumeración de los productos del territorio acompañada de algunos comentarios sobre cada uno puede hallarse en R. A. King, *Social and Economic life in Spanish Lousiana, 1763-1783*. Tesis no publicada, Urbana, Illinois, 1931, pp. 36-73.

población, y ello nos traslada al primero de los tres aspectos que en un principio habíamos enumerado. Es sabido que existe una relación estrecha entre las estructuras poblacionales y los problemas agrícolas, sobre todo en las zonas eminentemente rurales como era Luisiana [5]. Aunque en ciertas regiones privilegiadas del planeta se puede llegar a pensar que el papel jugado por el factor población en dicha relación está perfectamente definido en su evolución [6], esta cuestión no está, ni mucho menos resuelta en la región que nos ocupa, aunque se encuentre situada en el subcontinente norteamericano que, considerado en su conjunto, ha sido estimado como una de dichas regiones privilegiadas [7]. Los problemas demográficos en un territorio que comenzaba a ser colonizado, de una población sometida a condiciones vitales frecuentemente adversas, tales como el medio físico o la presencia de tribus indias, eran realmente trascendentes para todas las facetas de la región. Problemas demográficos considerados, como dice P. Vilar, como signo y como factor [8], que nos hablan por sí mismos del desarrollo de dicha población con todas sus características, y que pueden ser interpretados posteriormente como factor influyente en el proceso histórico de la región. Las transformaciones demográficas durante todo el siglo XVIII, efectivamente, actuaron como signo y como factor: como signo de lo que se estaba produciendo en el sector agrícola y en el campo de la medicina y condiciones higiénicas de vida en general; a su vez, como factor que altera la fuerza de producción en los distintos sectores de la economía y que contribuye en suma al proceso de crecimiento iniciado en el XVIII [9].

En Luisiana nos encontramos ante un fenómeno de crecimiento poblacional, en cifras absolutas, realmente vertiginoso, similar al que tiene lugar en otras regiones del continente norteamericano y que, como veremos, tiene como causas originales otras diferentes a las de tipo clásico que estamos citando. Pero este crecimiento, ni aún en términos globales ha sido seriamente analizado, ni siquiera desde el punto de vista específico de la población. En un

---

[5] E. L. Jones, «Los orígenes agrícolas de la industria», *Agricultura y desarrollo del capitalismo*, Madrid, 1974, pp. 303-341.

[6] Ibid., pp. 310-19.

[7] Ibid., p. 323.

[8] P. Vilar, «Crecimiento económico y análisis histórico», *Crecimiento y Desarrollo*, Barcelona, 1974, pp. 38-53.

[9] S. van Bath, *Historia agraria de Europa Occidental, 500-1850*, Barcelona, 1974, pp. 326-7.

orden lógico de prioridades es este análisis, el puramente demográfico, el que debe hacerse primeramente. Y esta es la tarea que nos impusimos como base de nuestra investigación.

Con respecto a la evolución de la población en Luisiana hay que comenzar estableciendo que presenta problemas complejos relativos tanto al movimiento natural como real, siendo este segundo aspecto de una importancia decisiva en el conjunto de la historia de la región.

Como es sabido, ésta se vio sometida durante el período español a la alteración brusca de su población total, bien por la llegada de distintos contingentes de inmigrantes, bien por la anexión de territorios por conquista. Y estas alteraciones, afectaron al ritmo vital propio de su población, e indudablemente, aunque de diversa forma, a lo que Sauvy llama «óptimo de población». O si se prefiere, dado que ciertos autores han criticado este planteamiento, a la relación población-medio con todas las dificultades de definición que este enfoque plantea [10], es decir, el punto ideal en la relación entre el número de habitantes y la capacidad productiva de una región.

Pero, ¿en qué grado resultó afectado ese óptimo? Para averiguarlo, necesariamente era preciso estudiar previamente cuál fue exactamente la evolución de la población de la colonia, su composición, sus rasgos diferenciales y, si fuera posible, marcar los aspectos más destacables de diferentes subzonas dentro de la misma Provincia. Todo ello, prepararía la labor de relación entre las estructuras económicas —que tendrían que ser también analizadas, por su parte— y las poblacionales, lo cual completaría un amplio panorama socioeconómico regional de todo el período [11]. Es lógico que, como hemos dicho, las alteraciones que sufriera la población de la colonia durante la administración española afectaran de forma distinta al citado punto óptimo. Tanto cualitativa como cuantitativamente, estas oscilaciones significaron sustancialmente algo muy distinto, según los casos, sobre todo en la orien-

---

[10] Dos enfoques diferentes sobre el tipo de relaciones entre la población y los recursos económicos pueden hallarse en A. Sauvy, *Théorie Generale de la Population*, París, 1963, vol. I, pp. 49-56, donde se desarrolla la tesis de la población óptima y W. Zelinsky, *Introducción a la Geografía de la Población*, Barcelona, 1971, pp. 44-51 y 129-138, con la exposición, entre otros puntos, de la fórmula de Ackerman.

[11] Obviamente una investigación que abordara este planteamiento sobrepasaría claramente los fines que nos hemos trazado al emprender nuestro estudio.

tación intrínseca de la economía de la región, que afecta al «nexo de los recursos físicos» entre el sistema económico y el núcleo humano [12], en el que adquiere fundamental importancia el medio físico. Los acadianos, por ejemplo, que, en condiciones precarias, llegaron a Luisiana tanto en la década de 1760 como en 1785, debieron repercutir de forma negativa sobre el conjunto de la economía de la región. Al contrario, ocurriría posiblemente con la población que quedó incorporada tras la conquista de Natchez, pongamos por caso, o con la corriente de inmigrantes americanos que fluyeron a lo largo de la década de los ochenta con sus propios implementos agrícolas e, incluso, esclavos.

Otro tipo de influencias, menos evidentes quizás, pero no por ello menos trascendentes, se producirían a otros niveles, como son el social o el cultural. Aquellas masas de acadianos, verdaderos refugiados, huyendo de la administración inglesa en Acadia, ejercerían un peso con sus costumbres y su mentalidad propias, probablemente muy diferente al de los inmigrantes americanos, procedentes de un entorno social bien distinto, o de los canarios que llegaron en 1779. Por ejemplo, el estudio de ciertos caracteres sociológicos de la población que, a su vez, tienen connotaciones demográficas, son el reflejo, en parte, de rasgos culturales y sociales específicos. Nos referimos a la composición y el tamaño de los «menages» [13] y las familias. Indiscutiblemente, también las posibilidades y condiciones económicas, y más en una región de frontera como Luisiana, influirían en su conformación. He aquí uno de los aspectos quizás más claramente interrelacionados entre las estructuras demográficas y económicas.

No obstante, a pesar de la evidente importancia que el estudio de la población comporta en una visión general de la historia de la Provincia, y con más razón aún, en trabajos que enfoquen temas decididamente económicos, su tratamiento se echa muy en falta en casi toda la bibliografía existente sobre Luisiana española. Lógicamente, las alusiones al tema no faltan, pero, en la mayor parte de los casos, se quedan precisamente en eso, en alusiones [14]. Son frecuentes, las referencias a cifras totales extraídas de alguno de los censos de población que existen sobre la época, bien para el conjunto de la colonia, bien para algún Puesto en particular, pero

---

[12] W. Zelinsky, *op. cit.*, pp. 44-5.
[13] Para el uso que hacemos de este concepto remitimos a las observaciones hechas en el Apéndice II de Metodología.
[14] Remitimos a las referencias que haremos en páginas siguientes.

rara vez estas cifras son analizadas o criticadas. Quizás sea el punto tocante a la inmigración, cuya importancia para la colonia parece innecesario recalcar, al que más atención se presta en las diferentes obras, habiéndose llegado a elaborar monografías sobre esta cuestión en concreto, aunque casi nunca bajo su aspecto demográfico, sino poniendo énfasis en las condiciones políticas que rodearon a los movimientos migratorios, o las negociaciones que las hicieron posible. Brevemente, a título de ejemplo, vamos a citar algunos de los trabajos más importantes escritos sobre los temas de sociedad y economía de la colonia, considerando el modo en que hacen mención al tema de la población.

En primer lugar, hemos de referirnos al trabajo más concreto que conocemos sobre Demografía [15] histórica, realizado con una gran seriedad y sentido crítico en 1911 por el profesor J. Viles [16]. A base fundamentalmente de fuentes impresas, el profesor Viles procura reconstruir la evolución numérica de los establecimientos de Luisiana Alta, desde la década de 1780 hasta 1804; sobre todo en los años 1790, con algunas referencias a la composición racial y por sexo de las poblaciones, llegando a conclusiones de verdadero interés.

Pero podemos decir que Viles constituye un caso realmente aislado por el tema de su investigación. Con posterioridad a él, Ruth Ameda King [17] en su trabajo sobre la vida social y económica de Luisiana española se refiere al número total de habitantes de la colonia en 1769 según el censo de O'Reilly [18], y más adelante realiza lo propio con la zona de plantaciones cercana a la capital [19], marcando solamente la diferencia entre el número de blancos y esclavos negros. En el capítulo que dedica a «The people and their institutions», vuelve a mencionar el volumen total registrado en el censo de O'Reilly comentando, en una nota, que era el resultado de la conjunción de censos de fechas diferentes, y confrontando

---

[15] No queremos entrar en polémica con la acepción que pretendemos dar al término Demografía Histórica. Al aplicarlo en el texto referido al trabajo del profesor J. Viles lo hacemos en un sentido no riguroso. Nótese que el artículo se escribió en 1911. Sin aplicar ninguna técnica ni método propios de la Demografía Histórica, el autor, simplemente, muestra su interés por descifrar la evolución de las poblaciones del norte de Luisiana mostrando una rigurosidad verdaderamente admirable.

[16] J. Viles, «Population and extent of settlement in Missouri before 1804», *Missouri Historical Review*, vol. V, July 1911, n.º 4, pp. 189-213.

[17] R. A. King, *op. cit.*

[18] Ibid., p. 39.

[19] Ibid., p. 41.

dichos datos con los que ofrece Gayarré en su *History of Loui-siana*[20], una de las pocas críticas de datos relativos a población que encontraremos en la bibliografía sobre la región.

Otro autor de obras verdaderamente importantes en la historiografía de Luisiana es Arthur P. Whitaker[21], quien pone mucho énfasis en los aspectos diplomáticos, estratégicos y económicos en sus trabajos, pero pasa casi por alto los aspectos puramente poblacionales de la colonia. Concretamente en su libro, *The Mississipi Question, 1795-1803*, fija su atención en la relación existente entre el crecimiento de la población y el de la economía[22], pero sobre el primero el estudio no llega a ser realizado, limitándose a citar cifras totales de habitantes de la colonia, Nueva Orleans, y algún otro Puesto relacionado específicamente con la población de Nueva Orleans. Minter Wood, en su *Life in New Orleans in the Spanish Period*[23], al hablar de «The white people» cita cantidades globales de habitantes de la capital en diferentes años del período español, comentando algunas de ellas, aunque en alguna ocasión omite documentos de gran importancia como el censo de la capital de 1778[24]. En general se puede afirmar que sus alusiones resultan muy superficiales.

Sobre aspectos específicamente económicos, posiblemente la obra más importante, junto con las ya citadas, es la del profesor John Clark que, en su título, se refiere únicamente a Nueva Orleans[25], pero que, en realidad, abarca toda la Provincia, dando lugar a una tarea muy ambiciosa, cuyos resultados, al menos en lo tocante al período español, habrían de ser evaluados con mucha serenidad. A pesar de lo monográfico del tema que podría hacernos esperar un detenimiento especial en los problemas de población, tampoco encontramos en su libro más que algunas estimaciones, a veces sobre zonas enteras[26]. Por carecer de notas el trabajo es difícil saber qué materiales utilizó el autor y si constituyen una novedad o no. De cualquier forma, aunque se tratan, como

---

[20] Ch. Gayarré, *History of Louisiana*, New Orleans, 1965, vol. II, p. 355.
[21] Principalmente A. P. Whitaker, *The Spanish-American frontier 1783-1795*, Boston, 1927 y *The Mississippi Question, 1795-1803*, rep. ed. Gloucester, Mass. 1962.
[22] A. P. Whitaker, *The Mississippi...*, p. 79.
[23] M. Wood, «Life in New Orleans in the Spanish Period», *Louisiana Historical Quarterly*, XXII, n.º 3, July 1939, pp. 642-709.
[24] Ibid., pp. 648-9.
[25] J. Clark, *op. cit.*
[26] Ibid., pp. 184-5.

decimos, de apreciaciones globales para algún momento concreto
—también hace alusión a volúmenes de inmigrantes—, es necesario reconocer que, según los datos que hemos elaborado en nuestro
trabajo, se aproximaban bastante a la realidad[27].

Al lado, pero no por su menor importancia, sino por sus distintos fines, queda el trabajo, completo y profundo, del Dr. Jack
D. L. Holmes sobre el Gobernador Gayoso de Lemos[28], y precisamente en él, donde quizás no tendríamos porqué buscar datos demográficos, encontramos otro de los pocos intentos de análisis
sobre el tema que nos ocupa[29]. El cálculo que hace el Dr. Holmes
en su tesis, se basa en las cifras sobre muertes y nacimientos que
ofrece uno de los censos existentes sobre el territorio de Natchez,
donde Gayoso fuera Gobernador, concretamente el correspondiente
al año de 1787. Los resultados que obtiene acerca del posible crecimiento natural de aquella población, aunque, resultan razonables,
y posibles por tanto, están apoyados en una información altamente dudosa, como analizaremos llegado el caso[30], lo que nos
hace valorar esos índices con fuertes reservas. Sin embargo, el
hecho que nos interesa en este momento resaltar, es el de que se
trata del único intento de cálculo de índices demográficos realizado
en la historiografía de Luisiana.

Ya hemos dicho que la inmigración, por otra parte, ha des-
pertado el interés de casi todos los autores que han escrito acerca
de la región. Sobre todos, posiblemente destaque el Dr. Gilbert
Din, quien realizó su tesis doctoral estudiando el tema[31]. Posteriormente ha publicado varios artículos[32] donde estudia las negociaciones que rodearon la organización de los principales movimientos
migratorios, así como los principios que siguieron las autoridades
españolas en su política inmigratoria, pero pasando por alto la

---

27 Ibid., p. 186.

28 Jack D. L. Holmes, *Gayoso...*, *op. cit.*

29 Ibid., pp. 114-6.

30 Este punto será comentado en el segundo período de nuestro trabajo
en el apartado Estudio del Movimiento Real.

31 G. Din, *Colonización en la Luisiana española: proyectos de emigración
en la Luisiana del siglo XVIII*. Tesis doctoral no publicada, defendida en la
Universidad de Madrid en 1960. Pese a habernos concedido amablemente su
permiso el autor para consultar la tesis, no nos ha sido posible realizarlo
antes de la redacción de nuestro trabajo.

32 Principalmente, G. Din, «The immigration policy of Governor Esteban
Miró in Spanish Louisiana (1785-1791)», *Southwestern Historical Quarterly*,
n.º 73, 1969, pp. 155-175; y «Proposals and plans for colonization in Spanish
Lousiana, 1787-1790», *Louisiana History*, n.º 11, 1970, pp. 197-213, junto a otros.

faceta puramente demográfica de dicha inmigración. En la misma línea, puede decirse que se encuentra el trabajo del Dr. Solano Costa sobre la llegada de los acadianos en 1785 [33].

Tras esta rápida revisión de los trabajos más importantes en los que hubiera sido posible encontrar consideraciones sobre el tema de la población bajo su aspecto demográfico, hay que llegar a la conclusión de que se ha escrito poco verdaderamente sobre el tema. En resumen, se conocen ciertas cifras globales ofrecidas por diferentes censos generales de la colonia. Éstos, por su parte, en algunos casos, requerirían algunas observaciones críticas como hemos visto que, en cierta manera, formuló Ruth A. King a los datos de 1769. Del mismo modo se conocen cifras correspondientes a determinadas poblaciones entre las que cabe destacar Nueva Orleans, en diferentes fechas, Natchez y la zona de Illinois. En líneas generales, las únicas estimaciones comparativas sobre las distintas áreas de la región, son las ofrecidas por el profesor Viles en su estudio sobre Missouri, y el Dr. Clark en la *Historia Económica de Nueva Orleans* [34].

A la vista de ello, nuestra intención ha sido la de cubrir en parte el vacío que existe en la demografía de la Luisiana Española. Y precisamente ha sido ésa porque, como ya adelantamos, es el paso previo para poder después adentrarnos en interpretaciones de tipo sociológico o económico, en las que juega un papel muy importante el funcionamiento de la población.

En este sentido, no compartimos la opinión del profesor J. Zitomersky quien, en un interesante artículo publicado en 1974 sobre el proceso de urbanización en Luisiana colonial francesa [35], calificaba de «localistic and almost unidimensional studies» a aquellos estudios realizados por demógrafos como Gautier y Henry [36], y menos cuando dicha opinión ha sido emitida en un trabajo dedicado a un tema tan concreto como es el proceso de urbanización en una región.

El que, a causa de lo característico de su metodología, la Demografía Histórica llegue a producir monografías especializadas, no le resta en absoluto su gran valor como disciplina auxiliar de la

[33] F. Solano Costa, «La emigración acadiana a la Luisiana Española (1783-1785)», *Cuadernos de Historia Jerónimo Zurita*, Zaragoza, n.º 2, 1954, pp. 85-125.

[34] J. Clark, *op. cit.*, pp. 184-5.

[35] J. Zitomersky, «Urbanization in French Colonial Louisiana (1706-1766)», *Annales de Demographie Historique*, París, 1974, pp. 263-278.

[36] Ibid. p. 265.

Historia, en donde adquiere su más completo sentido, aunque, precisamente por sus propias técnicas y métodos de investigación, goce de una cierta entidad independiente. Dedicarle una atención especial con objeto de resolver los principales problemas que plantean las poblaciones es un paso obligado, insistimos, en cualquier análisis regional que pretenda comprender una visión amplia de las cuestiones históricas.

Así, son para nosotros verdaderos modelos de análisis los trabajos de Goubert, Vilar o Le Roy Ladurie [37], que Zitomersky, en el artículo ya citado, se empeña en observar desde el prisma reducido del proceso urbanizador, al tiempo que los compara con otras obras pertenecientes a escuelas muy diferentes, como las que dieron lugar a la elaboración de la tesis de la «sociedad de frontera», que merece para el profesor Wade —aun reconociendo el gran valor que tuvo en su momento como intento de interpretación de la expansión de la nación americana— el calificativo de «poetic visión», que muy pronto sería revisada y completada por trabajos posteriores [38].

Los puntos de partida de los trabajos norteamericanos sobre esta sociedad de frontera a comienzos de siglo, son completamente distintos a los de los historiadores franceses citados. Sobre ellos pesa, de modo decisivo, el trabajo de unos precedentes, como pudieron serlo Simiand o Labrousse. Partiendo de bases sin relación entre sí, es seguro que la problemática estudiada será diferente también, y por ello nos parece algo desacertada la comparación de estos trabajos que hace Zitomersky.

Nuestro trabajo, podríamos añadir cerrando mucho el foco, observa minuciosamente las poblaciones de Luisiana Española, individualmente, porque creemos que, siendo posible hacerlo dadas las características de la información disponible, y manteniendo los núcleos de población una existencia bastante aislada entre sí, era interesante realizarlo de esa forma, con el objeto de precisar al máximo las conclusiones, aun con la dificultad que supone el pequeño tamaño de las poblaciones en general.

Con todo ello, pretendemos arrojar algo de luz sobre esa parte de los «borderlands», en una época anterior a la de la anexión por

---

[37] P. Goubert, *Beauvais et les Beauvaisis de 1600 à 1730*, París, 1960; P. Vilar, *La Catalogne dans l'Espagne moderne. Recherches sur le fondements economiques des structures nationales*, París, 1962; E. Le Roy Ladurie, *Les Paysans de Languedoc*, París, 1966.

[38] R. Wade, «Urbanization», *A comparative approach to American History*, S/L, 1968, pp. 205-223.

parte de los Estados Unidos. En la medida en que los resultados puedan ser comparados con los ya existentes sobre otras áreas del continente norteamericano, pensamos que tendrán algún valor. En cuanto a la colonia propiamente dicha, insistimos en que es de todo punto necesario un primer toque de atención sobre ese gran tema descuidado que es la población.

Debido al carácter de las fuentes, de las que nos ocuparemos en el Apéndice I, el presente estudio no podrá abordar de forma directa el tratamiento del movimiento natural de la población, y deberá ceñirse por una parte al análisis transversal de cada uno de los censos estudiados, y por otra, al estudio comparativo de unos con otros. Por ello, básicamente se trata de un estudio de las estructuras que nos resultaban más asequibles dadas las características de las fuentes de que hemos dispuesto. La visión que hemos intentado dar, pretende ser comprensiva y general, destacando los rasgos más característicos de las poblaciones en los aspectos estudiados. Esto fue lo que nos pareció más importante al tratar una zona tan extensa y variada, en un período de 40 años.

Pero precisamente por ello, procuramos poner de relieve las oscilaciones que hemos creído distinguir a lo largo de toda la época, así como las diferencias registradas, dentro de la región, en cada uno de los puntos analizados. Es decir, que las líneas básicas a las que responde el trabajo son:

Análisis estructural de las poblaciones, destacando sus rasgos característicos.
Oscilaciones de las mismas durante los 40 años.
Distinción de posibles variedades o tipos dentro de la colonia.

Evidentemente, en el estudio de las citadas oscilaciones es donde queda incluido el fenómeno de la inmigración en relación con el crecimiento real de la población. En conjunto, hemos dedicado una atención casi exclusiva a los aspectos puramente demográficos, pensando que los de carácter sociológico merecen muy bien, otra monografía, dedicada a ello por entero.

Los 40 años estudiados, si bien no constituyen una fase cronológica excesivamente amplia como para un análisis a largo plazo de población —podríamos aceptar que se halla cerca del límite mínimo aceptable—, sí es bastante extensa, como para tratar de abordarla sin fijar ciertos hitos que mostrasen la existencia de alteraciones o coyunturas en ella.

En este sentido, somos conscientes del problema metodológico que plantea el estudio dinámico de la evolución de la población, —y este punto será tocado con detenimiento en el apartado dedicado a Metodología— a base de documentación instantánea, como son los censos utilizados por nosotros en el trabajo.

Pero nuestro análisis es fundamentalmente de estructuras. En este aspecto es donde pretendemos que nuestras aportaciones tengan una mayor validez. El sentido dinámico del trabajo, y las conclusiones que de él obtengamos serán, en su mayor parte, provisionales, hasta que el uso de documentación más idónea permita confirmarlas, y procuramos, desde ahora, ofrecerlas con el máximo de prudencia.

Volviendo a la amplitud temporal del período estudiado, podría pensarse que las divisiones cronológicas del mismo debieran haber sido tomadas «a posteriori», una vez estudiadas las estructuras de la población misma, y se destacasen los rasgos que habían marcado su evolución, pero la documentación base de nuestro trabajo se hallaba demasiado fragmentada como para esperar que dichos puntos destacables en la evolución de la población pudieran aparecer con claridad.

Esto nos llevó a decidirnos por usar el criterio de las grandes migraciones que, en suma, tuvieron un papel importantísimo en la vida de la colonia, para establecer «a priori» los límites de estos tres períodos. Esta decisión se vio reforzada por la existencia, coincidiendo con esos límites, de los censos de carácter general más importantes de toda la etapa española. Éstos constituyen unos útiles puntos de referencia para la configuración de los períodos en la siguiente forma:

1.º) 1763-1777. En 1764-65 se produce la llegada de los primeros inmigrantes acadianos que, sin duda, alteraron el panorama de la población de la nueva Provincia española, sobre todo por lo que se refiere a la Luisiana Baja. Algo más tarde se registra en el plano político la salida de Ulloa y llegada de O'Reilly con lo que ello significó en la reorganización económica de la colonia. Con el Gobierno de Unzaga concluye este período.

2.º) 1778-1788. Se inicia, en lo que a población se refiere, con la llegada de los inmigrantes canarios, nuevas remesas de acadianos e incorporación de los Puestos ingleses, Natchez, Mobila, Pensacola, etc..., conquistados en la guerra, todo lo cual transforma en el breve plazo de cinco años el conjunto de la colonia. Bajo el mandato de Miró en estos años, el incremento global de la población es muy fuerte, aunque las cifras que diera este Gobernador como prueba de ello, puedan ser discutidas [39].

Este aumento tuvo sus dos principales fuentes en la corriente constante de americanos que fluyó hacia los antiguos Puestos ingleses, sobre todo Natchez [40], y a los 1.500 acadianos arribados en 1785, procedentes éstos de Francia.

3.º) Los últimos años de Miró con algunos cambios económicos y políticos, sobre todo en relación con los nuevos Estados Unidos, dan paso a esta tercera etapa en la que, proporcionalmente, la zona de máximo incremento de población fue Illinois, región que hasta este momento había andado a la zaga con relación al resto del territorio. Su evolución resulta espectacular llegando a pasar de 1.500 habitantes libres, aproximadamente, en 1788, a cerca de 9.000 que tuvo en 1804, dando lugar a determinar este tercer período de nuestro estudio.

Estimamos que, aplicando el criterio del crecimiento real, estas etapas tienen relativa entidad, sin perder de vista que forman parte del todo de la época española de la región. En cada una de ellas, y dentro del aspecto puramente demográfico, hemos estudiado, primeramente, el crecimiento de los núcleos de población utilizando los totales que facilitan los censos. Hasta donde nos sea posible, intentaremos criticar las cifras que contiene la documentación, y averiguar si los índices de crecimiento pudieran haberse debido únicamente a la actividad biológica o a migraciones. Conocer las tasas de crecimiento de los distintos Puestos, puede resultar de utilidad, para compararlas con las correspondientes al incremento de la actividad económica, si éste se produjo. Creemos que este aspecto, básico, en las relaciones población-economía será de gran interés, cuando pueda precisarse tras posteriores estudios dedicados a la agricultura de la colonia.

A continuación, estudiaremos la composición de las poblaciones por edades, sexo y estado civil, con lo que cumpliremos uno de los objetivos fundamentales de todo análisis transversal en su

---

[39] Copia de «Informe relativo al estado político de la Luisiana, Madrid, 7 de agosto de 1792» por D. Esteban Miró, Archivo General de Indias (en adelante citado como AGI). Sto. Domingo 2588. Miró estimaba que la Provincia había pasado de 20.000 almas en 1782 a 45.000 en la fecha del informe.

[40] El profesor Din ya nota en «Proposals and Plans for colonization in Spanish Lousiana», 1787-1790», *Lousiana History*, 11, p. 211, que Natchez pasó de 1.600 habitantes en total en 1874, a más de 5.300 en 1796.

evolución; es decir, destacando las alteraciones producidas, núcleo por núcleo y cada uno en relación con los demás de la colonia, para así ofrecer una imagen estructural de la población.

Por último, en este primer bloque de temas, terminaremos tratando de realizar una aproximación al fenómeno de la fecundidad, con objeto de, aprovechando al máximo las posibilidades de la información, procurar completar conocimientos sobre el máximo posible de facetas de la población. Los aspectos metodológicos que plantea este estudio, serán comentados en el apartado dedicado al tema.

Con algo más de significación social se consideran ciertos rasgos de las poblaciones tales como el tamaño de la familia y los «menages», sus estructuras profesionales o la composición racial.

El primero de los puntos citados, tiene, al mismo tiempo, implicaciones económicas y sociales, y resultaría francamente difícil establecer las causas por las que las unidades poblacionales alcanzaban un determinado volumen.

Nosotros los reflejaremos aquí al tiempo que estudiamos sus composiciones. En el caso de la familia, observando las categorías de los cabezas de las mismas. Analógicamente, en el de los «menages», viendo también si se trata de simples o compuestos y registrando la concentración de familia indirecta —al margen de las relaciones esposos-hijos— o de personas, sin lazo de parentesco existentes en los menages.

Finalmente, también la población esclava independientemente de la libre, será objeto de estudio, siendo analizada en todos los aspectos posibles de entre los precisados, aunque como se puede imaginar fácilmente, la información existente sobre aquella, es mucho más limitada, y al mismo tiempo, su estudio implica determinadas cuestiones de índole sociológico y cultural, que en último término escapa a los fines de la presente investigación.

CAPÍTULO I

EL INICIO DEL FIN COLONIAL
(PRIMER PERÍODO. 1763-1777)

OBERVACIONES GENERALES

Luisiana, era una colonia eminentemente agrícola, con una población rural, en su mayoría, tanto durante el período francés como a la llegada de los españoles. Aunque algunas de sus localidades consistían en pequeños núcleos de población concentrada, como ocurría con Natchitoches o San Luis de Illinois[1], sus volúmenes de habitantes eran realmente exiguos. A pesar de que los criterios que se siguen para determinar las áreas urbanizadas son, frecuentemente, dispares[2], no se puede establecer en la región, hacia 1763, otro núcleo urbano que Nueva Orleans. De hecho era la única concentración humana que, en un espacio relativamente reducido, condición importante para decidir la urbanización, reunía más de 2.000 personas.

En cuanto a la dedicación profesional de estas poblaciones no es posible concretar aún demasiado para todo el período español. Tan solo en algún año aislado, se podría establecer una caracterización comparativa entre las distintas localidades. En la gran mayoría de los pueblos, los porcentajes más altos de profesiones eran los dedicados a las tareas agrícolas. Esto ocurría por ejemplo en

---

[1] D. K. Bjork, «Documents relating to Alexandro O'Reilly...», *op. cit.*, p. 31.
[2] Se suele aceptar el límite de 2.500 personas como mínimo para considerar urbana a un área, aunque no es de validez general y hay que tener en cuenta otros factores.

las Costas de los Alemanes y en Punta Cortada en 1777. En qué medida este dato es generalizable, es algo que, por ahora, no podemos determinar, aunque sí es conocido que en otros puntos, como Illinois, las cifras de personas dedicadas al comercio debían jugar un papel también destacado. Sírvannos estas referencias como indicación del carácter profesional de los datos demográficos que, a continuación, estudiaremos.

Pero, como hemos dicho, en la región destacaba el centro urbano de Nueva Orleans, que debido al papel que tradicionalmente jugaba en el comercio de exportación, tenía una importancia en el conjunto del sistema económico de la Provincia realmente grande, aunque no se halle bien fijado aún [3]. En gran medida Nueva Orleans era el centro que polarizaba gran parte de dicha actividad económica, canalizando, hasta incluso, gran parte de la década de 1770 [4], la inmensa mayoría del comercio exterior, siendo el punto confluyente del interior, y centralizando, además, todo el funcionamiento administrativo. Para aquellos Puesto productores de materias primas exportables como madera, índigo, tabaco, etc..., fue el punto de salida de la mayor parte de todas aquellas mercancías y, precisamente, casi toda la vida de la capital se basaba en la actividad desarrollada por dicho comercio. Ello nos ayuda a entender la dependencia económica de la capital con respecto a los establecimientos limítrofes, en lo que se refiere al abastecimiento de productos agrícolas de consumo. Nueva Orleans era, fundamentalmente, el gran centro consumidor de una economía eminentemente agrícola. Por ello, cuando vemos que el comercio exterior decae y, con él, la vida económica de la capital, ésta conocerá momentos verdaderamente difíciles que se reflejarán en la composición de su población.

Por otra parte, la ciudad no fue un centro productor de bienes manufacturados que abasteciese las necesidades del resto de la población. Los problemas económicos por que atravesó la capital en estos primeros años de nuestro trabajo, la escasez de numerario, pudieron ser uno de los obstáculos que se interpusieran a una inversión, en aquellas actividades, del capital en manos de los comerciantes coloniales que dominaban la economía [5], y la capaci-

---

[3] Algunas consideraciones aunque no excesivamente matizadas pueden hallarse en M. Wood, «Life in New Orleans...», *op. cit.*, capítulos IV-IX.

[4] Una revisión de las cuentas de la Caja Real de Nueva Orleans puede ilustrar en este sentido. Ver AGI. Santo Domingo, 2628.

[5] En 16 de mayo de 1779, D. Francisco de Bouligny escribía a Bernardo

dad transformadora de la capital fue más bien escasa refiriéndonos, sobre todo, a los años transcurridos hasta 1780.

En la dependencia económica de que hemos hablado, además de las localidades más próximas a la ciudad, otras, algo más alejadas, contribuían igualmente, aunque de forma irregular, a su abastecimiento. En los años 1770 y 1771, curiosamente coincidiendo con las medidas que se impusieron al comercio exterior de la colonia, los Puestos de Illinois enviaron a Nueva Orleans grandes cantidades de harina que contribuyeron a paliar las necesidades de la población[6].

Pero las dificultades económicas que afectaban a la economía de los Puestos, manifestadas en forma diferente, repercutían constantemente de modo directo en el consumo de la ciudad[7]. Y no sólo esto, sino que el bajo grado de integración económica de que gozaba la Provincia, además del nivel de la producción de los Puestos, nos ayuda a comprender, más fácilmente, la evolución de la economía en general de la colonia durante el período.

Al hablar de falta de integración económica en la colonia nos referimos principalmente a la ausencia de unos mercados normalizados y a la relativa independencia mantenida por los distintos núcleos de la región entre sí. Así Natchitoches, cerca de la frontera norte del Reino de Nueva España, parecía sostener su pequeño y particular sistema económico que, de hecho, parece que funcionaba bastante al margen de la ciudad, habiendo desarrollado un activo contrabando a través de la frontera y un comercio con los indios, con lo que mantenía su primitiva economía agrícola[8].

Por otro lado, la capital se hallaba rodeada por algunas concentraciones de extensas plantaciones que, en principio debían constituir la base principal del abastecimiento sobre todo en lo referente a productos agrícolas, si no ganaderos, que provendrían básicamente de la zona Opelusas-Atacapas.

Pero, al mismo tiempo, estas plantaciones, son las que abastecían gran parte de la exportación de madera, uno de los principa-

---

de Gálvez: «... los negociantes sólo de Nueva Orleans son los que pueden dar fomento a este país, pues la gente de aquí, todos cultivadores, ni tienen medios, ni la inteligencia necesaria a este fin...», AGI. Papeles de Cuba, 2358.

[6] Diferentes remesas constan en AGI. Papeles de Cuba, 110.

[7] Estas dificultades adquirían forma de manera más general como inundaciones de las cosechas por el río y huracanes que azotaban frecuentemente el sur de la región.

[8] K. Bridges y W. Deville, «Natchitoches in 1766», *Louisiana History*, n.º 4, pp. 145-159.

les productos de exportación de la colonia, y estos ricos colonos, o algunos de entre ellos, parece que tenían lazos económicos más fuertes fuera que dentro de la misma colonia, a juzgar por ciertos signos manifestados en épocas de escasez de Nueva Orleans[9].

El año 1766, que según algunos autores fue muy difícil en la economía general de la Provincia, no parece sin embargo que supusiese muchos problemas para el sector comercial, pues no menos de 54 embarcaciones zarparon de Nueva Orleans en los meses de 1766, y 40 entre diciembre de 1767 y octubre de 1768, extrayendo productos de la colonia, y entre ellas, tres, incluían en su carga, arroz, otras tres, chicharos, una, habas y una, maíz[10]. Realmente, no es ello demasiado como para sacar arriesgadas conclusiones. Pero si tenemos en cuenta, la grave crisis que parecía estar atravesando Nueva Orleans, y otros Puestos como los de los acadianos, no podemos evitar pensar que la economía de la Provincia no se hallaba verdaderamente integrada, con unos mercados formalizados, y que los excedentes de la producción acudían muchas veces no a la llamada de las necesidades de la propia región, sino a los intereses contraídos fuera del territorio.

Existían, sin duda, unas relaciones económicas entre la capital y los distintos Puestos, aunque sean difíciles de cuantificar y cualificar, pero ello no quiere decir necesariamente que existiese una auténtica integración, cuya ausencia, como hemos advertido se manifestaba de forma más visible con la ausencia de mercados.

Parece que al menos en determinados momentos y con algunos productos muy concretos sí se establecieron unas corrientes económicas que pueden considerarse la excepción del hecho. Tal sería el caso del abastecimiento de carne que con destino a Nueva Orleans se hacía desde los Puestos de Opelusas y Atacapas, que a pesar de que tenía que vencer grandes dificultades de transporte constituyó un flujo relativamente continuado[11].

---

9 No es de extrañar puesto que formaban parte de un sistema colonial mucho más amplio con sede en la metrópoli.

10 Cfr. mi artículo, «Problemas económicos y rebelión popular en Luisiana en 1768», *Actas de I Coloquio de Historia de los Estados Unidos*, La Rabida, 1976, pp. 141-143.

11 Este comercio de carne dio lugar a la creación de un capítulo en las cuentas del Mayordomo del Propio de Nueva Orleans dedicado a la recaudación del alquiler de los puestos de venta del citado artículo, AGI. PC. 564. Sobre suministro de carne ver también correspondencia de varios vecinos de Atacapas con D. Esteban Miró, 1789, AGI. PC. 212.

Sin embargo no ocurrió así con otros productos agrícolas. A lo largo de los 40 años, se observa cómo las dificultades para el abastecimiento ocasionaron sucesivas crisis, debiendo acudirse precipitadamente a los establecimientos próximos a comprar parte de las cosechas para cubrir, al menos en parte, las graves necesidades [12].

Por supuesto el problema que estamos tratando está íntimamente ligado al del transporte, sus medios y sus costes. Aunque ya advertimos al comenzar que no pretendíamos resolver aquí las dificultades que plantearía un análisis económico de la Provincia, nada nos impide apuntar algunos de los rasgos que caracterizaban al sistema de transporte y las vías de comunicación, desde luego, a grandes rasgos, puesto que el tratamiento en profundidad de este tema exigiría independientemente una monografía.

Con sólo un mediano conocimiento de la geografía de la región y de las posibilidades que brindaban los medios con que contaba la población de Luisiana, se puede suponer cuáles eran los sistemas más utilizados por ésta para sus desplazamientos y transportes de mercancías, al menos en distancias medias y largas.

La cuenca fluvial del Mississipi, brindaba una red muy densa de corrientes —sobre las que habían sido establecidos los Puestos, por otra parte, principalmente aprovechando el gran río— inmejorable para las comunicaciones y que, lógicamente, ante la falta de caminos en una región aún sin colonizar, fue aprovechada por los habitantes de manera exhaustiva [13].

Por supuesto, descender las corrientes, camino de Nueva Orleans era más rápido y menos costoso que remontarlas, sobre todo las más fuertes, como la misma del Mississipi, por el costoso método del «warping and tacking» [14]. Sin embargo sabemos que, la más importante —la casi exclusiva vía de comunicación, la constituyó esta red fluvial.

Sólo para un año de los 40 que vamos a estudiar, hemos podido encontrar el *Libro de Pasaportes dados por el Sr. Gobernador de*

---

[12] Una de las múltiples exposiciones sobre escaseces en Nueva Orleans en M. Navarro a B. Gálvez, Nueva Orleans 19 de agosto de 1781, AGI. Papeles de Cuba, 633.

[13] Aunque existieron caminos de tierra, la mayor importancia de las vías fluviales parece innegable sobre todo para ciertos trayectos.

[14] Sistema por el que por medio de cordadas se tiraba de las embarcaciones contra corriente. V. J. Caughey, «Bernardo de Gálvez and the English smugglers on the Mississippi, 1777», *The Hispanic American Historical Review*, Durham, feb. 1932, vol. XII, n.º 1, p. 49.

la Luisiana... 1771 [15], en el que se registraban los permisos que las autoridades —en este caso el Gobernador— concedían, previa solicitud, a todo aquel que quisiera moverse libremente por el territorio, siendo éste un requisito indispensable para ello. Es de suponer que un gran porcentaje de individuos lograría viajar sin estos permisos, pero es innegable que la gran mayoría probablemente los obtuvieron, constituyendo una muestra representativa del modo de transporte que imperaba en la región.

De 142 pasaportes concedidos para realizar viajes desde Nueva Orleans a diferentes puntos de la colonia durante todo el año, en 124 casos, se especifica claramente que se harán por agua, y en 18 otros, no se especifica el medio que se utilizará, lo que no quiere decir que algunos de ellos no se realizasen también por el mismo sistema. El menor número de viajes se habría efectuado a Illinois, a donde las comunicaciones eran más difíciles y requerían un mayor número de remeros empleados en la empresa. Pero a Opelusas, Atacapas, y Acadianos o Alemanes, los viajes eran muy frecuentes, y las tripulaciones necesarias mucho menores, bastando el empleo de ligeras piraguas [16].

Las distancias entre los Puestos, descendiendo los ríos eran recorridas en el plazo de pocos días, dependiendo si era en época de «aguas altas» o «aguas bajas», y el coste, gracias a las grandes posibilidades de carga de las balsas y «batoes» —hasta 800 ó 1.000 quintales—, era mucho más bajo que el requerido por el transporte por tierra [17].

¿Qué otro tipo de relaciones existían entre Nueva Orleans y los Puestos? Principalmente las de los comerciantes que, desde la capital, transportaban esporádicamente, y con más frecuencia probablemente a los Puestos más «ricos», los productos que el comercio exterior hacia llegar hasta la ciudad y que cubrían toda la gama de necesidades de cualquier población, incluyendo productos alimenticios, como eran: el queso, vino, aceite, además de ropas, pólvora, herramientas, etc...

Desgraciadamente, aunque se conoce con bastante exactitud, —sólo para algunas etapas— el número de barcos de dicho comercio exterior, no se han estudiado a fondo las abundantísimas fuentes existentes en el AGI sobre este tema, ni en lo relativo a su nú-

---

15 AGI. PC. 110.
16 Unzaga a M. Torre, Nueva Orleans, 27 de febrero de 1772, AGI. PC.
17 **Bouligny a Gálvez**, Nueva Orlenas, 8 de diciembre de 1778, AGI. PC. 2358.

mero ni a su estructura cualitativa, si no es por aisladas estimaciones globales aproximativas [18]. Sí se han visto los momentos en los que, debido a los acuerdos diplomáticos con los Estados Unidos, este comercio cambió de rumbo para caer bajo la influencia norteamericana, pero aún falta mucho por estudiar para conocer con exactitud sus rasgos.

Otra cuestión diferente, en cuanto a la existencia de fuentes, es la del contrabando inglés que durante los años 1770 hasta 1777, con la intervención de Gálvez, parece que absorbió la actividad económica de la región aprovechando lo difícil de la vigilancia en el río.

Si tomamos como base la radical baja del comercio exterior a través de Nueva Orleans a partir de 1768-69, casi llega a resultar inverosímil que todo el volumen de productos que salían anualmente por la capital llegase a ser captado por el contrabando o el comercio inglés, de no ser porque se afirma que tal comercio se hacía con conocimiento y aprobación tácita de las autoridades españolas. De cualquier forma constituiría una incógnita, si no se acepta la tesis del comercio inglés, saber a través de qué conductos se canalizó la actividad y la producción de todos los Puestos de la colonia durante los años citados.

Aunque hasta ahora se ha pensado que sólo con la incorporación de los territorios que, en 1780, se conquistarían a los ingleses se produjo el despegue económico de la colonia, la realidad es que ya durante la década de 1770 la provincia experimentó un notable auge económico favorecido no sólo por el contrabando inglés, sino por la época de tranquilidad pública que supuso el mandato de Unzaga y, en nuestra opinión, por el hecho de que, durante este primer período, el ritmo de incremento de la población, considerando el conjunto de la Provincia, oscilase sólo entre un 45 y 50‰ de media al año.

Aunque por el momento sea imposible probarlo, creemos que existen indicios para disponer que, al menos, entre 1769 y 1777, la intensidad de la inmigración no fue lo suficientemente fuerte como para provocar el desfase entre crecimiento de población y capacidad productiva, fenómeno que sufrió la colonia en otras etapas del período que estudiamos.

---

[18] A. P. Whitaker, *The Mississippi Question...*, op. cit., p. 135; J. Clark, *New Orleans*, op. cit., p. 228.

Nuestra idea es, que la intensidad de la inmigración, aunque muy fuerte en determinada zona del Sur hoy conocida, como el «cajun country» o país acadiano, pudo ser absorbida en general por la Provincia que logró una mejora general en la economía [19] en estos años.

Hemos hablado ya del carácter eminentemente agrícola de Luisiana, y conocemos, de forma aproximada, cualitativamente la estructura de la población de la misma [20].

Y decimos aproximadamente, porque no siempre se ha prestado atención a aquellos productos no exportables, pero que se dedicaban al consumo interior, anteponiendo sin embargo en interés, aunque casi nunca acompañando las referencias de una precisión cuantitativa, los de las materias exportables como el tabaco, algodón o índigo. Enfoque que llevaba consecuentemente de forma inmediata al problema del comercio, a través del que se exportaban estos productos, olvidando el problema de la producción para el consumo.

Insistimos en que el maíz, el arroz, el trigo han sido apenas citados en la relación de las producciones de la colonia [21], y sin embargo un conocimiento lo más exacto posible tanto de la estructura cualitativa como del nivel de producción de cada Puesto, así como de cada zona de la Provincia, indiscutiblemente nos conduciría a la solución de bastantes de los problemas pendientes que hay en la Historia de Luisiana. Evidentemente dicha tarea escapa claramente a las metas de nuestro trabajo, pero de una manera rápida vamos a intentar ver aquí ciertas características de la actividad agrícola, como fundamental, de la colonia.

Caracteres físicos y climáticos, en primer lugar, condicionaban la dedicación a los distintos cultivos que se daban en la región, al mismo tiempo que influían decisivamente en el carácter de los poblamientos. En la denominada Luisiana Alta, donde en este primer período 1763-1777 sólo existían los pueblos de San Luis y Sta. Genoveva en Illinois, predominaba el clima continental con grandes heladas en invierno y temperaturas relativamente altas en

---

19 En algunas zonas como Illinois, por ejemplo, esta mejora no se produjo, y ello será comentado en el apartado del estudio del Movimiento Real del segundo Período.

20 R. A. King, *Social and economic life in Spanish Louisiana*, op. cit., pp. 36-72.

21 Sobre todo a través de la «Memoria sobre el actual estado del comercio y de la población de Nueva Orleans y de la Provincia de la Luisiana», por D. Francisco Bouligny, Biblioteca Nacional, Mss. 19265.

verano. En la zona próxima a la de las grandes llanuras centrales canadiense-americanas, y a orillas del Mississipi, el trigo fue el cultivo predominante, al menos, durante esos años. No hemos encontrado información sobre la variación de cultivos para años posteriores, aunque sabemos que en menos cantidad se producían otros complementarios como habas, chícharos, etc. [22]. En esta zona, fue donde primero se produjeron cantidades relativamente considerables de lino en época muy temprana, aunque más tarde parece que dicho cultivo desapareció [23].

El río era factor dominante, al igual que en todos los demás Puestos, y probablemente, como para años posteriores conocemos, estos pueblos, se verían afectados por inundaciones que arruinarían sus cosechas, provocando crisis, tras inviernos especialmente crudos, cuyas heladas también los habrían afectado anteriormente.

A pesar de que esta región presentaba características inmejorables para su colonización, en realidad durante esta primera época, y probablemente por la gestación de la Revolución Americana, fue descuidada o simplemente no hubo posibilidad de que fuera ocupada por nuevos colonos. Hay que esperar algunos años más para que la ola expansiva de la frontera americana llegue a Illinois y esto ocurrirá en nuestro tercer período del trabajo.

Al igual que en todas las zonas de la Provincia, y esta afirmación puede extenderse desde ahora hasta el final del estudio, San Luis y Santa Genoveva no eran más que dos minúsculos establecimientos en un inmenso país que puede albergar a millones de personas. Tanto en Illinois como en otros lugares, es muy difícil hoy día conocer con exactitud los rasgos físicos de las tierras que los colonos ocupaban. El curso del Mississipi ha variado con el paso de los años y los primitivos asentamientos coloniales están hoy ocupados por nuevas ciudades. Sin embargo los rasgos climatológicos y físicos de la región siguen siendo los mismos y ello nos permite suponer que Illinois, probablemente, fuese uno de los lugares donde el problema de la tierra y sobre todo su calidad debió ser menor.

En Luisiana Media —si cabe hablar de ella— y Baja, los problemas eran diferentes. En una zona intermedia, ocupada estos

---

[22] Contrato entre D. Pablo Barrera, Guarda Almacén de Illinois y los Sres. Mr. Vallé y Bauvais, Illinois, 14 de noviembre de 1767, AGI. PC. 187-A; D. Francisco Riu a Ulloa, San Luis Illinois, 12 de noviembre de 1767, AGI. PC. 109.

[23] D. Francisco Cruzat a Unzaga, San Luis Illinois, 10 de diciembre de 1775, AGI. PC. 2358.

años únicamente por Punta Cortada, las temperaturas comenzaban a suavizarse, sin inviernos tan duros como en Illinois, que impedían el cultivo del tabaco o del índigo. Por el contrario, Punta Cortada fue uno de los establecimientos principales productores de estos cultivos exportables. Aunque, según los datos ofrecidos por D. Francisco Bouligny en su informe de 1777, el índigo no necesitaba excesiva mano de obra [24], este Puesto contaba con una población muy alta de esclavos, probablemente empleados en su mayoría en labores agrícolas. Su fundación databa de 1717 [25], lo que quiere decir que, en el período transcurrido hasta 1763, habría podido vencer los principales obstáculos que la geografía hubiera podido presentar a la explotación agrícola, como serían los abundantes bosques de la ribera del río. Como producción para el consumo Punta Cortada cultivaba principalmente maíz.

Más al sur, en el río, entrando ya en plena Baja Luisiana, donde se encontraban Puestos como Alemanes, Chapitoulas, los establecimientos de los acadianos desde 1764 además de la capital, todos a orillas del Mississipi, la gran humedad de la región del delta y las extensas zonas pantanosas impedían o dificultaban el cultivo del tabaco, aunque no tanto el del añil. Pero sobre todo, esta era la zona donde la madera se producía en mayor cantidad, principalmente en las plantaciones cercanas a Nueva Orleans, que edificada por debajo del nivel del río, sufría también las consecuencias de sus frecuentes crecidas llegando a inundar una parte de sus valles.

Por otra parte, el arroz era el cultivo más idóneo para estas tierras, y fue compartido con el maíz, en importancia.

Algo más al Oeste, en esta zona de pantanos aparecían algunas verdes praderas donde Atacapas y Opelusas alimentaban sus numerosas cabezas de ganado vacuno y caballar. Sin excesivas dificultades, aunque hubiese zonas ocupadas por abundantes «bayous» que empantanaban el terreno y obligaban a la población a moverse con piraguas en épocas de lluvias, se cultivó también maíz, más otros productos complementarios de jardín o huerta. Pero hay que insistir en que la principal riqueza de esta zona fue siempre la ganadería, constituyéndose en la principal fuente de abastecimiento de carne de la capital.

---

[24] «Memoria sobre el actual estado del comercio...», *loc. cit.*, fol. 15v.

[25] J. Holmes, «De México a Nueva Orleans en 1801: el diario inédito de Fortier y St. Maxent», *Historia Mexicana*, vol. XVI, jul.-sept. 1966, n.º 1, p. 69.

Y fue en esta zona del Sur, en que probablemente más problemas ofrecía el territorio para su colonización, donde se asentó la inmensa mayoría del flujo inmigratorio, no sólo durante este primer período, sino también en el segundo que estudiamos, como se verá. Efectivamente los «swamps» y «bayous» obstaculizaban el aprovechamiento de la tierra que fueron a ocupar los refugiados emigrados de Acadia, instalados aquí, principalmente, por su proximidad a la capital, circunstancia que posibilitaba su ayuda más fácilmente, en caso de necesidad más que probable.

Y finalmente, al Noroeste, sobre el río Rojo, a unos 400 kms. de la capital, se encontraba Natchitoches que desde los primeros momentos de la administración española gozó de una agricultura fácilmente desarrollada, así como de una ganadería relativamente abundante[26].

Vemos, pues, la gran variedad tanto climática como física de la Provincia, lo que provocará diferencias entre las localidades que se verán reflejadas, lógicamente, en la composición de sus poblaciones y que van a ser objeto de nuestro estudio.

Aunque lo hagamos de forma extremadamente concisa es imprescindible referirse a la importancia del hecho de la abundancia de la tierra tanto para el tipo de asentamiento de la población que, como hemos advertido, se produjo frecuentemente de forma dispersa, como para la producción agrícola. Las diferentes legislaciones que se promulgaron sobre la concesión de tierras a los nuevos colonos tendieron a establecer parcelas suficientemente amplias, como para que los campesinos no encontrasen problemas de insuficiencia de terreno[27]. Por supuesto que las dificultades les vendrían dadas por la calidad de dichas tierras, y por los obstáculos naturales que hubiesen de vencer antes de poder ponerlas en explotación. No parecen existir muchas dudas acerca de la mejor

[26] En AGI. Santo Domingo 2588 existen «Dos relaciones formadas de D. Eduardo Nugent y de D. Juan O'Reilly (sic): la del número 1.º manifiesta el número de habitantes que hay en Natchitoches y sus inmediaciones; la del número 2.º manifiesta el número de carros con bueyes, cavallos, yeguas, mulas, ganado maior y menor que hay en el expresado pueblo»; la segunda indica que se trata de ocho carros con bueyes, 815 caballos y yeguas, 30 mulas, 4 burros, 1.752 bueyes, vacas y novillos, 150 carneros, 50 cabras y 1.268 cerdos.

[27] La unidad de superficie era el antiguo «arpent» francés. Según J. Holmes en *Gayoso...*, *op. cit.*, p. 34: «...The arpent de face, or arpents front, was a tract of one arpent upon the river bank, which extended away from the river for a depth sufficient to embrace a total area of thirty arpents. The arpent is 0.85 of the acre...».

calidad de las tierras de Illinois u Opelusas-Atacapas, por ejemplo, o que las de Iberville, establecimiento sobre el río del mismo nombre, donde se destinaron los acadianos llegados entre 1767 y 68 y que comunica el río Mississipi con los lagos al Norte de Nueva Orleans. Además de que en estas últimas, los colonos, casi sin medios, habían de enfrentarse a la tala de los bosques de ciprés —aunque esto a su vez les proporcionase una fuente de ingresos—, inexistentes casi en aquella otra zona, o ya talados probablemente en otros lugares como Punta Cortada[28].

El estudio de la tierra presentaría problemas cuya resolución podrían llenar las páginas de una monografía, y cuyos puntos fundamentales se resumirían en dilucidar la auténtica extensión de las parcelas de los campesinos, y en la averiguación de las superficies cultivables y cultivadas, a grandes rasgos, de cada una.

Evidentemente tales cuestiones requieren la existencia de unas fuentes que no existen, con carácter de serie, aunque sí de forma esporádica, para la época y la región estudiada, y, de hecho, son puntos no resueltos aún para muchas regiones europeas en el mismo período.

Los mismos censos que estudiamos y otros documentos aislados contienen datos sobre las propiedades de los colonos, cuya utilización plantea serias dificultades.

En efecto, las ordenanzas promulgadas por O'Reilly[29], que sin duda, se inspiraron en costumbres ya existentes en la colonia, preveían la concesión de un número determinado de arpanes de frente al río, normalmente 6, sobre otros 40 de profundidad, con lo que, idealmente, se obtendrían unos rectángulos, cuyas dimensiones podrían ser alteradas en caso, sólo, de que las características del terreno así lo exigiesen, aumentando uno de los lados, si el otro debía ser disminuido, y es de suponer que este caso se presentase con relativa frecuencia[30].

De cualquier forma, estas disposiciones no se aplicaban a las propiedades ya existentes en 1770, cuyas longitudes no se ajustaban, por regla general, a estas medidas, aunque es probable que los 40 arpanes de profundidad sí fuesen comunes a todas las parcelas.

---

[28] Bouligny a Gálvez, Nueva Orleans, 3 de diciembre de 1778, AGI. PC. 2358.
[29] Instrucción para repartimiento de tierras dada por O'Reilly en Nueva Orleans, 18 de febrero de 1770, AGI. Santo Domingo 2594.
[30] Ibid.

El caso es que más del 90% de los censos que facilitaban datos sobre la extensión de las tierras sólo dan una medida en arpanes sobre el río, ignorando el otro lado del rectángulo que variaría de unos casos a otros.

Pero aún en el caso de que todas las parcelas fuesen iguales, no podríamos deducir gran cosa de ello, pues en cada explotación el área cultivada dependería siempre, además de la superficie que hubiesen podido poner en condiciones cultivables, de las posibilidades en mano de obra y técnica de cada agricultor. Al contrario que J. Zitomersky [31], nosotros no hemos encontrado, salvo en raras excepciones, distinciones entre arpanes establecidos y desmontados, por lo que el problema de las superficies cultivadas, para el período español creemos que está vigente.

Así pues, como vemos, no nos encontramos actualmente más que en condiciones de plantear algunas de las dificultades que se presentan a nivel de estudio del factor tierra.

No obstante, es muy probable que las parcelas fuesen utilizadas preferentemente en sentido paralelo al de la corriente del río, antes que en profundidad, con objeto de poder utilizar más fácilmente las posibilidades de riego que aquél les facilitaba. Por tanto, si bien como hemos dicho, los datos de extensión de tierras al frente del río no nos dicen gran cosa, al menos pueden dar una idea de la desigualdad existente entre los colonos en cuanto a tierra se refiere, aunque sea tomándolos como una mera orientación sobre el tema.

LA POBLACIÓN LIBRE

1. CONSIDERACIONES PREVIAS

Antes de comenzar los primeros quince años de nuestro estudio, vamos a plantear ciertas consideraciones, que estimamos fundamentales para hacer más comprensible el ordenamiento que hemos establecido de cada uno de los problemas que tocaremos a continuación.

Si observamos la tabla II-A notamos que, exceptuando los años 1763 y 1766, por un lado, y 1777 por otro, para los que disponemos

---

[31] J. Zitomersky, «Urbanization in French colonial Louisiana...», *op. cit.*, p. 271.

de censos o Padrones generales de toda la Provincia, la gran mayoría de la información existente en años intermedios, se concentra en poblaciones como la Parroquia de Ascensión, St. Jacques, Opelusas, Atacapas e Iberville. Los datos que hay para otros núcleos, son relativamente escasos y no presentan tan alta calidad como los anteriores, como fuentes demográficas.

Los establecimientos citados, aunque «a posteriori» pueden ofrecer características diferentes entre sí, de hecho, estas diferencias no van a ser muy marcadas, y por otra parte, fueron todos ellos fundados y desarrollados durante el período español, a base, fundamentalmente, de los contingentes de inmigrantes acadianos llegados a lo largo del mismo. Estos rasgos de relativa uniformidad nos han conducido a llevar en todos los puntos que estudiemos seguidamente, un mismo orden en la presentación de los datos, que estará basado de manera preferente en el criterio cronológico. Es decir, de manera general, en cada uno de los temas analizados, hemos seguido siempre el mismo proceso, en el que se pueden distinguir los siguientes pasos:

En primer lugar, revisión de los datos de 1763 y 1766 comparativamente utilizando tanto los censos provinciales como los locales disponibles, para presentar un primer cuadro de la situación de la población en estos primeros años.

Posteriormente, repaso cronológico de todos los datos que existen hasta 1777, remitiendo en cada ocasión cada núcleo estudiado al lugar en que corresponda enmarcarlo de acuerdo con el cuadro general trazado anteriormente.

Finalmente, recapitulación general al concluir el período reconstituyendo la situación tras la evolución estudiada y señalando las diferencias observadas.

Sin perjuicio de otras observaciones específicas que hagamos al comienzo de cada tema, el orden citado ha sido el observado de manera general en todos ellos, y ponemos especial énfasis en la consideración de esta advertencia para la mejor comprensión de las exposiciones que seguirán.

Por último, a causa del escaso tamaño de algunas poblaciones —tema al que nos referiremos en el apartado de Metodología— tal es el caso de Arkansas, por ejemplo, en el estudio de los diversos temas, éstas serán no tenidas en cuenta, por considerarlas poco representativas, aunque en el momento de hacer balance del total de población en años clave, sean citadas junto a las demás.

2. ESTUDIO DEL MOVIMIENTO REAL

Existen datos para algunos Puestos, así como de la ciudad de Nueva Orleans para el primer año español de Luisiana, 1763, en la titulada «Recapitulation géneral des Recensements...»[32] que nos permite, aunque sea parcialmente, establecer un punto de partida con el que poder relacionar las sucesivas oscilaciones que se produzcan en la población.

Estos datos se refieren concretamente a las cuatro Capitaineries de Nueva Orleans, a los llamados «Bas du Fleuve», es decir, a los tramos de riberas próximos a la ciudad comprendidos entre la Valiza y la misma capital que estaban ocupados por colonos, a Chapitoulas, Alemanes y Punta Cortada. La dicha «Recapitulation...» debió ser confeccionada, al menos, en 1765, pues incluye cifras sobre los acadianos llegados a la colonia en los años 1764 y 1765, y este hecho va a ser uno de los que nos dará pie para que, más adelante, dudemos de su validez.

Considerando esta información, en 1763 resultaban existir en los establecimientos enumerados, 3.572 personas, repartidas de la forma siguiente:

	Personas	% sobre total
Nueva Orleans	1.306	35.7
Bas du Fleuve	323	8.8
Chapitoulas	176	4.8
Alemanes	809	22.1
Punta Cortada	434	11.8
Acadianos	606	16.5
	3.654	

Toda esta población se hallaba establecida en la llamada Luisiana Baja, no existiendo los censos correspondientes a Natchito-

---

[32] De aquí en adelante, para la referencia completa de los censos citados remitimos a la «Relación de censos, Padrones y otros documentos básicos...», incluida en las Fuentes Documentales.

ches ni Illinois, que no habían sido recibidos en el momento de la compilación de los datos [33], aunque posteriormente intentaremos cubrir su falta, para poder calcular aproximadamente el total de habitantes de la colonia.

Contamos ya con dos núcleos, al menos, Bas du Fleuve y Chapitoulas, cuyo volumen era francamente bajo, por lo que su consideración, por el momento, no la estimamos excesivamente relevante, y serán utilizados sólo a título de ejemplo. Por su parte, los acadianos aparecen formando un solo bloque, y nos vamos a referir, en principio a ellos de esta forma, en cuanto que constituyeron prácticamente una oleada de inmigrantes, pero, de hecho, sabemos que fueron repartidos, como mínimo, entre cuatro Puestos diferentes, que tendrían también volúmenes de escasa envergadura.

Evidentemente, en estos momentos Luisiana no tenía unos límites fijos, y sus fronteras estaban señaladas por las propias posibilidades humanas de dominar el territorio, que eran, a veces, realmente pocas. De cualquier forma, si consideramos simplemente el área comprendida entre los Puestos más lejanos, es decir Nueva Orleans en el Sur e Illinois en el Norte, y Natchitoches al Oeste y el río Mississippí al Este, podríamos tener, aproximadamente, una extensión de casi 100.000 kms². En ellos, el total absoluto de población, incluyendo libres y esclavos y concediendo 1.000 habitantes a Natchitoches e Illinois —que probablemente no alcanzarían tal cifra—, es decir, 10.000 personas en 1763, arrojaría una densidad de 0.10 hts/kms²., que resulta francamente insignificante [34].

En 1766, probablemente a base de censos parciales de todos los Puestos, y a raíz del viaje de inspección que realizó el Gobernador Ulloa por la colonia, se confeccionó el «Primer Padrón y Lista de los vecinos...» con un carácter más comprensivo que el anterior, pues, de hecho, abarca toda la Provincia.

---

[33] «Note que n'ayant pas reçu les Recensemens des Natchitoches es des Ilinois en n'a pu les porter ici», Colonia de la Louisiana, 1763. Recapitulation générale... AGI. St. Domingo 2595.

[34] En 1766 sumaban en los dichos establecimientos, libres y esclavos, 1.541 individuos. Por otra parte las posibilidades de realizar un cálculo similar referido particularmente a cada núcleo de población son remotas, puesto que no sabemos con precisión qué extensión cubría cada uno de ellos. Es cierto que en algunos de los censos que utilizaremos, consta el número de arpanes de tierra que tenía concedidos cada familia, pero ello no quiere decir, en absoluto, necesariamente que dicha tierra se hallase colonizada o simplemente controlada, pues en muchas ocasiones una gran extensión de las parcelas no llegaba a ser nunca desmontada ni puesta en cultivo.

Y decimos, probablemente porque no hemos podido hallar todos estos censos parciales, aunque sí algunos de ellos que, precisamente, nos van a servir de base crítica para valorar el conjunto del documento. Antes de efectuar dicha crítica —cuyo resultado, podemos adelantar, ya que no perjudica excesivamente al «Primer Padrón...»—, si consideramos comparativamente las cifras contenidas en los dos documentos de carácter general a los que nos hemos referido hasta el momento, podemos extraer algunas consecuencias:

	1763	1766	tasa incremento medio al año ‰
Nueva Orleans	1.306	1.737	99.7
Bas du Fleuve	323	527	177.2
Chapitoulas	176	179	5.6
Alemanes	809	975	64.1
Punta Cortada	434	536	72.9
Opelusas		195	
Atacapas		138	
Kabakan		142	
Cabahanose		261	
Acadianos en estos 4 establecimientos	606	559	—52.4
Natchitoches		415	
S. Luis Illinois		257	
Santa Genoveva		319	
Arkansas		44	
		5.725 [35]	

A simple vista, resulta evidente que las tasas obtenidas, salvo la de los acadianos, son imposibles de alcanzar por cualquier ritmo de crecimiento vegetativo, operando simplemente. Incluso la de Alemanes o Chapitoulas, resultarían muy altas como simples tasas absolutas de natalidad [36] —a éstas, habría que restar un porcen-

---

[35] En el total no interviene de nuevo la cantidad de 559 de acadianos, ya considerados en sus cuatro establecimientos.

[36] En diferentes regiones europeas las tasas de crecimiento difícilmente superaban el 10‰ anual. E. A. Wrigley, *Historia y Población*, Madrid, 1969,

taje desconocido de mortalidad—, a pesar de que, como vamos a ver más adelante, las proporciones de población infantil en Alemanes concretamente, fueran también altísimas.

Por tanto, si las cifras de ambos censos fueran ciertas, debió haberse producido una inmigración, al margen de la de los acadianos, que se estiman como núcleo independiente, lo suficientemente importante como para haber afectado en tan alto grado a los diferentes establecimientos de la colonia, que conjuntamente habría experimentado un incremento medio anual aproximado de 90.6‰. Esta tasa se produjo, como sabemos, en algunas poblaciones coloniales, y nosotros mismos vamos a ver como es ampliamente superada en determinadas ocasiones, pero para ello debe registrarse un flujo inmigratorio que no parece haberse producido en Luisiana por estos años. Ello nos lleva a poner en cuestión la validez de los datos de uno de los dos documentos, en cuanto que no recoja con fidelidad el estado de la población a que se refiere. Para el Padrón de 1766 tenemos, como dijimos, algunos puntos de referencia, constituidos por otros censos particulares del mismo año, señalados en el cuadro I-A del Apéndice Estadístico.

Por supuesto, cabe preguntarse si algunos de estos últimos no serían, precisamente la base que sirvió para elaborar el Padrón de 1766, lo que invalidaría justamente su carácter de referencia, ya que se trataría de los mismos datos en distintos documentos. De todas formas, el conocer su existencia, y el ir firmados por los Comandantes de los Puestos, nos decide a conceder mayor valor, en caso de ratificarlos, a las cifras del «Primer Padrón...». De no ser así, desde luego, estos censos particulares a que nos referimos, por ser información de primera mano, constituirían la documentación más valiosa.

Uno de ellos es el que comprende la población de acadianos de Cabahanoce, de la Compañía de Milicias de L. Judice. Un detenido análisis de este documento, comparándolo con la parte perteneciente al mismo establecimiento en el «Primer Padrón...», nos ha llevado a la conclusión de que el firmado por el propio Judice sirvió de base para la confección del otro. Debido probablemente a errores de transcripción del francés, del documento que creemos original, al español en que está redactado el Padrón, cometidos por la persona que realizara el trabajo, se registra una diferencia

pp. 153 y 155; en el Canadá colonial estas tasas llegaban a sobrepasar el 30‰, ver V. J. Henripin, *La population canadienne au debut du XVIIIème siècle*, París, 1954, pp. 14 y 39.

entre ambos, en favor del Padrón, de 10 personas [37], lo que supone un 2.7% si tomamos como referencia el menor de los dos totales, porcentaje que no es suficiente, como para anular el valor del «Primer Padrón». Por otra parte, los datos que se refieren a las diferentes estructuras de la población son casi coincidentes como comprobaremos en los correspondientes apartados, excepto los relativos a la relación de masculinidad, donde el margen de diferencia es más acusado.

Otro censo de 1766, es el de Punta Cortada que muestra un total de población de 515 personas frente a los 536 que aparecen en el «Primer Padrón» para el mismo Puesto. Porcentuando la diferencia sobre la cantidad menor, para obtener, de nuevo, la mayor posibilidad de error, tenemos que es de un 4%, que sí resulta considerable, pero también admisible, y que no hace variar sustancialmente el nivel de los datos de ninguno de los dos documentos, aunque para el trabajo posterior adoptemos las cifras que nos facilitan estos censos particulares.

Por otra parte, hemos hallado dos censos diferentes, ambos de 1766, el primero de 4 de abril y el segundo de 25 de junio, de una de las dos Compañías de Milicias que componían el Puesto de Alemanes, la Compañía de Villers, y que arrojan respectivamente los totales de 566 y 543 personas, en tanto que la parte correspondiente a la misma compañía en el «Primer Padrón», que lleva como fecha el 6 de abril, de un total de 598 individuos, a pesar de lo cual, la forma en que aparecen presentadas las sumas parciales de las diferentes categorías de personas en ambos documentos, nos da pie a pensar que el de 4 de abril sirvió, de algún modo, para confeccionar el segundo de 6 del mismo mes [38]. No obstante, en este caso, por intervenir otra parte de población en

---

[37] Comparando ambos documentos se puede observar que, al menos en dos ocasiones, al escribir Judice, sin duda por error: «(nombre de la persona) agès de (edad correspondiente)», este individuo ha sido contabilizado en el censo General como dos personas.

Por otra parte, unas tierras que aparecen en el censo local como «Pour la Paroisse» constan en el General como propiedad de un individuo llamado Pablo Paroisse.

[38] En el censo local de Alemanes el detalle del resumen de la población se hace así: «105 hommes portant armes, 29 garçons portant armes, 111 femmes, 10 filles au dessous de 13 ans, 153 garçons au dessous de 15 ans, 135 filles au dessous de 13 ans...».

En la misma localidad pero del censo General los apartados eran: «158 hombres de armas, 29 hijos varones grandes, 111 mujeres, 10 hembras grandes, 154 niños y 136 niñas».

el total de este Puesto, para la posterior elaboración de datos, lo único que haremos será restar la diferencia que acabamos de registrar, que corresponde a sólo una parte del establecimiento, al total con que aparece el mismo en el «Primer Padrón», y adoptar como válido el resultado, que es 943, aún sabiendo que puede llevar incluso todavía un pequeño error.

Con respecto a Nueva Orleans, la tasa de 105.1‰ es verdaderamente desproporcionada, y de ser cierta, hubiera provocado problemas económicos aún mayores que los que se plantearon a las primeras autoridades españolas de la colonia. En el trabajo ya citado, Zitomersky adopta para Nueva Orleans en 1763 la cantidad de 1.300 habitantes, sin especificar que se trata únicamente de los libres, posiblemente tomada del documento que estamos manejando aquí, y para 1732 la cantidad de 626 personas[39]. De estas cifras obtiene una tasa media de crecimiento anual del 24‰, que sí es razonable —aunque, desde luego, conseguida con la ayuda de un constante flujo inmigratorio—, y que, por comparación, casi hace inverosímil la que nosotros hemos visto, teniendo en cuenta que admitimos que no se produjo, ante los conocimientos hoy disponibles, una inmigración capaz de haberla provocado.

Por todo ello concluimos que pueden existir dos posibilidades de explicación para estas diferencias tan acentuadas. La primera es que ciertos sectores profesionales no fuesen incluidos en la «Recapitulation» de 1763, con lo que la población real estaría por encima de los niveles ofrecidos, y las tasas de incremento se verían reducidas. Estos sectores pudieron haber sido los comerciantes y mercaderes, o más posiblemente el grupo compuesto por «mayorales, viajeros, cazadores, marineros y gente andante», según la denominación profesional del Padrón de Gálvez de 1777[40].

No creemos que se tratara del sector militar. Desconocemos con exactitud el número de militares franceses que existiera en la Provincia tanto en 1763 como en 1766, así como tampoco conocemos el de soldados españoles. En cuanto a los primeros, posiblemente dicho número no variara sensiblemente de un año a otro; y por lo que respecta a los segundos se sabe que la fuerza militar con que contaba Ulloa era lo suficientemente escasa como para no poder defenderle de la rebelión de 1768, evaluándose su número,

---

[39] J. Zitomersky, *op. cit.*, p. 273.
[40] Padrón General de todos los individuos de la Provincia de la Luisiana, Avril 1777, AGI. Papeles de Cuba 2351.

por diferentes autores, en 90 hombres[41]. De cualquier manera, generalmente los censos no suelen advertir el número de soldados de cada Puesto, por lo que estimamos que no debió ser este grupo de la población el que ocasionara las diferencias que estamos comentando.

La segunda posibilidad es que para elaborar la citada «Recapitulation...» fuesen utilizados datos de otros censos de años anteriores que habrían perdido vigencia para 1763. Como algún otro documento de carácter general de que disponemos, y que será estudiado más adelante, y que lógicamente no era de primera mano, para éste, desconocemos las fuentes de información directas que sirvieron para su confección, y no sería imposible que, al menos, parte de su contenido no tuviese ya actualidad. En este sentido, como tendremos ocasión de ver, el Padrón de Gálvez de 1777, resulta un documento de una gran honestidad, al especificar de qué año son los datos manejados.

Al margen de lo dicho hasta el momento, hemos de hacer referencia a un censo de Natchitoches para el año 1765, del que disponemos por una publicación del profesor W. Deville[42], que nos da un total de personas libres viviendo en dicho establecimiento de 327 individuos. Éstos, comparados con los 415 registrados en 1766, darían una tasa de incremento de 269.1‰, en caso de ser ambos ciertos y referidos al mismo ámbito jurisdiccional. Hemos de advertir, a propósito, que el enclave de El Rápido, próximo a Natchitoches, no aparecerá citado, hasta 1777, cuando los datos que el Padrón de Gálvez proporciona para Natchitoches, se refieren conjuntamente a este Puesto y El Rápido; Nugent y Kelly, como veremos en 1770 también escribieron sobre este diminuto establecimiento, y, de cualquier manera, su escasa entidad[43] no parece motivo suficiente como para provocar la diferencia observada entre los dos censos precitados, y su explicación podría encontrarse en las mismas razones que adujimos anteriormente al hablar de la «Recapitulation» y el «Primer Padrón».

Hay que destacar el hecho de que Natchitoches era uno de los Puestos con mayor población móvil de la Provincia. En el censo de 1765 hay incluidos, al menos, algunos cazadores y comercian-

---

41 V. Rodríguez Casado, *Los primeros años de dominación española...*, *op. cit.*, p. 270.
42 K. Bridges y W. Deville, *op. cit.*, pp. 158-9.
43 «Para el Señor Gobernador General D. Luis de Unzaga. Carpeta número 13... Eduardo Nugent y Juan Kelly, 14 de enero de 1770», AGI. PC. 81.

tes, pero no estamos seguros que sean todos, y cabe la posibilidad de que una diferencia en su contabilidad haya motivado parte, al menos, de ese 269.1‰, injustificado ante la ausencia de inmigraciones masivas en el transcurso de ese año. Existen en el Padrón de 1766, 15 individuos calificados de «recién llegados», que restados de los 415 que forman el total llegarían a reducir la tasa a un 223.2‰, que siguen estando fuera de toda lógica posible.

Globalmente considerado el Padrón de 1766 arrojaba un total de población libre de 5.725 personas que, como hemos visto admitía ligeras modificaciones, después de las cuales podía quedar reducida la cifra a 5.657, y que es bastante similar al citado por Gayarré y Villiers du Terrage de 5.552 personas en el mismo año[44].

De cualquier forma, el análisis valorativo del documento no queda completado aquí, sino que en los sucesivos apartados iremos acumulando consideraciones, y el conjunto de éstas servirá finalmente para conceder al Padrón su importancia más precisa.

Después de 1766, un tema que requiere una atención especial es el de la población de acadianos, ya mencionada sobre la que, en principio, no hay acuerdo entre los distintos autores que han escrito acerca de ello por lo que se refiere a su volumen[45], y que constituyó una de las dos grandes masas de inmigrantes que llegaron a la colonia durante este primer período que estudiamos. Ante la imposibilidad de consultar otra documentación que, en ningún caso, ha podido ser hallada relativa al tema, vamos a referirnos a los datos contenidos en los censos que estamos manejando, que en caso de resultar sospechosos criticaremos, pero que constituye la única documentación de primera mano existente.

En la «Recapitulation...» de 1763 constan como «acadiens arrivés dans la colonie pendant les années 1764 et 1765, et qui s'y sont établies dans differents quartiers», 606 individuos. En 1766,

---

[44] Ch. Gayarré, *History of Louisiana*, op. cit., vol. II, p. 133; J. Villiers du Terrage, *Les dernières années...*, op. cit., p. 231. Es curioso comprobar cómo ambos autores cometen errores diferentes, al sumar las cifras parciales de hombres de armas, mujeres, y niños (1.893, 1.044 y 2.615) dando 2.562 y 2.452 respectivamente.

[45] Tampoco existe acuerdo en relación a la fecha de su llegada. Mientras J. A. Robertson en «A projected settlement of English-Speakeing catholics from Maryland in Spanish Louisiana, 1767-1768», *American Historial Review*, XVI, 1911, pp. 319-327, ofrece como probable la de 1766, F. Solano Costa, en «La emigración acadiana...», op. cit., la adelanta a 1758. Nuestra opinión, de acuerdo con la «Recapitulation...» de 1763 es que el hecho se produjo entre 1764 y 1765.

repartidos entre los lugares, entonces denominados, Kabakan, Cabahanoce, Opelousas y Atacapas, aparecen 559, y esta diferencia supone una tasa de disminución media anual de 52.4‰.

Calculando el porcentaje en 1766 de dicho número de personas —menor al parecer que el que llegó a la Provincia— con relación al total de personas libres en ese mismo año —superior lógicamente al de dos años atrás, con lo que el resultado pecará por defecto— [46], resulta que significaba el 9.7%, proporción verdaderamente alta como para haber sido absorbida en un plazo inferior a dos años por una región con los problemas económicos que aquejaron a Luisiana en dicho período. Se sabe que estos inmigrantes, aunque trajeran consigo cantidad de vales franceses de su antiguo lugar de residencia, que no pudieron utilizar en Luisiana, llegaron desprovistos de todo lo necesario para comenzar su vida con normalidad en la Provincia, y que debieron recibir ayuda de la Real Hacienda [47], a pesar de lo cual no pudieron vencer muchas de las dificultades, y el propio Gobernador observó que se produjo un alto número de muertes entre ellos [48].

Al mismo tiempo, sobre 1766 se produce, coincidiendo con los primeros años de estancia de esta población en la colonia, la primera epidemia de fiebre amarilla durante el período español, llegada según parece primeramente a Florida Occidental con algún barco procedente del Caribe, y que se extendió por Nueva Orleans y otros pueblos de la Provincia, causando pérdidas humanas imposibles por hoy de evaluar [49].

Esto correspondería con la tasa negativa que se desprende de los datos estudiados. Pero en 1767 y 1768 llegaba otro contingente de acadianos destinados, en su mayoría a las nuevas poblaciones de S. Luis de Natchez y S. Gabriel de Iberville, que formaban un grupo de 361 personas, es decir, algo más del 5% de la población libre de la colonia por esas fechas.

Estos aumentos de población, primero un 9.7%, y ahora un 5% afectaron sobre todo a la llamada Luisiana Baja, donde se incluía la capital. De este modo dicha zona vio aumentada bruscamente su población, principalmente a base de colonos pobres, lo

---

[46] Hemos preferido calcular por defecto en un intento de no exagerar las conclusiones.

[47] Loyola a Ulloa, Nueva Orleans, 1 de agosto de 1767, AGI. PC. 109.

[48] Ulloa a Grimaldi, Nueva Orleans, 9 de marzo de 1766, AGI. Santo Domingo 2585.

[49] Louisiana State University Archives. Jones (J.) Papers, 1763-1803, Folder 62, p. 43.

que obliga a plantearse la pregunta de si el nivel productivo crecería al mismo ritmo que la población durante este plazo de tiempo. Sin resolver definitivamente el problema, nuestra opinión es que no sucedió así y, por otra parte, pocas fechas después de la llegada de los últimos acadianos va a producirse la rebelión popular, que provocará la salida de Ulloa de la colonia. Esta sucesión de los fenómenos citados sugiere el planteamiento de la hipótesis de una posible relación, no necesariamente causa-efecto, entre los mismos, por medio de la alteración del máximo de población de que hablaba Sauvy.

El estudio de la evolución de las poblaciones acadianas plantea ciertos inconvenientes derivados de que algunos de los censos que existen sobre ellas, como comentábamos en el apartado de las Fuentes, no se hallaban confeccionados sobre la misma base territorial, haciendo las comparaciones prácticamente imposibles.

Por otra parte, es fácil comprender que resulta problemático controlar estas poblaciones en momentos en que se hallaban agitadas y preparadas para tomar parte en la insurrección de 1768 [50]. No ha llegado información hasta nosotros, pero no es improbable que tras la salida de Ulloa se registrasen nuevas llegadas de acadianos a Luisiana que habrían ido a engrosar los establecimientos en que ya existían núcleos de ellos, como las dos Costas de Acadianos —Parroquia de Ascensión y futura parroquia de St. Jacques—, así como a Opelusas y Atacapas. En este sentido, ciertos autores hablan de la llegada de grupos de acadianos con posterioridad a 1770, y que estarían contribuyendo decisivamente a producir las tasas de crecimiento que vamos a observar, aunque, normalmente, no sean citadas las fuentes de información de tales afirmaciones [51].

En 1769 y 1770 se confeccionan dos censos de estos acadianos, cuyas poblaciones, en parte, se repiten, y en los que se recogen las que en 1766 aparecían establecidas en Cabahanoce y Kabakan. Su comparación es difícil, si no imposible, y apenas sí podemos decir algo más que los totales que registran son de 500 y 280 personas respectivamente. De forma aproximada podemos establecer que el total de población real abarcado por estos censos, excluyendo repeticiones, debía estar cerca de las 600 personas, con lo que la tasa de incremento sufrido desde 1766 sería probablemente

---

[50] V. Rodríguez Casado, *Los primeros años de dominación...*, *op. cit.*, pp. 152-6.

[51] J. Clark, *New Orleans, 1718-1812...*, *op. cit.*, pp. 185-6.

superior al 100‰, que nos está reflejando claramente la incorporación de nuevos colonos a dichos establecimientos, en estos años
que pudiéramos calificar de confusión en la Provincia.

Por su parte en Iberville, donde se había establecido un grupo
de los inmigrantes llegados entre 1767 y 68, se había producido un
ligero incremento del que no estaba ajena la nueva incorporación
de acadianos, hallándose ahora la población total en 212 habitantes. No conocemos numéricamente el desarrollo del otro grupo
afincado en San Luis de Natchez, pero es de suponer, que el saldo
debió ser negativo, a juzgar por las frecuentes noticias de muertes
producidas entre sus componentes, lo que les llevaría, algún tiempo más tarde, a unirse al grupo de San Gabriel de Iberville [52].

Antes de seguir adelante con el estudio de los Puestos, aludiremos a ciertos datos generales que, cronológicamente, deben ser
citados.

Para 1769 y 1770, existen algunas cifras del total de habitantes
de la Provincia que desafortunadamente no han podido ser rati-
ficadas por nosotros, aunque concretamente una de ellas, contiene
datos que hacen pensar en un error de transcripción, o simplemente en que no es del todo cierta.

En primer lugar, está la que Ruth Ameda King cita como tomada del Archivo de Indias, pero que actualmente no se encuentra
donde se hallaba hace años [53]. Se trata de un estadillo mandado
confeccionar por O'Reilly, cuyos datos pertenecían a años diferentes y que presentan la cifra de 11.344 personas —se supone que
libres y esclavos conjuntamente—, y que se atribuye a 1769. Al
no separar los dos sectores sociales y no poder precisar nada más,
nos limitamos a citarlo, observando que, de ser cierta, significaría
que, desde 1766, se habría producido un descenso en el total de
almas de la colonia de 284, algo así como el 6.7‰, lo que no se
corresponde, en absoluto con la tendencia de incremento que estamos viendo que se da en la mayor parte de los establecimientos,
al menos hasta ahora, en la población libre.

La otra cifra a que nos referíamos es la que cita Gayarre, atri-
buida también a un censo de O'Reilly, pero éste recogido a través
del «Judge Martin» [54], que presenta para toda la Provincia, e igual-

---

[52] También se unieron algunas familias acadianas que habían estado en
Natchitoches. O'Reilly a Dutisnet, Nueva Orleans, 10 de abril de 1770, AGI.
PC. 110.

[53] R. Ameda King, *op. cit.*, p. 73, lo toma del número 24 Hill's Photostats:
AGI. PC. 2357: Nuestra búsqueda en este legajo ha resultado infructuosa.

[54] Cf. Gayarré, *op. cit.*, vol. II, p. 355.

mente sin hacer distinción entre libres y esclavos, salvo en Nueva Orleans, un total de 13.538 almas. No obstante, como advertíamos, se producen algunas irregularidades en estos datos que nos hacen dudar de su validez.

En primer lugar al hablar de la capital, probablemente a causa de una errata, le adjudica una población de 902 personas, cuando debía tratarse de 1.902. Pero más problemático es el número de habitantes que concede a Chapitoulas, 4.192, cuando tres años antes tenía sólo 1.141, mientras que en Alemanes sitúa una población de 883 personas, siendo así que en 1766 este establecimiento contaba ya con 1.452. Algún otro ejemplo se podría citar para concluir que la fiabilidad de estos datos no es muy alta, y que los citamos únicamente por tratarse de cifras que en alguna ocasión se han manejado para hablar de la población de la colonia.

Las llegadas a las que habíamos aludido anteriormente de nuevos colonos después de 1770 se reflejaron con igual claridad en Opelusas y Atacapas que, si bien entre 1766 y 1770 sólo vieron un incremento en sus poblaciones de un 2.5‰ y —algo más considerable— 47.2‰ respectivamente, en el año siguiente estas tasas subieron a 304.5‰ y 120.4‰, destacando sobre todas las demás de la Provincia. Evidentemente, estos índices hay que valorarlos en relación con el tamaño de las poblaciones antes del aumento, —que sabemos que era muy corto—, pero resulta innegable que, posiblemente al amparo de las favorables condiciones que ofrecía esta zona, su ritmo de crecimiento fue el más alto de todo el período.

En los cuatro años siguientes, la evolución siguió el mismo camino en estos dos establecimientos aunque con un cambio de la intensidad en los dos Puestos, que completaban el cuadro que ofrecemos de la evolución entre 1766 y 1774:

	1766	Incr. ‰ medio anual	1770	Incr. ‰ medio anual	1771	Incr. ‰ medio anual	1774
Opelusas	195	2.5	197	304.5	257	182.5	425
Atacapas	138	42.7	166	120.4	186	228.6	345

Sobre el Puesto de Natchitoches, sin embargo, la situación no aparece tan clara como en los que venimos estudiando. Según el Padrón de Gálvez, en el que se utilizaron datos de 1769 referentes al establecimiento citado y al minúsculo de El Rápido, constaba una población de 415 personas. Curiosamente, en el Censo General de 1766, tres años antes, Natchitoches sólo —aunque podría ser que estuviese incluido también El Rápido— ya tenía el mismo volumen, en tanto que Nugent y Kelly daban para ambos núcleos un total de 486 personas en 1770. Es difícil pensar en un incremento de 171‰ entre 1769 y 1770, dando por supuesto, una vez más, que no se produjeron inmigraciones masivas, desconocidas hasta el momento. ¿Es posible que se refieran las cifras de Natchitoches en el Padrón de Gálvez a 1766 en lugar de a 1769? Pero si fuese así, ¿porqué no se aprovecharon los datos facilitados por Nugent y Kelly? Entre la cantidad de 1766 y estos últimos, el incremento medio/año resulta de 40.2‰, que de todas formas, habría necesitado de la participación de un movimiento inmigratorio para cristalizar.

Otro punto cuya evolución poblacional no se halla muy clarificada durante este primer período, es Illinois con sus dos Puestos de San Luis y Sta. Genoveva. Hemos de hacer cierta consideración sobre la referencia que de la población de esta zona hace J. Caughey [55], en el sentido de que bajo la gobernación de Unzaga el distrito de Illinois experimentó un indudable florecimiento, manifestado, según el autor, por la evolución registrada a través de ciertos datos citados en la obra referentes a los años 1770-71, 1772, 1776 y 1779, y relativos al conjunto de la población libre y esclava. Lógicamente, dicho autor lleva razón cuando habla del tamaño físico de ambos grupos sociales a un tiempo. Sin embargo, observándolos separadamente, hay que hacer la observación de que entre 1775 y 1779 el número de habitantes libres parece que fue en descenso, coincidiendo con una serie de problemas económicos a que haremos mención en el segundo Período, y esto obliga a matizar la afirmación anterior.

Sobre Illinois, otra zona alejada de la capital como era también Natchitoches, hay una información poco abundante para poder estudiar la evolución de la población libre durante este primer período [56], y desde 1766 no encontramos cifras hasta 1775, a través del Padrón de Gálvez que arroja la cantidad de 992 personas para ambas poblaciones conjuntamente. Ello nos obliga a considerar también de forma global las cantidades que teníamos en 1766, que

---

[55] J. Gaughey, *Bernardo de Gálvez in Louisiana, 1776-1783*, Berkeley, Ca. 1934, pp. 53-4.

[56] Únicamente los datos del «Primer Padrón y Lista...» de 1766, y los del «Padrón General...» de 1777.

sumaban 576 personas, resultando que el incremento medio anual entre las dos había sido del 66.3‰, delatando con toda claridad la presencia de una corriente inmigratoria.

Abandonando por un momento la óptica localista que estamos manteniendo y apliando algo más nuestro enfoque, hemos de decir que a pesar de que, en líneas generales, estamos detectando en muchos lugares los efectos de una inmigración que parece que, más o menos intensamente, fue continua desde 1770, también se produjo al mismo tiempo cierto flujo —realmente casi imperceptible— emigratorio desde la Provincia. De éste, sólo nos han quedado muestras para los años 1769 al 1971, cuando, quizá, fue más acusado. Así tenemos que, entre noviembre de 1769 y marzo de 1771, salieron de la colonia, de una forma controlada, 206 personas, 130 de las cuales lo hicieron exactamente entre marzo y junio de 1770. Muy probablemente la procedencia de la mayoría fuese la misma capital, pero de cualquier forma pensamos que puede ser interesante apuntar la existencia de este fenómeno, coincidiendo, como se aprecia, con el final del período de agitación política después de la salida de Ulloa y los primeros momentos de O'Reilly en la Provincia, organizando radicalmente la situación [57].

Y así llegamos a 1777 cuando el Padrón de Gálvez, junto a otros censos particulares, va a proporcionarnos una panorámica más o menos precisa de la situación general de la población de la colonia.

Había dos núcleos sobre los que no hemos podido saber nada durante los once años transcurridos desde 1766 hasta ahora, y eran Alemanes y Punta Cortada. Eminentemente agrícolas, en ellos aparentemente la inmigración jugó poco o ningún papel durante el período, y en 1777 aparecían con 1.269 y 636 habitantes respectivamente, lo que suponía los incrementos que el cuadro muestra:

	1766	Incr. ‰ anual	1777
Alemanes	943	28.2	1.281
Punta Cortada	515	17.6	624

Pensando que se trataba de poblaciones, sobre todo Punta Cortada, en las que el nivel de la producción agrícola parecía elevado [58], no resulta muy aventurado suponer que estos índices podían

---

[57] «Noticia de las personas que han salido de la Provincia desde 2 de septiembre de 1769 a 26 de octubre de 1771», AGI. PC. 110.

[58] En las «Declarations faites parles habitants de la Pte. Coupée et Fausse Riviére de leurs récoltes en mahys conformement aux ordres de

ser muy bien producto, casi exclusivo, del movimiento natural de la población mediante la combinación de unas tasas de natalidad y mortalidad, que podrían ser consideradas normales en algunas poblaciones coloniales como la nuestra. Las tasas registradas, de ser ciertas, reflejarían una natalidad muy alta y una mortalidad no tanto para la época y el lugar en que nos movemos —podrían oscilar entre 55‰ y 35‰ aproximadamente— [59]. Dichos niveles podrían ser mantenidos únicamente con el sustento de un desarrollo económico paralelo, que no es improbable que se produjese a pesar de las dificultades generales que envolvieron durante los años 1770 a la Provincia [60], salvo Nueva Orleans que quedarán para el final, las demás zonas de la Provincia vieron incrementarse sus totales a mucha más velocidad.

Comenzando por los dos establecimientos de acadianos que eran las Parroquias de Ascensión y St. Jacques, en las que el contingente de personas incorporadas durante la década debió ser elevado, ya que los totales que presentaban ambas eran de 704 y 352 personas respectivamente, con lo que, a partir de las 600 personas que habíamos calculado aproximadamente que había en 1770, se había producido un incremento del 78.2‰ anual.

El otro grupo acadiano establecido en Iberville, al que ya se le había anexionado el resto de S. Luis de Natchez había observado un ritmo semejante al pasar de 212 a 366 personas 115.4‰

Pero de nuevo eran Opelusas y Atacapas los Puestos más afectados por la inmigración al haber alcanzado en 1777 los niveles que muestra el siguiente cuadro:

	1774	Incr. ‰ anual	1777
Opelusas	425	83.1	540
Atacapas	345	155.3	532

Suponiendo, a grandes rasgos, que la población inmigrante llegase a la colonia en las mismas condiciones económicas, sería

---

Mr. Gouverneur», AGI. PC. 188-A, una gran mayoría de familias además de cubrir sus provisiones produjo diversas cantidades destinadas a la venta con destino al exterior del Puesto.

[59] Para el siglo XVIII y algunas de las colonias inglesas en América, J. Potter, «The growth of population in America, 1700-1860», *Population in History*, ed. by D. V. Glass and D. E. C. Eversley, London, 1965, p. 646 se inclina por la combinación: 45‰ de natalidad y 20-25‰ de mortalidad.

[60] Dificultades en general no muy graves, como veíamos en el apartado anterior.

interesante comprobar el distinto resultado que produciría en las diferentes zonas la incorporación de tales volúmenes de personas, resultado, en el que indudablemente jugaría un papel muy importante, entre otros factores, las condiciones geográficas del territorio.

Junto a estas áreas fuertemente receptoras, la zona que rodeaba a Nueva Orleans, de extensas plantaciones, y en líneas generales, parece que más rica[61], se puede decir que había llevado durante este primer período un rumbo propio. Se trataba fundamentalmente de las dos orillas del río, llamadas en 1766 Bas du Fleuve y Chapitoulas, al norte de la capital. Es difícil identificar los mismos límites con que contábamos en 1766 en el Padrón de Gálvez, por eso, sólo a grandes rasgos y sabiendo el riesgo de imprecisión que esto comporta, compondremos el cuadro siguiente:

	1766	Incr. ‰ anual	1796	Incr. ‰ anual	1777
Bas du Fleuve	528	—34.7	474	20.3	557
Chapitoulas	179			95.4	488
S. Juan del Bayou y Gentilly					78

Como resulta evidente, era Chapitoulas el núcleo que más fuertemente había incrementado su población, sin que sea posible precisar exactamente en qué momento del período, iniciando así un crecimiento que iba a acelerarse en la década siguiente. Mientras tanto, las orillas del río, antes de llegar a la capital, habían permanecido casi estacionarias tras un descenso notado en 1769, en pleno momento de revuelta en la colonia.

Aparte de estas dos zonas, en 1777 se citaba un pequeño establecimiento en San Juan del Bayou, también al norte de la ciudad, que no había aparecido en el Primer Padrón de 1766, al menos como núcleo independiente, aunque sí en el «Censo de O'Reilly» citado por Gayarré, de 1770, donde se le suponían 307 habitantes, libres y esclavos (en 1777 tenía 78 colonos, 8 soldados y 325 esclavos).

Por último, nos queda por observar cuál fue la evolución experimentada por Nueva Orleans a lo largo de estos años que, como vamos a ver, presenta características algo diferentes a las del resto de la Provincia.

---

[61] Es ilustrador el elevado número de esclavos de la zona que estudiaremos al ocuparnos de este sector de la población.

En el Padrón de Gálvez, la ciudad presenta una población civil libre de 1.682 personas [62], que equivalen a un ritmo de descenso medio al año de —2.9‰ que coloca a su población como la más estacionaria de la Provincia durante el período. ¿Qué factores pudieron influir en esta marcha de la población? En primer lugar, no debemos olvidar que, aunque sólo fuera por un espacio corto de tiempo, se produjo una ligera emigración que contribuiría a mermar el volumen que estudiamos.

También hay que recordar la epidemia de fiebre amarilla que sobre 1766, principalmente, castigó a la región siendo destacable su acción en la capital [63]. Y, desde luego, el decrecimiento del ritmo comercial que innegablemente se produjo, aunque aún falta por precisar en qué medida [64], debió perjudicar la vida económica de la ciudad y repercutir en la composición de su población. Relacionado con esto, están las crisis de abastecimiento de harinas, producidas hacia 1772 y 1773, cuando hubo que recurrir al aprovisionamiento de Illinois español e inglés, y de algunos puestos de las colonias americanas [65].

Todo ello contribuyó a hacer de la capital, en el plano poblacional, una entidad independiente de las demás zonas de la colonia, entre 1763 y 1777 al menos, fenómeno interesante que sería posible poner en relación con la hipótesis de la desintegración económica del territorio, que hemos adelantado en el punto anterior, para comprobar precisamente hasta qué punto Nueva Orleans se constituía como núcleo aparte en la Provincia.

Hay una cuestión de carácter general que queda por resolver en el tema del volumen de población dentro de este primer período. Hasta el momento se ha aceptado que la Provincia tenía en 1777 la población que indica el Padrón de Gálvez que hemos estudiado. Siempre se ha hecho referencia sólo al total absoluto, incluyendo libres y esclavos, sin percibir siquiera que, como nosotros hemos puesto de manifiesto, el propio documento aclara que algunos de los datos citados corresponden a varios años antes de su fecha [66]. Para subsanar esta diferencia, el autor del documento calcula que

---

[62] Excluimos 369 individuos calificados de militares.

[63] Ver nota 16.

[64] Resultan imprecisas las consideraciones de J. Clark, *New Orleans, 1718-1812...*, *op. cit.*, cap. 9, pp. 158 y 55.

[65] Ibid., p. 174.

[66] Concretamente el documento aclara que para «Ilinoeses» se tomaron datos de 1775, para Arkansas de 1773, para Natchitoches de 1769 y para Opelusas y Atacapas de 1774.

la misma no implicaba, aproximadamente, más que 200 personas de defecto en la evaluación total, se supone que refiriéndose conjuntamente a población libre y esclava; tales son los casos de Opelusas y Atacapas, por ejemplo en 1774; o Iberville en el mismo 1777.

Según nuestros cálculos, esta supuesta diferencia queda sólo ligeramente corta, resultando de nuestras aproximaciones la de 400 personas, aproximadamente, con lo que hacia 1777, de acuerdo con el cuadro que presentamos a continuación, la población libre de la Provincia debía aproximarse a 8.629 personas civiles, más 476 militares formando parte del Batallón de Luisiana.

	Cifra referencia	Padrón Gálvez	Diferen.	Población 1777
Nueva Orleans		1.682		1.682
Orilla derecha		488		488
Orilla izquierda		557		557
Alemanes		1.281		1.281
Acadianos	1.056 (1777)	1.047	Insignif.	1.056
Iberville	366 (1777)	374	Insignif.	366
Opelusas	540 (1777) ⎫	747 (1774)	325	1.072
Atacapas	532 (1777) ⎭			
Natchitoches	453 (1770) ⎫	415 (1769)	116*	531
y Rápido	677 (1787) ⎭			
Punta Cortada		624		624
Arkansas		53		53
Illinois	908 (1779)	992 (1775)	—42**	950
		8.260		8.629

* por intrapolación aplicando la tasa resultante de 23.9‰ de incremento medio anual.
** id. id. con la tasa —21.8‰.

Contando con las diferencias en la evolución de cada uno de los Puestos, que hemos ido marcando durante estos años, resultaba en conjunto para toda la Provincia, desde 1766 cuando los datos eran más fidedignos, un ritmo de incremento medio/año de 38‰, acusando obviamente todos los aumentos que se habían producido, de forma predominante, como hemos advertido, en la Luisiana Baja. Aumentos protagonizados, fundamentalmente, por aquellos acadianos en un movimiento que no estaba costeado por la corona española sino por la inglesa. Aunque España aceptase la inmigración encontrándola beneficiosa para la Provincia, dada su inmensidad deshabitada que creaba un vacío que podía ser ocupado por otra potencia —Inglaterra—, poniendo en peligro con ello la integridad de Nueva España, podemos afirmar que, sobre todo en un principio, se trata en cierta medida de una inmigración incontrolada e inmotivada desde Luisiana por España, pues cuando Ulloa llegó a la Provincia ya se hallaban establecidos los primeros contingentes de colonos. Esta característica, diferencia a este movimiento de otros que veremos en el estudio, que fueron especialmente promovidos por el Gobierno, o incluso motivados por otras causas.

Por otra parte, el grupo inmigrante forma una unidad uniforme social y, probablemente, también económica. Como ejemplo de la primera cuestión, podemos recordar el caso de aquellos primeros llegados en 1764-1765 que trajeron consigo, desde Acadia, los libros Parroquiales, donde se hallaban registrados ellos y sus antepasados, quizás como reliquia que simbolizara su tronco común.

En cuanto a su zona de asentamiento, el área que hoy corresponde al llamado «cajun country», triángulo Opelusas-Atacapas, Punta Cortada, Alemanes, probablemente no era, ni con mucho, la más favorable a donde podían haber sido destinados los colonos, pero la falta de planificación por lo inesperado del fenómeno, la escasez de medios y la necesidad de los mismos colonos, hizo que fueran establecidos cerca de la capital, en principio por el corto número de los primeros llegados, en tierras a orillas del río o en praderas de Opelusas y Atacapas.

Pero posteriormente, los imperativos sociales hicieron que los contingentes venideros se fuesen concentrando en tierras pantanosas de no muy buena calidad, que mantuvieron a estos grupos en condiciones económicas mediocres.

En general, tan sólo en determinados lugares y en momentos muy concretos, se produjeron descensos o estancamientos de población, como por ejemplo:

> Acadianos entre 1763 y 1766: tasa de aclimatación al territorio.
> Bas du Fleuve entre 1766 y 1769: coincidencia con el paso de la fiebre amarilla.
> Nueva Orleans a lo largo de todo el período, en el que hubo problemas, como sabemos, tales como la fiebre amarilla, escasez de alimentos y descenso del comercio.

Illinois hacia 1775 y años siguientes, coincidiendo con un momento de decaimiento del comercio con los indios y años duros climatológicamente.

Por último, igualmente, en contadas ocasiones los índices del movimiento real se muestran tan moderados, que puedan ser atribuidos, en la medida más importante, al desarrollo exclusivo de los factores demográficos naturales:

Alemanes y Punta Cortada, desde 1766 a 1777, centros de escasa afluencia inmigratoria.

Bas du Fleuve entre 1769 y 1777 y Chapitoulas entre 1763 y 1766.

Opelusas entre 1766 y 1770: primeros años del establecimiento y posible influencia de la fiebre amarilla.

En los tres primeros núcleos la situación es estable y las tasas experimentadas en ellos, pueden servirnos de referencia para valorar el crecimiento vegetativo teórico de algunas poblaciones de la Provincia.

3. COMPOSICIÓN POR EDADES

Una de las dos estructuras básicas en los análisis transversales de población es sin duda, la de edades. Su influencia se extiende a todos los demás aspectos de la actividad poblacional: la mortalidad, la nupcialidad, el estado civil, la fecundidad, etc., dependen, en mayor o menor grado, de la composición por edades de la población. Evidentemente, ampliando la óptica, y considerando todas las facetas de la actividad humana, dicha estructura de edades influye y es influida, a un tiempo, por múltiples aspectos de índole social, económico, político, sanitario, etc...; en realidad, resulta prácticamente innecesario esforzarnos en resaltar la importancia que, dentro del grupo humano, tiene el modo en que se hallan repartidos sus componentes según sus edades.

Advertimos en el apartado de Metodología el tipo de limitaciones que vamos a encontrarnos en este punto, a pesar de lo cual procuraremos aprovechar al máximo los datos de los censos, en el orden establecido en la advertencia hecha al comenzar este período. Centrándonos en los datos de 1763, tan sólo podemos conocer a través de ellos el porcentaje de población infantil en los Puestos censados —se trata de un documento clasificado en el tipo D en el Apéndice I—, con límites establecidos en los 14 años para la población masculina y los 12 para la femenina [67]. Esta diferencia de dos años de un sexo a otro va a hacer que los porcentajes totales que obtengamos —y se notará más a medida que el volumen de la población sea menor—, resulten algo disminuidos en relación con los que normalmente hallemos a base de fijar el límite en 14 años para ambos sexos.

Teniendo en cuenta este hecho, tenemos que las proporciones de niños en dichos Puestos son las siguientes:

	Varones	%	Hembras	%	% conjunto sobre el total
Nueva Orleans	260	19.9	237	18.1	38.—
Alemanes	137	16.9	185	22.8	39.7
Punta Cortada	102	23.5	121	27.8	51.3
Acadianos	96	15.8	72	11.8	27.7
Bas du Fleuve	58	17.9	48	14.8	32.8
Chapitoulas	19	10.8	11	6.2	17.—

En principio, sin llegar a establecer ninguna comparación con poblaciones similares, resulta verdaderamente sorprendente el alto porcentaje de casi todas éstas, al menos, las que por su volumen merecen ser consideradas. Excepto el 27.7% de los acadianos, a partir del 32.8% de Bas du Fleuve las proporciones son muy altas, aunque parece que pueden ser tomadas como normales dentro de poblaciones del tipo de las que nos ocupan, esencialmente agrícolas. En una zona de nueva colonización como era la canadiense a finales del siglo XVII vemos que el porcentaje de población infantil (menos de 15 años), concretamente en 1681 era del 46% aproximadamente [68].

En una primera impresión se distinguen tres grupos en los datos ofrecidos: en primer lugar Punta Cortada con 51%; en segundo Nueva Orleans y Alemanes 38 y 39% respectivamente; en

---

[67] «Colonie de la Lousianne 1763. Recapitulation générale des Recensements ci joints faits à la Nouvelle Orleans...», AGI. Sto. Domingo 2595.

[68] J. Henripin, La population canadienne..., op. cit., p. 120. Los cálculos hay que hacerlos sobre la pirámide dibujada, ya que el cuadro no presenta los datos conjuntamente.

tercer lugar, alrededor de los 30%, con cierta diferencia, los acadianos y Bas du Fleuve.

Sin embargo, tras haber llegado a la conclusión de que la «Recapitulación...» —de la que hemos obtenido estos datos— pudiera no incluir cierto sector de la población, hemos de considerar los mismos con cierta reserva, dependiente de ese hecho y también de si el mismo estaría comprendido por un número indeterminado de familias, o por un grupo profesional determinado, caso este último que podría alterar sustancialmente los resultados.

Nos encontramos por tanto, ante poblaciones extremadamente jóvenes, características, que unidas al fenómeno de la fuerte inmigración recibida, hacían posible que sus números se doblasen en breves plazos de tiempo [69].

En 1766 encontramos los primeros censos del tipo A que nos van a dar una idea más exacta de la composición por edades de los núcleos a que se refieren, además del «Primer Padrón...» del mismo año, del tipo D.

En este último documento los datos referidos a la población infantil en los distintos Puestos eran los siguientes:

	Varones	%	Hembras	%	% conjunto sobre el total
Nueva Orleans	315	18.1	287	16.5	34.6
Bas du Fleuve	80	15.1	67	12.7	27.9
Chapitoulas	38	21.2	29	16.2	37.4
Alemanes	259	26.6	228	23.4	49.9
Punta Cortada	111	20.7	137	25.5	46.2
Natchitoches	78	18.8	81	19.5	38.3
S. Luis Illinois	37	14.4	36	14.—	28.4
Sta. Genoveva	35	10.9	41	12.8	23.8
Kabakan	20	14.—	18	12.6	26.7
Cabahanoce	56	20.6	26	9.6	30.2
Atacapas	22	15.9	22	15.9	31.8
Opelusas	44	22.7	35	17.9	40.5
Arkansas	10	22.7	10	22.7	45.4

Sobre las posibles relaciones entre dicho Padrón y los censos particulares ya hemos adelantado ciertas observaciones anterior-

---

[69] Ver J. Potter, *The growth of population in America...*, op. cit., p. 632.

mente. Sin embargo, en este punto, volveremos a insistir en una confrontación entre los dos tipos de datos que nos ayuden a tener una visión mas exacta del problema. Por lo que respecta a la coincidencia o no, puntualizaremos que en el caso del censo local de Cabahanoce, hemos observado que aquellos individuos de menos de 13 años son los que exactamente están considerados para dicho núcleo de población en el «Primer Padrón...» bajo los epígrafes «niños» y «niñas». A pesar de ello, y motivado por la diferencia que vimos que se daba en los totales entre los dos documentos, el porcentaje de población infantil arroja también entre ambos un 2.7% de variación: 30.2% en el Padrón y 32.9% en el censo particular.

En cuanto al censo de Punta Cortada tiene las mismas relaciones con respecto al Padrón General que las que acabamos de ver para Cabahanoce, aunque como ya advertimos en el apartado anterior, no está tan claro que se trate del documento base sobre el que se elaboró el Padrón. En principio, al igual que antes, los «niños» más las «niñas» en este último suman 248, el mismo número de individuos menores de 13 años del censo particular. Sin embargo, como veremos más detenidamente, el reparto por sexos en estas edades no coincidía en los dos censos, lo que nos hace dudar de que se tratasen de los mismos datos. En resumen reducidos a la misma forma son los siguientes:

	Punta Cortada en «Primer Padrón»	Censo Particular de Punta Cortada
Población Total	536	515
Población infantil y % (menos de 13 años).	248 46.2%	248 48.1%

De cualquier forma todo parece indicar que el porcentaje de población infantil había descendido ligeramente en el transcurso de tres años considerando los datos disponibles para 1763. ¿Qué había ocurrido con los demás Puestos, refiriéndonos por el momento sólo a la población infantil? Veamos los datos que aparecen en el gráfico 1.3.A que corresponden a la lista ofrecida anteriormente, donde podemos notar que Nueva Orleans había descendido a un 34%, en tanto que Bas du Fleuve y Chapitoulas, habían convertido sus porcentajes en 27.9% y 37.4% respectivamente. Y si bien el primero de ambos establecimientos, según las mismas fuentes que estamos utilizando, había experimentado un incremento de 177.2‰ (que nos parece exagerado) y pudo haber modificado fundamentalmente su composición por edades; el segundo, que parece que sólo observó un incremento del 5.6‰, difícilmente pudo aumentar sus escalones infantiles de edades de 17% a 37.4%. Todo lo cual apoya la crítica que en el punto anterior hicimos de la «Recapitulation General» de 1763. Alemanes por su parte había ascendido a un 49.9% desde el 39.8% de 1763, constituyendo esta oscilación el rasgo más notable de los observados.

No hay que olvidar que en 1763 se había considerado los varones hasta los 14 años y las hembras sólo hasta los 12, mientras que en 1766, si estimamos que se habían tomado los datos del segundo de los censos particulares que hemos visto para los Alemanes, habrían sido incluidos los varones por debajo de los 15 años y las hembras con menos de 13, sin especificar si inclusive o exclusive estas edades. De cualquier forma, la diferencia de un año, si existía, hace muy difícil, si no imposible, la justificación del paso de un porcentaje a otro en el transcurso de tres años transcurridos. En número absolutos suponía pasar 322 individuos a 487, lo que significaría un incremento medio al año —en población infantil— de 147.8‰, realmente inverosímil, incluso aceptando la hipótesis de una fuerte inmigración, por fuerte que ésta hubiera sido, e insistimos en que parece no haberse producido.

Por su parte Punta Cortada, según este Primer Padrón —ya veremos que otros datos nos facilitan otra información—, habría descendido de un 51% a un más «normal» —entendiendo por normal el acercamiento a un porcentaje más bajo— 46.2%, en tanto que Natchitoches aparecía con un 38%.

Los demás Puestos se mantenían a unos niveles inferiores, destacando entre todos Lafourche, uno de los núcleos formado exclusivamente por inmigrantes acadianos, con 26% que, aunque casi coincidiera con el porcentaje de población infantil de la totalidad de los acadianos en 1763, no se puede afirmar que ambos datos estén directamente relacionados, ya que por otro lado, existían otros tres establecimientos nutridos especialmente por estos acadianos. Concretamente, el otro puesto que era la Parroquia de la Ascensión tenía un 40.6%. De cualquier forma, sería necesario relacionar estos porcentajes, comparativamente bajos, de población infantil de los acadianos, con el descenso de su población total, que ya sabemos que se produjo en estos años.

Desde otro punto de vista, las poblaciones de Illinois, San Luis y Sta. Genoveva, con un 28% y un 23% respectivamente de población infantil, constituían los núcleos más envejecidos de la colonia. No disponemos de unas causas fáciles para explicar este hecho. Posiblemente se relacione, en parte, con la estructura profesional de la zona, que comprendía un alto número de cazadores, remeros, y personas de profesiones móviles, en general, y éste, a su vez, indudablemente, con la estructura por sexos, aunque, como vamos a tener ocasión de estudiar más adelante, el modo de relación entre estos diferentes factores no se halla muy claramente establecido [70].

En suma, en un intento de clasificar comparativamente los diferentes núcleos, teniendo en cuenta estos porcentajes de población infantil, hemos confeccionado el siguiente cuadro:

Grupo I   Menos del 25% Santa Genoveva
»   II de 26 a   35% Nueva Orleans, S. Luis, Lafourche
»   III de 36 a   45% Natchitoches
»   IV   Más del   45% Alemanes, Punta Cortada.

Volviendo a los censos del tipo A de 1766, a los que ya hemos aludido, los estudiaremos en más detalle, para completar la visión de las estructuras que estamos observando [71].

Del de Cabahanoce consideramos que sólo interesa ofrecer los porcentajes de las edades comprendidas entre 0 y 14 años, 15 a 49 y más de 50, diferenciando por sexos ya que, a causa del corto volumen de población, no son excesivamente relevantes las oscilaciones que observemos en ella. Estos porcentajes eran:

	Varones	%	Hembras	%	% sobre el total
I edad (0—14)	58	22.2	35	13.4	35.6
II edad (15—49)	98	37.5	64	24.5	62.—
III edad (+50)			6	2.3	2.3

[70] Nos referimos a la composición de los «menages» en estas poblaciones en las que, por las características que estamos estudiando, sería lógico esperar unidades demográficas de pequeño tamaño. Sin embargo veremos que, al menos en estos primeros años, la concentración de personas por menage era de las más altas de la Provincia.

[71] Para ver las características de los censos y un intento de tipología de los mismos, remitimos al Apéndice I.

Punta Cortada, como hemos dicho, podía representar un tipo diferente de población por su extrema juventud, y su pirámide aparece en el gráfico 1.3.B.

Al margen de la desproporción entre sexos, notamos que estos datos nos presentan una población menor de 15 años de 50.6%, lo que indicaba un descenso, si no decisivo, sí visible con respecto a la situación de 1763, ya que entonces con menos escalones de edad estimados, el porcentaje había resultado mayor. De cualquier manera aún seguía por encima del 50%, que significaba una tremenda juventud, y con ello dentro de la frontera convencional que hemos fijado para establecer los grupos de poblaciones lo que hace que nuestras conclusiones no deban variar sustancialmente.

Por otra parte, se nota una gran irregularidad en el sector masculino, sobre todo a partir de los 25 años, con unos salientes a los 40-44 y 60-64 años verdaderamente anormales, precedidos de sendas fallas a los 25-29 y 55-59, que marcan una estructura desequilibrada entre los hombres. En el campo de las mujeres la situación es mucho más regular, siendo muy destacable el vertiginoso rejuvenecimiento registrado en los últimos 15 años, normalizado en los cinco postreros. También se produce un descenso en los 25-29 años, seguido de un despegue estabilizado hasta los 40 años, a pesar de lo cual, insistimos, el resultado es mucho más regular que el de los varones.

Por grupos de edades, ambos sectores participaban de la siguiente forma:

Nivel de edad	Varones	%	Hembras	%	% sobre el total
I	110	21.4	150	29.2	50.6
II	122	23.6	93	18.—	41.7
III	34	6.6	6	1.1	7.7

Así pues, en un primer repaso han quedado diferenciados los rasgos de algunos de los núcleos, sitúandose en los extremos del cuadro establecido más arriba. Sta. Genoveva de Illinois en el escalón inferior atendiendo a su volumen de población infantil —San Luis, pueblo vecino se sitúa en un nivel contiguo con características similares—, y, por otra parte, Alemanes y Punta Cortada, tremendamente jóvenes en estos años.

En el centro, con características intermedias, quedan algunos núcleos acadianos, más Nueva Orleans y Natchitoches con ciertas diferencias entre sí.

Seguidamente procederemos cronológicamente a revisar la situación de las diferentes poblaciones sobre las que conozcamos datos para los próximos años.

En 1767 y 1768 llegan los acadianos destinados en San Luis de Natchez y San Gabriel, que conjuntamente presentaban una población algo más joven que la de los llegados en los años 1764-1765. Así, mientras que para estos últimos veíamos un 27.7% de niños con menos de 13 años, los primeros repartían sus componentes por bloques de edades según el siguiente cuadro:

Nivel de edad	Varones	%	Hembras	%	% sobre el total
I	64	17.7	80	22.1	39.8
II	94	26.—	105	29.1	55.1
III	7	1.9	11	3.—	4.9

El porcentaje de población infantil era semejante, por ejemplo, al existente en Natchitoches en 1766 lo que situaría a estos inmigrantes en lo que habíamos llamado grupo III, aunque cabe advertir en lo que tiene de significación económica el reparto de edades que, en tanto que Natchitoches tenía una agricultura con unos niveles de producción posiblemente suficientes para su propio abastecimiento [72], los acadianos, con muy pocos medios a su alcance, pasaron por serias dificultades de supervivencia [73]. Y sería posible que este peso de su población infantil, unido a sus específicas características de composición por sexo, jugase un papel importante en su evolución.

Si comparamos detenidamente los datos anteriores con los de uno de los centros en que fueron divididos los primeros acadianos, el de la Parroquia de la Ascensión en Cabahanoce en 1766, cuyos datos los presentamos más arriba, podremos ver ciertas similitudes entre ambos, sobre todo en la columna de totales, aunque no quepa extraer de ellas consecuencias generales, pues éste no era sino uno de los cuatro núcleos acadianos existentes en 1766. Podría ocurrir

---

[72] El censo de 1766 daba las cifras de 914 cabezas de ganado vacuno, 581 de caballar, 597 cerdos, 157 ovejas, 83.360 libras de tabaco en la última cosecha. Así como 2.359 barriles de maíz y 258 barriles de chícharos. V. K. Bridges y W. Deville, «Natchitoches in 1766», Louisiana History, IV, 1963, pp. 145-159. Cada barril de los citados era de 190 libras aproximadamente.

[73] P. Piernas a Ulloa, 5, 11 y 18 julio de 1768, AGI. Papeles de Cuba, 2357.

que otros presentaran características distintas, sin olvidar nunca que nos movemos con volúmenes de menos de 400-500 personas.

No obstante en 1769 y 1770, dos censos diferentes de esta zona, en las llamadas Costas de Acadianos, la Parroquia de la Ascensión y la futura de St. Jacques, volvían a mostrar una composición por edades de corte semejante al estudiado.

El primero de ambos, gráfico 1.3.C, corresponde a un grupo donde el rasgo predominante, además del desequilibrio de los sexos, sobre todo por debajo de los 30 años, es la ruptura entre la población infantil y la adulta con una fuerte hendidura en la pirámide entre los 5 y 15 años. Ello podría corresponder a un descenso de la natalidad entre estos inmigrantes (este área registra entre 100 y 200‰ de incremento medio anual entre 1766 y 1769) en los años de su movilización de Acadia. En detalle, el sector femenino ofrece más irregularidades que el masculino, y en tres bloques de edades los porcentajes de población era:

Nivel de edad	Varones	%	Hembras	%	% sobre el total
I	110	22.—	73	14.6	36.6
II	166	33.2	130	26.—	59.2
III	11	2.2	10	2.—	4.2

Por su parte el censo de 1770, que ya sabemos que incluía una parte de la población del anterior, arrojaba los siguientes valores:

Nivel de edad	Varones	%	Hembras	%	% sobre el total
I	62	22.1	43	15.3	34.7
II	83	29.6	76	27.1	56.7
III	8	2.8	8	2.8	5.6

Efectivamente excepto pequeñas diferencias que, casi no merecen ser resaltadas, las similitudes con los grupos de 1766 son fuertes y están denotando la existencia de un tipo determinado de composición que difiere del estudiado en otras zonas de la Provincia. Dichas ligeras diferencias, concretamente en el escalón de la edad I, oscilan entre 34.7% y 36.6%, que si bien hace colocarse a los dos núcleos en grupos distintos por la división arbitraria que nosotros mismos establecimos en 35%, de hecho su similitud es evidente, y concuerda con las características que presentaba para 1766 la Parroquia de la Ascensión en Cabahanoce: 35.6% de población infantil.

Relativa semejanza ofrecían también los llamados Bas du Fleuve, antes de llegar a Nueva Orleans ascendiendo el río, que en 1769 disponía de una estructura por edades como muestra el gráfico 1.3.D. A simple vista se nota que se trata de un tipo algo distinto de población, con una similitud por sexos aún mayor que la observada en Parroquia Ascensión en 1769. En este caso prácticamente no existen coincidencias por grupos quinquenales en los dos sectores, salvo apenas, en los dos o tres primeros escalones de edades. A partir de los 15-19 años, las discordancias son marcadísimas, aunque por grandes bloques de edades los porcentajes se reparten así:

Nivel de edad	Varones	%	Hembras	%	% sobre el total
I	86	18.1	89	18.7	36.8
II	122	25.7	111	23.4	49.1
III	46	9.7	20	4.2	13.9

Manteniendo algunas semejanzas la columna de totales con las de las poblaciones acadianas, en realidad el conjunto resulta mucho más irregular. Es de destacar también como se nota un pequeño descenso entre los 15 y 50 años, en relación con los grupos de acadianos, para aumentar la proporción de ancianos a casi un 14%, lo que podría ser debido a una mayor estabilidad en las condiciones vitales en un caso que en el otro. De cualquier forma todas ellas se colocan en el límite de los Grupos II y III, en un término medio bastante exacto del cuadro general de la colonia.

En 1769, por otra parte, según los datos del Padrón de Gálvez, Natchitoches y El Rápido presentaban, sólo en tres bloques de edades la siguiente composición:

Nivel de edad	Varones	%	Hembras	%	% sobre el total
I	99	23.8	90	21.7	45.4
II	128	30.8	80	19.2	50.—
III	10	2.4	8	1.9	4.3

(ver gráfico 1.3.E)

aunque la información aportada por Nugent y Kelly para el año
siguiente y las mismas poblaciones daba los valores,

Nivel de edad	Varones	%	Hembras	%	% sobre el total
I	105	21.6	102	21.—	42.6
II	161	33.1	109	22.4	55.5
III	6	1.2	3	0.6	1.8

(ver gráfico 1.3.F)

Es evidente, y esto confirma lo que por otro camino habíamos
deducido en el apartado anterior sobre este problema, que tal
evolución era difícilmente posible en el transcurso de sólo un año,
sin la ayuda de una fuerte inmigración que por el momento desconocemos. De cualquier manera, a muy grandes rasgos, sí parecen
claras las líneas de la composición de esta población en lo que a
edades se refiere: entre 40 y 45% de edad infantil con ligero predominio de la participación masculina, lo que la colocaba en el
Grupo III, cerca de todas formas del IV; más del 50% entre 15 y
50 años con un fuerte desequilibrio en favor de los varones; y
menos del 5% con más de 50 años y un porcentaje también mayor
de hombres que de mujeres.

Opelusas y Atacapas, también visitadas por los dos viajeros en
1770, distribuían sus poblaciones del siguiente modo:

OPELUSAS.

Nivel de edad	Varones	%	Hembras	%	% sobre el total
I	45	22.8	46	23.3	46.1
II	63	31.9	36	18.2	50.1
III	3	1.5	4	2.—	3.7

ATACAPAS.

Nivel de edad	Varones	%	Hembras	%	% sobre el total
I	29	17.4	26	15.6	33.—
II	65	39.1	41	24.7	63.8
III	3	1.8	2	1.2	3.—

Según estos datos, en Atacapas no había variado apenas la población infantil en relación a 1766, mientras que en Opelusas sí había subido un 6%.

Aunque entonces sólo se hubiesen considerado los 13 primeros años como edad infantil, dicho aumento era considerable para cuatros años transcurridos, teniendo en cuenta que la tasa de incremento medio anual de la población había sido de 2.5‰ en el mismo período. Ello, prescindiendo de la influencia de una eventual movilidad de la población, revelaría una alta mortalidad en edades adultas y ancianas en dichos años.

En suma, se había caminado en esta zona hacia un rejuvenecimiento de la población que parece que iba a frenarse algo al año siguiente, cuando sabemos que ambas poblaciones se han incrementado en proporciones superiores al 300‰ y 120‰ respectivamente. Las pirámides correspondientes al año 1771 de ambos puestos quedan como muestran los gráficos 1.3.G y 1.3.H, que por bloques de edades y sexos representan los porcentajes siguientes:

Nivel de edad	OPELUSAS		ATACAPAS	
	Varones	Hembras	Varones	Hembras
I	22.9%	21.—%	16.6 %	17.7%
II	32.2%	17.8 %	37.—%	24.1%
III	4.2%	1.5 %	3.7 %	0.5%

Opelusas vio reducida su población infantil en algo más de un 2%, en beneficio de la población anciana que aumentaba en la misma proporción. El resultado, en detalle, era una base muy amplia en una pirámide en la que los varones acumulaban fuertemente efectivos entre 25 y 49 años produciendo dos puntas, por llamarles así, entre dichas edades; mientras que entre las mujeres la estructura era casi completamente regular y normal.

Por su parte, Atacapas apenas elevaba su población infantil modificando ligerísimamente los restantes grupos de edades. En estos primeros años de los dos Puestos parecía haber una diferencia marcada, sobre todo, por el volumen de sus escalones inferiores que les hacían colocarse en grupos distintos: el II Atacapas y el III Opelusas, antes de que, años más tarde, se produjera un acercamiento de estas características.

Para 1774, los datos conjuntados que nos proporciona el Padrón de Gálvez para ambos Puestos hacen difícil la comparación con la tendencia que venimos observando, a pesar de lo cual nos parece interesante ofrecerlos aquí, junto a la suma de ambos Puestos en 1771, con objeto de disponer de cierto punto de referencia:

Nivel de edad	1771 Varones	Hembras	1774 Varones	Hembras
I	20.3 %	19.6%	16.1%	18.8%
II	34.3 %	20.5%	36.4%	25.8%
III	4.—%	1.1%	1.3%	1.3%

La fuerte inmigración que debieron recibir los dos Puestos entre ambas fechas habría provocado una alteración, que es la que refleja el cuadro, incrementado principalmente los grupos de edades comprendidos entre los 15 y 49 años para ambos sexos, en perjuicio de casi todos los demás.

Esta situación que acabamos de ver, era muy similar a la que por 1772 existía en Iberville entre parte de aquellos acadianos llegados en 1767-1768. En efecto, salvo el hecho de que ahora, como resultaba casi la norma en las demás poblaciones de la Provincia, los varones eran mayoría en casi todas las edades, la proporción de los grupos era parecida a cuatro años antes:

Nivel de edad	Varones	%	Hembras	%	% sobre el total
I	41	19.3	38	17.9	37.2
II	67	31.6	59	27.8	59.4
III	3	1.4	4	1.8	3.2

Y es notable el que, menos alguna excepción como la de Opelusas, por lo general estos acadianos, hasta el momento, habían sostenido unas características muy definidas en su composición por edades, quedando incluidos en el que denominamos grupo III de poblaciones: entre 36% y 45% de individuos en edad infantil.

En 1775, tres años más tarde, en Illinois la población, siguiendo un camino diferente, aunque, también probablemente, bajo un influjo de una fuerte corriente inmigratoria, había logrado estas mismas características de las que estamos hablando para los acadianos en los primeros años de la década de 1770.

Según el Padrón de Gálvez, en 1775 las poblaciones del Norte, San Luis y Santa Genoveva conjuntamente, habían experimentado un fuerte rejuvenecimiento en relación a 1766 hallándose ahora en la siguiente situación:

Nivel de edad	Varones	%	Hembras	%	% sobre el total
I	186	18.6	170	17.1	35.8
II	415	41.8	173	17.4	59.2
III	40	4.—	8	0.8	4.8

(ver gráfico 1.3.I)

Desde luego continuaba siendo muy fuerte el desnivel entre los dos sexos tanto en la segunda como en la tercera edades, sin embargo el resultado global era, en efecto, similar al que habíamos visto en el sur años atrás.

Y justamente por la fecha a que pertenecen estos datos, se estaba llevando a cabo la radical transformación de estas poblaciones acadianas en la forma que veremos a continuación, una vez más, casi en todos los lugares, gracias al fuerte incremento proporcionado por la inmigración y a la composición interna de la misma que permanece desconocida para nosotros.

La población de Atacapas en 1777 ascendía a 532 personas y en distribución por edades se realizaba en la forma que muestra el gráfico 1.3.J. Resalta sobre otras características la anchísima base del grupo, el 50.1% con menos de 15 años y el 40.6% con menos de 10, convirtiéndose en una de las más jóvenes de la colonia, y siendo la segunda vez que vemos superar el 50% en edad infantil.

Se observan también algunos estrangulamientos pronunciados en el resto del conjunto que contribuyen a conformar un perímetro irregular. Nótese entre los varones el despegue producido en los 25-29 años, así como en los 50-54, mientras que en las mujeres otros parecidos se registran a edades más jóvenes: 20-24 y 40-44 años. Pero en general, es de señalar el «hueco» de 10 a 20-25 años, producto sin duda de la historia errante de esta población. También hay que hacer referencia a la edad Omega, situada en 86 años por las mujeres, como caso verdaderamente excepcional.

Por bloques de edades los porcentajes detallados quedaban así:

Nivel de edad	Varones	%	Hembras	%	% sobre el total
I	140	26.3	127	23.8	50.1
II	132	24.8	105	19.7	44.5
III	22	4.1	6	1.1	5.2

mereciendo destacarse junto al 50.1%, el que los ancianos hayan sobrepasado el 5% del total.

Por su parte la pirámide de Opelusas presentaba la forma que aparece en el gráfico 1.3.K.

A grandes rasgos, podemos afirmar que sus similitudes con las de Atacapas eran grandes. Se seguía produciendo cierta irregularidad entre los diferentes escalones de edades en ambos sexos sobre una base realmente muy ancha.

En el sector varones, resalta un estancamiento entre los 15 y los 44 años perturbado sólo por un ligero pronunciamiento a los 30-34, mientras que las mujeres presentaban un contorno algo más regular con sólo dos estrangulamientos a los 15-19 y 25-29 años.

Los porcentajes de esta población por bloque de edades y sexos eran los siguientes:

Nivel de edad	Varones	%	Hembras	%	% sobre el total
I	148	27.4	115	21.2	48.6
II	133	24.6	104	19.2	43.8
III	29	5.3	11	1.6	6.9

Con algunas variaciones con respecto a los de Atacapas, comprobamos que la tendencia seguida ha sido la misma, la subida de la proporción entre 0 y 14 años ha sido muy fuerte en el transcurso de muy pocos años, lo que coloca también a Opelusas en el grupo de núcleos más jóvenes de la colonia con más de un 45% de población infantil.

Sin adentrarnos en el tema de la relación entre sexos, es necesario puntualizar cómo los varones contribuían con mayor número de efectivos que las hembras en la consecuencia de los porcentajes en los tres grupos de edades.

Junto a la evolución sufrida por la población de este área hay que recordar, necesariamente, el impulso que parece haber experimentado simultáneamente la industria ganadera durante los años setenta que, aunque no se halle estudiada a fondo, existen indicios para pensar que fue muy fuerte, y que pudo haber servido de soporte al desarrollo poblacional [74].

---

[74] En 1777 según los censos de Atacapas y Opelusas, las cabezas de ganado vacuno sobrepasaban la cifra de 6.600 y 4.600 respectivamente.

Recordando, una vez más, que estas poblaciones jóvenes habían surgido con el concurso de incrementos anuales del orden del 100‰, nos referiremos seguidamente a los casos de las Parroquias de Ascensión y St. Jacques, para hacer ver hasta qué punto era importante la estructura de estas poblaciones inmigrantes que se habían incorporado en los años anteriores.

Primeramente, la tasa de incremento en Ascensión había sido también de 155‰ y la pirámide de su población en 1777 aparece en el gráfico 1.3.L. Inmediatamente destaca como en Opelusas y Atacapas la enorme base del conjunto, sobre la que se construye una figura relativamente regular, en la que sólo hay que destacar dos ligeros desequilibrios, uno de los cuales, el de los varones, parece que es un recuerdo de las rupturas que se detectaban en 1770 entre los 5 y 10 años, a las que entonces nos referíamos. Para ofrecer aquí algunos datos porcentuaremos los tres grandes grupos de edades:

Nivel de edad	Varones	%	Hembras	%	% sobre el total
I	180	25.5	174	24.7	50.2
II	174	24.7	136	19.3	44.—
III	24	3.4	16	2.2	5.7

Frente a este núcleo, la Parroquia de St. Jacques en la que la inmigración jugó un papel menor, con un incremento de sólo 33‰ al año, no alcanzaba la cota del 50% en edades infantiles, resultando así el cuadro de sus bloques de edades:

Nivel de edad	Varones	%	Hembras	%	% sobre el total
I	79	22.4	78	22.1	44.6
II	96	27.2	77	21.8	49.1
III	14	3.9	8	2.2	6.2

(ver gráfico 1.3.M.)

De cualquier forma resultaba evidente que la tendencia al rejuvenecimiento había calado también en ella, al tiempo que el escalón anciano superaba también el límite del 5%, como en los grupos anteriores.

Por último nos queda por ver el núcleo acadiano de Iberville, zona geográfica hostil a la colonización humana según afirmaba algo más tarde, en 1778, D. Francisco Bouligny[75], cuya pirámide en 1777 —gráfico 1.3.N— destaca por lo irregular y compacto al mismo tiempo. Ello se explica porque, si bien nos hallamos ante otro caso de población joven tipo medio —grupo III— de entre las que estamos observando, puesto que sólo se alcanza un 40.1% con menos de 15 años, en gran medida esto se logra a base exclusivamente del primer escalón que proporciona un 19.6% del total de la población. A partir del mismo, los efectivos se reducen y observamos que, entre los varones, los grupos 5-9 y 35-39 tienen el mismo volumen: 19 personas, y entre las hembras sucede casi lo mismo con los escalones 5-9 y 30-34. Al lado de estas alteraciones, como la que se registra entre los 25 y 35 años de los varones, se observa cómo la pirámide carece de pico final casi por completo, terminando de forma relativamente brusca, volviendo a ocurrir una ruptura y reaparición en el campo de las hembras.

Los porcentajes por sexos y grupos de edades eran:

Nivel de edad	Varones	%	Hembras	%	% sobre el total
I	80	21.8	73	19.9	41.7
II	114	31.1	86	23.4	54.5
III	7	1.9	6	1.6	3.5

Sin alcanzar las proporciones logradas en la zona de Opelusas-Atacapas, asistimos a un proceso semejante de progreso en los porcentajes de las edades infantiles, al tiempo que las correspondientes a más de 50 años se reducen considerablemente. No parece arriesgado afirmar que, en este núcleo, la inmigración tuvo un papel menos importante que en otras zonas durante este primer período, por lo que el incremento del primer escalón de la pirámide hay que explicarlo como producto del movimiento natural del grupo que puede adivinarse especialmente favorable en los últimos 4 ó 5 años.

En esta exposición inversamente gradual que estamos pretendiendo, de modificación de las estructuras por edades, vamos a llegar por fin a los dos Puestos que, en 1766, habían registrado los porcentajes más altos de población infantil, y que veremos que han seguido un camino inverso al observado hasta ahora en los núcleos que acabamos de analizar.

---

[75] F. Bouligny a Gálvez, Nueva Orleans, 3 diciembre de 1778, AGI. PC. 2358.

Punta Cortada y Alemanes que, como vimos en el Apartado dedicado al volumen de las poblaciones, habían mantenido desde 1766 unas tasas de incremento que podían ser explicadas por el solo movimiento natural de sus poblaciones, habían transformado sus estructuras de edades de modo que, en 1777, según el Padrón de Gálvez su situación era la siguiente:

PUNTA CORTADA.

Nivel de edad	Varones	%	Hembras	%	% sobre el total
I	131	21.—	134	21.4	42.4
II	160	25.6	161	25.8	51.4
III	30	4.8	8	1.3	6.1

(ver gráfico 1.3.0)

ALEMANES.

Nivel de edad	Varones	%	Hembras	%	% sobre el total
I	286	22.3	276	21.5	43.8
II	360	28.1	297	23.2	51.3
III	52	4.—	10	0.7	4./

(ver gráfico 1.3.P.)

Como se puede comprobar, las similitudes, al igual que en 1766, entre ambas poblaciones eran verdaderamente fuertes, no superando las diferencias por bloques de edades y sexos, el 3% en ningún caso.

Vemos también que los dos establecimientos habían reducido sus porcentajes de población infantil a 42.3% Punta Cortada, y 43.8% Alemanes, lo que hacía que se colocaran en el grupo inferior al que se hallaban en 1766, de los que habíamos construido para clasificar a las poblaciones según su grado de juventud.

Otro hecho que merece ser constatado es la proximidad de los porcentajes en ambos sexos hasta los 50 años, mucho mayor que la que existía en 1766, y que veremos con mayor claridad en el apartado siguiente.

Pudiéramos decir que estas poblaciones habían marchado durante la década de 1770 hacia un mayor equilibrio en sus estructuras internas.

En último lugar, y también en 1777 sólo nos queda por ver la composición por edades en la capital y en las dos zonas de plantaciones que la rodeaban, Chapitoulas y Bas du Fleuve. Primeramente estos dos establecimientos se hallaban en una situación muy parecida a la que tenían Alemanes y Punta Cortada, con unos porcentajes tanto totales como parciales similares. Así Bas du Fleuve disponía de:

Nivel de edad	Varones	%	Hembras	%	% sobre el total
I	112	20.7	150	18.5	39.2
II	155	21.7	118	21.8	50.5
III	33	6.1	22	4.—	10.2

mientras que en Chapitoulas los valores para los mismos grupos de edades eran:

Nivel de edad	Varones	%	Hembras	%	% sobre el total
I	101	20.7	88	18.—	38.7
II	128	26.2	103	20.1	47.3
III	48	9.8	20	4.1	13.9

Ambos núcleos habían incrementado ligeramente sus escalones infantiles respectivos, aunque no hay que olvidar que Chapitoulas en 1766 y Bas du Fleuve en 1769 ya se encontraban en el Grupo III en que se clasificaban ahora, por lo que las variaciones registradas, en realidad, eran mínimas, a pesar de que las tasas de incremento, a veces, habían sido considerables.

Por su parte en Nueva Orleans el reparto por edades, según Gálvez, se hacía así:

Nivel de edad	Varones	%	Hembras	%	% sobre el total
I	282	16.7	311	18.5	35.2
II	455	27.—	444	26.4	53.4
III	99	5.8	91	5.4	11.3

(ver gráfico 1.3.Q)

Aunque en 1766 no conocíamos el reparto por encima de los 15 años, hay que notar que por debajo de este límite el porcentaje permanecía prácticamente invariable, al igual que lo estacionario del volumen, dándose el caso de un mantenimiento de los rasgos de esta población a lo largo de estos años. En suma se situaba justo en el paso de los grupos II al III, en un término medio en relación con los demás centros de la Provincia.

¿Cuáles han sido las características más destacadas durante estos primeros 15 años en la composición por edades que merezcan ser resumidas en forma de recapitulación?

A partir de los datos de 1766, cuando por primera vez forman los grupos de poblaciones según el criterio del tamaño del escalón infantil entre 0 y 14 años se han marcado claramente tres tendencias:

    a) De estabilización, seguida claramente por Nueva Orleans y coincidiendo con un mantenimiento análogo del volumen de su población.

    b) De descenso, aunque con resultado de conjunto jóvenes, en los casos de Alemanes y Punta Cortada que concluyeron el período con porcentajes del 40 al 45% de niños.

    c) De rejuvenecimiento, seguida por el resto de los Puestos aunque en distinto grado. Los que más se destacaron y para los que teníamos datos más completos, fueron los acadianos, que en ocasiones terminaron con más del 50% de población infantil.

Por otra parte, la constitución de las pirámides de acadianos, en general, han presentado rasgos diferentes a los de otros centros como podrían ser de Punta Cortada en 1766 o Bas du Fleuve en 1769. Entre las primeras hay que destacar la existencia de «hendiduras», a distinta altura, pero casi siempre localizadas entre los 5 y los 20 años, y que podrían ser interpretadas como consecuencia —ya lo hemos adelantado— de la historia reciente de estos refugiados desde su salida de Acadia.

Geográficamente, una de las poblaciones que más «vieja» se ha manifestado ha sido la de Illinois, aunque para 1775 se daban indicios de cierta recuperación en este sentido, mientras que Nueva Orleans se situaba en un término medio con respecto al resto de los establecimientos.

4. COMPOSICIÓN POR SEXOS

Luisiana era una colonia de reciente fundación. El caballero La Salle había tomado posesión de la colonia en 1682. Sin embargo, algunos Puestos no tenían más de 50 años de existencia [76]. En este hecho, lógicamente, está la clave de la estructura por sexos de esta población colonial. En tan corto espacio de tiempo, en los establecimientos comerciales que eran los Puestos en su origen, la población femenina no había tenido ocasión de adquirir su pleno desarrollo. En estos primeros momentos era normal que fuesen fundamentalmente hombres los que componían los establecimientos. Conforme el tiempo pasara, era de esperar que el número de individuos de ambos sexos fuera equilibrándose. Sin embargo, este proceso fue bastante lento como vamos a comprobar.

¿Cómo se halla configurada la población por sexos a comienzos del período español? En 1763, utilizando la «Recapitulation...» ya citada, en que vimos que se podía conseguir solamente la población infantil, en varones hasta 14 años y en hembras hasta los 12, los índices que se obtienen, por tanto, para estas edades infantiles no son exactos por considerar mayor número de años en varones que en hembras, resultando algo más altos que lo que en realidad serían. De cualquier forma los presentamos aquí para tener una idea, aunque aproximada sólo, de cuáles eran las proporciones:

| | Relación de masculinidad | | |
	Edades inferiores	Edad adulta	Total
Nueva Orleans	109	104	106
Bas du Fleuve	120	117	118
Chapitoulas	172	147	151
Alemanes	74	152	114
Punta Cortada	84	124	101
Acadianos	133	146	142

Para valorar los datos obtenidos haremos referencia a los índices que cita Louis Henry en el *Manual de Demographie Histori-*

---

[76] Para conocer el papel francés en Luisiana, ver John F. Mc. Dermott, *The French in the Mississippi Valley*, Urbana, 1965. Por otra parte, Punta Cortada, por ejemplo, fue fundada en 1730. Ch. Gayarré, *History of Louisiana, op. cit.*, pp. 354-356.

que para una población estable con una esperanza de vida x [77]. Precisamente Henry al hablar de la relación de masculinidad, previene contra los censos de poblaciones excesivamente cortas, en las que las relaciones pudieran ser considerablemente anormales. Sin duda tal es el caso que se nos presenta en algunos de los Puestos que acabamos de citar.

Henry considera normal para las edades comprendidas entre 0 y 15 años una relación de 103. Un índice intermedio o aproximado podría ser el obtenido en los Puestos de Luisiana. Concretamente en Nueva Orleans aparece 109, que al haber advertido que pudiera ser más bajo, a causa de la diferencia de años estimados para ambos sexos, se aproxima al «tipo» apuntado por Henry.

Sin embargo, trasladándonos a Alemanes, con una población superior a los 800 habitantes —lo que debería impedir en cierta medida las alteraciones debidas al azar—, el índice obtenido es claramente más bajo —74 o menos— que el «tipo», al igual que el de Punta Cortada —84 o menos—.

Por el contrario, bien entre los acadianos cuya población total sabemos que ascendía a más de 600 personas, o en Bas du Fleuve o Chapitoulas, aquí con un volumen francamente corto, las proporciones son excesivamente altas.

Así, considerando en principio sólo la población infantil, y fijándonos exclusivamente en aquellos núcleos que por su volumen total sería de esperar que alcanzasen unos niveles normales, podemos agruparlos según no lleguen a un límite mínimo que podemos colocar en 95, quede entre este mínimo y el máximo normales, lo supere en cierto grado, o alcance cotas extremadamente anómalas:

menos de   95   Alemanes y Punta Cortada.
  96 — 110   Nueva Orleans.
 111 — 160   Acadianos (Pudiera quedar incluido en límites normales si rebajásemos el posible incremento).

Insistimos en que la clasificación que acabamos de hacer es a base exclusivamente de los índices infantiles, sin perjuicio de que construyamos posteriormente otra con las relaciones totales.

Evidentemente, de la edad Omega de cada núcleo, dependería el que la relación de masculinidad fuera más o menos alta. A

[77] L. Henry, *Mannuel de Demographie...*, *op. cit.*, pp. 38-9.

medida que la edad Omega sea más alta, a partir de determinadas edades, la relación de masculinidad tenderá a descender, por ello sabemos que existe cierto margen de error al comparar las relaciones de las poblaciones entre sí, sin tener en cuenta esta oscilación que, por otra parte, con los datos disponibles es completamente desconocida. De cualquier forma dicho margen no podría ser demasiado alto, quizás nunca superior a un 5/100.

Comparando los índices correspondientes a edades infantiles con los de relación absoluta, en el mismo cuadro de 1763, comprobamos que, excepto en Nueva Orleans donde la relación absoluta ha descendido (y en Bas du Fleuve y Chapitoulas, pero éstos no los estamos considerando por la escasa entidad de sus poblaciones) a causa de la sobremortalidad masculina que debe registrarse en las edades altas, en las demás poblaciones los índices han aumentado, llegando, incluso, a hacer salir a algunos de ellos del grupo en que los habíamos clasificado según las relaciones en edad infantil, para pasar al inmediato superior. Tal es el caso de los acadianos.

En líneas generales, este aumento de los índices muestra que, en términos más o menos relativos, en edad adulta y anciana, la proporción de hombres sobre mujeres es muy elevada tal como consta en el cuadro ofrecido, o, en otras palabras, que existe una verdadera escasez de mujeres en estas poblaciones.

Podemos concluir en principio, de esta primera visión de la estructura por sexos, que son destacables determinadas irregularidades, que hasta cierto punto, eran lógicas en la población de una colonia nueva, aunque algunas de ellas como las registradas en edades infantiles en dos Puestos, sean realmente extrañas y difíciles de explicar. Nos referimos a los índices por debajo de 95 en Alemanes y Punta Cortada y sobre 110 en Acadianos, precisamente los que más alto porcentaje de población infantil, registran en la colonia.

En 1766, en pleno período de transición de poderes, con relativos problemas económicos, la situación en cuanto a reparto por sexos, según el «Primer Padrón...» será la que expongamos a continuación: en este censo igualmente, sólo podemos disponer de la población infantil, por una parte, y de adulta y anciana, por otra, además de la relación absoluta, aunque por existir para este mismo año tres censos del tipo A, vamos a tener ocasión de comprobar qué tipos de características oculta la relación absoluta. En principio la situación era la siguiente:

	Relac. mascul. edad infantil	Relac. mascul. edad adulta	Relac. mascul. absoluta
Nueva Orleans	109	122	117
Bajos Ciudad	119	171	154
Chapitoulas	131	250	193
Punta Cortada	81	138	107
Alemanes	113	162	135
Natchitoches	96	153	128
San Luis	102	253	192
Santa Genoveva	85	333	228
Opelusas	125	182	156
Atacapas	100	213	165
Parroquia Ascensión	171	134	148
Fourche	111	136	129

Hemos dicho, sin embargo, que existen otros censos para este mismo año, que ya han sido comparados al Primer Padrón, al que pertenecen los datos citados en otros apartados, operación que repetiremos ahora en el tema que nos ocupa.

Concretamente la Parroquia de la Ascensión en Cabahanoce, presenta algunas diferencias importantes. Siempre recordando que nos movemos con un total de 260 personas aproximadamente, las diferencias van de 215 para la población infantil en el Padrón a 177 en el censo particular; de 139 para edades adultas y ancianas a 136; y de 158 a 148 en la relación absoluta.

A pesar de estas diferencias, por el hecho de que se producen sobre una población tan escasa, y que, de todas formas, los índices se sigan manteniendo dentro de los mismos grupos que nosotros hemos formado anteriormente, consideramos que las tendencias generales no varían fundamentalmente el sentido de los datos observados, aunque se conceda más valor a los del censo particular firmado por Luis Judice.

En cuanto a Punta Cortada, a pesar de que por los índices generales citados más arriba podría pensarse que se trata de una población equilibrada, un estudio detallado pone en evidencia, sobre todo en determinadas edades, una fuerte descompensación en el tema del reparto por sexos (ver gráfico 1.4.A).

Se trata sobre todo de los años que van de 0 a 10 y de 40 a 70. En los dos primeros quinquenios los índices son, respectivamente, 62 y 67, notablemente más bajos que el 103 considerado normal.

Esta descompensación en edades bajas, siendo por hoy un fenómeno imposible de explicar, pudiera no deberse exclusivamente al corto número de efectivos con que estamos trabajando.

Sobre los 10 años los valores no se separan excesivamente de lo normal, hasta la tasa de 342 que se alcanza a los 40-44 años y sucesivos. Si pensamos que Punta Cortada fue fundada después de 1730 [78], podemos suponer que en años posteriores la relación de masculinidad de su población no se hallaría normalizada, y muy posiblemente, en gran medida sería similar a la que estamos estudiando, siendo importante hacer resaltar una vez más cómo estos desequilibrios quedan encubiertos por índices generales que se refieren a grupos de edades más amplios, y que son los que con más frecuencia nosotros podemos estudiar solamente.

Ampliando la óptica al conjunto de la Provincia, y volviendo al cuadro de datos del «Primer Padrón...», en términos generales, se observa cómo los índices de la relación absoluta han tendido a aumentar, prácticamente, en todos los puestos desde 1763. Hay que tener en cuenta que, si los datos de 1763 mostraban un cierto porcentaje de error por defecto en el total de la población, y éste afectaba en mayor grado a la población masculina que a la femenina, por razones de exclusión profesional, este aumento notado ahora podría considerarse lógico por haberse salvado aquel error, ya que, tres años constituye un plazo excesivamente corto como para admitir un incremento semejante por cualquier otro motivo.

Por otra parte es visible —ya lo hemos notado antes— que los índices de relación en edades adultas son siempre más altos que en edades infantiles. Entre estos últimos los límites máximo y mínimo son 113 y 81, de los que posiblemente el más «anormal» sea este 81 excesivamente bajo de Punta Cortada, que en el censo particular se convierte en 73. Sin embargo, en las edades adultas y ancianas, estos mismos límites se sitúan entre 122 y 133, colocando a todas las poblaciones por encima de aquellos 115 que habíamos considerado el techo máximo admisible, y siendo la del núcleo urbano de la capital la que más se acerca al «tipo». Agrava el problema el hecho de que en estas edades altas es donde los índices deberían descender a consecuencia de la sobremortalidad masculina entre los ancianos [79].

---

[78] Ver nota 1.
[79] Es notable esta tendencia en la curva-tipo citado por Henry (ver nota 2).

En otro sentido, queda claramente de manifiesto que es entre las edades que normalmente se consideran activas, donde con más fuerza se experimentan los desequilibrios, lo que hace que relacionemos este fenómeno, en sus diferentes modalidades, con la orientación de las economías de los Puestos, sobre los que estas anormalidades surtirían un efecto directo.

En relación absoluta, el único Puesto que quedaba dentro de los límites estimados normales: 90-115, era Punta Cortada, que había ascendido ligeramente de 101 a 107, los demás se clasificaban fuera, por arriba de dichos límites, incluida Nueva Orleans que se colocaba en 117, aunque muy próxima al máximo. Los extremos eran Santa Genoveva y San Luis de Illinois con 228 y 192, respectivamente, donde (los datos que presentamos a continuación pertenecen a nueve años más tarde) el 53.1% de los varones que ostentaban una profesión estaban clasificados en el apartado dedicado a: «mayorales, viajeros, cazadores, marineros y gente andante»[80], probablemente en su mayoría individuos solteros o, al menos, sin una situación normalizada dentro de la sociedad blanca. Algo semejante, aunque quizás en menor grado, ocurría también en Natchitoches, otro Puesto alejado de la capital y con características económicas en cierto modo similares.

Frente a lo que podríamos denominar este tipo de población móvil, aun por el momento sin pretender establecer una tesis firme, para lo que habrá que estudiar más detenidamente estas poblaciones, se encontraría el establecimiento agrícola de Punta Cortada, que mantendría sus índices generales, al menos, dentro de unos límites normales. Análogamente, la población de Bas du Fleuve, una de las zonas de plantaciones cercanas a la capital, eminentemente agrícola, presentaría el aspecto que ofrece el gráfico 1.4.B que se puede resumir, en tres grandes grupos de edades, en:

Nivel de edad	Relac. mascul.
I	96
II	109
III	230
Total	115

---

[80] «Padrón General de todos los individuos de la Provincia de la Luisiana. Avril 1777», AGI. Papeles de Cuba, 2351.

Aunque del gráfico se desprende la existencia de enormes des-
igualdades: 32 en 15-19 años hasta 300 en 45-49, el conjunto, salvo
en las edades superiores a 50 años, es el de una relativa normalidad. Pero insistimos en que estas relaciones no se pueden considerar invariables, a pesar de que la hipótesis de una población
más sedentaria, con una base económica puramente agrícola, dentro
de unas características demográficas que pudiéramos considerar
como más normales, tiene cierta lógica. Un caso, por ejemplo, que
no se ajustaría a dicha hipótesis sería el de Alemanes, población
también predominantemente agrícola —el porcentaje de «gente
andante» en su población laboral en 1777 era de 13%—, que, sin
embargo, elevaba su índice de masculinidad absoluto, sobre el de
Natchitoches, a 135.

En 1767 y 1768 se incorpora un nuevo grupo de acadianos a la
colonia, que, en otros apartados, ha sido considerado como grupo
uniforme con objeto de comparar sus características, como conjunto de población, frente a las de la ya existente en la colonia.

En cuanto a su estructura por sexos, estos 361 acadianos presentaban unos índices de signo contrario a las que estamos viendo
que eran normales entre los núcleos que estudiamos. Concretamente el índice absoluto era de 84, objetivamente bajo. Por bloques de edades, a partir de las infantiles, eran respectivamente
de: 80, 89 y 63. No podemos olvidar que nos referimos al grupo
total de inmigrantes, a pesar de que, de hecho, llegaran en dos
expediciones distintas, y sobre todo que, de cualquier forma, fueron establecidos en dos poblaciones distintas y nuevas, separadas
de las ya existentes. Quiere esto decir que el posible efecto que
pudieran haber causado, de contrarrestar en parte el predominio
del elemento masculino en la población en general, quedó con ello
anulado por completo. De cualquier manera, los datos referentes
a esta población pueden ser ilustradores de las graves alteraciones
en el reparto por sexos que se registran en algunos asentamientos
de la Provincia.

A simple vista se observan en el gráfico 1.4.B las fuertes oscilaciones que se dan entre grupos de edades, y cómo, salvo en tres
de ellos, los valores alcanzados se alejan enormemente de lo normal, llegando a cotas verdaderamente extremas como pueden ser,
aún más que el 200 de los 55-59 años, el 37 de los 20-24, o el 142 de
los 15-19 años. El conjunto, de una gran irregularidad, muestra
los graves desequilibrios de la población acadiana inmigrante, que,
una vez más, habían quedado ocultos en los índices citados al

principio para los tres bloques de edades: de 0 a 14, 15 a 49 y más de 50.

En 1769, con la llegada de O'Reilly, van a establecerse en la colonia las primeras y abundantes fuerzas militares que más tarde darán lugar al Batallón Fijo de Infantería de Luisiana, y que contribuiría con sus efectivos a aumentar el índice de relación de masculinidad. Es verdad que excepto en la capital en casi ningún Puesto hubo nunca un número alto de militares, que, por otra parte, varió de unos Puestos a otros, pero aunque fuese en mínimo grado, contribuyeron a desequilibrar aún más la proporción hombres/mujeres en la Provincia.

No obstante, fundamentalmente, el hecho de que se trate de una población de carácter meramente accidental, cuyo número oscilaba frecuentemente, y renovable, por lo que su contacto con la población civil normalmente era muy limitado, nos ha movido a no considerar nunca este contingente militar en las operaciones de nuestro estudio por estimar que, únicamente contribuiría a desvirtuar los resultados que lográsemos.

Por otra parte, se da la circunstancia de que, normalmente, como advertimos al hablar de las Fuentes, los censos que manejamos no incluyen datos sobre el número de soldados en cada Puesto, lo que no haría fácil conocer en cada momento el potencial militar con que contaba el Puesto en un momento determinado. En 1769, con D. Alejandro O'Reilly, llegaron a Nueva Orleans 2.051 soldados, como advierte Clark, «sólo un poco menor en número que la propia población total de la capital...[81]». No tenemos noticias sobre las fechas de partida hacia La Habana, de nuevo, de la mayor parte de estos hombres, pero es de suponer que a la llegada de Unzaga a la Gobernación en 1771, ya sólo quedara en la colonia un número que se aproximaría bastante al de 500 hombres. Los primeros datos que tenemos sobre el contingente militar datan de 1777 cuando, en el Padrón General mandado elaborar por Gálvez, aparecían 476 «hombres de Tropa del Batallón[82]» en toda la colonia incluyendo los 369 se hallaban en Nueva Orleans, que representaban respectivamente, sobre la población libre de toda la Provincia y sobre la de la capital, el 5.3% y el 17.9%.

Pero, asumiendo las consideraciones anteriores, continuaremos estudiando las poblaciones prescindiendo de los destacamentos militares destinados a las mismas, y así nos referimos ahora a los

---

[81] J. Clark, *New Orleans...*, *op. cit.*, pp. 169-170.
[82] Ver nota 5.

núcleos Natchitoches y El Rápido en 1769 y 1770. El cuadro siguiente muestra las relaciones de masculinidad por bloques de edades para los dos años, correspondiendo el segundo a la información recogida por Nugent y Kelly que, en principio resulta más fidedigna que la del Padrón de Gálvez, al que pertenecen los datos de 1769.

Nivel de edad	Relación masculinidad 1769	1770
I	110	102
II	160	147
III	125	200
Absoluta	132	127

De cualquier forma, a pesar de las diferencias existentes sobre todo en la tercera edad, y dado el corto volumen de la población, es posible trazar las líneas generales de este asentamiento que no varían demasiado de las que quedaron establecidas en 1766. Es decir: una relación infantil normal; una tasa elevada entre los 15 y 49 años, próxima a 150, y por encima de los 50 años, aunque más difícil de precisar, un predominio del sector masculino fuera de duda, en discordancia con lo que suele ser la relación «tipo» en poblaciones normales, pero que suele ser la regla general en colonias como la que estudiamos.

En una palabra, Natchitoches parecía mantenerse adscrito al carácter al que lo habíamos relacionado en 1766, junto con Illinois, frente a poblaciones más agrícolas entre las que habría que clasificar, desde luego, a las acadianas. En 1769 y 1770 las dos costas de acadianos —para el primer ejemplo ver gráfico 1.4.D— sin embargo, mostraban, al menos a grandes rasgos, es decir, utilizando índices por bloques de edades, un panorama sólo algo más equilibrado:

Nivel de edad	1769	1770
I	150	144
II	127	109
III	110	100
Absoluta	134	120

Aunque la relación absoluta es muy semejante, podemos notar que existen algunas diferencias importantes con Natchitoches. Primeramente, obsérvese que en este último lugar los mayores desequilibrios se producían a partir de los 14 años, como consecuencia de la desigualdad del reparto por sexos en los primeros años de la colonización; a partir de entonces la población infantil, nacida allí, mantenía una relación normal. Por el contrario, en el caso de los acadianos, era entre los 0 y 14 años donde se daban los índices más altos, quizás debido a una sobremortalidad infantil femenina, o a la fuerte tasa de crecimiento de estos grupos que, unida a su exiguo tamaño, podría dar lugar a este tipo de alteraciones.

Estas observaciones son válidas principalmente para las dos costas de acadianos, mientras que en otros núcleos de estos colonos la situación era diferente. Así, en Opelusas y Atacapas se daba el caso contrario: normalidad en edades bajas y tasas altas entre los adultos y ancianos. Hay que advertir que estas poblaciones rondan en estos momentos los 200 habitantes, por lo que no las tomamos como casos significativos, y presentamos sus datos de 1770, 1771 y 1774 sin detenernos a analizarlos en detalle. En ellos las oscilaciones aleatorias tienen más importancias que en otros lugares, y los índices que siguen sólo es posible tomarlos como una orientación:

	Relación de masculinidad	
Nivel de edad	1770	
	Atacapas	Opelusas
I	111	97
II	158	175
III	150	75
Absoluta	140	129

	Relación de masculinidad	
Nivel de edad	1771	
	Atacapas	Opelusas
I	93	109
II	153	180
III	700	275
Absoluta	135	147

(ver gráficos 1.4.E y F)

	Relación de masculinidad
Nivel de edad	*1774 Atacapas - Opelusas*
I	85
II	141
III	100
Absoluta	117

Más equilibrado, aún teniendo igualmente una población muy corta, era el establecimiento de Iberville, también de acadianos, que en 1772 presentaba unos índices que cabe calificar de absolutamente normales:

Nivel de edad	*Relación de masculinidad*
I	107
II	113
III	75
Absoluta	109

No hay que olvidar que estos grupos de inmigrantes, aún en formación, se hallaban en una etapa de aclimatación a la colonia, que indudablemente les haría pasar por frecuentes alteraciones en su composición con las que, en parte, se nos están reflejando en los datos que analizamos. Hasta que no transcurrieran algunos años la actividad de estas poblaciones no comenzaría a ser normal, y hacia 1777 esto no parecía haber tenido lugar completamente.

Después de un crecimiento muy fuerte, los índices habían descendido algo en las Parroquias de la Ascensión y St. Jacques, aunque no lo suficiente como para ser estimados normales. Los gráficos 1.4.G y H muestran la diferencia entre los dos establecimientos: el primero mucho más contrastado por edades que el segundo, a pesar de lo cual el resultado medio era similar:

Nivel de edad	Relación de masculinidad	
	Ascensión	*St. Jacques*
I	101	103
II	124	127
III	175	150
Absoluta	115	115

Excepto en los niños —y aún en la Parroquia de Ascensión ello era logrado a base de unas oscilaciones muy bruscas—, donde los índices eran normales, en el resto de las edades las relaciones se elevaban excesivamente, lo mismo que ocurría en Atacapas, Opelusas e Iberville en 1777 —Gráficos 1.4.I, 1.4.J y 1.4.K—. El caso de Atacapas era muy similar al de St. Jacques, siendo los de Opelusas e Iberville los más regulares. Por grupos de edades sus índices eran:

Nivel de edad	Relación de masculinidad		
	Atacapas	Opelusas	Iberville
I	110	128	109
II	125	127	132
III	366	263	116
Absoluta	123	140	121

Con todo, opinamos que los rasgos que estamos viendo en estos núcleos permitían que se los agruparan junto a aquellos otros que habíamos denominado predominantemente agrícolas, como Alemanes y Punta Cortada, mejor que con las poblaciones de Illinois y Natchitoches.

Concretamente Alemanes en 1777, a base solamente de tres grandes grupos (así es como presenta los datos el Padrón de Gálvez), repartía su población por sexos de forma similar a la de los acadianos:

Nivel de edad	Relación de masculinidad
I	103
II	122
III	520
Absoluta	119

Y sólo Punta Cortada bajaba de sus niveles entre 0 y 49 años. Por encima de los 50 la relación seguía siendo alta, como en toda la Provincia:

Nivel de edad	Relación de masculinidad
I	97
II	99
III	375
Absoluta	105

Hay que notar que, constituyendo una rara excepción, las relaciones infantil y adulta en Punta Cortada, se hallaban por debajo de la curva «tipo», con lo que esta población representaba el extremo más ortodoxo, si se puede denominar así, dentro de este conjunto que hemos visto, frente al cual se colocaría el caso de Illinois que, en 1775, y considerando unida a San Luis y Santa Genoveva, presentaba el siguiente cuadro en sus relaciones de masculinidad:

Nivel de edad	Relación de masculinidad
I	109
II	239
III	500
Absoluta	182

Evidentemente, 239 hombres por cada 100 mujeres entre los 15 y los 49 años, resultaba un proporción exagerada, y hacía de las poblaciones del Norte un tipo específico y diferenciado del resto de la colonia. Ya hemos aludido al carácter de su orientación económica, por lo que no haremos hincapié, por el momento en ello, sino sólo recordar la importancia de este factor en la constitución determinada que hemos analizado.

Deliberadamente, como venimos haciendo en el estudio de cada estructura, hemos dejado la capital para comentarla al final de esta visión, pues una vez más vamos a comprobar que, durante este primer período, la población urbana de Nueva Orleans mantuvo un comportamiento diferente por completo al de la población rural. Aunque entre esta última hemos podido distinguir algunas variantes, casi en todas ellas se producían alteraciones que las marcaban como casos especialmente característicos. Incluso Punta Cortada, donde sin duda las oscilaciones eran menores, tenía 375 de relación de masculinidad para los individuos de más de 50 años, que hacía separarse a esta población de la curva «tipo».

Nueva Orleans, por su parte, aún sin ajustarse perfectamente a este modelo, mantenía en 1777 un nivel mucho más regular como muestra el cuadro:

Nivel de edad	Relación de masculinidad
I	90
II	102
III	108
Absoluta	98

Hay que señalar, desde luego, que en las edades infantiles el índice se coloca ligeramente por debajo del límite mínimo que consideramos tolerable, una vez previstas las oscilaciones aleatorias. Sin embargo, entre 15 y 49 años la tasa es perfectamente normal, y casi lo mismo puede decirse del 108 para más de 50 años. El resultado medio es correcto, hallándose más bajo todavía que el 105 de Punta Cortada.

Así pues, una vez concluido el repaso general de las poblaciones en este primer período, podríamos afirmar que hemos distinguido entre ellas los siguientes grupos:

1. Población urbana, Nueva Orleans. Manteniéndose en las tres ocasiones observadas en límites muy aceptables y prácticamente normales.

2. Población rural.
   A) Predominantemente agrícola.
   Punta Cortada. Índices normales excepto en ancianos.
   Grupo intermedio con Alemanes. Sólo visto en tres ocasiones en las que no ha dado muestras de inestabilidad.
   Poblaciones de Acadianos: Opelusas, Atacapas, St. Jacques, Ascensión e Iberville, muy inestables a lo largo del período: en población infantil generalmente, índices normales o próximos a lo normal. En población adulta, ligeramente superior a lo normal; y en anciana, generalmente índices elevados en grupos de cinco años.
   Cuando se ha podido estudiar por edades se han observado fuertes oscilaciones, predominantemente en edades adultas y ancianas.
   B) Poblaciones mixtas Natchitoches e Illinois. Natchitoches con tasa semejante a la del grupo pre-

cedente aunque un poco más elevada. Illinois
fuertes desequilibrios principalmente en edades
entre 15 y 49.

5. Composición por sexo, edad y estado civil

La interrelación entre estas tres estructuras de población, plas-
madas en el reparto (enfocando el tema bajo su aspecto exclusivamente demográfico) de los individuos adultos según su estado
civil es, por decirlo así, el camino legal y establecido por la sociedad para llegar a la procreación de los grupos humanos. Evidentemente no es el único que existe, pero sí el más importante, aún
hoy, para grandes sectores de la población mundial. Por ello su
estudio adquiere especial relevancia. Como advertimos en el apartado de Metodología, no son muy abundantes los datos sobre este
punto, y los primeros disponibles se refieren a Punta Cortada en
1766, que ya sabemos que se trata de una población de las más
jóvenes de la colonia. Una vez elaborados, el resultado es el que
aparece en el cuadro 1.5.A del Apéndice estadístico.

Entre los rasgos generales más destacables a primera vista,
merece citarse la proporción de casados que con un 67.4% absorbe
la gran mayoría de la población estudiada. A su lado los solteros,
52, están facilitados en su mayor parte por el sector masculino
—41 sobre 11 hembras—, y el número de viudos se abastece, casi
por completo de varones. Recordemos esta característica que será
relacionada, en las conclusiones generales, con algún rasgo peculiar
de otras poblaciones coloniales. Por fin nos encontramos con un
6.2% de personas con estado civil desconocido, que nos permite
estudiar un grupo suficientemente representativo —93.8%— de los
individuos del establecimiento.

Yendo más al detalle se observa que, mientras que entre los
varones se da sólo un caso de concentración absoluta de efectivos
en un estado, dentro de un escalón de edades, que ocurre de los
15 a los 19 años en que el grupo completo era soltero, entre las
hembras se contabilizan hasta 6 casos semejantes: 20-24, 30-34,
40-44, 45-49 y 60-69, todos situados en la columna de casadas, en
ninguno de los escalones citados hay mujeres solteras ni viudas.
Asistimos a una de las situaciones más extremas, en este sentido,
que vamos a encontrar, y cuya explicación, en gran medida, se
encuentra en los desequilibrios de la estructura del reparto por

sexos, pues no era Punta Cortada, como vimos, de las poblaciones que más alta relación de masculinidad registraba. Es decir, no se producía lo que en otros lugares vamos a poder calificar de auténtica falta de mujeres. Tan sólo dos viudas, en 35-39 años era posible localizar, lo que debe significar que las demás que hubiese habido se habrían vuelto a casar. A partir de los 20 años, por otra parte, sólo una soltera, mientras que entre los hombres encontramos individuos solteros hasta los 45-49 años, y en estado desconocido hasta 70-98, lo cual deja abierta la posibilidad de que algunos de éstos lo estuvieran también.

Entre los varones sólo a los 20-24 años encontramos un 29.1% de casados, y hasta los 30-34 no vemos que éstos supongan mayoría en su grupo de edades, con un 66.6%, notándose la mayor concentración absoluta a los 40-44 años con 19 individuos, pero siendo la relativa entre los 45 y 59 con un 90.9%. Sin embargo es notable la pronta aparición de viudos a los 20-24 años, lo que nos habla del fenómeno de la muerte de mujeres jóvenes como consecuencia probable de los difíciles alumbramientos. Estos casos de viudedad seguían siendo relativamente frecuentes en edades superiores.

Mientras, en el sector femenino, ya en los 15-19 años se registra casi la mitad de efectivos casados, 44.4%, y a partir de los 20 años vemos el primer caso, ya citado, de mayoría total con un 100%.

Para el mismo año de 1766 disponemos de los datos pertenecientes a uno de los núcleos acadianos existentes, la Parroquia de la Ascensión en Cabahanoce, con una población más corta que la de Punta Cortada, pero con una relación de masculinidad entre los adultos también alta: 140.

Los datos de esta población se agrupaban como indica el cuadro 1.5 B.

Refiriéndonos al análisis de Punta Cortada, para marcar las diferencias más acusadas con aquella población, nótese en primer lugar, cómo manteniéndose similares los porcentajes generales de viudos y estado civil desconocido: 5.3% y 4.7%, los de casados y solteros se han alterado de manera decisiva. Aquí vemos para cada grupo 44.—% y 45.8% donde en Punta Cortada había 67.4% y 20.3%. Es decir, que entre los acadianos, los solteros han llegado a ser mayoría sobre los casados.

Estos solteros siguen siendo, en su mayor parte, hombres, pero si nos trasladamos a la columna de viudos, ya se observa una mayoría de mujeres, como es natural esperar a consecuencia de mayor sobremortalidad masculina en edades altas, en tanto que

V. — 7

los individuos de estado civil desconocido siguen siendo, en un 100%, varones.

Estudiando cada sexo separadamente, se observa que entre los hombres, el 51% se sitúa en la columna de los solteros, al tiempo que sólo aparece un 37.7% de casados, un 3.—% de viudos, y un 8.1% con estado civil desconocido, lo que, como anteriormente ocurría en Punta Cortada, ofrece posibilidades de aumento en las columnas de solteros y viudos —un 4% teórico a cada una—. Por el contrario las mujeres siguen siendo en su mayoría casadas —52.8%—, aunque en proporción inferior a Punta Cortada.

En cuanto al reparto detallado por edades también se registran algunas diferencias fundamentales en esta visión comparativa que procuramos ofrecer. En efecto, aquí es en el sector masculino donde encontramos hasta tres concentraciones totales de efectivos entre los casados en 40-44 años, 45-49 y 50-59, en tanto que sólo una es posible anotar entre las mujeres a los 45-49 años. Desde otro punto de vista sí se pueden hallar ciertas similitudes, aunque con matizaciones, en la distribución por edades de ambas poblaciones. Por ejemplo los hombres solteros son mayoría en sus respectivos grupos hasta los 25 años, manteniendo ciertos casos aislados a partir de esta edad. Las mujeres, por el contrario, ni aún en el primer escalón mantuvieron el total de elementos solteros, cediendo un 7.1% a las casadas, que si no alcanzaban el 44.4% de Punta Cortada en el mismo caso, también hacía visible la aparición de cierto número de estos matrimonios en edades por debajo de los 20 años. Aunque su bajo porcentaje, junto a otros que encontraremos, nos llevará a aclarar que la idea general de que, en estas poblaciones rurales coloniales, la gran mayoría de las mujeres realizaban sus primeras nupcias en edades muy tempranas, no parece que fuera del todo cierta.

En edades sucesivas continúan apareciendo entre estas solteras porcentajes considerables, al igual que entre las viudas, que nos evidencian y aclaran que el total de individuos de ambos sexos casados sea más bajo que el de solteros. Es decir, que aunque viésemos una relación de masculinidad general muy alta al comenzar el tratamiento de esta población, esta escasez de mujeres no parece reflejarse si nos fijamos en el número de ellas casadas, y sería preciso encontrar una razón para este bajo número de matrimonios, que podría encontrarse en las muchas dificultades que atravesaban estos acadianos por 1766, sufriendo gran penuria de alimentos y sometidos a la ración diaria que les facilitaba la Gobernación.

Por continuar por orden cronológico, antes de pasar a ver otros posibles «tipos» de poblaciones, nos fijaremos en el grupo de acadianos llegados en 1767-1768, entre los que ya hemos visto que se da un rasgo diferente al de los demás establecimientos de la colonia en el reparto por sexo. Notemos que en los individuos adultos y ancianos que vamos a estudiar de ellos, la relación de masculinidad es de 87 frente a los 140 ó 157 que hemos visto hasta ahora. Esta diferencia, sin embargo, nos va a revelar a través del siguiente análisis cómo la influencia del factor sexo en la configuración de la estructura por estado civil no resulta decisiva, puesto que las características finales de este grupo van a resultar similares a las de los acadianos estudiados anteriormente (ver cuadro 1.5 C).

En efecto se comprueba, observando estos datos finales, que también ahora la proporción de solteros continua siendo más alta que la de casados: 47% por 42%. Estos solteros están proporcionados en igual número casi (y aquí sí se nota el bajo nivel de la relación de masculinidad), por los dos sexos, aunque, relativamente, los varones representen mayor porcentaje dentro del suyo. Igualmente, como veíamos en la población anterior, las mujeres contribuyen en mayor número al porcentaje de viudos, que aquí suponen un 10.5%, para tener en blanco la columna de desconocidos. Observando independientemente cada sexo, las dos diferencias notables que se producen son el incremento relativo de los casados entre los hombres, aunque sin alcanzar a los solteros, en perjuicio de la columna de desconocidos; y la pérdida de la columna de las casadas entre las mujeres, que desciende por debajo de las solteras en beneficio de las viudas.

Evidentemente estas diferencias vienen dadas por el reparto por grupos de edades en el que vemos que no hay ningún caso de casadas entre 15-19 años, a diferencia de lo que venía sucediendo en las poblaciones estudiadas anteriormente, y aún de 20 a 24 años sólo se registra un 21.8% del grupo, que puede interpretarse como un retraso en la edad al primer matrimonio en esta población. Al mismo tiempo se registra una mayor proporción de viudas en algunos escalones como son 45-49, 50-59 y 60-69 años.

Frente a esto, en el sector masculino hay que anotar en la columna de casados tres concentraciones totales de efectivos en 35-39, 45-49 y 60-69 años, además de otras mayoritarias relativas en 25-29, 30-34 y 40-44, siendo de destacar también que, al haberse retrasado la edad media de los matrimonios entre mujeres, las concentraciones absolutas entre casados de los dos sexos se centran en el mismo escalón: 25-29 años.

Y después de haber visto dos casos de poblaciones con mayor porcentaje total de solteros que de casados, estudiándolas detenidamente, pasamos a analizar un ejemplo de un tipo que podemos considerar intermedio entre los dos estudiados hasta el momento.

Se trata de los Bas du Fleuve en 1769, población establecida en la zona de plantaciones cercanas a la ciudad, en la que se registraba una relación de masculinidad entre adultos y ancianos de 128, detallada en la forma que nos muestra el gráfico 1.4 B.

Por estado civil el reparto de esta población se hacía conforme al cuadro 1.5 D.

Nos encontramos ante un mayor porcentaje global de casados que de solteros, con amplia diferencia, justificada posiblemente sólo por el 14.3% de desconocidos, que en su mayoría son varones, aunque sin llegar a alcanzar el nivel logrado en Punta Cortada que disponía de un 67.4%, mientras que aquí sólo se llega al 48.8%.

Comparando los datos por sexos separadamente, se nota en el sector de los varones una mayoría de casados sobre solteros, cuya diferencia podría verse reducida, e incluso posiblemente anulada, si pensamos que una parte de la columna desconocidos debería situarse en solteros. Entre las hembras se registra también una mayoría en la columna de casadas, y una proporción muy alta de viudas, dentro del sexo y en comparación con los varones.

En cuanto al reparto por edades, es de destacar que no se observa ninguna concentración total en ningún sexo frente a los casos frecuentes que habíamos visto producirse hasta ahora bien en los varones, bien en las hembras.

Este núcleo, ya que no creemos que sea ésta una característica adjudicable a ninguno de los grupos o tipos a los que nos estamos refiriendo, compensa mejor el reparto de sus efectivos por edades, y vemos que vuelve a repetirse, aunque con ciertas variantes, un esquema que ya hemos analizado anteriormente: un número relativamente fuerte de casadas en el primer escalón frente, a 0 entre los hombres, y una mayoría absoluta de mujeres, lo que lógicamente hace bajar la edad media de las casadas, en estos primeros grupos de edades que ahora está entre los 15 y 29 años —la mayoría relativa dentro de cada grupo se alcanza más adelante—.

Por otra parte cabe destacar la diferencia entre los dos sexos en las edades de aparición de viudos. En las mujeres se produce a los 25-29 años, mientras que entre los hombres no es hasta los 50-59.

Y con este núcleo creemos tener definido, evidentemente deteniéndonos a considerar sólo los rasgos más generales de las poblaciones, los tres tipos en que los hemos clasificado y que son:

I. Más de 60% de casados. — Varones: abundancia de casados. — Hembras: absoluta mayoría de casadas. — Alta relación masculinidad. — Escasez de mujeres.

II. Más casados que solteros sin llegar al 60%. — Tipo intermedio con diferencias más reducidas. — Normalmente más casados que solteros en cada sexos.

III. Mayoría de solteros sobre casados. — Varones: se mantiene esta proporción. — Hembras: normalmente también, variando según la relación de masculinidad.

Por supuesto el valor de estos «tipos» es meramente orientador. Han sido extraídos de sólo algunas de las poblaciones observadas e incluso entre ellas ya hemos visto que se producen ciertas peculiaridades que, a veces, hacen difícil encuadrarlas en uno de estos modelos. Sin embargo, a estos grandes rasgos veremos que responden las restantes poblaciones que estudiamos a continuación, fijándonos en la tendencia que hayan seguido para modificar sus estructuras.

El censo de 1769, sobre uno de los núcleos de acadianos, por ejemplo, presenta los datos del cuadro 1.5 E.

Sobre el total de la población con más de 15 años, y con sólo 6.9% de personas con estado civil desconocido, los casados suponen el 55.5% que incluiría a este núcleo, según los rasgos preestablecidos, en el grupo II, ascendiendo los solteros sólo a 31.8% y los viudos a 5.6%, aunque estas dos columnas podrían verse incrementadas en parte por la de desconocidos.

Por un lado, entre los varones, prácticamente la mitad de los individuos se hallan casados; un 36.7%, al menos, solteros; y sólo el 1.1% en principio, viudos, siendo el porcentaje de desconocidos del 12.4%.

Para las mujeres, las columnas que aumentan sensiblemente son las de casadas y viudas, sobre todo las primeras que llegan a 62.8%, siendo de destacar comparativamente, entre los dos sexos, el hecho de que las mujeres aporten el 88.8% de los individuos viudos, contra sólo 11.2% de los varones.

Por bloques de edades, apenas nada que destacar sobre el cuadro sino el hecho de que en los varones, entre los 20 y 29, unos grupos importantes de individuos de estado civil desconocido, podrían incrementar las filas de solteros y viudos; en el primero de los casos se acentuará aún la diferencia en la composición por sexos del grupo general de solteros, en que, ya prácticamente las 2/3 partes son varones.

Aún recordando que, 1.º) esta población a la que nos estamos refiriendo no comprende los mismos límites que la que hemos estudiado anteriormente bajo el nombre de Parroquia de la Ascensión y que, 2.º) en cualquier caso las tasas de incremento registradas en las dos costas acadianas entre 1766 y 1770 oscilaban entre 185.—‰ y 241.9‰, lo que evidentemente hace enturbiarse cualquier efecto del movimiento natural de sus poblaciones, es importante hacer constar que el ritmo de matrimonios celebrados entre 1766 y 1768 fue alto, existiendo datos para al menos 9 en 1766; 14 en 1767 y 20 en 1768. Esto vendría a significar en tasas brutas de nupcialidad —desde luego no por grupos de edades, sino para el total de efectivos de cada sexo—, y según si los aplicásemos a la Parroquia de la Ascensión o de Lafourche, aunque en realidad el documento que facilita los datos se refiere al establecimiento de Cabahanoce [83], aproximadamente las cifras ofrecidas en el cuadro 1.5.F.

Teniendo en cuenta que se trata de tasas brutas, cualquiera de los valores es altísimo y vienen a explicar el aumento de población casada habido entre los acadianos en los citados años.

El otro censo de acadianos es de 1770, y sabemos que incluye parte de la población del anterior y presenta los datos del cuadro 1.5.G.

Con una relación de masculinidad, en edades superiores a 15 años, de 108, el total de casados se acerca bastante a ese 60% que hemos tomado, convencionalmente, como límite entre los grupos I y II. Los solteros suponen un 33.7%, en su mayor parte varones, los viudos, sin embargo, el 5.7%, lo aportan su mayoría las mujeres.

En ambos sexos, los casados representan entre el 55% y 60% respectivamente; y dentro de los hombres prácticamente a partir de los 34 años los efectivos se concentran en la columna de casa-

---

[83] «Lista de acadianos casados desde el establecimiento de Kabahanocé (1766-1768)», AGI. Papeles de Cuba, 187-A.

dos, siendo la concentración absoluta superior a los 25-29, es decir, a edad joven, lo que se ve confirmado en cierto modo por el caso, aislado, existente a los 15-19 años.

En el sector femenino, se manifiesta de nuevo una mayoría de efectivos, en términos absolutos, a los 20-24 años, y una aparición de casos de viudedad a edades relativamente tempranas como los 25-29 años.

Ya hemos advertido que no se trata exactamente del mismo grupo de población, pero a pesar de todo, advertimos que se nota, en relación con el censo de la Parroquia de la Ascensión de 1766, un aumento del porcentaje de casados en detrimento de los solteros, aunque al disminuir la relación de masculinidad, entre las mujeres el fenómeno ocurrido haya sido el contrario.

En 1771 tenemos las poblaciones de Opelusas y Atacapas, como la anterior, con un volumen muy escaso como para ser analizado con excesivo detalle. Tan solo destacaremos la diferencia, de carácter general, en los porcentajes del grupo de casados: 47.5% en Atacapas y 61.1% en Opelusas. Frente a ellos, como es de esperar, en el primero de los Puestos había un 45% de solteros, y en el segundo sólo un 23%, que podía ser algo más alto debido a un 11.8% existente en la columna de desconocidos.

Y en 1772, los acadianos de Iberville ofrecían los datos que aparecen en el cuadro 1.5 H.

Recordemos que se trata de parte de los inmigrantes llegados entre 1767-1768, de los que les separan algunos rasgos de su composición por estado civil. En primer término, destaca la variación en las proporciones de casados y solteros. Estos últimos, sólo alcanzan en 1772 el 21.8% de la población adulta y anciana, en tanto que los primeros sobrepasan el 60% con lo que queda clasificada dentro del grupo I.

Por no hacer un repaso minucioso de los datos, diremos que, a grandes rasgos, las características de esta población se asemejan a otras de las del mismo grupo, exceptuando el hecho de que la cifra general de solteros se halla bastante equilibrada: 51.7% varones por 48.3% hembras, al contrario de lo que ocurre en otros lugares: Punta Cortada en 1766, por ejemplo, donde el componente masculino era francamente mayoritario sobre el femenino.

En fin, llegamos a 1777 cuando censos del tipo A, nos van a facilitar la mayor abundancia de información sobre la estructura de estado civil de las poblaciones de la colonia en toda la época española que abarca nuestro trabajo para un solo año.

En primer término vamos a hablar de los dos núcleos de acadianos, Parroquia de St. Jacques y Parroquia de la Ascensión
en que se han convertido los dos primitivos establecimientos de
de 1764-1765 (ver cuadro 1.5 I).

St. Jacques, ocupándonos para empezar de los datos más generales, como venimos haciendo, contaba con 67.2% de individuos
casados —recordemos que estos porcentajes se refieren a edades
superiores a los 15 años—, 23.5% de solteros y un 2.2% de viudos,
al tiempo que sólo hay un 6.8% de estado civil desconocido, lo que
hace imposible una modificación decisiva de los porcentajes anteriores. Esto sitúa a esta población dentro del grupo I en que
habíamos clasificado las diferentes variantes estructurales estudiadas.

La población total de este puesto es de 704, que hace menor las
posibilidades de fluctuaciones aleatorias, y la relación de masculinidad en adultos y ancianos de 130. Por ello la proporción de
varones entre los solteros es sensiblemente superior a la de hembras, así como entre los desconocidos, y sólo las viudas aventajan
a sus correspondientes varones.

Dentro de cada sexo es palpable la mayoría de la columna de
casados sobre las restantes, siendo de destacar esos 22 individuos
varones con estado civil desconocido que puede modificar en algún
grupo de edades los porcentajes de solteros y viudos.

En cuanto al reparto por edades, registra unas características
que han sido observadas en otras poblaciones, aunque ahora tra-
bajemos con una población algo más alta, como son: ausencia
casi total de efectivos femeninos a partir de una cierta edad,
mientras que en los hombres esta edad se retrasa algo más; numerosos casos de casados en el primer escalón de edades en contraposición a lo que ocurre en el sector masculino; mayoría absoluta y reparto por edades de viudas en relación a los hombres;
y algo diferente a lo observado hasta el momento, una edad media
femenina más alta de la normal —próxima a los 34—, con una
concentración absoluta máxima a los 40-44 años, por encima de la
registrada entre los varones a los 35-39.

En conjunto se ha producido un movimiento tendente a aumentar el número de casados en detrimento del de solteros en
términos muy acusados.

Algo semejante a lo ocurrido en dicho establecimiento de las
Costas de Acadianos que es la Parroquia de la Ascensión, aunque
en este caso, el % de casados que es el índice principal por el que

nos estamos guiando, no haya llegado a superar el 60%, quedándose en 57.4%. Por tanto esta población queda clasificada en el grupo II, cumpliéndose los rasgos de predominio de individuos casados en cada sexo, aunque entre los hombres sea mínimo, y también una mayor contribución masculina a la cifra total de solteros adultos, y femenina a la de viudas, lo que es normal. Los acadianos de Iberville en 1777, por su parte se unían a esta tendencia de incrementar el porcentaje de casados y su población se agrupaba tal como muestra el cuadro 1.5 J.

En efecto, se nota la existencia de unas proporciones análogas a las vistas en la Parroquia de St. Jacques; prácticamente es innecesario repetir las mismas consideraciones que podemos sustituir por las breves e irrelevantes diferencias registradas. La primera de ellas se refiere al aumento del número de viudos, entre los varones, en relación al de hembras, y la segunda el descenso de la edad media de las mujeres casadas, y que se coloca próximo a los 29 años, registrándose la mayor concentración absoluta a los 30-34.

Y siguiendo en la misma línea de modificación en las estructuras de las poblaciones, hemos de anotar las registradas en los Puestos de Atacapas y Opelusas, aunque con ciertas diferencias entre ellos. El primero, con su población agrupada según indica el cuadro 1.5.K.

Rebasando apenas el 60% de población casada, Atacapas entraría justamente en el grupo I, a diferencia de Opelusas que constituye el caso extremo de todos los analizados, al llegar a acumular un 70.8% de individuos con más de 15 años en la columna de casados, haciendo subir la de solteros a 23.—% a costa de la de viudos, en que sólo aparece un 1.8%, y la de desconocidos con sólo 4.3% (consultar cuadro 1.5.L). Este 23.—% de solteros es aportado en un 80.9% por los varones, así como el 4.3% de desconocidos, mientras que son las mujeres las que intervienen en el capítulo de viudas, teniendo en cuenta que la relación de masculinidad de estos adultos es de 140.

Por sexos es de destacar la enorme proporción de mujeres casadas —85%—, con cuatro grupos de edades que registran concentración absoluta de efectivos en esta columna, y la mitad de las comprendidas entre 15 y 49 años también en este estado.

En los varones la relativa abundancia de individuos en la categoría de desconocidos, impide precisar el efecto de la viudedad en este sector.

Resumiendo cuanto hemos visto hasta ahora, hemos de decir, en primer lugar, que nuestra visión se ha encontrado limitada en estos últimos años por el hecho de que sólo han aparecido poblaciones acadianas, con cierta homogeneidad entre sí, lo que impide tener una idea más completa del conjunto, y que sí podremos adquirir en el segundo período, cuando veamos que otros establecimientos han seguido caminos diferentes.

En segundo término, que tras un planteamiento de distintos tipos de poblaciones en el comienzo del período, se ha experimentado una tendencia generalizada entre estos acadianos a situarse en el que denominamos grupo I, destacando entre todas sus características el incremento de las columnas de casados sobrepasando el 60% de la población adulta, lo que se corresponde con el rejuvenecimiento que hemos observado al mismo tiempo, y que tendrá su reflejo en el siguiente apartado dedicado a la Fertilidad.

6. ESTUDIO DE LA FERTILIDAD

El estudio de este fenómeno resulta, posiblemente, el más problemático de entre los que vamos a realizar sobre las poblaciones de la colonia, a causa de razones de diversa índole.

La primera es que se trata de la cuestión que quizás tenga un más alto grado de dependencia de otras del mismo carácter demográfico, algunas de las cuales, como puede ser la tasa de natalidad o de mortalidad, no han podido ser evaluadas por nosotros. Otras, sin embargo, sí lo han sido, y nos referimos a las estructuras de edades y sexo, que permiten destacar por ejemplo, la proporción de mujeres en edad fecunda que, al variar sensiblemente de unos a otros casos, hace que la fertilidad resulte también modificada.

En segundo término, se puede decir que, al tratarse de calcular el rendimiento procreativo de las poblaciones, el índice resultante tiene un significado algo más abstracto que los demás, lo que hace también más difícil su interpretación. Por otro lado su obtención, en ocasiones, como advertimos en el apartado de Metodología, se verá afectada por el método de reducción de tasas que hemos adoptado, y todo ello contribuye a hacer de esta cuestión la de más problemático tratamiento.

Por último, aunque sea en el capítulo de Conclusiones donde vayamos a considerar más detenidamente este aspecto, no creemos que resulte redundante el que advirtamos que, siendo casi todas las poblaciones que estamos estudiando, y la de la colonia en general, especialmente abiertas, el valor de los índices de fertilidad que obtengamos es completamente teórico e instantáneo, pues las condiciones de la población podían variar de un año a otro de tal forma que dicho índice resultará modificado sensiblemente.

Así pues hemos de pensar siempre en el sentido relativo de estos datos a que nos vamos a referir.

Los datos de fertilidad referentes al primer período están plasmados en el cuadro 1.6 A, en el que podemos observar claramente las primeras grandes diferencias entre distintos núcleos en 1766 en la Provincia. Se trata de Punta Cortada que presenta 1.032 niños entre 0 y 4 años por cada 1.000 mujeres en edad de fecundar, frente a los 531 de los acadianos de la Parroquia de la Ascensión. En un alto grado, aunque no absolutamente, desde luego, esta tasa de fertilidad está relacionada con el porcentaje de población infantil, y así vemos que, en efecto, se trata de dos núcleos que ya presentaban diferencias en este sentido cuando estudiábamos sus estructuras de edades.

Como aclararemos al hablar de la Metodología, los datos de fertilidad vamos a irlos complementando con los cuadros de las clasificaciones de las madres según sus edades y número de hijos, que también guardarán cierta relación entre sí, aunque estos últimos nos revelen algo de otro tipo de fenómenos como puede ser el de la duración de la edad fecunda en las mujeres [84].

A continuación ofrecemos los referidos cuadros correspondientes a estos dos establecimientos que presentan rasgos marcadamente contrapuestos. Nótese como en las edades 15-19 el primer núcleo presenta ya 0.62, mientras que los acadianos se mantienen en 0 (ver gráficos 1.6 A y B).

A los 25-29 años Punta Cortada llegaba a 4.— y en la Parroquia de Ascensión sólo se llegaba a 1.22 y, en fin, igualmente en los valores máximos absolutos existía una marcada diferencia registrándose respectivamente 5.28 —uno de los más altos que estudiaremos— y 4.—. Pero obsérvese que el primero se lograba a los

---

[84] Aunque ya hemos dicho que trabajamos ignorando el factor mortalidad que, además, es variable en años y localidades, resulta evidente que los cuadros de madres por grupos de edades y número de hijos reflejan parcialmente este fenómeno.

40-44 años, mientras que el segundo lo era en el último escalón, a los 45-49. Es necesario recordar también que Punta Cortada se trata de una población establecida aproximadamente hacía 50 años, en la que la marcha de los hijos mayores del hogar se realizaría probablemente con normalidad a unas edades determinadas, y los acadianos que estamos estudiando llevaban relativamente poco tiempo en la Provincia, por lo que quizás tal hecho no había tenido aún ocasión de suceder.

Se notan también dos pequeños descensos en edades diferentes en las dos poblaciones, de difícil explicación, así como un brusco salto en Ascensión a los 35 años de 0.88 a 3.33, excesivamente irregular:

	Punta Cortada	P. Ascensión
15-19	0.62	—
20-24	1.63	0.60
25-29	4.—	1.22
30-34	3.62	0.88
35-39	4.68	3.33
40-44	5.28	3.—
45-49	3.16	4.—
Total	3.23	1.55

Entre los acadianos llegados en 1767-1768 la tasa de fertilidad era de 619, un poco más alta solamente que las de las dos Costas de Acadianos de 1769 y 1770, que presentaban 569 y 539, y que los Bas du Fleuve, con 558. Se trataba, como vimos, de poblaciones con porcentajes de edades infantiles muy semejantes, entre 36 y 39%, con lo que la relación entre ambos factores era notable.

No obstante en los cuadros del número de hijos por edades de las madres se notaban algunas diferencias:

	Acadianos 1767-68	Bas du Fleuve 1769	Ascensión 1769	Fourche 1770
15-19	—	0.50	0.40	—
20-24	1.14	1.91	0.75	0.88
25-29	1.76	1.68	1.82	2.—
30-34	2.77	3.54	2.31	2.—

	Acadianos 1767-68	Bas du Fleuve 1769	Ascensión 1769	Fourche 1770
35-39	3.58	4.—	2.77	2.60
40-44	4.80	2.62	2.87	4.40
45-49	4.66	3.25	4.50	4.—
Total	2.71	2.34	2.06	1.98
Tasa Fert.	619	569	539	558

(ver gráficos 1.6 A, 1.6. B, 1.6 C y 1.6 D)

El primero de los casos citados, a pesar de tener en 0 el grupo de 15 a 19 años, después tiene una progresión muy regular, para concluir con 4.80 a los 40-44 y, sólo muy poco menos, 4.66 a los 45-49. Con una media de 2.71 hijos vivos bajo la custodia materna y 39.89% de individuos en edad infantil, representaba un caso de alta concentración de hijos, y posiblemente aquí también hubiera que recordar las explicaciones supuestas en el caso de la Parroquia de la Ascensión en 1766.

En Bas du Fleuve la silueta del gráfico se nos presenta más recortada, con más altibajos, sobre todo a los 25-29 y 40-44 años [85], descendiendo el nivel a partir de esos 40 años tras alcanzar 4.—, aunque se produce un breve incremento a los 45-49.

¿Se puede distinguir alguna semejanza entre estos distintos núcleos de acadianos, por contraposición a Bas du Fleuve, que permita identificar un modo de comportamiento específico en fertilidad de ciertas poblaciones frente a otras?

A la vista de estos datos no se puede llegar a una conclusión afirmativa. Mostrando cada grupo sus propias características, por el momento no es posible adivinar similitudes generales siendo de destacar sobre todo las diferencias de nivel alcanzadas.

Y quizás en las dos poblaciones de acadianos de 1769 y 1770, los datos guarden mayor semejanza con los de los inmigrantes de 1767-1768 y con los de Bas du Fleuve, estructuralmente al menos, si no en niveles alcanzados, ya que las medias total de ambos son 2.06 y 1.98 respectivamente. Recordemos que se trata de censos en los que había una parte de la población repetida que, lógicamente, debe influir hasta cierto punto en una semejanza del fenómeno.

---

[85] Estos altibajos coinciden con otros similares en la composición por sexos de la población, pero, como en los demás casos estudiados, estos fenómenos no guardan necesariamente relación entre sí, así como tampoco el primero con la estructura de edades.

En un caso, 1769, el crecimiento de las medias desde los 15 años es regularmente decreciente para subir bruscamente a los 45-49 a 4.50.

En otro, la subida es menos regular iniciándose desde los 20 años para producirse el salto a los 40-44 hasta 4.40, y descender en el último escalón a 4.

Lógicamente es de suponer que los índices altos, más de cuatro hijos por ejemplo, en edades superiores a los 40 años, reflejan una duración mayor de la edad fecunda de las mujeres, en igualdad de condiciones de los demás factores demográficos entre dos poblaciones, y así, en principio podrían entenderse los casos que estamos observando.

En 1771 Atacapas y Opelusas presentan respectivamente 800 y 1.130 de tasa de fertilidad, junto a 34.4% y 43.9% de población infantil. La tasa de fertilidad colocaba a Opelusas en el primer lugar en este sentido durante el primer período, precisamente con un porcentaje de niños que no era el más alto, lo que resaltaba la capacidad procreativa de su población de modo que cabía calificarla de excepcional. Atacapas, aún con un índice muy alto no igualaba este nivel, y tras ellos, en Iberville, los acadianos que habían llegado en 1767-1768 mantenían los índices de 620 en 1772 aún habiendo alterado su volumen.

Pero ¿cómo se efectuaba el reparto de hijos por edades de las madres en estas mismas poblaciones?

	Atacapas 1771	Opelusas 1771	Iberville 1772
15-19	—	0.50	—
20-24	1.40	2.10	0.66
25-29	2.11	2.33	2.20
30-34	3.—	4.16	2.23
35-39	4.—	4.50	—
40-44	3.50	3.50	4.—
45-49	1.—	3.66	3.33
Total	2.55	2.65	1.88

(ver gráficos 1.6 C, 1.6 D y 1.6 E)

Si observamos las medias totales nos daremos cuenta de la diferencia metodológica que existe entre el cálculo de la tasa de fertilidad, que habíamos visto que para Opelusas era de 1.130, y el número de hijos por madre, que en este caso es de 2.65, tan sólo una décima de más sobre Atacapas. Ello es debido lógicamente a lo ancho del escalón de 0 a 4 años de la pirámide de edades del Puesto que actúa de diferente forma en los dos casos.

De cualquier manera es clara la superioridad de Opelusas sobre los dos otros núcleos en todas las edades, comenzando desde los 15 años, y principalmente sobre Iberville que, posiblemente por su bajo volumen registra un 0 en los 35-39 años, produciendo una figura muy irregular.

Por su parte Atacapas ve un fuerte descenso después de los 45 años, tras haber comenzado a los 20, que parece hablar de un período de fertilidad en las mujeres —de no existir interferencias no descartadas— de los más cortos entre los estudiados, lo cual no es óbice, repetimos para que obtuviera el nivel de 800.

Sin embargo, en 1774 esta tasa parecía haber descendido para los dos Puestos de Opelusas y Atacapas, según los datos del Padrón de Gálvez, conjuntamente [86], a 562, como efecto, sin duda la inmigración que afectó a estos Puestos en los años precedentes, pero individualmente de nuevo, en 1777, su fertilidad volvía a ser de las más altas de la colonia situándose en 1.104 en Atacapas y 1.019 en Opelusas.

Este enorme poder reproductor era igualado en la misma fecha por las crecientes poblaciones de acadianos de las orillas del río que alcanzaban, St. Jacques 1.000 y Ascensión 1.014. En Opelusas y Atacapas era mayoría también la población de acadianos lo que habla de la gran fertilidad de este grupo social.

Y si en las citadas tasas la semejanza era grande veamos las diferencias que se producían en el reparto de hijos según las edades de sus madres entre los cuatro establecimientos.

	Atacapas	Opelusas	St. Jacques Fourche	Ascensión
15-19	0.66	0.44	0.54	1.—
20-24	1.86	1.79	1.43	1.41
25-29	3.66	2.72	2.94	2.50
30-34	4.42	3.15	3.94	3.14
35-39	5.—	4.45	4.71	3.75
40-44	3.80	5.44	4.60	4.54
45-49	3.75	4.33	4.—	1.75
Total	3.32	2.87	3.31	2.78

(ver gráficos 1.6 E, 1.6 F y 1.6 G)

[86] Esta tasa está hallada aplicando el coeficiente de reducción 2.4 explicado en el Apéndice de Metodología.

Las diferencias —y semejanzas— que veíamos se establecían entre los dos pares de poblaciones, se repiten en este otro aspecto del fenómeno. Atacapas y St. Jacques, 1.104 y 1.019, casi se igualaban en cuanto al número total de hijos por cada madre: 3.32 y 3.31 respectivamente. Y lo mismo cabe decir con Opelusas y Parroquia Ascensión.

Pero tan sólo en los establecimientos de la zona ganadera se llegaba y superaba a los 5 de media. En los 35-39 años en Atacapas, que acumulaba los niveles más altos en edades relativamente jóvenes entre los 30 y 39 años, y a los 40-44, en Opelusas.

En los núcleos del río existía una cierta correspondencia, salvo la diferencia de niveles, rota sólo en el último quinquenio cuando en la Parroquia de Ascensión se bajaba a 1.75, frente al 4.— de St. Jacques en número medio de hijos por madre.

Algo por debajo del grado alcanzado por los núcleos que hemos estudiado se hallaban, Illinois en 1775 que presentaba 854, Iberville en 1777 con 837 y Alemanes, en 1777 también, con 787.

Se trataba de poblaciones estructuralmente muy diferentes como hemos visto en otros apartados, pero que parecían hallarse en esta faceta emparejadas, manteniendo unos índices francamente altos. Tan sólo de Iberville podemos ofrecer la clasificación del número medio de hijos por edades de madre que era:

	Iberville 1777
15-19	0.33
20-24	1.76
25-29	1.86
30-34	2.17
35-39	2.71
40-44	2.81
45-49	2.5
Total	1.97

(ver gráfico 1.6 F)

Era como se puede comprobar una población con las medias regularmente más bajas de las estudiadas, lo cual se aprecia claramente en el gráfico.

Había experimentado, sin embargo, un cierto aumento en relación a 1772 aunque verdaderamente corto, situándose ahora la media total en 1.97 frente al 1.88 de aquel año.

Debemos suponer, por la diferencia de estructura a las que aludíamos más arriba, que este reparto no era el que se podía ver en Alemanes o Illinois, a pesar de que sus tasas de fertilidad se hallasen próximas.

Y por último, a distancia de los demás, encontramos con cierta diferencia entre sí a Punta Cortada y Nueva Orleans, también dos poblaciones de características distintas, aparte de sus rasgos de rural y urbana, que se situaban en 687 y 554, respectivamente.

Punta Cortada habíamos visto que presentó una tendencia durante el período a reducir su proporción de población infantil, que podría estarse reflejando en este descenso en su tasa de fertilidad producido entre 1766 y 1777, desde 1.032 a 683.

Nueva Orleans, que había mostrado una aparente estabilidad en el total de su población desde 1766, presentaba un índice a la altura de los de algunos núcleos acadianos en sus primeros momentos en la colonia, y de la población de los Bajos del Río en 1769 de la que no sabemos nada sobre su evolución.

Y, desde luego al final de este primer período parece fuera de duda que presentaba la más baja fertilidad de toda la colonia, donde de entre ocho grupos estudiados en 1777 y uno en 1775, cuatro sobrepasaban los 1.000 niños por cada 1.000 mujeres en edad de procrear y tres, los 750.

En líneas generales parecía haberse registrado un fuerte aumento de las tasas en las poblaciones rurales, con la sola excepción de Punta Cortada, y frente a esta tendencia se situaba el núcleo urbano de Nueva Orleans.

En lo que respecta al reparto de hijos por edades de la madre hay ciertas cuestiones que merecen destacarse.

En primer término hay que señalar que las maternidades antes de los 20 años no eran excesivamente frecuentes, aunque, desde luego, hay que contar con la influencia del factor mortalidad que nos es desconocida, vemos que hay varios núcleos que presentan el escalón de 15-19 años en 0, y otros en los que la media de hijos vivos no llega a 0.50, siendo tan sólo la Parroquia de la Ascensión en 1777 la que llegaba a 1.—.

El ritmo y el nivel de crecimiento de las medias con las edades variaba entre las poblaciones, así como el momento en que se alcanzaba el máximo, que solía situarse entre los 35 y 44 años. En contadas ocasiones este máximo alcanzaba la media de 5 o la superaba, aunque de nuevo el desconocimiento de la mortalidad hace difícil un cálculo de las diferencias que habría entre esta media y la de nacimientos en el mismo escalón.

De todas formas es interesante observar que en los cuadros previos que hemos elaborado para extraer de ellos las medias presentadas, y en los que hemos contabilizado hasta 10 posibles hijos vivos en el momento del censo, tan sólo en dos ocasiones ha aparecido un caso aislado de 10 hijos en esta columna (ver los cuadros de muestra 1.6 A y 1.6 B).

A partir del máximo obtenido, como explicaremos en Metodología, un nuevo factor se unía a la explicación de los datos y era la partida de los hijos mayores del hogar paterno, a la influencia de la mortalidad y al descenso de la fecundidad en las mujeres. Por ello las diferencias en los descensos que se observan a partir de los 40 ó 45 años, aunque en alguna región esta baja no se produce hasta los 49 años (acadianos 1769), son muy problemáticos de explicar por lo que no podemos sino limitarnos a presentar el fenómeno.

7. Composición de los «menages»

Si muchas veces hasta ahora la interpretación de los datos se ha hecho difícil, a esta altura dicha labor lo es aún más. Las influencias culturales y mentales juegan un papel más activo en este plano sociológico, y nuestro desconocimiento en las materias citadas para la historia de Luisiana es aún suficientemente amplio como para no poder valorar este tipo de influencias. Vamos a comprobar inmediatamente que algunos de los rasgos que observemos quedarán sin explicación lógica, constituyendo características peculiares de la población de Luisiana, a la espera de que nuevas investigaciones en el terreno social puedan en el futuro, interpretarlas.

El cuadro 1.7 A presenta un resumen del número medio de personas/«menage», en la población libre, en los Puestos y años indicados. Sólo algunos de estos datos proceden de censos del tipo A, por lo que no todos podrán ser analizados minuciosamente con posterioridad. En segundo término, detrás de cada índice aparece la desviación típica de la media correspondiente, a la que en alguna ocasión recurriremos para enriquecer las observaciones que nos hallamos comentando.

El cuadro, aunque sirve para dar una idea de la situación del aspecto del tamaño de los «menages» en la colonia, resulta objetivamente pobre, sobre todo bajo el punto de vista dinámico de la cuestión, y ofrece muy pocas posibilidades de estudiar cuál ha sido la evolución de este punto en casi ninguna de las poblaciones.

En primer término tras observar que los puntos máximo y mínimo vienen dados respectivamente por Sta. Genoveva y la Parroquia de la Ascensión en 1766, lo que resulta evidente es que el tamaño medio de los «menages» no aparece tan amplio como generalmente se ha pensado que eran los de estas poblaciones coloniales [87]. Lógicamente en este tamaño influye decisivamente su composición a la que más adelante nos referiremos.

Pero antes que nada debemos preguntarnos qué otros factores podrían ejercer alguna influencia en este volumen de los «menages» que estamos estudiando. ¿Habría que esperar algún tipo de relación entre el tamaño de los «menages» y cualquiera otra de las estructuras ya estudiadas?

Si pensamos en el sexo, por ejemplo, en primer lugar, podemos ver que en Illinois, donde la relación de masculinidad absoluta era muy alta, superior a 150, el tamaño de los «menages» es de los más elevados y se alcanzan medidas en 1766 de 5.50 y 4.59. Y aunque en Sta. Genoveva la desviación típica es considerable (4.04 en San Luis resulta no serlo tanto, es decir que estas medias reflejaban con cierta fidelidad la situación real del tamaño de los «menages» en dichos Puestos. Sin embargo en Alemanes donde la proporción de sexos es más equilibrada, al igual que en Punta Cortada, la media de personas por «menage» sigue estando alrededor de 5, por lo que no parece que se produzca una relación directa entre estas dos variables.

Tampoco hay indicios de que la haya con la estructura de edades, y los mismos ejemplos utilizados en el caso anterior servirían para demostrarlo, siendo Alemanes e Illinois en 1766 los casos extremos en ese sentido.

Probablemente la orientación de las economías locales debiera tener una mayor influencia en la constitución de los «menages», aunque algunos de estos ejemplos ya citados no corresponden con lo que cabría esperar que se produjese. Nos referimos concretamente

---

[87] Ya John Demos, «Families in colonial Bristol, Rhode Island: An exercise in Historical Demography», *The William and Mary Quarterly*, XXV, 1968, pp. 40-57, salía al paso de esta creencia que, como veremos en nuestras conclusiones, es matizable.

al caso de Illinois, donde en 1777, estando más del 50% de la población activa registrada dedicada a aquellas actividades clasificadas bajo el epígrafe de «gente andante», «traitteurs», «marchands», «voyageurs», etc... [88], quizás fuese lógica la aparición de unidades poblacionales más pequeñas —no olvidemos que el alto índice de relación de masculinidad obligaba a la existencia de un fuerte porcentaje de varones solteros dedicados a dichos trabajos— que en zonas de economía agrícola, en que pudiera registrarse una concentración mayor. Sin embargo estos datos de 1766 sobre Illinois, contradicen esta hipótesis, y lamentablemente ni disponemos de una información para esta área, ni la que tenemos podrá ser analizada minuciosamente pues pertenece a un censo del denominado tipo D en el Apéndice de Metodología.

Por otra parte, otras contradiciones registradas a diferentes niveles abundan en lo dicho anteriormente, y estamos hablando del caso de Opelusas y Atacapas. En los puntos de estructuras demográficas hemos observado el gran paralelismo que ha guiado la evolución de estos dos Puestos, sin embargo en lo que respecta al tamaño de sus «menages» se observa con claridad que, tras partir de puntos similares, ya en 1771 existía una diferencia de 0.82 entre sus respectivos valores medios de personas/«menages», para, en 1777, —con un descenso que afectó a ambos núcleos— ampliarse a 1.11.

No obstante, para este último caso, aún cabría aducir la presencia de fuertes corrientes inmigratorias que pudieran haber afectado desigualmente a los dos establecimientos, pero no así en el primer ejemplo citado, donde la explicación no resulta fácil.

En resumen del citado cuadro pueden desprenderse las siguientes consideraciones:

1.º) Destacan unos índices medios de personas por «menage» muy bajos en las primeras concentraciones de acadianos: Parroquia de la Ascensión, Atacapas, Opelusas y Lafourche en 1766. Estos índices no corresponden con el de otro grupo de estos nuevos pobladores llegados en 1767-1768, que con una desviación típica muy baja, se sitúan en 4.88 personas por «menage». La razón de esta discordancia puede hallarse en el hecho de que, para el recorrido del viaje desde su lugar de origen hasta Luisiana, estas personas —entre las que había huérfanos y viudos ancianos, por ejemplo—, se concentraban para prestarse ayuda mutuamente, en

---

[88] Ver «Padrón General de todos los individuos...» documento n.º 15 en la Relación de Censos.

tanto que al realizarse la colonización de los nuevos territorios, se efectúa una mayor dispersión.

En este sentido, hay que tener en cuenta que los datos de las primeras poblaciones citadas están tomados de censos una vez establecidas, y los del grupo expresado en segundo lugar, de una lista de personas confeccionada en el momento previo a formar la nueva población.

2.°) Entre tres y cuatro personas de media por «menage» están los siguientes casos:

Nueva Orleans en 1766, a pesar de que hay algunos «menages» con un número muy elevado de personas, como el convento de las Ursulinas con sus huérfanas o algunas «habitaciones» de barrios exteriores con plantaciones, que hacen esta media más alta de lo que da la realidad, y elevan la desviación típica por encima de la media.

Chapitoulas, zona rural, también en 1766.

Natchitoches en 1765, población con un número relativamente alto de comerciantes de indios, y con un porcentaje, al menos destacado en relación con otros núcleos rurales, de artesanos [89].

Por último, en algunos centros de acadianos, principalmente algunos años después de establecidos, lo que significa tras los primeros momentos normalmente difíciles de colonización, el tamaño de los «menages» en estas poblaciones tendía a aumentar: Parroquia de Ascensión en 1769, Lafourche 1770, Iberville 1772 y 1777, y Opelusas en 1777.

Como se puede observar se trata de poblaciones de diversos tipos —en la medida en que cabe hablar de tipos de población en el orden económico, puesto que ningún estudio, hasta el momento, los ha establecido para Luisiana—, y por ello creemos que el tamaño de sus «menages» no tiene una clara relación con los rasgos determinados por sus caracteres.

3.°) Con más de cuatro personas por «menage», incluyendo dos casos en que el índice sobrepasaba los cinco, se encontraban:

Alemanes y Punta Cortada en 1766, y Bas du Fleuve en 1766 y 1769: Se trata de poblaciones eminentemente agrícolas, aunque con rasgos diferentes entre sí; las dos primeras tenían, como vimos, porcentajes muy altos de población infantil que jugaba un papel importante dentro del índice registrado. Por el contrario, Bas du

---

[89] En ibid. se observa la existencia de un cierto número de profesiones «móviles», mientras que en «Primer Padrón y Lista de vecinos...», documento n.° 3 de la Relación de Censos, se especifican algunos artesanos.

Fleuve no disponía de un componente joven predominante, y por ello veremos, en el cuadro 1.7 E de este mismo apartado, que otros individuos ajenos a los lazos directos de parentesco intervenían decisivamente en el logro de la media.

Advirtamos que el caso de Alemanes es uno de los pocos en que el indice sobrepasa cinco.

San Luis, Sta. Genoveva y Natchitoches en 1766, centros a los que ya hemos dedicado párrafos anteriormente.

Y, finalmente, confirmando la tendencia de crecimiento que habían empezado a mostrar en años intermedios del período, algunos de los centros acadianos como: Opelusas en 1771, Atacapas en 1771 y 1777, y las Parroquias de la Ascensión y St. Jacques en 1777.

De este grupo tercero se pueden hacer las mismas consideraciones que apuntábamos en el anterior, aunque al margen de ellas sean distinguibles determinados fenómenos como el producido entre los acadianos, donde también se experimentaba paralelamente un rejuvenecimiento de la población, así como en Alemanes y Punta Cortada.

En el establecimiento de estos tamaños es fundamental la composición de las unidades que vamos a estudiar. Quizás el punto básico y previo en este aspecto es el de la fijación de si estamos tratando fundamentalmente con lo que se denominan unidades extendidas, o si por el contrario se trata de unidades nucleares, punto en cierto modo polémico en lo que se refiere a estas sociedades coloniales [90].

Para ello primeramente observaremos cuántos «menages» contienen o se componen de un solo cabeza de familia, de más de uno, y cuántos, por último, tienen un número desconocido de ellos, siendo necesario advertir que adoptamos por cabeza de familia justamente el criterio que aplica L. Henry en su «Manual de Demographie Historique» [91], por lo que la diferencia entre el número de «menages» estudiados y el del total que tiene cada Puesto corresponderá a aquellos compuestos únicamente por uno o más individuos solteros, unidos o no por lazos consanguíneos.

Un ligero repaso del cuadro 1.7 B nos permite comprobar fácilmente que, en las poblaciones estudiadas, un término medio de más del 70% de los «menages» estaban compuestos por un solo cabeza de familia, lo que nos confirma, por el momento para este primer período, y en zona rural, que el tipo de familia que pre-

---

90 Ver nota 87.
91 L. Henry, *Manuel de Demographie Historique, op. cit.*, p. 41.

dominaba en la colonia era la nuclear, compuesta por matrimonios o viudos con hijos, existiendo muy pocos casos —una sola vez alcanzan el 16.3%— de «menages» con varios o con número desconocido (podía ser uno sólo) de cabezas de familia.

En el estudio de la estructura por estado civil de los individuos ya establecimos la proporción de matrimonios sobre viudos existente, por lo que una clasificación cualitativa de estos cabezas de familia a los que nos estamos refiriendo resultaría reiterativa. Por ello nos limitamos a presentar los datos en el cuadro 1.7 C que, tras una confrontación con el punto precitado, nos ratificará la correspondencia existente.

Pero al margen de esta puntualización acerca de un aspecto de la composición interna de estas familias, existe otra cuestión sociológica importante que es la estructura de los cabezas de «menage», no de familia, según sexo y estado civil. Se trata, a grandes rasgos, de delimitar lo más precisamente posible, la influencia del patriarcado en la sociedad, o simplemente el papel de la mujer frente al hombre como cabeza rectora de las unidades de población, observando el carácter de los individuos en torno a los cuales constituían las mismas. Para ello el cuadro 1.7 D presenta los valores absolutos y porcentajes de cada una de las categorías en núcleos que estudiamos.

Comparativamente por sexos, el contingente de mujeres frente al de hombres es realmente bajo y mayoritariamente situado en la columna de viudas, excepto en el caso de los inmigrantes acadianos llegados en 1767-1768 —24.3%—, y en el de Bas du Fleuve en 1769. El peso de las otras columnas del sector femenino es insignificante, siendo de destacar los tres casos aislados de madres cabezas de «menage», protagonizadas por negras libres.

Entre los hombres, a pesar de la perturbación que supone la fila de desconocidos, que habría que repartir sólo entre solteros y viudos teóricamente, en general es normal más de un 60% entre los casados aunque, en una ocasión, Ascensión 1766, llegan a ser mayoría los solteros con 46%.

Llegados a este punto sería interesante preguntarnos, en qué medida la muestra de poblaciones que estamos observando es representativa del conjunto de la colonia. Esta cuestión que se plantea en el Apéndice de Fuentes, y que pensamos que queda resuelta de modo relativamente aceptable en el tratamiento de temas de carácter más demográfico, puede plantear ciertas dificultades en el estudio de estos temas sociológicos, pues, como estamos observando, no se halla representada entre los datos que manejamos la población urbana de Nueva Orleans.

Si bien la diversa población rural que estamos estudiando —en su mayor parte son núcleos de acadianos, y faltan también datos sobre Illinois—, registra una regularidad manifiesta, principalmente la población de Nueva Orleans, a causa de problemas que tienen su origen en las fuentes, no puede entrar en el conjunto que estamos intentando trazar, por lo que el resultado es en cierto modo parcial. Sin embargo, insistimos, creemos que es representativo de la población rural.

Por último, sólo nos resta referirnos a un aspecto tan interesante como el de los componentes de estos «menages» que estamos analizando y la medida en que forman parte de los mismos. El tipo de «menage» fundamentalmente simple incluía, a veces, algunos elementos como familiares ajenos al grado de parentesco padres-hijos, y, en otras ocasiones, otras personas sin ninguna relación familiar con el núcleo. El número de cada una de estas personas y su porcentaje sobre la población total, para cada pueblo estudiado, aparece en el cuadro 1.7 E.

Normalmente las personas con parentesco indirecto eran principalmente el padre o la madre, viudos, del cabeza de «menage», en general, o el hermano de uno de los cónyuges, si a la cabeza se encontraba un matrimonio. Obsérvese que los porcentajes, en general, no son altos y se producen entre ellos fuertes contrastes que nos hablan de la desigualdad en el aspecto que estudiamos, a pesar de que, como hemos advertido ya, estamos observando un conjunto de poblaciones bastante homogéneo, puesto que, excepto Punta Cortada y Bas du Fleuve se componen todas básicamente de acadianos.

Es de destacar el hecho de que, cronológicamente, los porcentajes vayan en descenso, desde el 12.6% de la Parroquia de la Ascensión en 1766, hasta el 0% del mismo centro once años más tarde, o el 1.1% y el 0.2% de Opelusas y Atacapas en la misma fecha.

Una evolución parcialmente similar podría distinguirse en el cuadro de clasificación de los «menages» según el número de cabezas de familia, y esta correspondencia puede expresar el hecho de la generalización del «menage» nuclear que concentrará a individuos relacionados por lazos paterno-filiales o fraternales, lo cual contribuiría a un incremento del número de «menages» con un efecto extensivo en el desarrollo económico.

Las personas ajenas a cualquier grado de parentesco que constan en las columnas contiguas del cuadro expresado, eran, fundamentalmente, entre los acadianos, huérfanos acogidos por las familias. Y un buen ejemplo de estos casos lo constituye el 7.4% de los acadianos en 1767-1768. Este grupo, lo recordamos, es estudiado a través de unas listas que reflejan la forma en que llegaron reunidos durante el viaje desde Acadia, y en ella se observa una concentración alta de estos huérfanos con familias para el período del viaje, destacando de entre ellos el mayor número de hembras que de varones. Otras veces no es posible distinguir en la documentación qué tipo de relación tienen estas personas con el núcleo central del «menage», pero en ocasiones se especifica claramente en los censos que se trata de «engagés» al servicio de la unidad social en que se halle encuadrado. Estos casos no son tan frecuentes entre los acadianos por regla general, al menos en los primeros años, y sí hay un cierto número de ellos en Bas du Fleuve que, como sabemos, era una zona agrícola de relativa importancia, donde era natural la aparición de este fenómeno.

Realmente no sabemos con seguridad las obligaciones y derechos de estos «engagés», especie de empleados, pero sí parece lógico pensar que el nivel económico de un «menage» debería alcanzar un nivel mínimo en su desarrollo, antes de poder disponer de un elemento de este estilo por muy simples que fuesen las condiciones de trabajo estipuladas. Por ello pensamos que puede ser un factor importante para estudiar, el de la existencia de estos «engagés», al realizar un análisis económico de estas comunidades.

Otro tipo de personas que aparece, en ocasiones, sobre todo también en Bas du Fleuve, es el de «précepteur», cuyos servicios evidentemente, serían del mismo modo requeridos por «menages» de una cierta capacidad económica.

Éstos eran, pues, los otros componentes de los «menages» de estas poblaciones de la colonia, y la columna del porcentaje conjunto nos indica la medida en que formaban parte de los mismos, las cifras expresadas son muy desiguales, y no es posible, como ya advertíamos al comenzar este punto, encontrar un ordenamiento y una explicación sistemática en estos fenómenos sociológicos, salvo algunos atisbos ya expuestos más arriba. Las oscilaciones entre poblaciones que, en principio deberían responder a similares características, en fechas próximas o idénticas van desde el 0% de Punta Cortada en 1766 al 15.5% de Bas du Fleuve en 1769; y del 6.9% de Lafourche en 1777 al 13.3% de la Parroquia de la Ascensión en el mismo año, siendo los componentes parciales de estos porcentajes igualmente diferentes en todos los casos, lo cual confirma lo que adelantábamos anteriormente.

LA POBLACIÓN ESCLAVA

1. EVOLUCIÓN DE SU VOLUMEN

Podemos decir que no conocemos casi nada acerca de la evolución de la población esclava en la Provincia durante el período francés. Los primeros datos procedentes de la «Recapitulation» de 1763 nos presentan un total de 4.598 personas que indican claramente que el volumen del tráfico esclavista en los años que llevaba de existencia Luisiana debió ser abultado, si consideramos que, probablemente, la mortalidad entre este sector de sociedad fue más alta.

Habíamos estimado al hablar del grupo libre que, posiblemente, los datos de dicho documento se hallasen faltos de cierto sector de población. Hemos de suponer que de ser verdad también habría afectado a los esclavos, por lo que los datos que ofreceremos podrían hallarse algo reducidos [92]:

	Volumen	%	Proporción n.º Esclavos/Libres
Nueva Orleans	1.135	24.6	0.88
Bas du Fleuve	1.476	32.1	4.56
Chapitoulas	939	20.4	5.33
Alemanes	438	9.5	0.54
Punta Cortada	610	13.2	1.40
Total [93]	4.598		

Vemos que en términos absolutos era esta zona denominada Bas du Fleuve, y que sabemos que abarcaba el área limítrofe a

---

[92] A falta de otro criterio para valorar los datos, vamos a conceder para el estudio de esta población esclava el mismo valor a los documentos que les dimos al estudiar la población libre.
[93] No incluye toda la Provincia. Faltan Natchitoches e Illinois.

la capital antes de llegar a ella subiendo el río, la que reunía mayor número de esclavos, seguida del núcleo urbano de la capital y de Chapitoulas, al Norte de la misma. Por último Punta Cortada y Alemanes completaban el cuadro.

Sin embargo, en términos relativos sobre la población libre, mientras que Chapitoulas y Bas du Fleuve eran, con mucha diferencia, los establecimientos con más alta proporción de esclavos, la capital descendía a un cuarto lugar detrás de Punta Cortada.

Este Puesto, al igual que ocurría en los dos primeros, con una población eminentemente agrícola, se supone que era uno de los que mantenía el nivel de producción más fuerte en la colonia de cara a la exportación, nivel mantenido básicamente a costa de este numeroso núcleo de población esclava.

Si la relación del número de esclavos en estas zonas rurales con la producción agrícola nos parece inmediata, en el caso de la concentración urbana de Nueva Orleans, el asunto toma caracteres muy diferentes, y un análisis de los sectores productivos de la capital podría únicamente indicarnos la dedicación a que se destinaban en 1763 sus 1.135 esclavos, representando el 24.6% del total de esclavos contabilizados —no olvidemos que en esta relación faltan Illinois y Natchitoches—.

En último lugar se hallaba Alemanes con sólo 0.54 (35.1% de esclavos sobre el total de población del Puesto). Los acadianos en esta «Recapitulation» aparecen sin esclavos, lógicamente, y el hecho aquí, sí cabe interpretarlo como signo de gran pobreza de este núcleo de inmigrantes, frente a lo generalizado de la posesión, en mayor o menor grado, de esclavos por parte del resto de la población.

Globalmente considerados, observamos que el 77.2% de los esclavos de los Puestos citados se localizaban en la capital y sus alrededores, y en esta localización influían con más fuerza factores diferentes a los que lo hacían en el caso de la población libre. No olvidemos, como ya hemos dicho, que a efectos reales en la colonia, los esclavos no eran sino un medio de producción más y su distribución respondía principalmente a motivos económicos [94].

---

[94] Existe una diferencia entre la consideración del esclavo como un medio de producción y su identificación con un índice de riqueza que hace Zitomersky. Simplemente en *op. cit.*, p. 272. El esclavo podía conferir prestigio social pero también podía no ser utilizado en todas sus posibilidades como tal medio de producción, con lo que dejaba de producir consecuentemente una riqueza y ser un error entenderlo, sin las debidas matizaciones, como índice de este concepto, por lo demás difícil de definir en sociedades agrícolas.

Para 1765 sí disponemos de información referida a Natchitoches que nos dice que el número de esclavos en el Puesto era de 265 y que, por tanto, la proporción era de 0.81 esclavos por cada individuo libre. Un poco más sólo que Alemanes, a pesar de que parece que existía cierta diferencia económica entre ambos establecimientos, desde el momento en que el predominio de comerciantes y mercaderes en Natchitoches era manifiesto.

Tres años después de los primeros datos, el «Primer Padrón...» de la colonia completa arrojaba los siguientes totales por Puestos, suponiendo los incrementos medios anuales que expresamos, junto a las proporciones correspondientes:

	Volumen	%	Proporción Esclavos/Libres	Tasa Increm. medio/año	
Nueva Orleans	1.450	24.6	0.83	85 ‰	
Bajos	1.607	27.2	3.04	28.7 ‰	
Chapitoulas	962	16.3	5.37	8.1 ‰	
Alemanes	477	8.—	0.48	28.8 ‰	
Punta Cortada	680-674	11.5	1.27	36.8 ‰	
Natchitoches	250	4.2	0.60	56.6 ‰	s/1765
Opelusas	85	1.4	0.43		
Atacapas	24	0.4	0.17		
San Luis	74	1.2	0.40		
Sta. Genoveva	226	3.8	0.93		
Parr. Ascensión	18	0.3	0.06		
Fourche	20	0.3	0.14		
Arkansas	19	0.3	0.43		
Total	5.892				

El aumento en términos absolutos era general a todos los Puestos que podemos observar, pero las tasas de incremento eran más bajas que las que habíamos estudiado en la población libre. Concretamente en Alemanes y Punta Cortada se reducía a la mitad, aunque de cualquier forma mostraban unos niveles que hacen difícil pensar que fueran conseguidas a base únicamente del movimiento natural de población. Si estimamos que las cifras de 1763 podían hallarse por debajo de la realidad, estas tasas de incremento, de hecho, serían más reducidos, quizás dentro de unos límites alcanzables únicamente por la diferencia entre natalidad y mortalidad.

De cualquier manera hay que advertir que nos movemos en un terreno extremadamente difícil ya que los ritmos biológicos de grupos como los que estamos estudiando, hoy por hoy, son completamente desconocidos, y estas suposiciones en las que hacemos intervenir factores como el movimiento natural, tienen bastante de arriesgadas, de lo que somos perfectamente conscientes.

En números absolutos, y ahora sí calculando sobre el total de la Provincia, Nueva Orleans y sus alrededores, Bajos y Chapitoulas, reunían al 68.1% de los esclavos, y de entre los demás Puestos, sólo Punta Cortada superaba el 10%. Alemanes y Natchitoches y Sta. Genoveva disponían de cantidades destacables pero menores, y cabe notar la aparición de pequeños grupúsculos en núcleos de acadianos y otros.

Desde luego se distinguen claramente varios tipos de poblaciones, en cuanto a la proporción entre libres y esclavos de entre sus individuos. En primer lugar, las más altas las seguían presentando los Bajos del Río y Chapitoulas, habiendo descendido el primero de ambos núcleos, pero manteniéndose muy por encima de Punta Cortada. Esta población presentaba un 1.27 que, a pesar del incremento del 28‰, también había registrado una baja provocada por el mayor aumento del sector libre.

Nueva Orleans, con escasa variación, Natchitoches con un fuerte descenso desde el año anterior —aunque como ya habíamos estudiado sus datos podían estar influenciados por alteraciones en su recogida—, y Sta. Genoveva, situaban sus índices entre 0.50 y 1.—. Destacando este último establecimiento, sobre todo, en contraposición con S. Luis, su pueblo más próximo en Illinois, que junto a Alemanes y Opelusas tenían entre 0.40 y 0.50.

Por último Atacapas y los establecimientos acadianos en el río no llegaban a 0.20.

Aún siendo las tasas de incremento considerable —de ser ciertos los datos de la «Recapitulation», serían reflejo sin duda de una fuerte corriente importadora, al ser, en conjunto, más bajas que las que habíamos visto en la población libre—, las proporciones entre ambos sectores tendieron a disminuir —Chapitoulas fue una excepción—.

Entre 1769 y 1772, años inmediatamente posteriores a la llegada de O'Reilly, existe información sobre diversas poblaciones del Sur de la Provincia que exponemos a continuación y que nos servirá para analizar la evolución de la cuestión en momentos tan críticos. Llegados a esta altura es fundamental tener en cuenta que, a partir de O'Reilly, quedó prohibida la importación de esclavos desde el Caribe como parte de las medidas comerciales restrictivas que fueron impuestas a la colonia. Como, por otra parte, el comercio con los ingleses era ilegal, en teoría tenemos que el crecimiento de la población esclava debió moverse exclusivamente a base de su actividad vegetativa. Sin poder calcular con precisión cuál pudo haber sido ésta, podemos suponer, sin embargo, que no superaría los valores de la población libre. A pesar de todo, como veremos, por regla general, las tasas de incremento registradas, sobrepasaron ampliamente cualquier previsión prudencial, lo cual nos expresa sin lugar a dudas, que la entrada de esclavos se siguió efectuando en la Provincia, aún con las prohibiciones de O'Reilly.

En un plano destacado encontramos a los Bajos del Río en 1769, que desde 1766 vio de nuevo aumentado su número total de esclavos, aunque a un ritmo más lento que en los tres años precedentes. Y la causa a que más fácilmente recurrimos es a las dificultades originadas con la revuelta y el cambio de Gobierno producido en 1769.

Por otra parte, vemos cómo la proporción libres/esclavos se había elevado también a 3.46 desde 3.04 en 1766,

Incremento desde 1766	Total 1770	Proporción
7.4 ‰	1.643	3.46

Frente a este núcleo fuertemente esclavista, los establecimientos pobres de los acadianos veían, poco a poco, crecer su número de esclavos aunque con diferencias según las zonas,

Acadianos	N.º Esclavos	Proporción Esclavos/Libres
1769	36	0.07
1770	1	0.—

Los dos censos de acadianos de las riberas del río presentaban unos volúmenes insignificantes como se puede comprobar, al igual que las proporciones entre los dos sectores sociales. No es posible hacer comparaciones con otros años, ni entre sí mismos, puesto que se trata de datos extraídos de documentos que mezclan núcleos de población, como tuvimos ocasión de comprobar al estudiar la comunidad libre. Bástenos, por tanto, con saber que, en términos relativos, la situación continuaba siendo como tres años antes.

Por el contrario Opelusas y Atacapas, en su mayor parte compuestas de acadianos, también habían experimentado incrementos, entre 1766 y 1770, del 80‰ aproximadamente, reflejando que la importación de esclavos era fuerte, haciendo subir ligeramente las proporciones de esclavos-libres. En Atacapas, aún no llegaba a 0.20, pero en Opelusas ya superaba el 0.50, acercándose así a poblaciones de tipo medio en este sentido como podía ser Natchitoches, que hasta el mismo año de 1770 había visto incrementado su censo de esclavos en un 56.1‰ y con ello también la proporción a 0.63.

El pequeño establecimiento de El Rápido, al ser la primera vez que aparecía individualmente en los informes de Nugent y Kelly se situaba a un nivel semejante con 0.54.

Informe Nugent-Kelly

	Increm. medio/año desde 1766	Total 1770	Proporción Esclavos/Libres
Natchitoches	56.1 ‰	311	0.68
Rápido		18	0.54
Opelusas	78.5 ‰	115	0.58
Atacapas	82.8 ‰	33	0.19

A falta de datos sobre otras poblaciones a lo largo de este primer período, cuando parece ser que el contrabando inglés se encargaba de sostener económicamente a la Provincia —no se sabe exactamente en qué medida—, lo cual nos impide observar detenidamente la evolución de este importante fenómeno, nos limitamos a estudiar con mayor precisión los casos de Atacapas y Opelusas que consideramos verdaderamente especiales.

Como vimos que ocurría con la población libre, el crecimiento de la esclava mantuvo el ritmo que hemos registrado entre 1766 y 1770 durante los siete años siguientes, e incluso lo aceleró como muestra el cuadro que presentamos a continuación.

	1771	Increm. medio/año	1774
Opelusas	55	412.5‰	155
Atacapas	131	75.5‰	163

Atacapas incrementó mucho más aprisa que Opelusas, y en el año 1774 las proporciones de libres/esclavos habían evolucionado así

	1771	*1774*
Opelusas	0.50	0.38
Atacapas	0.29	0.44

de modo que Opelusas descendía a un nivel más bajo desde 1766 siendo superada por Atacapas. Evidentemente estos índices no hay que entenderlos aisladamente, sino en relación con la evolución de la población libre que, al registrar también incrementos fuertes y diferentes, intervenían en la modificación de estas zonas.

De cualquier forma, pensando que gran parte de los inmigrantes recibidos en este área eran acadianos con muy escasos recursos, y que la importación de esclavos que originaba estos incrementos reflejaba de alguna manera un desarrollo económico; si suponemos que estos esclavos eran proporcionados por comerciantes ingleses, lo serían a cambio de determinados productos, o fundadas esperanzas de pago en dichos productos, y debemos deducir que el desarrollo, por tanto, de esta zona fue fulgurante, alcanzando uno de los niveles más altos de la colonia. Por supuesto esta hipótesis emitida a base de un aspecto muy parcial de la cuestión deberá ser ratificada con posteriores estudios económicos.

A 1775 corresponden los datos del Padrón General de Gálvez relativos a las poblaciones de Illinois a las que se concede un total de 421 individuos esclavos, que suponían el siguiente incremento desde 1766 y proporción

Población esclava en 1766	Proporción	Incremento medio/año	1775	Proporción
300	0.52	38.3‰	421	0.40

Al haber aumentado el sector libre más rápidamente, 62.2‰, la proporción Libres-Esclavos había descendido a ese 0.40, pero de cualquier forma, la tasa de incremento experimentada hablaba claramente de que Illinois no había permanecido ajena al tráfico comercial desarrollado durante los años setenta.

Estos datos, a falta de otros para la misma zona en 1777 que nos sirvieran para compararlos, pueden ser tomados como referencia en relación a los que vamos a estudiar del resto de los Puestos facilitados por el ya citado Padrón de Gálvez. La situación, en cuanto al volumen de la población esclava, es la siguiente en la colonia a finales de este período que estamos estudiando.

	Incremento medio/año desde		N.º esclavos en 1777	Proporción Esclavos/Libres
Nueva Orleans	1766	28.7‰	1.155	0.68
Bas du Fleuve	1769	63. ‰	2.484	4.46
Chapitoulas	1766	24.7‰	1.259	2.58
Alemanes	1766	97.9‰	1.333	1.05
Punta Cortada	1766	35.5‰	999	1.57
Opelusas	1774	65.1‰	197	0.36
Atacapas	1774	259.9‰	310	0.58
Iberville			67	0.17
Parr. Ascensión	1766	202.6‰	137	0.38
Fourche	1766	224.7‰	186	0.26
Arkansas	1766	40.9‰	12	0.23

No quedan incluidos en este cuadro, porque no existen datos para 1777, Natchitoches ni las poblaciones de Illinois, aunque intrapolando los datos que conocemos de estos Puestos, para el primer caso en 1770 y 1787; y para el segundo en 1775 y 1779, resulta que sus volúmenes de esclavos en el año a que se refiere el cuadro eran de 437 y 448 respectivamente, lo que elevaba el total de la población esclava de la colonia a 9.020 individuos.

En la medida en que sea posible hablar del movimiento real de la población esclava para el conjunto de la Provincia, aunque sin olvidar las diferencias manifestadas en el cuadro anterior, su índice de incremento había resultado ser de 39.4‰. Aún considerando la cuestión de esta forma y no separadamente, Puesto por Puesto, queda evidente que había existido una importación de esclavos considerable, pues es absolutamente impensable que el movimiento natural de una población de este tipo pudiera alcanzar una tasa mantenida de aumento al año del 39‰.

Individualmente, no obstante, se aprecian diferencias notables entre las localidades, y la más importante, sin duda, es el caso del descenso de Nueva Orleans, el único registrado, si excluimos el de Arkansas que por su excesivamente pequeño volumen no consideraremos.

La capital, precisamente por su calidad de tal, hay que suponer que estuviese mucho más controlada que el resto de la zona rural de la Provincia de cara al contrabando que realizaban los ingleses, quienes se movían de hecho con mucha más libertad río arriba, o incluso por los alrededores de la ciudad, comerciando con los colonos [95].

Comparativamente, por otra parte, entre las demás poblaciones, aunque proporcionalmente los índices de incremento de las poblaciones acadianas, tales como Atacapas, Lafourche o la Parroquia de Ascensión, resultaron más altos que los de otras, sin embargo, los valores absolutos de aumento más importantes eran los de Bas du Fleuve, Alemanes, Punta Cortada, y Chapitoulas, que eran, de hecho, los centros con mayor capacidad económica [96] y, consecuentemente, con mayores posibilidades de intercambio en el proceso comercial establecido con el contrabando inglés.

Por lo que respecta a la proporción entre población esclava y libre, aunque en Bas du Fleuve y Chapitoulas se había producido un intercambio de valores, continuaban siendo los centros con mayor razón de esclavos por cada individuo no esclavo. Tras éstos, otras dos sobrepasaban en 1777 la barrera de la unidad: la primera Punta Cortada que no hacia más que aumentar en 0.30 el índice de 1766, y en segundo lugar Alemanes que incrementaba considerablemente —0.57— el de once años antes.

Entre 0.50 y 1.— se situaban Natchitoches, Nueva Orleans y Atacapas, la más «esclavista» de las poblaciones acadianas; y por último el resto de los establecimientos con menos de 0.50, destacando Illinois, muy cerca de este límite.

2. Composición por edades

Los escasos datos disponibles para los esclavos quedan aún más reducidos cuando estudiamos aspectos concretos de su constitución demográfica, puesto que en una gran parte de los censos simplemente se cita el número de ellos de cada familia, sin especificar concretamente otros rasgos de los individuos.

Este problema se plantea desde luego en el estudio de sus edades, y el muestreo que presentaremos evidentemente resulta corto

---

[95] «Memoria sobre el actual estado del comercio y de la población de Nueva Orleans y de la Provincia de la Luisiana» por D. Francisco de Bouligny, fols. 41, 45, Biblioteca Nacional, Mss. 19265.

[96] A falta de un análisis económico en detalle, no podemos afirmar más que su capacidad.

temporalmente, en el sentido de que no comprende muchos años para cada población, pero sí es diverso geográficamente puesto que comprende, al menos un caso de todos los de la Provincia.

En orden cronológico tenemos para 1769 los datos de Natchitoches y Rápido conjuntamente como muestra el siguiente cuadro:

Nivel de edad	Varones	%	Hembras	%	% sobre el total
I (0-14)	45	13.9	44	13.6	27.4
II (15-49)	131	40.4	96	29.6	70.—
III (+ 50)	4	1.2	4	1.2	2.4

Este primer ejemplo que observamos es uno de los que resulta extremo en un sentido concreto de cuantos vamos a analizar durante este primer período, y es en cuanto al porcentaje total de la edad II donde se logra el 70.—%, proporcionado en su mayor parte por los varones.

Si recordamos el punto dedicado al estudio de la composición por edades de la población libre para estos mismos quince primeros años, podremos constatar que en ningún caso se llegó a establecer el porcentaje de estas edades en el nivel del 70% del total. Al menos, hemos de aclarar, ninguno conocido. En efecto, en 1766, Sta. Genoveva mostraba un 23% de población infantil que podía hacer suponer cerca de un 70% entre 15 y 49 años; de cualquier manera, éste sería el único ejemplo aislado que encontraríamos para enfrentar a una situación de la que, si bien estamos viendo un caso casi extremo, va a ser bastante general entre los esclavos.

En 1771 Opelusas y Atacapas serán unidas por nosotros debido a sus cortos volúmenes separadamente, y sus edades se repartían del siguiente modo, también en tres escalones:

Nivel de edad	Varones	%	Hembras	%	% sobre el total
I	33	17.7	28	15.—	32.8
II	83	44.6	30	16.1	60.7
III	8	4.3	4	2.1	6.4

Junto al caso de Natchitoches y Rápido anterior, el de Opelusas y Atacapas que observamos, suponía el extremo inferior de las diferentes variaciones que veremos que se producen entre los esclavos, siempre teniendo en cuenta como criterio principal para ordenarlas el tamaño del grupo de edades entre 15 y 49, dando por supuesto que se trataba del factor preponderante dentro del carácter de medio de producción que tenía este grupo social en el sistema económico de la colonia. Así, el ejemplo que acabamos de ver, a pesar de contar sólo con 60% del total en dicho grupo, casi las tres cuartas partes del mismo las componía el elemento masculino, ratificando el sentido de fuerza de trabajo de que hemos hablado.

Salvo en Illinois en 1775, donde la composición por edades de los esclavos, como veremos, era auténticamente anormal, los demás núcleos de la Provincia tenían características que oscilaban entre los dos casos precitados. Pero antes de enumerarlos expondremos el de Illinois, que era, según el padrón de Gálvez:

Nivel de edad	Varones	%	Hembras	%	% sobre el total
I	20	4.7	9	2.1	6.9
II	202	47.9	190	45.1	93.1
III	—		—		—

Evidentemente resultaba simplemente un estado demográfico insostenible, si los datos no eran erróneos, y solamente el tráfico de esclavos podía mantener existiendo un núcleo de estos individuos. Probablemente la lejanía y difíciles comunicaciones de Illinois con las rutas normales de comercio influían en este tipo de reparto. Natchitoches, por ejemplo, era otra población alejada de la capital, y ello podría influir en que los dueños de esclavos prefiriesen individuos en edad activa.

Como decíamos el tipo de estructura intermedio abundaba, como muestra el apéndice estadístico que ofrecemos al final de este punto, fuera de texto, debido a la gran similitud de los datos. Excepto algunas variaciones como puede ser el hecho de la ausencia nuevamente de efectivos en la tercera edad en Opelusas-Atacapas en 1774, en beneficio de las edades infantiles que ascienden a un 38% del total, lo cual significa una verdadera excepción. Y, por el contrario, el caso de Punta Cortada en 1777, con un 19.5% de niños por un 69.7% de adultos. En general los demás ejemplos oscilan entre 24% y 33% en la edad I y 61% y 67% en la II, lo que nos habla, al menos para este primer período a través de los casos estudiados, de un tipo bastante determinado de estructura de edades de la población esclava, diferenciado claramente de las composiciones de los libres.

Las variaciones notadas en las proporciones de los sexos son estudiadas en el punto próximo referido a la relación de masculinidad.

COMPOSICIÓN POR EDADES, EN TRES GRANDES BLOQUES
DE LOS ESCLAVOS EN LAS LOCALIDADES EXPRESADAS

Opclusas-Atacapas 1774

Nivel de edad	Varones	%	Hembras	%	% sobre el total
I	66	20.7	56	17.6	38.3
II	122	38.3	74	23.2	61.6
III	—		—		—

Nueva Orleans 1777

Nivel de edad	Varones	%	Hembras	%	% sobre el total
I	173	15.—	172	14.9	29.9
II	289	25.1	419	36.4	61.5
III	56	4.8	42	3.6	8.5

Chapitoulas 1777

Nivel de edad	Varones	%	Hembras	%	% sobre el total
I	165	13.1	163	12.9	26.—
II	496	39.4	297	23.6	63.—
III	89	7.—	49	3.9	10.9

Bas du Fleuve 1777

Nivel de edad	Varones	%	Hembras	%	% sobre el total
I	315	12.7	296	11.9	24.6
II	921	37.—	693	27.7	64.9
III	155	6.2	104	4.2	10.4

Alemanes 1777

Nivel de edad	Varones	%	Hembras	%	% sobre el total
I	168	12.6	181	13.5	26.1
II	512	38.4	389	29.1	67.6
III	50	3.7	33	2.4	6.2

Acadianos 1777
(probablemente Lafourche y Ascensión)

Nivel de edad	Varones	%	Hembras	%	% sobre el total
I	55	17.4	35	11.—	28.4
II	95	30.—	108	34.1	64.2
III	15	4.7	8	2.5	7.2

Punta Cortada

Nivel de edad	Varones	%	Hembras	%	% sobre el total
I	108	10.8	87	8.7	19.5
II	426	42.6	271	27.1	69.7
III	77	7.7	30	3.—	10.7

3. Composición por sexos

¿Es posible distinguir en la composición por sexos de la población esclava unos rasgos tan claramente definidos y, al mismo tiempo, tan diferenciados de los de la población libre como los que han aparecido dibujados en el apartado de edades? En principio, si aceptamos que el destino primordial de este sector era, en áreas rurales, el servir de mano de obra en las tareas agrícolas, debemos suponer que las preferencias de los colonos en el momento de adquirir sus esclavos iban dirigidas hacia al sexo masculino que, lógicamente, habría de darle una mayor productividad en tales labores —del mismo modo que las edades predominantes eran las comprendidas entre 15 y 49 años—. Pero, ¿era efectivamente cierta esta hipótesis?

El primer ejemplo que tenemos, en orden cronológico es el de Natchitoches y Rápido en 1769 cuya población presentaba las siguientes relaciones de masculinidad:

Nivel de edad	Índice Relación
I	102
II	136
III	100
Absoluta	125

Se trataba, aunque con abundancia del factor masculino, de unos valores moderados y más bajos, contra lo que sería de esperar, que los logrados por la población libre en los mismos Puestos por lo que este ejemplo no ratificaba de forma clara la hipótesis que habíamos planteado. Sin embargo, podemos adelantar que no se trataba de un caso típico en lo lógico de su composición: un índice normal completamente entre los niños y otro relativamente bajo para los ancianos. Por el contrario, otros tenían valores altos para todas las edades, y especialmente la de los adultos, como Opelusas y Atacapas en 1771 y 1774:

	Nivel de edad	Relación de masculinidad	
		1771	1774
Opelusas-Atacapas	I	117	117
	II	276	164
	III	200	—
	Absoluta	200	144

Los índices que estimábamos normales para el sector libre que oscilaban entre 90 y 115 eran ampliamente rebasados aquí, y, por supuesto, también la relación absoluta. Junto a estos ejemplos, uniformemente altos, otros de características absolutamente irregulares como Illinois en 1775, nos llevan al convencimiento de que, aunque en general es notable —salvo alguna excepción— el predominio de hombres sobre mujeres en estas zonas rurales, no es posible hallar en la estructura por sexos unos caracteres que definan claramente el tipo de población esclava frente a la libre, y que es, precisamente esta falta de rigor y de normalización, el rasgo fundamental que merece destacarse de entre todos los ejemplos que estudiamos. Illinois en el citado año de 1775 se estructuraba del siguiente modo:

Nivel de edad	*Índice Relación*
I	222
II	106
III	—
Absoluta	111

Entre estos tres tipos diferentes, y sin ninguna lógica aparente que los relacionase entre sí, oscilaban los demás ejemplos para los que disponemos de datos, que pertenecen ya en su totalidad a 1777.

De este modo Bas du Fleuve y Chapitoulas, establecimientos cercanos, con importantes volúmenes de esclavos ambos, no coincidían en los índices de relación de masculinidad, que eran los siguientes:

	Relación de masculinidad	
Nivel de edad	*Bas du Fleuve*	*Chapitoulas*
I	106	101
II	132	167
III	149	181
Absoluta	127	216

Las disparidades, salvo entre los niños, eran obvias, destacando el hecho, aunque con diferente gradación, de la abundancia de varones, ya que lógicamente, aquí sí debía cumplirse casi por completo, la dedicación del esclavo a tareas del campo de que antes hablábamos. Dos casos similares eran: Punta Cortada, otro centro fuertemente esclavista como sabemos, y Opelusas y Atacapas, todos en 1777. Para estos dos núcleos, conjuntamente, la curva de relación de masculinidad por grupos de cinco años aparece en el gráfico 1.3.a, mientras que los datos en tres grandes bloques de edades eran los siguientes:

	Relación de masculinidad	
Nivel de edad	*Punta Cortada*	*Opelusas-Atacapas*
I	124	142
II	157	134
III	256	200
Absoluta	157	140

La superabundancia de varones es manifiesta y —en estos ejemplos sí— mucho más acentuada que en la población libre, de modo que, en este sentido cabe diferenciar a los dos grupos de población. En el gráfico 1.3.a de Opelusas-Atacapas destaca la descompensación en favor del componente masculino desde las edades infantiles, quedando sólo tres grupos dentro de los límites normales para poblaciones libres: 10-14, 15-19 y 35-39; y uno por debajo: 45-49. El resto contribuye decisivamente a configurar los valores que hemos expuesto en el cuadro anterior.

Casos intermedios e irregulares en sus índices eran: los de San Juan del Bayou, Alemanes y las Parroquias de Ascensión y St. Jacques, conjuntamente, en 1777, que presentaban los valores:

Nivel de edad	Relación de masculinidad		
	S. Juan Bayou	Alemanes	Acadianos
I	115	92	157
II	138	131	87
III	115	151	187
Absoluta	130	121	109

Siendo los tres centros de economías básicamente agrícolas, la más anormal de las tres composiciones era la de los acadianos donde destacaba el 87 de la edad II. Hasta el momento no hemos hablado de la posibilidad de un tipo de economía no agrícola especialmente, en la que la importancia del componente varón adulto fuese menor, y para la clase de trabajo necesario, quizás más de tipo doméstico, se requieran preferiblemente los servicios de mujeres. Sin embargo, no era este el caso de los acadianos, aunque su estructura por sexos parece responder al planteamiento que acabamos de hacer.

Este sí se cumplía rigurosamente en el caso de la población urbana de la capital donde, de manera clara, tras un grupo infantil equilibrado, el de los adultos se descompensaba en favor de las hembras debido, probablemente, a la explicación que hemos ofrecido:

Nivel de edad	Índice de Relación
I	100
II	68
III	133
Absoluta	81

Así pues, los dos únicos criterios que estimamos válidos para agrupar a los teóricos tipos diferentes de población, que como acabamos de ver presentan diversas variantes, son los de población urbana y rural, sin que, dentro de esta última sea posible fijar ninguna ordenación lógica caracterizándose, en general, por sus desequilibrios a favor del sector de los varones.

RECAPITULACIÓN

Al concluir los quince primeros años de Administración española en Luisiana, queremos hacer un alto para recapitular, brevemente, los puntos fundamentales establecidos en las distintas facetas del estudio.

Hay que considerar que hemos visto un período quizás excesivamente corto de tiempo, como para intentar hablar de rasgos constitutivos estables pero, no obstante, el índice de crecimiento global de la Provincia, 38‰, nos aconseja detenernos, si no a fijar unas conclusiones, sí al menos a recordar el camino por el que transcurren las poblaciones hasta el momento.

Primeramente, es importante resaltar el hecho, sobre el que volveremos al final de cada período, de la imposibilidad de generalizar en ningún sentido al hablar de la población de la colonia. A pesar de que, a veces, los datos no resultan todo lo exhaustivos que fuera de desear, es evidente la gran variedad que existe entre los diferentes núcleos, tanto en sus estructuras, como en sentido evolutivo, y esta diversidad es el primer rasgo que importa dejar claro. Se manifiesta en lo que podemos llamar, en principio, modos de comportamiento poblacional, no siempre perfectamente definidos en oposición a los demás, aunque es lógico que esto sea así porque no existen leyes inmutables en Demografía, y menos habíamos de esperar que éstas surgiesen en poblaciones abiertas como las que estudiamos.

Por otra parte, las motivaciones de la existencia de los citados modos de comportamiento, tampoco aparecen siempre justificados, aunque es forzoso estimar que el funcionamiento de ciertas estructuras demográficas, a veces, no es explicable por causas ajenas a las estructuras en sí, que constituyen ellas mismas rasgos diferenciadores y autónomos, en la caracterización de las poblaciones.

Desde un punto de vista dinámico, a pesar de las limitaciones con que contamos en este sentido, los modos se diferencian por el ritmo del movimiento real de las poblaciones, y fundamentalmente, pueden distinguirse tres:

En primer término, el que, en líneas generales, ha observado tasas de incremento superiores a las que, en el mejor caso imaginable, hubieran sido logradas por el crecimiento vegetativo[97]. Es decir aquellas poblaciones en las que la inmigración se ha revelado desmesuradamente importante. Dentro de este grupo cabe establecer, lógicamente, gradaciones que ya fueron comentadas en el apartado 2.

En segundo término, el que se caracteriza por tasas de incremento que pueden ser logradas por un crecimiento natural positivo favorable, y este límite lo hemos ampliado hasta el 30‰, aunque sólo en óptimas condiciones podría ser alcanzado esta barrera.

Por último, aquél que ha registrado tasas negativas de crecimiento de forma señalada durante el período.

De entrada, es innecesario advertir que ha habido poblaciones que han participado al menos de dos de los rasgos que hemos apuntado, lo que confirma la dificultad de clasificar esquematizando, las evoluciones. Nosotros consideraremos, en estos casos, los momentos que estimemos más destacables y de cualquier forma, guardaremos un comentario aparte para estos ejemplos en los que la línea seguida no se halle definida claramente.

Desde el punto de vista estructural, hay que pensar que, en principio, el modo de la evolución cronológica seguida puede tener mucha importancia, y de hecho así sucedió en ocasiones, para determinar el carácter de los rasgos que configuran las poblaciones.

Lógicamente ritmos de crecimiento muy altos pueden alterar en breves años la estructura interna de un grupo, mientras que, posiblemente, una estabilidad mantenida quizás ayude a sostener durante cierto tiempo a los rasgos constitutivos de aquél. Este tipo de relaciones es posible, aunque no son necesariamente obligatorias.

Pero de hecho, efectivamente se puede afirmar que se ha producido una relación entre el ritmo de crecimiento y las estructuras, en el sentido que hemos apuntado en primer lugar.

---

[97] Ya comentamos que J. Potter, op. cit., p. 646, se inclinaba por calcular, para algunas colonias inglesas en el siglo XVIII tasas de crecimiento vegetativo que oscilaban entre 20‰ y 25‰, mientras que J. Henripin, op. cit., pp. 14 y 39, había llegado a detectar en Canadá índices superiores a 30‰.

Así en ciertas poblaciones de crecimiento fuerte, representadas durante este período por los núcleos fundados por los inmigrantes acadianos, se produce un cambio rápido de estructuras caracterizado por su rejuvenecimiento general y muy marcado que las lleva a pasar de porcentajes que oscilan alrededor del 30% para edades infantiles entre 0 y 14 años hacia 1766, a más del 50% en 1777, aumento de la tasa de fertilidad, mayor densidad de personas por «menage» y cierta tendencia, aunque no muy acentuada, hacia la normalización de las relaciones de masculinidad. Cabe pensar en estos casos concretos donde los índices de crecimiento rebasaban frecuentemente el 100‰, que estas transformaciones se deberían a la constitución interna de las masas de inmigrantes que casi siempre escapaba a nuestro control.

Por otra parte, ciertas poblaciones han sostenido saldos favorables, aunque moderados en sus crecimientos, sin duda por la ausencia de inmigraciones, siendo movidas únicamente por los factores naturales —Alemanes, Punta Cortada, Natchitoches, por ejemplo—, y en ellas, a pesar de que se han experimentado algunas variaciones, no han sido tan marcadas como en el caso anterior. En Alemanes concretamente han sido mínimas, y algo más acentuadas en Punta Cortada, Puestos ambos con altos porcentajes infantiles, relaciones de masculinidad relativamente moderadas, alta fertilidad, y, sobre todo, Alemanes, un número medio elevado de personas por «menage» —más de 5 en 1766—. Natchitoches aún sin modificar en líneas generales su estructura, mostraba relaciones entre sexos más elevadas y menor porcentaje de niños, con lo que ello significa en relación a la fertilidad.

En último lugar, tenemos el caso de leve descenso —casi estabilización— de Nueva Orleans que, aunque los datos que tenemos para comparar son pobres, no parece que alterase sustancialmente su estructura, en la que la cantidad de niños oscilaba alrededor del 35%.

La masculinidad se aproximaba bastante a la normalidad de manera más regular que en otros lugares, siendo la fertilidad relativamente baja —alrededor de 500—, y la concentración de personas por «menage», de grado intermedio con 3.87 en 1766.

Antes de continuar, refiriéndonos a los factores que han influido en la diferenciación de estos ritmos distintos, principalmente se puede decir que, de un lado, se nota la presencia de un factor externo a la Provincia que marca la inmigración en gran medida. Se trata de las consecuencias de la guerra colonial franco-inglesa que arrastran a los acadianos a Luisiana, dando lugar a uno de los núcleos poblacionales más característicos de la colonia.

De otro lado, el factor interno representado por el sistema político-económico de la región. Sin duda influyó en el estancamiento de Nueva Orleans, al tiempo que su propia desintegración hacía posible una marcha paralela y positiva de otros centros como Alemanes y Punta Cortada. En ese sentido, cabría apuntar una cierta diferencia entre el núcleo urbano que era la capital con el papel económico que jugaba en la colonia, llevando un camino demográfico propio, y el resto del área rural. Es prematuro establecer tajantemente esta diferenciación, aunque hay signos evidentes que apuntan en dicha dirección.

En un intento de fijar las principales tendencias estructurales observadas, en general, hemos de citar la gran juventud media de las poblaciones, siendo normales porcentajes infantiles superiores al 35% —sin insistir en los casos superiores al 45 y 50%—. En contrapartida, en la edad III, los contingentes suelen ser escasos, no superiores al 10%. La continuidad interna de las pirámides presentaba irregularidades que puntualizamos en el apartado 3.

Salvo excepciones ya anotadas, las relaciones hombres-mujeres resultan altas, a veces excesivamente, aumentando con el nivel de edad de modo que, sobre los 50 años con relativa frecuencia exceden el límite de 200. Ello es especialmente agudo en el caso de Illinois.

Las estructuras de estado civil y la fertilidad, son dos puntos donde la generalización se hace difícil. Como se podría suponer existen relaciones entre el % de niños y las columnas de casados, aunque menos claras entre estos dos elementos y el número medio de hijos vivos por madre, ya que esta variable funciona algo independientemente al ser tenidos en cuenta individuos con más de 15 años.

En estado civil, se observan poblaciones con más del 60% de adultos casados, porcentaje muy alto, coincidiendo normalmente con tasas de fertilidad superiores a 800 e incluso a 1.000.

En la composición de los «menages» debemos recordar la generalizada abundancia de rasgos como el ser uninucleares, el que sus cabezas fuesen varones casados en gran mayoría, y en general la escasez de personas ajenas al grado de parentesco, padres-hijos.

En suma, un conjunto diverso y homogéneo a un tiempo, en franco crecimiento que continuaremos analizando en el siguiente período.

Junto a él, la población esclava mostraba rasgos claramente diferenciados, en las escasas estructuras en que ha podido ser estudiada. Eran generales el mayor tamaño de la edad II en relación con la I, si comparamos con el sector libre, que sobrepasaba el 60% del total del grupo, llegando a veces al 70%.

Sin embargo no existía regularidad en la composición por sexos, de modo que, aún siendo común el gran predominio del masculino, no se puede distinguir una sistematización en las relaciones. La única diferenciación clara es la que se establece en esta estructura, entre los núcleos rurales donde, como decimos, hay gran mayoría de varones, y Nueva Orleans, en que las hembras llevan la voz cantante, probablemente a causa de la diferente orientación de las economías.

Por otra parte, y poniendo fin a este resumen, sólo nos resta decir que el crecimiento de este sector fue tan fuerte como el de la población libre, aunque las causas del movimiento eran, lógicamente, distintas.

CAPÍTULO II

LOS AÑOS DEL CAMBIO
(SEGUNDO PERÍODO. 1778-1788)

OBSERVACIONES GENERALES

En versiones modernas de la historia de Luisiana Española [1], se suele hablar del período correspondiente al mandato del Gobernador Unzaga, aproximadamente los años que van entre 1770 y 1776, como una fase de tranquilidad en la colonia por contraposición a los años siguientes, a partir de 1777, comenzando con la Gobernación de D. Bernardo de Gálvez. Y ello porque, efectivamente desde esa fecha, una serie ininterrumpida de acontecimientos de diversa índole —políticos, militares, económicos...—, empezando por la captura de los barcos ingleses en el río Mississipi en 1777 ordenada por Gálvez, contribuye a darle a estos años el cariz de época agitada y conflictiva que públicamente en realidad tuvieron.

Pero a nosotros, nos interesaría especialmente, intentar medir el verdadero alcance que sobre la población de la Provincia tuvieron estos acontecimientos, más allá de los sucesos en sí. En general, el desarrollo que de los mismos resulta hoy día, se puede afirmar, que es conocido, pero algunos particulares aspectos han pasado

---

[1] Por ejemplo J. W. Caughey, *Bernardo de Gálvez...*, *op. cit.*; Jack D. L. Holmes, «Some economic problems of Spanish Governors of Louisiana», *The Hispanic American Historical Review*, nov. 1962, pp. 521-543; y J. Clark, *New Orleans...*, *op. cit.*

—creemos— desapercibidos y, desde luego, lo que no se halla aún calibrado es el efecto que llegaron a tener sobre la vida diaria de los habitantes de la colonia.

Si hubiera que elegir un acontecimiento especial entre todos estos a que nos hemos referido, ese sería en nuestra opinión el de las campañas de guerra contra los Puestos ingleses de la Florida Occidental, dirigidos por el propio Bernardo de Gálvez, en la fase de guerra contra aquella nación con motivo de la independencia de los Estados Unidos. Y evidentemente no por el hecho bélico en sí, aunque su trascendencia inmediata sobre la Provincia, difícil de valorar, fue indudable, sino por las consecuencias que en diferentes aspectos produjo, no siendo el menos importante de todos el económico. Concretamente en el sector público, donde resulta más fácil en primera instancia constatar los resultados por la existencia de fuentes directas, revisando las cuentas de la Caja Real, se observan ciertas modificaciones en el ritmo de funcionamiento mantenido hasta 1780 que se manifiestan así:

> Una alteración formal del Ramo de Situación motivada por las dificultades en las remesas de dinero desde la Habana a través del Golfo, suplidas, parcialmente, por ingresos en Caja por cuenta de comerciantes de Nueva Orleans en calidad de reintegro por la Caja de la Habana [2].
>
> Incidencia de estas dificultades de suministro sobre un aumento en los gastos de la Hacienda, principalmente en concepto de alimentos destinados a la tropa que participase en las campañas que desarrollaba, en su papel consumidor, importantes compras de carnes y harina [3].
>
> Aumento de ciertos gastos específicamente militares como las hospitalidades causadas por heridos, por ejemplo, que se sumaban a los anteriores.

Pero estos puntos, primeros efectos de la guerra sobre un sector concreto de la economía, no eran más que los primeros de un engranaje cuyo funcionamiento se hacía cada vez más complejo y que no ha sido, hasta el momento, analizado por la historiogra-

---

[2] Véase, AGI. Santo Domingo 2628. Cuentas de la Caja Real de Nueva Orleans, varios años y en especial 1779.
[3] Ibid.

fía de la región. Así, por ejemplo, desde 1776 existía un decreto de comercio[4] que abría parcialmente el tráfico con las colonias francesas del Caribe, y más tarde, en 1777 y 1778, el «libre comercio» continuó beneficiando ligeramente a la colonia[5]. Estas medidas fueron aprovechadas por los comerciantes, y el tráfico del Puerto de Nueva Orleans se vio incrementado con salidas y entradas frecuentes a puertos franceses del Caribe e, incluso en alguna ocasión, a Europa. Esta actividad fue la que permitió, sin duda, el apoyo comercial al Gobierno en los momentos de guerra, que no hubiera podido producirse unos años antes cuando el comercio legal se hallaba fuertemente restringido.

¿Qué efecto inmediato debió ejercer la guerra sobre el desarrollo del comercio? Este punto espera aún la atención de los investigadores, pero es probable que en estos años, a partir de 1780, se registrara un descenso en transacciones, a pesar de la cédula de 1782 que liberalizaba aún más el tráfico[6], y de la intensificación de los contactos de comerciantes americanos que abrieron una nueva fase de comercio ilegal, aprovechando las necesidades creadas por el conflicto[7].

En efecto, en el sector privado de la economía, la influencia de la guerra se tradujo, principalmente, en la participación de las Milicias de los Puestos en las campañas, con el consiguiente abandono de las tareas agrícolas. Ello debió repercutir en un descenso de las cosechas en unos momentos en que a las necesidades de la tropa se unían las de los inmigrantes canarios y acadianos que, en número importante, se incorporaron a la Provincia entre 1778 y 1783, y ante esta coyuntura, se hizo necesario acudir en busca de harina americana.

Este incremento de población, destinada a tierras de no muy alta calidad[8], debió de repercutir negativamente a un plazo medio

---

[4] J. Holmes, «Some economic problems...», *op. cit.*, p. 631.

[5] Ibid.

[6] La cédula de 1782 liberalizaba el comercio entre Luisiana y Francia, aunque los colonos pensaron en un principio que no podrían beneficiarse de esta medida, por falta de medios económicos para organizar fletes transatlánticos.

[7] Recientemente el profesor norteamericano Light Cummins ha presentado su tesis doctoral en la Universidad de Tulane, Nueva Orleans, estudiando el papel de estos contactos comerciales en el desarrollo político.

[8] Este fue uno de los puntos de la polémica mantenida entre Bouligny y Bernardo de Gálvez en 1778, sobre el asentamiento de los nuevos colonos canarios.

sobre el engranaje de la economía de la colonia. Así, por ejemplo, en 1778 se creaba el Ramo de Población y Amistad de Indios, en la Caja Real que en años sucesivos absorbería cantidades, cada vez mayores, del presupuesto de la Hacienda con destino a la atención de estos nuevos pobladores que, a pesar de todo, pasaron por muy serias dificultades.

A este oscuro panorama se unía la epidemia de viruelas extendida en el invierno de 1778 a 1779, cuyos efectos, aunque imposibles de evaluar, debieron ser fuertes a juzgar por las medidas mandadas tomar por el Cabildo de Nueva Orleans[9], y por último, ciertos reveses climatológicos que en tránsito de una década a otra tuvieron lugar[10].

Lógicamente no todos los Puestos de la colonia sufrieron por igual estos hechos. Incluso hay que suponer que en algunos de ellos, sus efectos llegaron muy atenuados, especialmente en los más alejados de la capital. De cualquier forma ciertos problemas sí repercutieron hasta en estos últimos. Así, la rebelión de Natchez en 1781 cortó temporalmente las comunicaciones por el río aislando gravemente a Illinois en un período de depresión en esta zona[11].

En líneas generales, podemos afirmar pues que la guerra fue el punto de partida de un cúmulo de problemas que provocarían una crisis en la Hacienda a corto plazo, que culminó con la necesidad, bajo el mandato de Miró, de emitir papel moneda, lo que a su vez constituyó una fuente de problemas —devaluaciones, falsificaciones...— durante toda la década de 1780[12]. Se había dado lugar a un desequilibrio tan fuerte que la recuperación iba a ser verdaderamente difícil, entre otras causas, por la desconexión en el sistema económico entre los sectores privado y público —el ex-

---

[9] Bando del Cabildo de Nueva Orleans sobre medidas a tomar contra la epidemia de viruelas, 9 de febrero 1779, AGI. Papeles de Cuba 192.

[10] En la correspondencia de Francisco Cruzat, Comandante de Illinois con Ventura Morales, en el paso entre las dos décadas hay frecuentes alusiones a dificultades climatológicas (AGI. Papeles de Cuba 608) que repercutirían lógicamente en forma de inundaciones en el Sur de la colonia. En este sentido informa, por ejemplo Navarro a Gálvez el 20 septiembre de 1779, AGI. Papeles de Cuba 633. Sobre huracanes, ver también Gálvez a Navarro, Nueva Orleans, 19 agosto 1779, AGI. Papeles de Cuba 1232.

[11] Navarro a Gálvez, Nueva Orleans, 4 junio 1782, AGI. Papeles de Cuba 633.

[12] En un primer momento, en 1782, se sellaron 250.000 pesos en billetes más 40.000 nuevos en poco tiempo. Navarro a Gálvez, 4 junio 1782, AGI. Papeles de Cuba 633. Posteriormente se hicieron otras emisiones.

cepcional y escaso desarrollo del sistema de impuestos y rentas, por ejemplo—, que permitiría una marcha divergente de ambos.

Sin embargo no todos fueron factores negativos en la historia de la Provincia en estos años. Algunos elementos nuevos o que tomaron auge por entonces, sirvieron de apoyo a una recuperación de la Provincia.

En el sector agrícola hay que destacar el incremento de la producción de tabaco iniciada ya con Gálvez y proseguido por Miró tras la guerra, dando lugar a lo que se ha llegado a denominar como el «boom» del tabaco en la Provincia, siendo el cultivo en más desarrollo en la década de 1780.

Importante no sólo como centro productor de tabaco, sino también de otros cultivos como el maíz, Natchez, al lado de los otros Puestos menores conquistados a los ingleses, era uno de los lugares fundamentales con que había que contar en el conjunto de la colonia. Además de su carácter económico es necesario considerar la importancia de las poblaciones incorporadas a la colonia, pero sobre todo el hecho de que, aprovechando su antigua conexión con las restantes colonias británicas y el origen anglosajón de sus habitantes, estos núcleos fueron el conducto principal por el que se canalizó la importante ola inmigratoria que en años sucesivos iba a invadir la colonia.

Evidentemente, a esta altura, juega un papel decisivo el cambio de política tanto sobre el comercio como sobre la población adoptado por Miró, quien en pocos años facilitó enormemente la penetración americana[13].

En el primero de estos dos aspectos, casi al fin de la guerra, se emitió el decreto de comercio de 1782, que permitía, entre otras cosas, la importación de esclavos libres de impuestos, lo que debió contribuir a un aumento de la producción. Tras el fin de las hostilidades comenzó la inmigración anglosajona de forma lenta pero constante, aumentando simultáneamente el tráfico comercial en Nueva Orleans, y como consecuencia se creó, en 1785, la Real Aduana cuya Administración de Rentas nos proporciona las primeras series de datos para el estudio del comercio de la colonia con carácter continuo[14].

---

[13] Ver Gilbert Din, «The inmigration policy of Governor Estevan Miró in Spanish Lousiana (1785-1791)», *Southwestern Historical Quarterly*, n.º 73, pp. 155-175.

[14] En el estudio del comercio de la colonia puede decirse que no se han hecho grandes progresos desde A. P. Whitaker, *The Spanish-American Fron-*

En este mismo aspecto comercial hay que hacer referencia, al menos, a algunas cuestiones importantes durante estos años como son, por una parte, la del contrabando americano que va adquiriendo cada vez más auge, siendo uno de los productos con que más se trafica la harina de la nueva nación que se extendía también, al mismo tiempo, por el Caribe. Se trataba fundamentalmente de la llegada al río de las producciones de la región del Ohio y de Kentucky, que buscaban su salida al mar y su intercambio. En este capítulo habría que incluir el punto de los contactos entre Wilkinson y Miró que dio lugar a la teoría de la conspiración española[15]. Sólo debemos recordar que fue bajo Miró, cuando en 1787 se inició la apertura del comercio por el río y la entrada de colonos americanos[16]. De hecho, incluso antes de legalizarse esta situación, en Natchez ya se compraban productos procedentes del Ohío con el conocimiento de su Comandante, Gayoso de Lemos y del Gobernador, lo que da una idea de las intenciones favorables y abiertas de las autoridades de estos años[17].

Pero hay un punto sobre el que nos gustaría insistir, aunque lógicamente no podamos, por el momento, aportar la solución al mismo. Se trata del hecho de la falta de alimentos en la capital, pues como hemos dicho era la harina, y con destino a Nueva Orleans, uno de los productos que más importancia tuvo en el desarrollo del contrabando con los Estados Unidos. Este hecho nos plantea dos cuestiones. De un lado la posibilidad de un crecimiento de población fuerte en la capital que incrementara la demanda de alimentos. Efectivamente, como veremos en el punto siguiente, este aumento se produjo a un ritmo que pudo oscilar entre el 50 y el 70‰ medio al año.

Por otra parte, el planteamiento de una disyuntiva en los siguientes términos: o bien seguía existiendo una desintegración económica fuerte, ya apuntada en el primer período, que no llegaba a establecer unos canales de intercambio fluidos entre las zonas

---

tier, 1783-1795, Boston, 1927; y *The Mississippi Question 1795-1803*, rep. ed. Gloucester, Mass. 1962.

[15] Sobre este tema consultar J. Navarro Latorre y F. Solano Costa, *¿Conspiración española? 1787-1789. Contribución al estudio de las primeras relaciones históricas entre España y los Estados Unidos de Norteamérica*, Zaragoza, 1949.

[16] Consultar a G. Din, «The inmigration policy...», *op. cit.*, pp. 167-8.

[17] Aparte de este hecho el contrabando se realizaba de forma importante por mar por el «canal de Bahama». Cfr. Navarro al Marqués de Sonora, Nueva Orleans, 7 junio 1787, AGI. Santo Domingo 2665.

rurales y la capital de modo que ésta absorbiera el excedente de producción agrícola de aquellas, ya por causa intrínseca a la estructura económica de la región, ya porque la capital no tenía productos con los que ejercer dicho intercambio; o bien dichas áreas rurales, en realidad, no llegaban a producir ese excedente, mostrando una relativa incapacidad como zonas agrícolas, en cuyo caso cabría preguntarse si llegaban a poder cubrir sus propias necesidades. Evidentemente cuando hablamos de estas zonas, no es conveniente generalizar, pues ciertos Puestos como Alemanes o Punta Cortada, presumiblemente, sí disponían de una producción suficiente, mientras que otros como podrían ser los de los acadianos y canarios llegados entre 1778 y 1783 difícilmente lo conseguirían en estos años.

De cualquier forma, el problema general que planteamos se halla aún sin resolver, y no es exclusivo, como vimos, de este segundo período, ya que quedaba apuntado igualmente en el primero. Con motivo del incendio que sufrió la capital en 1788 las necesidades económicas de su población se vieron incrementadas, evidenciándose cuanto hemos expuesto, por lo que creemos que la resolución de este punto sería de gran importancia para comprender gran parte de la historia de la colonia.

LA POBLACIÓN LIBRE

1. CONSIDERACIONES PREVIAS

El cuadro de datos —ya que no de censos, puesto que no toda la información proviene de documentos de este tipo— para el segundo período de nuestro estudio, cuadro I-B, contiene de forma general una diversidad mayor, no proporcionalmente en cantidad de datos, sino en el tipo de las poblaciones a que se refieren éstos, que la existente en los primeros quince años. Ello simplemente dificulta una visión puramente cronológica del conjunto, como básicamente habíamos efectuado en el primer período.

En los primeros años de esta segunda etapa, es de destacar, como tendremos ocasión de estudiar detenidamente, una incorporación masiva, podríamos decir, de nuevos habitantes a la colonia que, como fenómeno excepcional, permite ser enmarcado en un orden cronológico, pero tras de estos casos que pueden darse por concluidos en 1783 —salvo otra nueva llegada de acadianos en 1785—, hemos estimado más conveniente para mayor facilidad y claridad en la exposición, ir agrupando los Puestos, según vayamos abordando los puntos del estudio, por rasgos similares dentro de cada tema que sucesivamente toquemos, en orden preferiblemente, de mayor a menor intensidad de los fenómenos. Así al tratar de la fertilidad, por ejemplo, veremos primero aquellos centros que reúnan unas tasas más altas, para descender a los que presentan los índices menores.

Este esquema de ordenación, lógicamente podrá variar según las posibilidades de los datos que, algunas veces, no prestarán apoyo para mantenerlo, pero, en líneas generales, podemos afirmar que el orden seguido a todo lo largo de este período ha sido:

> En primer lugar, estudio de los nuevos grupos incorpora-
> dos entre 1778 y 1783, principalmente canarios y pobla-
> ciones inglesas conquistadas.
> Posteriormente, agrupamiento por similitud de rasgos de
> poblaciones de la Provincia según un orden de inten-
> sidad en los fenómenos y en relación con la tasa de
> incremento de volumen que hayan experimentado.
> Por último, recapitulación general al concluir el período
> reconstituyendo la situación tras la evolución estudiada
> y haciendo notar las diferencias observadas.

Es obvio que los grupos resultantes en cada uno de los temas estudiados no contendrán las mismas poblaciones, pues sabemos que las estructuras estudiadas no son correspondientes unas a otras. El modo en que, de alguna manera, se relacionen intentaremos establecerlo al final del período.

2. ESTUDIO DEL MOVIMIENTO REAL

En la década que va desde 1778 a 1788 y refiriéndonos al desarrollo de la población de la Provincia, dos características fundamentales marcan el proceso que nos interesa seguir. En primer lugar, son los años en que el crecimiento relativo de la población es más fuerte de toda la etapa española; y en segundo término, es cuando va a producirse el cambio, radical, en la política de la corona sobre el problema de la inmigración en la colonia. A mediados de los años ochenta, llega la última gran expedición de inmigrantes costeada por el Estado. Al mismo tiempo, D. Esteban Miró iniciaba una serie de contactos con destacadas personalidades americanas encaminadas a abrir las puertas a los colonos americanos que, por fin, a partir de 1787, disfrutando de mayores libertades en materia de religión y comercio, iban a comenzar una auténtica invasión de la Luisiana [18].

Sin embargo, este período se iniciaba con las llegadas, entre 1778 y 1783, de los canarios y malagueños que constituyeron una de las inmigraciones más características de las que estamos estudiando.

Resulta imposible precisar el número de estos españoles que llegaron a la colonia. El paso por Cuba, las enfermedades padecidas en los viajes, y lo confuso de las fuentes, impiden determinar este punto [19].

Sidney Villeré, en un trabajo de interés más genealógico que histórico [20], da la cifra de 2.141 personas a base de listas de personas embarcadas en distintas expediciones, pero desde nuestro punto de vista, la fidelidad de su información no es total, y la cantidad citada puede ser sometida a revisión.

A través de una documentación más diversa que la utilizada por Villeré, podemos intentar una aproximación al total de inmigrantes españoles, esfuerzo que además contribuye a aclarar otros aspectos muy interesantes en relación con dicho contingente.

Los primeros grupos parece ser que llegaron a comienzos de 1778 [21], y se trataba de los malagueños que iban destinados al cultivo del lino y cáñamo [22], y que por diferentes causas no fueron enviados a sus definitivos establecimientos hasta principios de

---

[18] Ver Gilbert Din, «The inmigration policy of Governor Esteban Miró in Spanish Louisiana», *Southwestern Historical Quarterly*, n.º 73, pp. 155-175.

[19] A través de la documentación se observa cómo algunos de los inmigrantes desertaban, ver por ejemplo «Noticia de las familias desertadas en el día de hayer 25 del corriente... Havana, 26 de julio de 1783», AGI. PC. 1393, o debían quedar en Cuba enfermos: «Relación de los reclutas casados y solteros que con las familias quedaron enfermos en los Hospitales de esta Ciudad, y villa de Guanavacoa... Havana, 14 de noviembre de 1778. Francisco Varela», AGI. PC. 1232.

[20] Sydney L. Villeré, *The Canary Islands Migration to Louisiana, 1778-1783*, New Orleans, 1971.

[21] Gálvez a Navarro, Nueva Orleans, 24 de marzo de 1778, AGI. PC. 1232.

[22] Sobre el proyecto de fomento del lino y el cáñamo en el que se incluía a Luisiana, ver Ramón M. Serrera Contreras, *Lino y cáñamo en Nueva España*, Sevilla, 1974.

1779[23]. El número de estos primeros malagueños es difícil de precisar, y más adelante tendremos ocasión de hacer algunas consideraciones sobre este punto.

A comienzos de 1779, los primeros grupos de canarios se habían unido a los malagueños, y con ellos se fundaban los siguientes establecimientos de colonos:

> Galveztown, donde ya había algunos refugiados ingleses y americanos asentados[24].
> Valenzuela, en la margen derecha del Bayou Lafourche.
> Nueva Iberia, en las riberas del Teis, praderías de Atacapas.
> Barataria, junto al lago del mismo nombre.
> Concepción, en Terre-aux-Boeufs, posterior San Bernardo y Nueva Gálvez[25].

Antes de ver, una a una, cada población, hay que hacer notar que el primitivo destino de estos canarios, era engrosar las filas del Batallón Fijo de Infantería de la Provincia, pero una vez en la colonia, y vistas las dificultades económicas por las que atravesaba la Hacienda, se optó por considerar a la gran mayoría de ellos —al menos todos los que tuvieran familia— como colonos, con lo que se evitaba tener que pagar el sueldo a un número elevado de nuevos soldados, y al mismo tiempo, se esperaba hacer un gran bien a la colonia, incrementando su población y su riqueza[26].

Pero las noticias confusas, se acumulan cuando intentamos conocer el tamaño de cada nueva población. En Galveztown, el libro que contiene el «Índice de familias isleñas que han de establecerse en Galveztown»[27], y que, de hecho, parece que se establecieron a

---

[23] Acerca de las dificultades entre Bouligny y Gálvez que motivaron en parte dicho retraso, consultar J. Horace Nunemaker, «The Bouligny affair in Louisiana», *The Hispanic American Historical Review*, Aug. 1945, XXV, n.º 3, pp. 339-363.

[24] Alcée Fortier, *A History of Louisiana*, New York-París, 1904, vol. II, pp. 59-60, dice que 87 ingleses y americanos habían prestado juramento de alianza al Rey de España en 1779.

[25] B. Gálvez a J. Gálvez, Nueva Orleans, 18 de julio de 1781, AGI. Santo Domingo 2574.

[26] B. Gálvez a J. Gálvez, Nueva Orlaens, 7 de julio de 1779, AGI. Santo Domingo 2662; y Ventura Morales a M. Navarro, Nueva Orleans, 11 de marzo de 1786, AGI. PC. 606.

[27] AGI. PC. 568.

juzgar por los bienes que les fueron facilitando en el mismo Puesto, presenta la cifra de 404 personas aproximadamente, puesto que el cálculo ha de hacerse complementando dos tipos de información [28]. Éstos debieron llegar al lugar en los primeros meses de 1779. No es posible asegurar si entre ellos se encontraban las dieciséis —o menos— familias malagueñas, entre setenta y ochenta individuos, que, también a comienzos de este año llegaron a la Provincia y fueron destinados a la misma población [29]. De cualquier forma no creemos que en ningún momento llegasen a 500 personas el total de las establecidas en Galveztown.

Pero este grupo, iba a protagonizar la mayor tragedia ocurrida entre las poblaciones de la colonia, posiblemente, durante los cuarenta años que nos ocupan. Entre marzo de 1779 y el mismo mes de 1780, 161 de aquellos 404 individuos, principalmente niños, aunque desconocemos sus edades, murieron a causa, fundamentalmente de «calentura» [30], en parte por influencia de la epidemia de viruelas que por estas fechas afectó a la colonia, y también a causa de la gran escasez de alimentos y dificultades económicas en general —falta de herramientas para trabajar la tierra— a que debieron enfrentarse desde su llegada a la colonia [31]. A pesar de que, como escribía Gálvez en enero de 1779, «dichas tierras (Galveztown) son las únicas que tienen las tierras altas y al abrigo de las inundaciones, y por consiguiente capaces de otras y mayores producciones que las que son anegadizas, y donde hay fundadas esperanzas que vengan bien las cosechas de trigo, cuyas siembras se han malogrado, hasta ahora, en los demás parajes...» [32].

Los caracteres del suceso escapan casi a la lógica expresión en términos demográficos. Piénsese que supuso una mortalidad del 398‰ en el año observado, mientras que la natalidad sólo alcanzó el 24.7‰, que se puede considerar baja comparada con otras poblaciones rurales coloniales, pero que no extraña dadas las condiciones adversas a que nos hemos referido.

---

[28] Junto a los componentes de las familias se enumeran frecuentemente otros que han muerto con lo que hay que reconstruir el total.

[29] Estado de familias alistadas en el Obispado de Málaga para las poblaciones de Luisiana en 1777-1778, AGI. Sto. Domingo 2574.

[30] Collel a Gálvez, 15 de junio de 1779, AGI. PC. 2351.

[31] Sobre la historia de los canarios destinados a Galveztown, consultar V. Sramuzza, *Galveztown: a Spanish settlement of colonial Louisiana*, Master's Thesis presentada en Louisiana State University en 1924, no publicada.

[32] B. Gálvez a J. Gálvez, Nueva Orleans, 19 de julio de 1781, AGI. Santo Domingo 2574.

El caso puede perfectamente ser tomado como ejemplo orientador, al menos, de lo que eran los primeros momentos de aclimatación al territorio para este tipo de poblaciones indigentes de las que se nutrió, en gran medida la Luisiana en el período español, y entre las que cabe incluir también a los acadianos. Recordemos, por ejemplo, cómo los primeros llegados en 1764-1765 registraron una tasa de disminución que evaluamos en más del 52‰ en los dos primeros años de estancia. Estos casos, y otros que se produjeron, confieren un carácter particular a la evolución de la población, y del desarrollo económico, de la colonia, que es importante apuntar para ser considerado más adelante, cuando pretendamos construir, en síntesis, el crecimiento en general del territorio.

Pero a pesar de todo, esta espantosa mortandad que llegó a eliminar familias enteras en el breve intervalo de pocos días, era sospechosamente suavizada por el mismo Gálvez cuando en julio de 1781 escribía a su hermano José: «El actual estado (de las familias establecidas hasta la fecha) no puede llamarse ciertamente ventajoso en el día por causa de los repetidos huracanes, inundaciones y vicisitudes que ha experimentado esta colonia, precisamente desde el momento en que aquéllas se plantearon, pero sin embargo construido en ellas considerable número de casas, desmontadas muchas tierras y verificadas hasta hoy alguna aunque corta cosecha... [33]».

Recordemos las serias disputas que Gálvez había mantenido con Bouligny antes de la llegada de estos canarios, en 1778, sobre su lugar de emplazamiento, por lo que es hasta cierto punto lógico que ahora intentase paliar su, podemos calificarlo así, gran fracaso.

Nada sabemos sobre el volumen de los inmigrantes destinados a la población de Barataria, pero sí sabemos que no mucho después de haber sido establecidas, hubo necesidad de socorrerlas especialmente «por la total pérdida que ocasionó en sus plantíos y ganados una quiebra del río que inundó todo el establecimiento» [34].

En 1781, en el establecimiento de Tierra de Bueyes, se registra la llegada de dos nuevos colonos cuya procedencia desconocemos, pero al año siguiente se trata de noventa personas todas proce-

[33] B. Gálvez a J. Gálvez, Nueva Orleans, 15 de enero de 1779, AGI. Santo Domingo 2574.
[34] Juan V. Morales a Gardoqui, AGI. PC. 2343.

dentes de Barataria muy probablemente huyendo del problema que había sacudido a la nueva fundación[35]. Su evolución es desconocida hasta 1788 cuando en el Resumen General de Miró, que estudiaremos más adelante, encontramos que tenía treinta y cinco moradores.

Para Valenzuela en 1779 tenemos dos cifras diferentes de habitantes procedentes de dos fuentes distintas. La primera es la lista que acompaña a la «Instrucción que deberá observar el Subteniente D. Antonio de Maxent, Comandante de la nueva población de Valenzuela[36]», y que repartidas en 46 «menages», presenta a 174 personas, de los cuales, cuatro no eran de canarios pues sus apellidos eran franceses, sumando diez personas.

La otra cifra proviene del «Libro Maestro para prestar el cargo a las familias isleñas de la población de Valenzuela[37]» y para dicho año aparecen 264 personas. Probablemente la diferencia entre las dos cantidades citadas, se debió a una incorporación registrada con posterioridad a la lista de la Instrucción, pero no parece que la población de canarios superase mucho esta cifra hasta 1783.

Por lo que respecta a Nueva Iberia, el censo de 1779, presenta una población de sólo 74 personas que, evidentemente, están muy lejos de los «almost 500 settlers from Malaga arrived in 1779», con los que «a settlement called New Iberia was founded», según Caughey[38], a no ser que posteriormente a la confección del citado censo se incorporase un nuevo grupo de personas, lo que no nos parece probable, dado que en 1788 la población del Puesto era únicamente de 111 individuos. Por otra parte, es necesario puntualizar que de los 74 antes citados, 15 eran de origen francés, con lo que los malagueños sólo sumaban 59.

Por último el «Índice de familias isleñas que se han establecido en Tierra de Bueyes»[39], da en 1779 la cantidad de 188 personas, para recibir en 1781 dos nuevos colonos, y 90 más en 1782 procedentes de Barataria, tras los problemas de inundación y huracanes surgidos en aquella población.

Con carácter general, por lo que su información no se puede considerar complementaria de la que hemos ofrecido, una «Rela-

---

[35] Índice de las familias isleñas que se han establecido en Tierra de Bueyes, AGI. PC. 568.
[36] AGI. PC. 192.
[37] 5 de mayo de 1779, AGI. PC. 568.
[38] J. W. Caughey, *Bernardo de Gálvez...*, op. cit., p. 81.
[39] AGI. PC. 568.

ción de Reclutas...»[40] de febrero de 1779, enumera 202 personas, la mayor parte de las cuales fueron establecidas en los núcleos que hemos estudiado.

En resumen, por tanto, los datos presentados nos hablan de algo más de 1.000 personas, entre canarios y malagueños, la llegada entre 1778 y 1779.

Galveztown	404	
Barataria	150	(?)
Valenzuela	254	
Nueva Iberia	59	
Terre aux Boeufs	188	
	1.055	

Lógicamente estas cifras no pretenden ser más que una aproximación, en un intento de establecer la importancia de los nuevos núcleos fundados, y pudieron ser ligeramente diferentes en realidad, a como han sido presentados, aunque opinamos que, en líneas generales, deben hallarse cerca de los auténticos tamaños de dichas poblaciones en 1779.

Pero no había terminado de llegar canarios a la Provincia, porque en 1783 y en varias expediciones, llegó otro número difícil de precisar de familias de las que tenemos las siguientes referencias:

En tal año aparecen en el «Libro Maestro para presentar el cargo a las familias isleñas de la Población de Valenzuela»[41], veinticinco nuevos individuos en otras tantas familias probablemente procedentes de esta nueva ola inmigratoria.

De julio de 1783 y agosto, son la «Noticia del número de familias y personas...» y la «Relación que manifiesta el número da familias y personas venidas de las Islas Canarias...»[42] que comprenden 261 personas correspondientes a sesenta y cinco familias.

No nos es posible precisar si las veintinco anteriores eran algunas de estas otras, pero sí sabemos que casi todas estas sesenta

---

[40] «Regimiento de Infantería de la Luisiana. Relación de reclutas, solteros y casados con sus Familias, que para el expresado Regimiento se embarcan en este Puerto para el de Nueva Orleans..., Sta. Cruz de Tenerife, 9 de diciembre 1778. Jph. Antonio de Herrera» (Copia), AGI. PC. 1232.

[41] AGI. PC. 568.

[42] AGI. PC. 1393.

y cinco quedaban incluidas en el «Índice de las principales cabezas de familias que contiene este libro de familias isleñas destinadas a Nueva Gálvez»[43], de 1783, donde aparecen 157 familias, con lo que nos queda como el número más alto que hemos podido localizar. Por no constar su composición hemos de recurrir al número medio de individuos por familia que arrojaban las dos relaciones inmediatamente precedentes, que era de 4.07, para utilizarlo como coeficiente de conversión, y que nos da la cifra de 639 personas en las 157 familias de Nueva Gálvez. Añadiéndoles las veinticinco que encontrábamos en Valenzuela resulta un total de 664 individuos.

En el mejor de los casos, pues, vemos que entre 1778 y 1783 (en la suposición de que en este último año no nos sea desconocida otra expedición), llegaron a Luisiana entre 1.700 y 2.100 canarios que fueron destinados a pobladores de la colonia, aunque como vimos, a poco tiempo de llegar se había reducido esta cantidad considerablemente, siendo de suponer que el movimiento natural de todas estas poblaciones, como en Galveztown, fuera negativo.

De 1779 son las noticias que nos hablan de la llegada a la Provincia de unos 1.100 nuevos inmigrantes acadianos, que se sumaron a los ya establecidos en la orilla del río, y el Bayou Lafourche[44], aunque no hemos podido localizar información sobre los mismos a través de la documentación consultada. De cualquier forma, el incremento experimentado por estas poblaciones citadas entre 1777 y 1788 hace suponer que, en efecto, un contingente de volumen aproximado al precitado debió unírseles durante el período, por lo que aceptamos la noticia de su llegada.

Por fin llegamos al punto de la población de origen anglosajona que tanta importancia va a tener, desde 1780, para toda la vida en general de la Provincia.

Hay que mirar a la Revolución americana como factor fundamental que influye en la aparición de este grupo de población en la colonia. Porque de una forma indirecta, podríamos decir, las dificultades con Inglaterra llevaron a la guerra en Florida Occidental que ocasionó la conquista de sus Puestos, y ello representó —es verdad— un fuerte y súbito incremento del total de población en la colonia. Pero de manera más directa, el propio movi-

---

[43] 1783, AGI. PC. 568.
[44] Jack Holmes, *An outline of Spanish Louisiana History*, New Orleans, 1969, p. 10.

miento revolucionario como factor de desarrollo en la historia americana, unido al fenómeno de la expansión hacia el Oeste, motivó ya desde 1778, al menos, la llegada de pequeños núcleos de ingleses a la Provincia española.

En efecto, una relación de familias y cazadores ingleses refugiados en el Puesto de Arkansas, de marzo de 1778, da la cifra de cincuenta personas componentes de ocho familias, más once individuos cazadores[45], y son los primeros de que tenemos noticias, de una gran corriente inmigratoria que se intensificará especialmente a partir de 1780, teniendo como meta, como veremos, principalmente Natchez.

Pero ¿cuál fue el volumen de población que quedó integrado en Luisiana con la conquista de los Puestos ingleses entre 1781-1783? Resulta difícil contestar con exactitud esta pregunta desde el momento en que los censos más próximos a la guerra datan de varios años después. Podría pensarse en una extrapolación de los datos de estos censos, pero la tarea resulta bastante arriesgada pues el ritmo de la inmigración pudo haber sido muy irregular y preferimos limitarnos a conocer la situación con certidumbre varios años después.

De todas formas para Natchez, al menos tenemos el dato de una carta de Navarro en la que inmediatamente después de la conquista del Puesto, comunicaba a Gálvez que el número de sus habitantes ascendía a 500, excepto los negros esclavos[46]. Claro que a esta cifra, en principio, no podemos conceder más valor que el de una mera apreciación subjetiva, no respaldada por una enumeración de dichos habitantes sobre el terreno. Se sabe que, a pesar de los problemas habidos en Natchez después de su conquista[47], la inmigración a este Puesto fue alta desde el mismo año 1780, habiendo podido contabilizar nosotros aproximadamente 270 personas llegadas entre diciembre de 1780 y junio de 1783[48], sin haber pretendido —como explicaremos— controlar a todos los inmigrantes. Ello quiere decir que es difícil suponer una tasa de incremento del 225‰ al año, que habría hecho falta para pasar de los 500 habitantes calculados por Navarro a los 1.118

45 Arkansas, 2 de marzo de 1778, AGI. PC. 217.

46 Navarro a Gálvez, Nueva Orleans, 13 octubre 1779, AGI. PC. 633.

47 Consultar J. W. Caughey, *Bernardo de Gálvez...*, *ou. cit.*, pp. 215 y 55. Sobre el tema desarrolla actualmente una investigación el profesor norteamericano Douglas Inglis.

48 Ver por ejemplo B. Gálvez a Gálvez, Nueva Orleans, 6 de junio de 1783, AGI. PC. 224-A.

que presenta el censo de 1784. No es imposible que la cantidad de Navarro quedase algo corta con respecto a la cifra real, y nosotros podríamos adoptar la de 700 personas como próxima al volumen del núcleo en 1780.

Sobre Baton Rouge, el censo de 1782 nos presenta la insignificante cantidad de 62 habitantes; y para Mobila que, al ser conquistada en 1780, no contaba aún con el pequeño establecimiento de San Esteban de Tombecbé, y que en 1786 disponía de 437 individuos libres, es muy problemático calcular el volumen de su inmigración, pero si aceptamos que ésta existió, deberíamos rebajar algo la citada cifra colocándola entre 300 y 350 habitantes para 1780.

De Manchac no tenemos ningún dato próximo a la fecha de la guerra, y sólo podemos recurrir al del «Resumen de Miró» de 1788 que habla de 197 personas, de donde hemos de deducir lógicamente que en el mejor de los casos, hacia 1780 su tamaño no superaría los 200 habitantes. Y por último, Pensacola, en 1784, sabemos que tenía 409 moradores, pero es difícil saber, si esta cantidad era mayor o menor que la de tres años antes, ya que esta población, en cierto modo, mantenía una vida relativamente independiente de la de los núcleos del valle del Mississipi.

En conjunto, podemos asegurar que, en el momento de ser tomados a los ingleses, estos establecimientos no debían albergar a más de 1.500 personas, aunque, sobre todo Natchez, y no así otros, incrementaron rápidamente su volumen, convirtiéndose en prósperos núcleos dentro de la colonia.

Aludiendo específicamente al fenómeno de la inmigración, fundamentalmente en Natchez, ya dijimos que empezó a llegar desde 1780. Se trata de un movimiento verdaderamente difícil de controlar al detalle. Si bien había ocasiones en que el Comandante del Puesto comunicaba al Gobernador una lista de los individuos llegados en los últimos días [49], otras veces probablemente esta comunicación no se efectuaba, o simplemente se ha perdido. Por ello nosotros renunciaremos de entrada a intentar conocer sistemáticamente fechas y volumen de estas continuas llegadas que, en suma, resultaría materialmente imposible, dado la dispersión de estos datos y, por otra parte, la poca calidad de los mismos, pues en la mayor parte de los casos, se limitan a dar el nombre del cabeza de familia y el número de personas que lo acompañan, sin establecer más precisiones, que serían fundamentales para estu-

---

[49] Como Grand-Pré a Miró, Natchez 17 de enero de 1789, AGI. PC. 15-A, y otras más.

diar el efecto de esta inmigración sobre la población ya existente en el Puesto.

De cualquier manera, el hecho es que, entre 1784 y 1786, en Natchez, el crecimiento sí fue muy pronunciado, exactamente del 67‰ hasta alcanzar la cifra de 1.273, y que, hasta 1788, este ritmo continuó, teniendo Natchez entonces 1.477 habitantes [50].

En principio, la tendencia parece muy regular y existen razones —que ya hemos aducido en otra ocasión— para explicar el por qué del crecimiento de este núcleo. Se trata principalmente de la calidad de las tierras lo que atrae la corriente inmigratoria con más fuerza que en otros casos, en que las condiciones generales eran inferiores.

Pero también, indiscutiblemente, jugaba un papel muy importante el hecho de su localización en la margen del río, y la facilidad de sus relaciones con las florecientes tierras de Kentucky, comercio que alimentó y contribuyó a desarrollar, transportando inmigrantes —incluso muchos de los tripulatnes de los barcos que hacían este comercio se quedaban en Natchez [51]—, este importante Puesto.

Ya hemos aludido a la imposibilidad de evaluar cualitativamente esta inmigración, que tanta importancia debió tener en la evolución de todos los aspectos demográficos de la población allí asentada. Por ello, una vez más, nos veremos obligados a ver el resultado consumado de la influencia ejercida, sin que podamos adivinar el camino seguido hasta llegar a él.

No obstante hay un punto especial que merece que nos detengamos a hacer algunas observaciones.

Natchez es la segunda población en todo el período español, para la que es posible, al menos, entrar en discusión acerca del ritmo de su movimiento natural, a base únicamente de la documentación estática que utilizamos. Sucede que los censos de Natchez, para este segundo período, incluyen dos columnas destinadas a registrar el número de nacidos y muertos, por varones y hembras, habidos en la población en el año al que se refiere el censo. Constituye un caso excepcional en el conjunto de censos, y hemos de advertir que esta información, aunque sólo para el año 1784,

---

[50] El «Resumen General...» de Miró de 1788 da un total de 1.584 personas libres.

[51] Por ejemplo, Grand-Pré a Miró, Natchez 15 de marzo de 1789, AGI. PC. 15-A.

fue ya utilizada por Jack Holmes [52], llegado a la conclusión de que la tasa de natalidad para Natchez en dicho año se cifraba en 41.3‰ y la de mortalidad en 14.8‰ [53], con lo cual —esto ya no fue establecido por él, aunque se deriva directamente— la tasa de crecimiento natural habría sido del 27.1‰.

En principio, estas deducciones parecen perfectamente lógicas, y caben dentro de lo posible, si recordamos las cifras obtenidas por Henripin para Canadá francés, que podrían ser más exageradas [54]. Siguiendo el mismo camino usado por Holmes, resultaría que para 1786 la natalidad había descendido a 22.8‰ y la mortalidad a 3.5‰, un cambio de ritmo extraordinariamente brusco que nos pone alerta inmediatamente, siendo el crecimiento de 19.3‰; y para 1788 las tasas serán respectivamente 40.8‰, 7.4‰ y, el crecimiento, de 33.4‰.

Insistimos en que resulta espectacular la bajada de 1786 y al mismo tiempo injustificada, pues al margen de los duros inviernos de 1785 y 1786, no creemos que existan razones —y esto tampoco lo justifica sobre todo la mortalidad— para explicar tal cambio de evolución. Aparte de esto, tanto el 3.5‰ como el 7.4‰ de 1788, son realmente inverosímiles, e incluso el 14.8‰ de 1784 es demasiado bajo para la región y la época en que nos desenvolvemos. Todo ello, sin entrar en más consideraciones, sería suficiente para hacernos sospechar de la validez de estos datos, pero existen otros puntos importantes que hay que revisar, y que desmontan toda posibilidad de acudir a ellos para establecer las líneas del movimiento natural de esta población.

En primer lugar no se advierte en los censos, y es difícil averiguarlo a través de los datos, si los totales de nacidos y muertos que se presentan se refieren al conjunto de los sectores libre y esclavo, o no. Existen algunos detalles que pueden indicar que, en efecto estas columnas son para el total de la población [55], y en tal caso, por los motivos expuestos a tratar en Metodología de la división social, opinamos que, en tanto no se pudieran descomponer las cifras para libres y esclavos, los resultados obtenidos de ellas carecerían de sentido al no mirar a los respectivos movimientos naturales de los dos grupos.

[52]   J. Holmes, *Gayoso...*, *op. cit.*, p. 114.
[53]   Debe haber una errata en Ibid. donde aparece 14.2‰.
[54]   J. Henripin, *La population canadienne...*, *op. cit.*, pp. 14 y 39.
[55]   Éstos son los casos de las familias de Ann Savage y Richard Ellis en 1784, por ejemplo, con un número de nacimientos que sólo pudieron haber tenido lugar entre sus esclavos.

De cualquier forma, existen por otra parte ciertos puntos de inexactitud en la información, que hacen que la consideremos únicamente como una mera aproximación al fenómeno, y nunca con pretensiones de evaluar precisamente la significación del mismo [56].

Y por último, existe el problema puramente técnico de la influencia de una inmigración muy fuerte, fácilmente estimable en 50‰, sobre el movimiento natural de la población, manifestada en forma de recién nacidos llegados con familias de inmigrantes, o de personas solteras que contraen matrimonio al poco tiempo de haberse instalado, contribuyendo rápidamente a la reproducción del grupo, todo lo cual hace verdaderamente difícil tasar el crecimiento vegetativo de estas poblaciones.

Por esto creemos que no es factible ningún intento de aproximación siquiera a este tema a través de los datos disponibles, y creemos preferible, consecuentemente, pasar por alto tras haber expuesto las dificultades que encontramos en la cuestión.

Frente a este ejemplo de fuerte crecimiento de Natchez, las otras antiguas poblaciones inglesas lo hacían a un ritmo más irregular, o a veces se estancaban, o decrecían visiblemente. El caso de Mobila puede ser significativo pues, entre 1786 y 1787, la población censada no sufrió alteración, y sólo en 1788 para el conjunto del Distrito, es decir incluyendo a San Esteban de Tombecbé y Tinsa, el total ascendía a 530 personas. En realidad, prescindiendo de la variación de la base territorial, se podría hablar de un estancamiento, que nos llevaría a considerar el carácter comercial menor, de puerto de segundo orden, que tenía Mobila, y aunque el comercio en la colonia viviese un fuerte auge durante la década de 1780, de hecho no pareció muy afectada por ello [57].

Baton Rouge, por su parte, en 1782 no pasaba de ser un minúsculo centro de sesenta y dos personas libres. En 1786 contaba con ochenta y dos —un incremento de 72.4‰—, y hasta 1788 no se aproximaba a los 300 habitantes, 282 exactamente, con la incorporación de 187 acadianos de los que estudiaremos más adelante

---

[56] Así, en cuatro ocasiones, en 1784, se registra un nacimiento, sin que haya al mismo tiempo ningún individuo en las columnas de primera edad de libres ni esclavos de las respectivas familias, ni tampoco en las columnas de las muertes; en otras dos ocasiones, en las familias de los nacidos no existe ninguna mujer, ni entre los vivos ni como difunta, que haya podido ser su madre.

[57] Sobre dificultades económicas en Mobila, ver Montreuil a Cruzat, Mobila, 19 de mayo de 1789, AGI. PC. 120.

como llegados en 1785. Es decir que este pequeño lugar había crecido en parte por la inmigración americana pero, sobre todo, por la acadiana de origen francés.

Por el contrario, Pensacola presenta un caso que parece excepcional, pasando de 409 habitantes libres en 1784, a sólo 100 en 1788. Este pronunciado descenso, 296.8‰, resulta verdaderamente extraño y nos hace dudar de la cifra aportada por Miró, sin que por el momento conozcamos algún tipo especial de problemas en aquella población que pudiera haber dado lugar a tal pérdida.

La inmigración americana, que incrementaba desigualmente estos antiguos establecimientos ingleses, no reducía su influencia al ámbito de los años ochenta y, a pesar de los temores de las autoridades españolas, ante el posible peligro de una infiltración americana para el virreinato de Nueva España, que les llevaron a intentar controlar al máximo los movimientos de estos inmigrantes por la colonia, por medio de los Comandantes de los Puestos, el hecho fue que grupos más o menos numerosos de colonos, procedentes de las antiguas colonias inglesas, en el comienzo de la expansión hacia el Oeste, consiguieron extenderse hasta poblaciones de la margen derecha del Mississipi, como aquel ejemplo de cazadores que ya por 1778 habían alcanzado el Puesto de Arkansas.

También, probablemente desde fechas muy tempranas en la década de los ochenta, Opelusas y Atacapas fueron otro foco inmigratorio de ingleses y americanos, que desde esta zona controlaban precisamente gran parte del comercio ganadero en el Norte de México [58]. Desde 1777 a 1785 Opelusas había logrado un incremento del 91.6‰, y Atacapas del 71.8‰, teniendo en este último año respectivamente 1.089 personas repartidas en 220 «menages» Opelusas, y 927 en 177, Atacapas. De ellos en la primera población había un 2.2.% de americanos o ingleses, y en la segunda un 19.2%, mientras que en 1777 no era posible distinguir ninguna familia de este origen, lo que da idea de la creciente importancia de este nuevo componente que surgía en la colonia. De todas formas, además de estos sectores anglosajones, otros grupos de población se habrían incorporado a este área, pero el carácter de las fuentes no permiten fijar su procedencia.

En los tres años siguientes hasta 1788, sin embargo, el crecimiento que había sido paralelo en ambos centros se diversificó aparentemente, y Opelusas veía descender su volumen a un ritmo

[58] Eran los «hommes de journées» citados por J. de la Villebeuvre en «Liste d'americains resident aux Atacapas», Atacapas, 12 de junio de 1792, AGI. PC. 25-A.

de 25.7‰ al año colocándose en 1.007 personas, según un censo particular de la localidad, en tanto que Atacapas utilizando el Padrón de Miró, se incrementaba a una media de 174.5‰ al año hasta situarse en 1.502 individuos libres. No obstante hay que hacer notar que los datos de Miró sobre Opelusas mantenían una diferencia, con respecto a los del censo local que hemos citado, del 24.2% de exceso, posiblemente motivada por el deseo del propio Gobernador de resaltar el crecimiento de la población de la Provincia durante el período de su mandato. Ello quiere decir que algo semejante podría ocurrir también con Atacapas. En el supuesto de que así fuera, si dedujésemos el 24% a la cifra de Miró sobre esta población veríamos que el incremento que registramos anteriormente quedaría reducido al 72‰. De cualquier forma parecía claro que, a menos que nos hallásemos ante un caso de mezcla de límites jurisdiccionales de los dos Puestos, había existido una diferencia en su desarrollo en los tres últimos años que podría haber sido alimentada, al menos en parte, por nuevos colonos americanos y por un pequeño grupo de nuevos acadianos llegados en 1785.

Sin embargo, el punto que nos queda más obscuro en el estudio de la evolución global de las poblaciones en este período es el de los crecimientos excepcionales, y no controlados, de algunos núcleos que hasta el momento no hemos podido resolver o explicar satisfactoriamente. ¿Cuáles son dichos núcleos? En realidad pertenecen sobre todo a la zona baja de Luisiana y son principalmente, por supuesto según las cifras del Resumen de Miró, Nueva Orleans y Chapitoulas.

No está descartado, sino que incluso es probable, como hemos descubierto ya en otros lugares, un error por exceso de estas cifras, pero la realidad es que presentan estas variaciones:

	1777	1778	Incremento medio anual	1788 (Miró)
Nueva Orleans	1.682	1.646	59.9‰	3.190
Orilla izq. (según Gálvez) Chapitoulas (Miró) [59]	540	—	95.3‰	1.476

---

[59] Las distintas nomenclaturas en cada documento hacen que no podamos estar completamente seguros de las comparaciones.

En el segundo caso no es imposible tampoco que estemos haciendo intervenir un cierto error o interferencia, de límites, al confrontar las dos jurisdicciones, pero un examen comparativo de los dos documentos de Gálvez y Miró nos conduce a hacerlo así.

Como se puede ver, estamos ante unos ritmos de incremento muy fuertes para los que —repetimos— no tenemos noticias de quiénes sean los que los hayan protagonizado. Aunque rebajásemos algo las cifras de Miró, supongamos que en un 25% que es mucho, pero que fue la diferencia vista en Opelusas, aún nos quedarían unos incrementos medios de 38.1‰ en Nueva Orleans y 67.4‰ en Chapitoulas, que siguen siendo notables.

Hay que pensar, que el caso de Nueva Orleans puede ser especial ya que tras pasar, como vamos a ver, a finales de los años setenta por una fase de decaimiento, pudo haber supuesto un incentivo para su recuperación el incremento experimentado por el tráfico comercial, ya en los años, ochenta de lo que es testimonio la apertura de la Aduana en 1785 [60].

En efecto, en 1778 se realizó uno de los tres censos que se conservan de la ciudad de Nueva Orleans en el Archivo General de Indias.

Es, sin duda el que ofrece una información más completa aunque parece que si bien, estamos seguros, comprende totalmente la población de la ciudad, existen algunas extrañas ausencias de personas conocidas que en el momento de la confección del censo vivían en ella, y a las que por el momento no hemos podido dar explicación [61].

Este censo presenta una población libre de 1.646 personas, lo que significa que la ciudad habría sufrido un descenso desde 1777 de un 21.4‰, y contrasta con un estadillo que presenta también la población del «censo de Nueva Orleans del mes de junio de 1778», que arroja un total de 1.905 personas libres, con lo que el incremento desde el año anterior, según este nuevo documento, habría sido el de 132.58‰ que, evidentemente, es fortísimo.

---

[60] AGI. PC. 511.

[61] Debemos el conocimiento de estas faltas al profesor norteamericano Light Cummins con quien hemos discutido la validez del documento y quien nos apuntó el hecho de que, por ejemplo, el conocido comerciante de Nueva Orleans, Elías Toutant Beauregard no aparezca en el censo cuando se sabe que tenía una casa en la capital. Como la suya, parece que hay otras ausencias; sin embargo sí aparecen en el censo otros comerciantes menos importantes que sólo residieron en la capital por temporadas.

Saber qué sucedió en realidad es muy importante por lo que supondría, en un momento como era 1778 —antes de empezar la guerra, y justo cuando comienza a llegar la gran oleada de canarios— para toda la colonia, el que Nueva Orleans viese crecer de esta brusca manera su población. Son ya conocidas las dificultades económicas, de diversa índole, que la guerra provocó, pero al factor guerra habría que añadir el supuesto 132.58‰ de incremento en población urbana, que vendría a completar el cuadro de problemas que en estos años afectaron a la Provincia, dados los escasos recursos económicos que se sabe que disponía la capital durante el período.

Pero ¿qué pruebas existen de que los datos del estadillo sean ciertos y no los del censo que, por las citas que hace de las calles que comprende, nos había dado la impresión de que abarcaba toda la ciudad? En realidad ninguna que haga a ambas posibilidades excluyentes una a la otra. Sólo una inmigración relativamente alta —la diferencia es de 259 personas— podría haber dado lugar al incremento señalado, y precisamente fue en marzo del citado año cuando se produjo la llegada de las primeras familias malagueñas con destino al fomento del lino y cáñamo [62], hallándose por junio aún, al parecer, en la capital, pues todavía Gálvez y Bouligny no habían encontrado el lugar idóneo para su destino, no siendo hasta principios de 1779 cuando llegaron a formar la población de Nueva Iberia. El número de componentes de estas primeras familias nos es desconocido, pero bien podría aproximarse al de la diferencia de 259 personas citadas más arriba, lo que explicaría la existencia de dos cifras distintas para la ciudad en la misma fecha.

Sin embargo, si esta hipótesis es cierta, queda una cuestión por contestar. ¿Por qué no son citados estos malagueños en el censo de la ciudad si estaban viviendo en ella? ¿Quizás porque residían fuera de su recinto y el censo se refería sólo al interior? De cualquier forma si la explicación no es ésta, resulta excesivamente alto un incremento superior al 100‰ en un año en que no ocurrió ningún acontecimiento excepcional en la capital que lo motivase. Nuestra opinión, por tanto, es que la población en junio de 1778 correspondía a la del censo, mientras que el estadillo le añadiría el grupo de inmigrantes que, al menos en parte, iban a destinarse a Nueva Iberia más tarde.

---

[62] Gálvez a Navarro, Nueva Orleans, 24 de marzo de 1778, AGI. PC. 1232.

Y decimos en parte porque la pregunta que surge a esta altura es: ¿dónde se dirigió la diferencia entre los setenta y cuatro colonos que encontramos establecidos en Nueva Iberia en 1779, de los que en realidad sólo cincuenta y nueve eran malagueños, y las 259 personas de las que estamos hablando? Las posibilidades son varias, y todas caben en el terreno de la lógica.

En primer lugar, pudo ocurrir que no todos los inmigrantes aceptasen dirigirse a la nueva población que se proyectaba fundar. No habría sido la primera vez que un grupo de inmigrantes rehusara establecerse en un paraje determinado. Y algunos de éstos pudo haberse quedado a vivir en la capital, tras haberse procurado en el año que permanecieron en ella un modo de vida, o ser destinado a otro establecimiento de los fundados por la misma fecha.

La otra posibilidad complementa a ésta y desde luego, deja de ser tal posibilidad para convertirse en acontecimiento real desde el momento en que tenemos pruebas de que sucedió. Se trata de la epidemia de viruelas que, al menos durante el invierno de 1778 y 1779 afectó a Nueva Orleans, y que no sabemos con seguridad, si se extendió más allá de sus límites.

La enfermedad parece que llegó con uno de los grupos de inmigrantes que recibió la colonia a fines del año 1778, y las primeras noticias de su existencia datan de noviembre cuando, en un cruce de cartas entre Manuel González y Bouligny, este último niega al primero unas supuestas órdenes que Gálvez habría dado sobre el traslado «al otro lado del río» a aquellos individuos de las familias malagueñas que la manifestasen[63]. No obstante, los efectos debieron ser de consideración porque en febrero del año siguiente, se enviaba desde la Gobernación una circular a algunos de los tenientes particulares de los establecimientos del río en la que se les comunicaba ciertas medidas a tomar, acordadas tras una reunión del cabildo de la capital, para intentar cortar de raíz la enfermedad[64].

Ésta debió afectar a toda la población, en general de la ciudad, incluyendo a los inmigrantes malagueños y canarios, y se uniría a las enfermedades que causaron la gran mortalidad de Galveztown.

---

[63] M. González a Bouligny, 19 noviembre de 1778, AGI, PC. 2358.
[64] Circular dirigida a M. Bellile y M. Robin, 9 febrero 1779, AGI. PC. 192.

Es decir que en 1779 no es presumible que la población de la
capital aumentase en relación con las cifras del año anterior[65], y
esto da aún mayor fuerza al incremento, que vimos producirse
en estos años y 1788, de 59.9‰. Sería muy interesante poder estudiar hasta qué punto el aumento del tráfico comercial experimentado en estos años, pudo aumentar o justificar, por sí solo, un
incremento en la población como éste[66]. Claro está que tampoco la
evolución del comercio está precisada aún, pero, en principio, no
creemos que esta explicación sea suficiente, y si son ciertas, o al
menos aproximadas, las cifras de Miró, el aumento debió responder a otras causas.

El caso de Chapitoulas, por otra parte, es aún más problemático y tampoco tenemos una explicación lógica para él, faltando
incluso la posibilidad de achacarlo al comercio.

Claro que la intensificación del tráfico comercial debía responder a una subida del volumen de la oferta de productos de la Provincia, justificada en parte por el aumento de la población que
estamos estudiando en estos años. En teoría el planteamiento, la
correlación de los factores es válido, pero haría falta comprobar si,
en efecto, a un incremento de la población en la colonia, siguió, en
general un crecimiento de la producción. Y seguramente hallaría-
mos que, es necesario distinguir por zonas, pues como veremos
más adelante, en poblaciones de las de origen francés lo que se
produjo en realidad fue un descenso del total de habitantes. En
gran medida, los incrementos que estamos estudiando los provocan
y los componen colonos tremendamente pobres, que no hacen sino
aumentar los gastos de la Hacienda en su ramo de Población y
Amistad de Indios.

Pero estas consideraciones, en realidad no nos resuelven el
problema de Chapitoulas, en el que no sabemos cómo pudo producirse tal salto en su número de habitantes. Se sabe[67] que existían
algunas explotaciones de madera clandestinas en los bosques de
la región del delta antes de 1787, que pasaron a ser permitidas
posteriormente, y cuyos componentes pasarían a estar censados
en el Resumen de Miró pero no anteriormente. De todas formas
parece claro que estas explotaciones no justificarían ese 95‰ de
incremento medio/año que observamos.

---

[65] En realidad se trata de un período de auténtica crisis económica.
[66] Aún no se ha realizado un trabajo a fondo en esta materia.
[67] El profesor Light Cummins nos ha sido de gran ayuda para el estudio
de estos años que estamos viendo.

Junto a estos fuertes aumentos, otras poblaciones muestran un desarrollo que podemos calificar de normal, sin la aparente injerencia de inmigraciones fuertes ni oscilaciones bruscas.

Un ejemplo claro puede ser el de Alemanes con 1.281 individuos libres en 1777. Un censo sólo de la Parroquia de San Carlos de 1784, una de las dos que componían el Puesto, presentaba una población de 738 personas.

Si pensamos que en 1788 la parroquia de San Carlos, o Compañía de Milicias de Villers, era el 53.2% del total del Puesto (individuos libres), y suponemos que esta proporción se asemejaba aproximadamente a la de tres años antes, tendríamos que en este año, 1784, Alemanes contaría con 1.387 habitantes, y ello significaría un 11.4‰ de incremento desde 1777, que entra dentro de las posibilidades de crecimiento natural «normal» en estas fechas, y además corresponde con el que vimos que había tenido esta población en los años setenta.

En 1788 Miró da la cifra de 1.424 personas para el conjunto del Puesto, lo que supone desde 1777, y desde los supuestos cálculos de 1784, respectivamente:

	1777	Incr. ‰ medio anual	1784	Incr. ‰ medio anual	1788
Alemanes	1.281			9.6	1.424
	1.281	11.4	1.387	6.6	1.424

Algo más complicado es el caso de Natchitoches pues ya estudiamos, en la valoración del Padrón de Miró, que el censo de 1787 presentaba un 338‰ más que los datos de aquel. ¿Podría corresponder dicha diferencia a algunas de las «dependencias» de Natchitoches como: Lac Noir, Bayou aux Pierres, etc... al no haber sido consideradas? Es posible. De cualquier forma estimando los datos de 1777 y 1787, tenemos que la tasa de incremento medio fue de 23.9‰ en la que, si bien es posible que en la composición hubiera intervenido alguna inmigración, se halla en límites prudenciales o moderados.

También, y ya lo hemos advertido, se registran casos de descensos en núcleos ya existentes desde época francesa, cuya evolución adquiere mucho significado y merece una detenida atención, por ser precisamente poblaciones que aparentemente detectaban una actividad económica desahogada, y en las que era de esperar un desarrollo francamente favorable.

Se trata principalmente de Punta Cortada y poblaciones de Illinois, aunque en este segundo caso volvemos a encontrarnos con un problema de duda al confrontar cifras y jurisdicciones.

El primer establecimiento tuvo durante el primer período un desarrollo similar al de Alemanes con un incremento moderado, que supusimos fruto del exclusivo movimiento natural. Durante la campaña contra los ingleses, sus Milicias, junto a las de Alemanes, Opelusas, Atacapas y otros acadianos, participaron de forma activa, aunque no conocemos si sufrieron pérdidas humanas [68]. Sin embargo, su participación, como suponemos que debió suceder en las demás poblaciones, sí supuso un perjuicio al desarrollo agrícola según lo exponen sus mismos habitantes en una Representación hecha a Bernardo de Gálvez en julio de 1781 [69]. Ello vino a unirse, a las consecuencias que aún se arrastraban de una grave inundación sufrida en la primavera de 1779 —hay que recordar que es la fecha en que se agrava la epidemia de viruelas en Nueva Orleans, en que vimos que se inunda Barataria y en que comienza la serie de enfermedades que azotarán a Galveztown—, que destrozó cosecha, animales y edificios.

Pero no terminan aquí las penalidades de este Puesto pues en el mismo año de 1781, la rebelión de Natchez le vuelve a afectar directamente de forma «qu'il a fallu abandonner les cultures dans un temps où l'habitation était le plus nécessaire á ses travaux ce qui lui causa une perte réel de la moitié de ses recoltes. Il est donce certain que depuis le commencement de cette guerre l'habitant na pas eu par intervalle huit mois de relais jusqu'à ce jour ce qui lui a ôtté toute la douceur de ses besoins ne pouvant pas vacquer á ses travaux pour se les procurer tournir leurs esclaves, leurs voitures pour les besoins du service pour les expeditions du Baton Rouge, de la Mobile, Pensacola, et Natchez, et pour les travaux du fort de ce poste...» (sic) [70].

Tal cúmulo de sucesos tan claramente expuestos por sus habitantes afectaron de tal modo al establecimiento, que ahora ya no resulta tan extraño comprobar que el paso de 1777 a 1786 se realizara así:

---

[68] Gálvez a Navarro, Nueva Orleans, 2 diciembre 1779, AGI. PC. 1232.
[69] Representation des habitants a Gálvez, Pointe Coupée, 30 julio 1781, AGI. PC. 193-A.
[70] Ibid.

	1777	Incr. ‰ medio anual	1786
Punta Cortada	636	—34.3	433

Sin pretender ver una relación directa causa-efecto, parece evidente que los problemas enumerados debieron influir de alguna forma sobre el estado de la población, y en parte puede verse un reflejo de ello en el cuadro precedente. Según Miró la población en 1788 de Punta Cortada había sido de 512 personas. Ello significaría desde 1786 un incremento del 87.4‰, que nos parece muy alto y para el que no tenemos datos de inmigrantes —ello no quiere decir que no existan— para explicarlo. De todas formas tendemos a creer que, una vez más, Miró aumentó algo las cifras, aunque de cualquier manera, aún con el dato de Miró, se comprobaría que Punta Cortada había experimentado un descenso en su población.

El segundo caso de población deficitaria a que nos hemos referido más arriba era el de Illinois, que también presenta una evolución interesante desde 1775. Antes de referirnos directamente a ella, recordaremos que en Illinois es donde más fácilmente se pueden producir diferencias entre las cifras de los censos y la realidad, por lo que ya aclaramos en el primer período de la orientación profesional de su población. No obstante, la validez de esta consideración probablemente desciende en este segundo período, por el hecho de que parece que la actividad comercial con las tribus indias, junto con el resto de las manifestaciones económicas de la zona, sufrieron una fuerte baja a partir de fines de la década de los setenta, cuando los comerciantes ingleses del Canadá acaparaban parte del mercado de los «traitteurs» de Illinois[71]. La situación no parece sino que empeorara cada vez más pues en 1784 el P. Bernard, desde San Luis, explicaba claramente la pobre situación del comercio de la peletería en la zona como una de las causas, la más importante, del decaimiento de aquellos Puestos. Por tanto el margen de población profesional móvil fue en descenso y con ella, la posibilidad de error por este concepto en las cifras utilizadas.

Pero el hecho es que diferentes causas parecieron confabularse en el aspecto económico para que —y aquí sí que parece clara la relación— la población de estos establecimientos descendiera.

---

[71] Cruzat a Gálvez, San Luis, 6 julio 1777, AGI. PC. 2358.

El censo de 1779 formado por Leyba presenta una población libre de 908 personas, que suponía ya un descenso del —21.8‰ sobre la cifra de 992 que, para 1775, daba el Padrón de Gálvez. Y esto a pesar de que, ya en 1777, Gálvez había cursado una orden especial a D. Francisco Cruzat en San Luis, en el sentido de procurar fomentar el aumento de población de la Provincia. Respondiendo al informe que sobre el asunto solicitaba Gálvez, Cruzat le comunicaba que ya habían bajado dos familias del Canadá a establecerse en el pueblo, huyendo de las dificultades que en su país se experimentaba y que por esta razón no sería difícil atraer alguna más[72].

Sin embargo, la realidad es que el descenso se había producido, y podría interpretarse como el comienzo del efecto de aquella baja de la «treta» con los indios de que hablábamos. Pero también hay que citar un problema muy importante, era la actitud hostil de los Osages, que a partir de estos últimos años de la década, adquiere una violencia superior a la de otros momentos. Ya en el verano del setenta y nueve, habían tenido los Grandes Osages choques con algunos cazadores de Arkansas[73], y sobre todo en 1780, estos problemas afectaron más directamente a San Luis cuando, en mayo, un ataque que se supuso de 900 indios causaron sólo en la población libre quince muertos, seis heridos, y veintisiete prisioneros[74]. Ante estos ataques, algunos habitantes solicitaron refuerzos militares en el distrito y plantearon la alternativa de trasladar su residencia a parajes más seguros, lo que probablemente algunos llevarían a cabo.

En el aspecto puramente económico, un aumento del volumen de los regalos anuales a los indios[75], coincidió con un fuerte descenso en la producción agrícola[76], lo que dio lugar a que en noviembre de 1784 el P. Bernard informara al Gobernador, tras un invierno de frío excepcional, sobre la extrema necesidad del Puesto de San Luis, «dont les habitants viennet enfin de l'abandonner presque tous (...) pour vivre á la sauvage dans les bois...»[77].

En Sta. Genoveva la situación no era mejor, pues en verano de 1785, Miró comunicaba a Gálvez las noticias que le habían llegado

---

72   Cruzat a Gálvez, San Luis, 8 diciembre 1777, AGI. PC. 2358.
73   F. Leyba a Gálvez, San Luis, 13 julio 1779, AGI. PC. 2358.
74   F. Leyba a Gálvez, San Luis, 19 junio 1780, AGI. PC. 193-A.
75   F. Cruzat a V. Morales, San Luis, 18 noviembre 1782, AGI. PC. 608.
76   F. Cruzat a V. Morales, San Luis, 27 noviembre 1783, AGI. PC. 608.
77   P. F. Bernard a Gobernador, San Luis, 24 septiembre 1784, AGI. PC. 2360.

en junio de D. Francisco Cruzat, quien le hablaba de «triste situación en este país por la intemperie de cinco años aquí y particularmente en la estación presente por las avenidas tan fuertes que hemos experimentado esta primavera de las aguas del Mississipi... que ha anegado Sta. Genoveva, ...los habitantes se han retirado a las montañas que están a una legua... inundadas sus casas, muebles y demás haciendas..., perdida la cosecha de trigo de este año..., no saben dónde establecerse...» [78].

El panorama que estamos exponiendo parece auténticamente desolador, pero creemos que es realista simplemente y puede dar una idea de que el volumen de población de estas dos poblaciones lógicamente no debió aumentar en los años citados.

Ello en primer lugar va en contra de la creencia de J. W. Caughey, quien opina que al menos hasta 1779, cuando ya hemos visto que el descenso de la población se había iniciado, el distrito de Illinois experimentó un indudable florecimiento basándose en las cifras del censo de Leyba al que nosotros nos hemos referido, pero considerado en términos absolutos, es decir, sumando a la población libre el número de esclavos [79].

Demográficamente ya hemos advertido de la imprecisión que esto significa; y en cuanto a estimar el problema desde el punto de vista del desarrollo de la zona, sería necesario comprobar la interpretación del número total de personas de un lugar como signo de su florecimiento, lo que no creemos que sea necesariamente exacto.

En segundo término, si hasta 1784 al menos existen testimonios de la pobreza poblacional de los establecimientos, que podemos interpretar favorablemente, como que mantenían su volumen de 1779 de 908 personas, es francamente difícil admitir un incremento del 60.6‰ hasta 1788, cuando el Padrón de Miró presenta un total de 1.542 habitantes en las «Poblaciones de Ilinoa» [80]. A menos que este epígrafe encierre algunos núcleos de menor entidad que no fuesen San Luis y Sta. Genoveva, hemos de concluir, que una vez más el documento de Miró tendía a incrementar sobre la realidad, aunque nos sea imposible precisar en qué medida.

---

[78] Miró a Gálvez, Nueva Orleans, 10 julio 1785, AGI. PC. 2360.
[79] J. W. Caughey, *Bernardo de Gálvez...*, *op. cit.*, pp. 53-4.
[80] Aunque sea adelantándonos a los hechos, digamos que en 1795, cuando ya existían Villa Carondelet, San Carlos y San Fernando, en el Distrito de Illinois, la población de éste era de 2.001 personas libres lo que comparativamente hace algo elevada la estimación de Miró.

Desde luego, existen algunas pruebas de que podía haberse iniciado una corriente inmigratoria, hacia 1786 sobre la zona, a la que le serían aplicadas las mismas normas sobre reparto de tierras, fomento de la agricultura y religión que fueron establecidas a los inmigrantes del Ohío, aunque algunos de estos inmigrantes a Illinois eran de origen francés del Canadá[81]. Esto supondría el comienzo de una recuperación para las poblaciones de Illinois, pero de todas formas las cifras de Miró nos parecen demasiado altas, y lo que es innegable es que la tendencia general durante la mayor parte del período debió ser deficitaria como ocurrió en Punta Cortada. En efecto parece, según el profesor J. Viles que ya se puede considerar a partir de 1785 que algunos pequeños números de cazadores sobre todo, ocupaban el futuro emplazamiento de Nuevo Madrid, y sería posible recurrir a este hecho, que estos habitantes hubieran sido censados, para explicar la diferencia que estamos comentando[82].

Con respecto al descenso sufrido por el total de población en los primeros años de la década de los ochenta, del que también el profesor Viles se hace eco, en contra de la opinión —insistimos— de Caughey, y sobre el que se muestra escéptico llegando a considerar que podría deberse a un error o deficiencia de los datos, hay que advertir que el autor en ningún momento llega a considerar la cadena de sucesos adversos que nosotros hemos enumerado, y que creemos que son bastante ilustrativos sobre la evolución que pudo haber seguido la población. De hecho se registra —en lo que nosotros hemos podido detectar— algún caso aislado de emigración hacia el sur cumpliendo la amenaza de algunos de los habitantes tras los ataques indios[83].

Hasta el momento sólo hemos hecho ligeras alusiones a otro de los grandes bloques inmigratorios que a lo largo de estos doce años del segundo período irrumpió en la Provincia, y que estaba constituido por unos 1.500 acadianos —otro grupo de refugiados—, pero éstos procedentes de Francia donde habían estado desde su salida de Norteamérica[84].

---

[81] Miró a Coll, de Illinois, s. f., AGI. PC. 120.

[82] J. Viles, «Population and extent of settlement in Missouri before 1804», *Missouri Historical Review*, V, n.º 4, pp. 189-213.

[83] Leyba a Gálvez, San Luis, 19 junio 1780, AGI. PC. 193-A.

[84] Como en otras ocasiones no nos interesan específicamente las condiciones en que se organizó la inmigración que se hallan estudiadas por F. Solano Costa, «La emigración acadiana a la Luisiana Española (1783-1785)», *Cuadernos de Historia Jerónimo Zurita*, n.º 2, pp. 85-125.

Se trataba de una expedición costeada por la Corona, que llegó en cinco barcos diferentes en el verano de 1785 a la colonia, y cuyos componentes fueron repartidos entre distintos puntos de la colonia, contribuyendo a incrementar así su población total.

Si sobre otros núcleos de inmigrantes, incluyendo a veces acadianos, no hemos podido obtener cifras precisas, no ocurre lo mismo con éstos para los que existen dos cantidades diferentes, separadas solamente por un 5.6% sobre la menor: 1.556 y 1.502 personas[85]. Cada uno de los documentos que proporcionan información, se acompaña de una serie de datos complementarios interesantes, así el primero facilita el número de personas y lugares a donde fueron destinadas tras su llegada a la colonia, cuya lista es:

Destino	N.º personas
Nueva Orleans	7
Nueva Gálvez	75
Costa Cabahanoce	3
Bayou Lafourche	854
Costa Manchac	156
Baton Rouge	147
Bayou des Ecors	278
Atacapas y Opelusas	67 [86]

Por otra parte, también se ofrece el número de nacidos y muertos tanto en el período de navegación, como en los primeros meses de estancia en la Provincia. Si consideramos el período completo, que debía sobrepasar ligeramente un año, la tasa de natalidad se puede estimar en 24.5‰ aproximadamente, y la de mortalidad en 53.5‰. Estas cifras ilustran, una vez más, acerca de las condiciones en que se desenvolvían este tipo de inmigrantes que, durante casi los veinte primeros años del período español, llegaron con relativa frecuencia a Luisiana.

Saldos negativos hemos observado ya en otras ocasiones y este ejemplo ratifica el hecho.

A estos últimos, desde el momento de su llegada, se les hizo objeto de la entrega de la ración diaria de comida, además de faci-

[85] Un Estado y una relación de familias e individuos que de orden de S. M. se embarcaron en Nantes y otros puertos, Nueva Orleans, 15 junio 1786, AGI. Sto. Domingo 2575.

[86] Resultan 1.587 personas de 1.556 embarcados, más 22 nacidos en Luisiana y 71 agregados, menos 50 muertos y 12 desertores.

litárseles tierras en los lugares indicados y unos mínimos medios para trabajarlas [87].

Un año después, cuando estaba previsto retirarles la ración diaria para que continuasen valiéndose por sí solos, las inclemencias del clima que provocaron inundaciones graves en toda la colonia, afectaron de modo particular a sus tierras por ser las menos protegidas, en algunos de los lugares a que fueron destinados como en Manchac, Baton Rouge y Lafourche, obligando a las autoridades a continuar proporcionándoles la ración, para paliar los graves daños sufridos, que, como es de suponer, debieron influir seriamente en la composición de su población.

Con la incorporación de más del 50% de estos nuevos colonos a lo que genéricamente se denominaba las Costas de los Acadianos, en 1788 el Resumen del Padrón de Miró distinguía allí tres importantes establecimientos: Cabahanoce (Parroquia St. Jacques), Lafourche (Parroquia Ascensión) y Valenzuela. El tercero se había creado en este segundo período que estudiamos a base de canarios y nuevos acadianos, y los dos primeros se habían incrementado considerablemente desde 1777:

	1777	Incr. ‰ medio anual	1779	Incr. ‰ medio anual	1787	Incr. ‰ medio anual	1788
Lafourche	352			103.1	1.079	—39.8	1.036 [88]
Cabahanoce	704			33.4			1.011 [89]
Valenzuela			254			211.1	1.424 [89]

Nótese cómo, en general, los incrementos experimentados son positivos y altos, aún en el caso de Cabahanoce con el 33.4‰ entre 1777 y 1788, excepto en Lafourche en cuya tasa negativa posiblemente influyó esa mayoría de acadianos de 1785 que se instaló allí.

Por último, antes de pasar a una valoración general del Resumen de Miró, y a establecer una recapitulación de lo visto en este punto, sólo nos resta hacer mención de una serie de pequeños núcleos de población, algunos de los cuales tienen su origen en el primer período, aunque su evolución ha sido estacionaria, Arkansas y El Rápido, por ejemplo, y otros que han visto la luz

---

[87] Navarro a Gálvez, Nueva Orleans, 15 agosto 1785, AGI. Sto. Domingo 2575.
[88] Datos de los censos locales de Lafourche de 1787 y 1788.
[89] Datos del «Resumen General...» de Miró.

durante estos años, alimentados en parte por la expansión americana, como Avoyelles, Ouachita y sobre todo Nueva Feliciana, aunque aquí se incorporaron una parte de los acadianos llegados en 1785 [90]. En cuanto al sector americano de su población hay que advertir que su procedencia no fue la misma que la que vimos en Natchez o Atacapas, sino que se trataba de una expedición organizada por el representante español en Filadelfia, Gardoqui para contribuir al fomento de la población de la Provincia, pero que, debido a la precaria condición económica de sus componentes levantó las protestas de Miró, por considerarla un perjuicio para la situación de la Hacienda [91]. En 1788 esta nueva fundación contaba con 661 habitantes libres.

Resumiendo cuanto hemos expuesto hasta el momento que queda concretado en el cuadro 2.2.A, podemos afirmar que hemos asistido a un auténtico despegue de la población de la Provincia, alimentado principalmente por:

> Inmigración organizada en la que cabe comprender las expediciones de canarios, malagueños y acadianos.
> Conquista en guerra de nuevos territorios.
> Inmigración no organizada compuesta de manera fundamental por los angloamericanos que, durante toda la década, se infiltraron a través de los nuevos territorios.

Estos tres flujos afectaron a la gran mayoría de los núcleos de la colonia, dando lugar a la creación de otros, y quedando prácticamente excluidos de la tendencia general sólo Alemanes, Natchitoches, Punta Cortada, y Bas du Fleuve, éstos dos con crecimientos negativos. De forma global, y no muy precisa diremos que la tasa de crecimiento real para la colonia en este período fue de 80‰.

Antes de concluir este punto, queremos dedicar un breve comentario al documento que nos ha servido para marcar puntos de referencia en la evolución de numerosas poblaciones, y que en ocasiones nos ha presentado motivos para desconfiar de su información. Se trata del «Resumen General...» de Miró de 1788 que comprende todos los establecimientos de la Provincia tanto para la población libre como esclava.

---

[90] Se trata de los que se destinaron al Bayou des Ecors.

[91] G. Din, «Proposals and Plans for colonization in Spanish Louisiana, 1787-1790», *Luisiana History*, n.º 11, pp. 197-213.

Como cualquier otro documento de carácter general, hemos de pensar que en el momento de su confección no se podría disponer de datos actualizados para toda la colonia, por lo que sería obligado recurrir a otros atrasados que limitaran la validez del documento. Tal fue el caso del Padrón de Gálvez de 1777, en el que se especificaba en qué ocasiones se habría acudido a información atrasada. Pero no sucede así ahora, por lo que, en principio no sabríamos qué porcentaje de error contiene el documento por dicha causa.

Sin embargo, el principal problema se presenta cuando, al disponer nosotros, al margen del «Resumen...», de censos locales y compararlos con aquél, encontramos que, en lugar de lo que cabría esperar, que sería lo contrario, el documento de Miró ofrece volúmenes de población superiores hasta en un 25% a los de los censos particulares; son los casos de Opelusas y Natchez, como más importantes.

También hay otras localidades, con censos de años anteriores al mismo año de 1788, que arrojan tasas de incremento hasta esta fecha, radicalmente diferentes y más altas que las que presentaban hasta entonces como Mobila, aunque quizás este ejemplo pudiera explicarse por la referencia del «Resumen General...» al «Distrito de Movila», incluyendo Tinsa y Tombecbé, a diferencia de los censos locales que no lo hacían.

Pero no todos los incrementos ocasionados por el «Resumen General...» son positivos. En el caso de Natchitoches el sentido es descendente, mientras que también en otras localidades las cifras del Resumen y las de los censos se ajustan perfectamente, como ocurre con El Rápido.

No está claro, por tanto, qué base se utilizó para la confección del Resumen, pero sí parece vislumbrarse una cierta tendencia, no general desde luego, del documento a presentar una población más alta que la real, sobre todo en algunos núcleos, quizás con ánimo de destacar la labor realizada por Miró en esta faceta del fomento de la Población en la Provincia. No hay que olvidar que precisamente en el Informe Político que elaborará en 1792, el ex Gobernador resaltará este mismo hecho logrado bajo su mandato.

Conjuntamente, podemos concluir, el valor del «Resumen General...» parece, en principio, irregular, y la utilización de sus datos ha de hacerse con reservas, que deben acentuarse cuando entremos en el tratamiento de cuestiones donde los resultados finales provengan de una conversión de datos, como ocurre en el caso de la fertilidad, por ejemplo, y no de una simple relación. Entonces dichos datos los tomaremos como la única aproximación posible al tema, a falta de información más fidedigna, aclarando que incluso pueden ser exactos, pero sin pretender que lo sean necesariamente.

3. COMPOSICIÓN POR EDADES

Intentando agrupar núcleos de población que presenten características similares, comenzamos el estudio de este punto por algunas muestras del conjunto de inmigrantes canarios llegados a partir de 1778, a las que la escasa calidad de información de las fuentes relativas a estos inmigrantes impide ser más representativas. Sólo podemos citar al pequeño núcleo de Nueva Iberia a través del censo de 1779; aparte de la población de Galveztown, excluyendo un sector que ya había muerto en el momento de elaborar el libro de donde tomamos los datos, y en el que abundaba la población infantil —aunque desconozcamos las edades— por lo que los porcentajes de este núcleo pecarán ligeramente por defecto; y por último a una de las expediciones de estos inmigrantes en 1779, parte de los cuales fueron destinados a Galveztown, lo cual significa que las dos últimas muestras presentadas inciden parcialmente en los mismos individuos. De todas formas, la escasez de información nos hace considerar interesante su presentación, una vez hecha la advertencia precedente.

	Varones			Hembras		
	I	II	III	I	II	III
Nueva Iberia	32.4%	25.6%	4.—%	13.5%	20.2%	4.—%
Galveztown [92]	22.5%			18.7%		
Canarios [92]						
1779	20.6%			20.1%		

En la medida en que estos ejemplos sean representativos del resto de la inmigración del mismo origen, podemos afirmar que se trataba de una población muy joven, estamos viendo mínimos de 40% de niños, y, en el caso de Nueva Iberia, una cantidad de ancianos que no resulta corta con respecto a lo que es normal en el resto de la región.

---

[92] Sólo aparecen los niños porque los cabezas de familia tienen edades desconocidas.

Evidentemente, en relación con la actividad económica de estos grupos, pensamos que esta composición pudo resultar perjudicial en la lucha contra circunstancias adversas como roturación de nuevas tierras, inundaciones y pérdidas de las primeras cosechas, enfermedades, etc..., a las que hubieron de enfrentarse, haciéndolos más vulnerables al efecto de estos sucesos.

Su evolución hasta 1788 nos es prácticamente desconocida, y el Resumen del Padrón de Miró en este año distribuye por edades de la siguiente forma a los tres núcleos principales, compuestos casi exclusivamente por canarios:

Grupos de edades	Varones	%	Hembras	%	% sobre el total
Nueva Iberia:					
I	25	22.5	15	13.5	36.—
II	37	33.3	20	18.—	51.3
III	8	7.2	6	5.4	12.6
San Bernardo:					
I	152	23.2	125	19.1	42.3
II	194	29.7	174	26.6	56.3
III	4	0.6	4	0.6	1.2
Galveztown:					
I	16	6.9	22	9.4	16.3
II	93	40.1	87	37.5	77.6
III	11	4.7	3	1.3	6.—

Si en un primer momento, a su llegada a la colonia, los rasgos de estos inmigrantes eran similares, evidentemente tras ocho años la situación era completamente diferente de unos lugares a otros. San Bernardo, que ya sabíamos que representaba el centro más numeroso de los fundados, disponía de un reparto por edades de tipo, podemos decir, medio en la Provincia: entre 40% y 45% para 0-15 años, pero con un porcentaje muy bajo de ancianos.

Nueva Iberia tenía una juventud sensiblemente menor con sólo 36% para niños y 12.6% de ancianos. Y por último el caso de Galveztown, con su accidentada historia, resultaba verdaderamente extremo y desequilibrado dentro de la tónica general mantenida en la colonia, evidenciando la altísima mortalidad a que se debieron ser sometidas las edades bajas de su pirámide.

No tenemos la menor referencia accrca de los supuestos más de 1.000 acadianos que llegaron por estas mismas fechas, por tanto nos vemos obligados a pasar directamente a la observación de los primeros núcleos ya establecidos en la colonia, dejando por un momento a los inmigrantes sobre los que volveremos más adelante.

Para ello comenzaremos con San Luis y Sta. Genoveva en 1779, recordando que por estas fechas se estaba marcando el descenso de estos pueblos que ya comentamos en el apartado anterior. La situación era la siguiente, igualmente por grandes bloques de edades:

Grupos de edades	Varones	%	Hembras	%	% sobre el total
San Luis:					
I	82	16.4	75	15.—	31.4
III	10	2.—	15	3.—	5.—
II	226	45.2	92	18.4	63.6
Sta. Genoveva:					
I	76	18.6	64	15.6	34.2
II	152	37.2	84	20.5	57.7
III	26	6.3	6	1.4	7.7

Con cierto detenimiento, se pueden observar ciertas diferencias entre las dos poblaciones, de las que las más acusadas están sin duda en la segunda edad de los varones, con mayor envergadura en San Luis, y en las edades ancianas de los dos sexos, con repartos proporcionales desiguales así como también los valores absolutos. No obstante, muy a grandes rasgos, y sobre todo fijándonos en los totales de varones y hembras se aprecia que existe, como en otras ocasiones ya hemos advertido, un paralelismo entre ambas poblaciones, que siguen caracterizándose por unos porcentajes relativamente bajos (para nuestros días sin duda resultan altos en naciones industrializadas) de población infantil; medias, entre 3 y 10% en edades ancianas; y alto, más del 50%, se llega a un 63% en San Luis, en las adultas, marcada toda esta estructura por la existencia de un gran número de varones entre 15 y 50 años, que debemos seguir achacando a la orientación profesional de la población —aunque sobre este punto ofreceremos algunos datos más en el siguiente apartado—. En conjunto pues no han variado mucho las circunstancias desde 1775.

Es necesario antes de continuar adelante hacer notar la diferencia existente entre estos núcleos de población, y los que habíamos visto de canarios y malagueños, en sus composiciones, siendo las de estos últimos, como hemos observado mucho más jóvenes que las de Illinois.

Sin embargo en 1788, conjuntamente, para las varias poblaciones que existieran en Illinois además de San Luis y Sta. Genoveva, esta estructura sí se había transformado radicalmente. Aceptando las cifras de Miró, que supusieron un incremento del 60.6‰, es lógico que sucediera así, hallándose dividida la población como sigue:

Grupos de edades	Varones	%	Hembras	%	% sobre el total
I	395	25.6	325	21.—	46.7
II	381	24.7	257	16.6	41.3
III	145	9.4	39	2.5	11.9

Efectivamente, las edades infantiles habían saltado de menos del 35% a más del 45%, con lo que, simplemente según este criterio, estas poblaciones pasaban a situarse en el grupo en el que estamos calificando a las más jóvenes. Por encima de los 50 años se superaba la barrera del 10%, envejeciéndose relativamente el conjunto; y por último, lógicamente, entre los 15 y 49 el porcentaje descendía a sólo 41.3%, aunque se seguía manteniendo un desnivel alto entre el sector masculino y el femenino, al igual que ocurría entre los ancianos.

A lo largo de diez años, se había registrado una transformación radical, acompañada de un crecimiento real importante, no sabemos exactamente a partir de qué momento —posiblemente desde 1785—, pero que no creemos que sea imputable a una modificación económica más que al influjo de la inmigración.

Sin embargo, a la inversa, esta transformación debió influir en cierta forma en esa orientación básica de la economía de la zona.

Viles, aún sin relacionar estos fenómenos, puesto que el primero no fue estudiado por él, ofrece algunos datos sobre una mayor abundancia del sector agrícola, que pueden interpretarse como apoyo a esta hipótesis nuestra [93].

---

[93]   J. Viles, «Population and extent of selttlement...», *op. cit.*, pp. 200-208.

Una vez más nos hemos encontrado con un caso de rejuvenecimiento de una población después de un fuerte influjo inmigratorio, como sucedió frecuentemente en el primer período. Pero ¿se repitió de forma generalizada este proceso también en la segunda etapa, o por el contrario, se registran excepciones que demuestran que no todos los inmigrantes —como era de esperar— tenían la misma composición por edades?

En 1785 hay dos censos, los de Opelusas y Atacapas, en los que su estudio plantea un problema, que requiere un comentario previo a la aplicación al tema que estamos tratando. De estos documentos, que clasifican a los individuos por tres bloques de edades, como la gran mayoría de los que estamos viendo en estos años, se desprenden los siguientes valores:

Grupos de edades	Varones	%	Hembras	%	% sobre el total
Opelusas:					
I	212	19.4	190	17.4	36.8
II	116	10.6	98	9.—	19.6
III	277	25.4	196	17.9	43.3
Atacapas:					
I	195	21.—	166	17.9	38.9
II	81	8.7	95	10.2	18.9
III	220	23.7	170	18.3	42.—

Las semejanzas entre ambas poblaciones siguen siendo, como en otros años, evidentes, pero los porcentajes de los bloques de edades resultan especialmente inverosímiles. Es prácticamente imposible, conociendo la evolución de estos grupos que más del 40% de la población se hallase por encima de los 50 años, y lo primero que se nos ocurre pensar es que ha tenido lugar un cambio en la denominación de las edades, aunque lo que no está nada claro es en qué sentido se ha operado. En primer lugar, en el mejor de los casos, la población infantil había descendido —suponiendo que fuese la actual III— a un 42%, lo que sería demasiado con respecto a 1777 cuando estaba próxima al 50%, y, sobre todo, en relación a 1788, fecha más cercana aún, en que también rondaba el 50%.

Por otra parte, lo que llamamos población anciana o con más de 50 años, supondría en ambos casos aproximadamente el 19% —aceptando que ahora fuese la II edad—. Al igual que con los niños, los cambios, mirando a unos años antes o después, habían sido tan considerables que nos preguntamos si es que los escalones que presentan estos censos no aluden a unos grupos de edades distintos a los que normalmente se refieren. Y el hecho de no poder resolver satisfactoriamente esta duda, nos impide trabajar con los datos precedentes ante la posibilidad de que nos condujeran a conclusiones completamente erróneas.

En 1788 el crecimiento había continuado siendo ascendente y progresivo, aún sin tener en cuenta los datos de Miró para Opelusas, pues vimos que eran superiores a la realidad. Para esta población utilizaremos el censo particular 1788, y para Atacapas, las cifras de Miró pero advirtiendo que muy probablemente son falsas. De cualquier forma hemos de hacer notar que, a pesar de las diferencias que existen, estructuralmente las semejanzas entre los datos del Resumen de Miró y las del censo de Opelusas son grandes en aquellos puntos en que se puede establecer una comparación; y con base en estas semejanzas completaremos los rasgos que nos son desconocidos en el censo. Las cifras exactas son las siguientes:

ESTRUCTURA DE EDADES EN OPELUSAS EN CENSO PARTICULAR Y «RESUMEN...» DE MIRÓ

Grupos de edades	Varones	%	Hembras	%	% sobre el total
Censo Particular:					
I	245	23.3	257	25.5	48.8
II	216	21.4	?	—	—
III	83	8.2	?	—	—
Miró:					
I	350	27.9	313	25.—	52.9
II	271	21.6	215	17.1	38.7
III	99	7.9	3	0.2	8.1

Las diferencias más acusadas se hallan en el sector masculino de los niños, que llega a un 4.6%, y que se deja notar en el total, aunque en ambos casos éste se sitúa claramente sobre los 45%. En los otros datos, por el contrario, las semejanzas son evidentes. ¿Podríamos suponer, una vez vistos los puntos en común entre los dos documentos referidos, que el reparto por edades que de Atacapas presenta el Resumen de Miró es correcto, o al menos aproximado? Dicho reparto en cuestión era el siguiente:

Grupos de edades	Varones	%	Hembras	%	% sobre el total
Atacapas:					
I	395	26.2	370	24.6	50.8
II	378	25.1	316	21.—	46.1
III	26	1.7	17	1.1	2.8

Se pueden registrar alteraciones con respecto a Opelusas en varios puntos, sobre todo el de las edades ancianas que aquí sólo representan un 2.8%, pero a grandes rasgos podemos afirmar que este otro caso de poblaciones paralelas, semejante al de San Luis y Sta. Genoveva, sigue manteniéndose, y que ambas continuaban siendo en 1788 dos de las más jóvenes en la Provincia, como ocurría once años antes. Quiere ello decir que, admitiendo el papel del movimiento natural de las mismas, los índices del incremento real que alcanzaban cotas de 98.9% y 79.3%, o lo que es lo mismo, la corriente inmigratoria, contribuyó, sin duda, a conservar la extrema juventud de estas poblaciones mediante una composición por edades de sus componentes que debemos suponer igualmente joven.

Sin embargo, tras los años que pudiéramos llamar de crisis, en 1784 el censo de una de las dos Parroquias de la Costa de Alemanes —y hemos calculado que comprendía al menos el 50% de la población total—, presentaba la siguiente composición:

Grupos de edades	Varones	%	Hembras	%	% sobre el total
I	216	29.2	214	29.—	58.2
II	104	14.1	93	12.6	26.7
III	65	8.8	46	6.2	15.—

Sin que creamos pecar por exceso, opinamos que se trata de lo que podemos calificar como el caso más espectacular de los que vamos a estudiar en la época española, y que confirma a la población de Alemanes como una realmente especial dentro de la región. No cabe duda que un 58% de personas con menos de 15 años y un 15% con más de 50, eran, sobre todo el primero, dos de los índices más altos de los registrados hasta ahora, y causaban un vacío en edades intermedias adultas, cuyos efectos en el funcionamiento económico de este establecimiento sería interesante investigar.

De cualquier modo, lo que parece evidente es que, en cierta forma, esta composición no se ajustaba a lo que pensábamos que debería haber sido desde 1777: nos referimos al fuerte incremento de la población infantil y anciana. En otro sentido, sin embargo, el número de varones de segunda edad había disminuido con respecto a siete años antes —tratándose esta Parroquia del 50% de la población del Puesto—, y a menos que se tratase de pérdidas en las campañas militares contra los ingleses, esta baja no tenía lógica como consecuencia de un período de dificultades económicas.

Pero estas tendencias registradas hasta 1784, resultaban parcialmente modificadas en 1788 con un acercamiento a la «normalidad» manifestado en una reducción de los porcentajes extremos de niños y ancianos que quedaban, ya para las dos Parroquias, de la siguiente forma:

Grupos de edades	Varones	%	Hembras	%	% sobre el total
I	382	26.8	363	25.4	52.2
II	263	18.4	228	16.—	34.3
III	100	7.—	88	6.1	13.1

Alemanes continuaba, de todas formas, como ejemplo destacado dentro del grupo de las poblaciones jóvenes, al sobrepasar el 50% de población infantil, resaltando al mismo tiempo el hecho de que sus ancianos superasen el 10%, con lo que era el bloque central —aunque lógicamente en menor grado que cuatro años antes— el que soportaba dichas cargas. Es de observar, igualmente, el equilibrio entre sexos en todas las edades, que estudiaremos con detenimiento en el próximo apartado.

Así pues, Alemanes había seguido una particular evolución, que sin duda se había reflejado en otras manifestaciones de su estructura poblacional.

Por el contrario, Punta Cortada, otra de las poblaciones «antiguas» de la Provincia, que sí había experimentado un retroceso entre 1777 y 1786, había mantenido, aproximadamente su misma composición por edades:

Grupos de edades	Varones	%	Hembras	%	% sobre el total
I	103	23.7	80	18.4	42.2
II	88	20.3	114	26.3	46.6
III	35	8.—	13	3.—	11.—

Un grupo, especialmente, mostraba una diferencia con respecto a 1777, y eran los varones de segunda edad que descendían de un 27.—% a un 20.3%, curiosamente siguiendo el mismo camino que Alemanes, lo que nos hace pensar cada vez más sobre el posible efecto de la guerra en estas poblaciones. Las demás variaciones eran de menor importancia, y entre ellas cabe destacar el aumento de edades ancianas de un 5.9% a un 11.—%. Pero básicamente, excepto estos rasgos comentados, y teniendo en cuenta la importancia del descenso registrado en el total de población, se puede afirmar que Punta Cortada no había alterado sustancialmente su composición en 1786.

Ya hemos criticado anteriormente las cifras que Miró da para Punta Cortada en 1788 pero a falta de otra información, las citaremos aunque con las consiguientes reservas. Y estas cifras son las siguientes:

Grupos de edades	Varones	%	Hembras	%	% sobre el total
I	115	22.4	116	22.6	45.—
II	129	25.1	121	23.6	48.7
III	20	3.9	11	2.1	6.—

Relacionando estos datos con los anteriores, se observan ciertas compensaciones entre sexos en favor de las mujeres en la primera edad, de los varones en la segunda y, en general, en perjuicio de los ancianos. Si los datos de Miró son ciertos, estas modificaciones se deberían en cierta medida al efecto de una inmigración que había comenzado a llegar alrededor de 1786 probablemente, y que provocó un rejuvenecimiento ligero en el conjunto.

Como Alemanes, Natchitoches también vimos que había mantenido un ritmo algo más fuerte, aunque sin ser extraordinario, de crecimiento, 23.9%, entre 1770 y 1787, un período excesivamente largo como para poder prever, ni aún aproximadamente qué caminos podría haber seguido la evolución de su población. Por ello no podemos sino limitarnos a exponer cuál era la situación de la composición por edades en este último año, señalando las diferencias que se observen con el primero:

Grupos de edades	Varones	%	Hembras	%	% sobre el total
I	127	21.—	106	17.5	38.5
II	194	32.1	130	21.5	53.6
III	34	5.6	12	1.9	7.6 [94]

Evidentemente en el transcurso de estos diecisiete años se había operado una profunda transformación, aunque es completamente imposible precisar cuál ha sido la evolución. El sentido ha sido un marcado envejecimiento, con una pérdida de 6.3% en edades por debajo de los 15 años; para perder 6.—% las comprendidas entre 14 y 49; y ascender 5.6% las superiores a 50 años. A pesar de que existe un 6.8% de personas sin poder precisar su localización, esto no podría variar sustancialmente estas diferencias tan fuertes.

Las cifras del Resumen de Miró no merecen ser presentadas pues sólo contribuirían a confundir esta situación que hemos expuesto. Ya especificamos que muy probablemente se hallan faltas de algunas de las dependencias anexas al Puesto, y por tanto sus resultados son parciales y no válidos.

El gráfico 2.3.F nos muestra en detalle la configuración de la pirámide en la que, además del desequilibrio por sexos y el hecho de que el 6.7% de la población no tenga sus edades determinadas, aparece clara una mayor regularidad de edades en el sector femenino, al tiempo que, en comparación con otras poblaciones estudiadas hasta ahora, se nota la falta de una ancha base, aunque objetivamente el conjunto se halle realmente proporcionado, contando, como hemos visto con 34.6% de población infantil.

Pero veamos qué ocurría en Natchez, que se está convirtiendo en uno de los núcleos más importantes de la colonia tras su anexión, y que podría ser considerado como muestra «tipo» de estas poblaciones inglesas.

La de Natchez en 1784, con 1.118 personas, a base sólo de tres grupos de edades, era así:

---

[94] Los porcentajes están hallados excluyendo las personas con edad y sexo desconocidos.

Grupos de edades	Varones	%	Hembras	%	% sobre el total
I	297	26.5	273	24.4	50.9
II	305	27.2	217	19.4	46.6
III	12	1.7	14	1.2	2.2

No nos es posible apuntar siquiera, qué cantidad de inmigrantes recibió el Puesto desde el momento de la toma por parte española, y no sabemos, por tanto, en qué medida exactamente este reparto es producto del propio funcionamiento de la población que existía allí antes de la llegada de los españoles.

Sabemos, sin embargo, que estos Puestos, lograron el desarrollo con que ahora contaban en el transcurso de algo más de diez años, pues conocemos que sólo a partir de 1771-1772 los ingleses comenzaron a fomentar estos establecimientos. Nos encontramos pues con que, en gran parte, este reparto por edades que estamos viendo era producto de la fuerte inmigración que el Puesto debió registrar en los últimos años antes de la guerra e inmediatamente después.

Así, del año 1782 data una lista de inmigrantes de un mes de dicho año —no quiere decir esto que el ritmo se mantuviera mensualmente—, compuesta por 72 personas libres que llegaron agrupadas en trece familias, es decir el 6.4% sobre el total de 1784, por lo que podemos suponer que en el año de su llegada significarían un porcentaje aún mayor.

De estas trece familias, once se componían de marido, mujer e hijos —desde 2 hasta 9—, y hemos de adelantar que entre ellas la media de individuos por familia era de 6.27, que nos da una idea aproximada de su elevado número de hijos, la mayoría de los cuales serían lógicamente menores de 15 años. Hijos que incrementarían el porcentaje de edad infantil que estamos viendo en 1784 que es de 50.9%.

Nos encontramos pues con el hecho, de nuevo, de la existencia de una inmigración especialmente joven (de ello esto es una muestra) que ha configurado la estructura de edades que estamos viendo. Es de destacar la corta proporción de personas con más de 50 años, que apenas sobrepasa el 2%, con lo que el escalón intermedio acumula un alto número de individuos concentrados, como es frecuente, en el sector masculino.

Entre 1784 y 1786, cuando la población libre era de 1.273, vimos que el incremento existente fue muy alto y, sin embargo, el reparto de edades, aunque experimentó ciertas modificaciones, éstas no fueron decisivas, quedando así la composición en el segundo de esos años:

Grupos de edades	Varones	%	Hembras	%	% sobre el total
I	318	24.9	294	23.—	48.—
II	349	27.4	262	20.5	48.—
III	24	1.8	26	2.—	3.9

La proporción de 0-15 ha descendido algo situándose por debajo del 50%, en favor de los otros dos escalones entre los que queda repartida la diferencia, y entre los dos casos, de varones y hembras las proporciones siguen manteniéndose.

De no haberse modificado la mortalidad, tendríamos que la inmigración de estos dos años habría sido más «vieja» en relación con la anterior, y justo a partir de 1785, cuando el problema de la apertura del río al comercio de los establecimientos del Ohío, es cuando da la impresión de que la inmigración que Natchez registra va a ir envejeciéndose cada vez más, alimentada principalmente, como ya dijimos, por las tripulaciones, o parte de ellas, de las embarcaciones que llegan a Natchez llevando mercancías.

De tal forma que en 1788 el Resumen de Miró presenta los siguientes datos:

Grupos de edades	Varones	%	Hembras	%	% sobre el total
I	357	22.5	329	20.7	43.3
II	527	33.2	330	20.8	54.—
III	29	1.8	12	0.7	2.5

que corresponden perfectamente con los del censo particular del mismo año en la estructura de edades, aunque su volumen difirieran como vimos en su momento:

Grupos de edades	Varones	%	Hembras	%	% sobre el total
I	335	22.6	301	20.3	43.—
II	466	31.5	334	22.6	54.1
III	18	1.2	20	1.3	2.5

Ahora sí vemos un descenso mucho más considerable de la población infantil —proporcionalmente se entiende—, bajando también la anciana, y ganando evidentemente la población adulta masculina.

¿Hasta qué punto, podemos preguntarnos, llegados aquí, Natchez representaba un tipo diferente de población propia de un origen inglés con rasgos especialmente distintos? Si nos detenemos a observar otras poblaciones de origen principalmente anglosajón con entidad digna de ser consideradas, notaremos que de una parte sus escasos volúmenes y de otra su falta de uniformidad hacían difícil establecer cualquier tipo de relación con el caso de Natchez. Si tomamos como ejemplo de estas otras, Mobila, Baton Rouge o Pensacola, siempre continuando a base casi exclusivamente del Resumen de 1788, ya que de los censos locales el único que creemos puede ser estudiado es el de 1784 de la última citada[95], notaremos, en efecto la imposibilidad de establecer unas líneas comunes entre ellas:

Grupos de edades	Varones	%	Hembras	%	% sobre el total
Pensacola, 1784:					
I	79	19.3	76	18.6	38.—
II	148	36.2	94	23.—	59.2
III	8	1.9	3	0.7	2.7
Baton Rouge, 1788:					
I	30	10.6	34	12.—	22.6
II	116	41.1	97	34.3	75.4
III	4	1.4	1	0.3	1.7
Mobila, 1788:					
I	106	20.—	80	15.—	35.—
II	173	32.6	125	23.6	56.2
III	27	5.1	19	3.5	8.6

Tan sólo cabría señalar, en general, el hecho de que ninguno de los tres ejemplos logre alcanzar el 40% de población infantil, quedando incluidas —Pensacola lo superaría algo— en el grupo

---

[95] Baton Rouge tuvo una población excesivamente corta hasta 1786, y Mobila tiene en sus censos el 50% de la población con edad desconocida.

de poblaciones que tenía como rasgo principal de 25% a 35% de personas con menos de 15 años. Con ello, desde luego, representaban algo diferente a Natchez que, como vimos, sobrepasaba el 45%.

Baton Rouge, es en 1788 tras la incorporación de algunos acadianos de los llegados en 1785 —que estudiaremos seguidamente—, el núcleo con más bajo índice de niños, acumulando las 3/4 partes de sus escasos efectivos entre los 15 y 49 años.

En cuanto a las cifras de Mobila, se refieren en realidad al «Distrito de...», según el Padrón de Miró, y no necesitan comentario especial al margen de lo ya dicho.

Así pues, podemos concluir que Natchez, también en su composición por edades mostraba características distintas a las de las otras poblaciones anglosajonas de la colonia.

A un lado hemos ido dejando, hasta ahora, un amplio sector de la población, importante en número en la Baja Luisiana, pero sobre el que desafortunadamente no abundan los datos. Y nos estamos refiriendo a los acadianos, que en 1777 habían quedado habitando las Parroquias de Ascensión y St. Jacques, y a los que se había unido, entre 1778 y 1783, un grupo de canarios en Valenzuela, unos 1.100 acadianos más y, más tarde, en 1785, una gran parte de los nuevos inmigrantes de ese año.

A los canarios de Valenzuela ya hicimos una breve referencia más arriba, y sobre los acadianos de 1785 sólo podemos decir de ellos, en conjunto, no en detalle por grupos según las poblaciones a que fueron destinados, que su porcentaje de población infantil era:

	Varones	%	Hembras	%	% sobre el total
— 15 años	437	29.1	404	26.9	56.—
+ 15 años	348	23.1	313	20.8	43.9

En líneas generales, hay que destacar la fuerte juventud de este grupo, al que habría que aplicar las mismas consideraciones que hicimos en el caso de los canarios.

Algunos de estos acadianos, ya los hemos estudiado englobados a partir de 1786 en algunos de los Puestos ya vistos, como Baton Rouge y Atacapas-Opelusas. Sin embargo, como sabemos, el 53.8% se incorporó al Bayou Lafourche, cuya población en 1787 y 1788 aparecía como muestran los gráficos 2.3 J y 2.3 K, y que resumida en tres bloques de edades daba los siguientes valores:

Grupos de edades	Varones	%	Hembras	%	% sobre el total
Fourche, 1787:					
I	204	18.9	178	16.5	35.5
II	309	28.7	293	27.2	55.9
III	53	4.9	39	3.6	8.5
Fourche, 1788:					
I	195	18.8	150	14.5	33.3
II	312	30.1	290	28.—	58.2
III	52	5.—	35	3.3	8.4

Evidentemente existe una incoherencia entre estos datos —nótese de 33% a 35% de población infantil—, y los que hemos ofrecido con anterioridad que daban 56% de niños para los llegados en 1785, si como decimos, casi la mitad de estos inmigrantes se incorporaron a este área. La explicación puede consistir en que la población en la zona se hallaba ciertamente concentrada, por lo que estos últimos, probablemente, fueron repartidos a lo largo del Bayou Lafourche, donde también se hallaba el establecimiento de Valenzuela, con canarios y acadianos desde comienzos de la década de 1780. De esta forma, los rasgos acusados que habíamos visto anteriormente quedarían difuminados, y en las pirámides que hemos citado, pertenecientes a acadianos en su gran mayoría, es palpable el estancamiento, incluso con fuertes hendiduras en algún escalón, que se produce por debajo de los 15 años, es decir aproximadamente el plazo transcurrido desde su deportación de Acadia que, parece que aún dejaba sentir sus efectos sobre la estructura del grupo.

Salvo este hecho notable, sólo es de resaltar otra ligera depresión a los 35-39 años cuya explicación no se nos alcanza en el estado de nuestros conocimientos.

Para el mismo año de 1788, con un volumen de población ligeramente superior al de estos censos locales, Miró daba los siguientes datos para el mismo establecimiento de Lafourche:

Grupos de edades	Varones	%	Hembras	%	% sobre el total
I	222	20.1	189	17.1	37.2
II	350	31.7	266	24.—	55.7
III	49	4.4	28	2.5	6.9

Son visibles algunas pequeñas diferencias con respecto a los censos estudiados anteriormente, menores en el caso de 1787 (Miró probablemente no utilizó información de 1788, sino como mínimo de un año antes), pero, de cualquier forma, las variaciones son más fuertes con los otros dos núcleos de acadianos de Valenzuela y Cabahanoce en que el reparto por edades se configuraba así:

Grupos de edades	Varones	%	Hembras	%	% sobre el total
Valenzuela:					
I	320	22.4	305	21.4	43.8
II	389	27.3	399	28.—	55.3
III	8	0.5	3	0.2	0.8
Cabahanoce:					
I	212	20.9	258	25.5	46.4
II	246	24.3	208	20.5	44.8
III	49	4.8	38	3.7	8.5

En éstos los niños rondaban el 45% del total (2.6% de diferencia de uno a otro), sin embargo en los adultos y ancianos los contrastes eran mayores, con un mayor peso por encima de los 50 para Cabahanoce. Si recordamos la composición de las poblaciones de acadianos existentes en 1777, principalmente se había producido un ligero descenso en el porcentaje infantil, al contrario que lo ocurrido en el otro centro acadiano de Iberville, cercano al Galveztown de los canarios, donde se había operado un ligero rejuvenecimiento con la colaboración de un pequeño grupo de los inmigrantes en 1785. Concretamente la situación era:

Grupos de edades	Varones	%	Hembras	%	% sobre el total
I	162	26.2	163	26.3	52.5
II	136	22.—	113	18.2	40.2
III	29	4.6	15	2.4	7.—

Queremos poner de manifiesto, aprovechando estos datos, la riqueza y diversidad que, dentro de la región, proporcionaban las varias poblaciones con sus orígenes e historia diferentes. Nótese cómo a muy escasa distancia existían dos núcleos de características poblacionales tan distintas como eran Iberville, de base fundamentalmente acadiana, y Galveztown, de composición principalmente canaria y en parte inglesa, cuyos datos para 1788 ofrecimos al comienzo de este punto. Con fechas de fundación diferente, los dos establecimientos habían pasado su etapa de aclimatación a la colonia en períodos marcados por signos opuestos: Iberville durante el mandato de Unzaga, cuando el comercio inglés probablemente ayudaría a salir a flote el reciente Puesto tras unos momentos de serias dificultades económicas; Galveztown, en los años siguientes a la guerra, cuando la Hacienda de Nueva Orleans y el sistema económico en general, no permitían un sistema de ayudas ordenado y continuo a las nuevas fundaciones, lo que unido a los problemas causados por las enfermedades de los primeros años, dieron lugar a la situación en que se encontraba su población en este último.

Para el final, hemos dejado el núcleo urbano de la capital, donde las dos estructuras que conocemos, procedentes la una del censo de 1778, y la segunda del estadillo que ya estudiamos, eran las siguientes:

Grupos de edades	Varones	%	Hembras	%	% sobre el total
Censo 1778:					
I	281	17.—	278	16.8	33.9
II	458	27.8	466	28.3	56.1
III	86	5.2	77	4.6	9.9
Estadillo 1778:					
I	315	16.5	325	17.—	33.5
II	528	27.7	533	27.9	55.6
III	107	5.6	97	5.—	10.6

Es completamente evidente, la gran correspondencia que existe entre ambas fuentes de información en lo que a estructura de edades se refiere. Y esto viene a darnos la razón en un aspecto tocado por nosotros en Metodología, pero sobre el que queremos insistir por hallarnos ante un ejemplo que ratifica plenamente la idea que entonces habíamos expuesto.

Se trata del poco reflejo que en las estructuras generales, pueden tener el incremento o disminución del número de individuos de una población, siempre que aquél sea aleatorio y no responda a un criterio determinado y específico. Basándonos en esa idea podemos afirmar que la composición por edades en 1778 había experimentado un ligero descenso en la proporción de niños y ancianos en relación al año anterior, ¿quizás manifestando los primeros efectos de la epidemia de viruelas que iba a cobrar su mayor desarrollo en el invierno siguiente? Sería posible, aunque cualquier afirmación tajante en este sentido comportaría un gran riesgo.

¿Qué camino seguiría esta población urbana después de 1778 cuando todos los problemas de la guerra y la escasez de alimentos se ciñeran sobre ella? Por hoy es imposible contestar esta pregunta, pero probablemente, sus edades más bajas y altas debieron ser las que sufrieran más fuertemente el efecto de dichos acontecimientos, que se prolongaron durante toda la primera mitad de la década de 1780.

Sin embargo, el incremento que vimos que se produjo hasta 1788 de aproximadamente 60‰, fue suficientemente fuerte como para enturbiar cualquier efecto del movimiento natural de esta población. No nos atrevemos a emitir hipótesis que puedan resultar descabelladas. Lo único cierto es que según las cifras de Miró, siempre, la situación de esta composición de edades en la ciudad era como sigue:

Grupos de edades	Varones	%	Hembras	%	% sobre el total
I	581	18.2	643	20.1	38.3
II	911	28.5	903	28.3	56.8
III	51	1.5	101	3.1	4.6

Es decir, que en la relación a 1778, el único efecto realmente sensible era el que había producido un trasvase —hablamos en términos proporcionales— de efectivos de la tercera edad a la primera, y dentro de cada una de ellas, del sexo masculino al femenino, lo que alterará por supuesto las relaciones de masculinidad.

En números absolutos, es interesante notar cómo los varones de tercera edad son menos que en 1778, lo cual provoca que también la suma de los sexos en dicha edad resulte más baja.

Nueva Orleans quedaba así encuadrada al final de este período en lo que durante los 15 primeros años de este estudio, habíamos denominado Grupo II, y que contenía a los núcleos con escalones de edad I evaluados entre 36% y 45% de la población total. En este mismo grupo, se hallaban también en 1788 otras poblaciones cuya evolución nos ha sido desconocida en estos anos. Éstas eran: las Costas del río desde la Valiza a la ciudad, Chapitoulas y San Bernardo, además de Natchez que había tenido un desarrollo relativamente regular, y Lafourche y Valenzuela afectadas por las inmigraciones que recibieron en distintos momentos.

Ya en el Grupo I, con más del 45% de población infantil, estaban, en un primer estadio Cabahanoce, que se había mantenido algo al margen del efecto de la inmigración; Punta Cortada tras un ligero «bache» en 1786, Natchitoches e Illinois que había modificado completamente su estructura desde 1779. En un segundo escalón, traspasando el límite del 50% de niños se hallaban Alemanes, con el máximo de la colonia en 58%, Iberville, Atacapas y Opelusas.

Referente a estos resultados, hay que tener finalmente en cuenta que hemos trabajado prácticamente durante todo este segundo período, con datos de tres grupos de edades. Esto implica, evidentemente, una imprecisión que, por otra parte, no podemos superar. Así las conclusiones obtenidas tienen un carácter general y podrían ser, lógicamente matizadas.

4. Composición por sexos

Utilizando el criterio de estudiar primero las poblaciones de nueva formación o incorporación al territorio, después las que, siendo establecimientos antiguos, hayan registrado una alta tasa de incremento, y por último las que fueron menos afectadas por las inmigraciones, iremos repasando los distintos establecimientos de la colonia hasta llegar a 1788, en que con las mismas reservas que hasta el momento hemos adoptado, será posible elaborar un cuadro conjunto para continuar tras él hasta el final del período.

Primeramente, de entre las poblaciones de canarios entre 1778 y 1783, tan sólo de algunos grupos, y con bastante imprecisión, puede darse una idea acerca del reparto de sexos.

En los restantes, o sólo se ofrece el sexo del cabeza de «menage», o sólo el de los individuos dependientes de él. En cualquier caso, el sector de población cuyo sexo nos es desconocido resulta lo suficientemente extenso, como para que haga imposible el estudio del fenómeno. Los grupos a que hemos aludido eran:

Relación de masculinidad

Grupos de edades	Nueva Iberia 1779	Galveztown 1779	Expedición 1779	Expedición 1783
I			102	
II-III			101	
Población total	164	115	102	103

El caso de Nueva Iberia, sin duda, es el menos representativo de todos, puesto que está hallado a base sólo de setenta y cuatro personas. En Galveztown hemos trabajado con datos relativos a meses después de haberse iniciado el período de mortalidad, y por otra parte, un sector importante de su población está incluido en lo que denominamos expedición de 1779, grupo numeroso, y, opinamos, representativo, que muestra un acentuado equilibrio, tanto en los dos grupos de edades, como en la relación absoluta. Lo mismo cabe decir de la otra expedición de 1783. Principalmente estos dos grupos parecen indicar que la composición por sexos de los nuevos establecimientos fundados con los canarios, se hallaría más compensada de lo que estaba, por regla general, en las demás poblaciones de la Provincia.

Tras ellos, veamos cuál era la situación en las poblaciones inglesas, de entre las que sólo Natchez, Pensacola y Baton Rouge, parcialmente, presentan la información de manera que se pueda distinguir por sexos sus habitantes.

Como ya sabemos no hay datos sobre el estado de estos núcleos hasta unos años después de ser conquistadas, cuando ya en algunas el efecto de la inmigración se había dejado sentir, concretamente la composición en estos años era la siguiente:

Relación de masculinidad

Grupos de edades	Natchez 1784	Pensacola 1784	Baton Rouge 1782
I	108	102	
II	140	157	
III	85	266	
Población total	121	135	113

Existe cierta similitud entre las dos primeras poblaciones por debajo de los cincuenta años. En edades infantiles la situación se puede considerar normal; no se puede decir otro tanto para la segunda edad, aunque los niveles alcanzados no eran extraños entre los que habíamos estudiado en los primeros quince años. Es decir, realmente son relaciones altas, pero frecuentes en el estado general de la colonia.

Aunque Natchez era un centro floreciente en muchos aspectos, y podría esperarse de su actividad económica y relativa diversidad social, una situación demográfica más equilibrada, ésta efectivamente, se alcanza en las edades I y III, pero no así entre los 15 y 49 años, donde su composición por sexos no difería de la de otras localidades, caracterizándose por una descompensación manifiesta. En Pensacola, no obstante, el índice por encima de los 50 años se situaba en 266, excesivamente alto pero debido por completo a que en su obtención sólo intervienen once personas.

Por la misma razón del corto número de individuos por edades, en Baton Rouge sólo presentamos el índice absoluto que veremos que puede considerarse como no muy alto; en Natchez y Pensacola resultan superiores a lo que considerábamos el máximo de los límites aceptables: 115. En Natchez el exceso era menor pero se producía de cualquier forma.

En años sucesivos, hasta 1788, a pesar de los fuertes incrementos producidos, estas composiciones, salvo alguna excepción, se modificaron sólo ligeramente:

Grupos de edades	Relación de masculinidad				
	Natchez 1786	Natchez 1788	Natchez 1788 (Miró)	Baton Rouge 1786	Baton Rouge 1788 (Miró)
I	108	111	108		88
II	133	139	159		119
III	92	90	241		400
Población total	118	125	136	148	113

En el caso de Natchez hay que comentar, en primer lugar, la inflexión del índice de la segunda edad en 1786, en el que puede tener cierta influencia el mayor o menor número de individuos solteros que, enrolados como tripulación en barcos chatos que descendían el río desde el Ohío a vender productos, permanecían en el establecimiento [96].

---

[96] Este fenómeno fue citado en el apartado dedicado al volumen de las poblaciones y remitimos a nuestros comentarios allí.

En segundo lugar es necesario resaltar la diferencia apreciable, sobre todo por encima de los 15 años, entre los datos de Miró —que sabemos que declaró una población superior a la real— y los del censo del Puesto, fechado y firmado por su Comandante, por lo que a nosotros no nos ofrece dudas por su preferencia.

En conjunto, para 1786 y 1788 en Natchez, salvo la elevación del índice de la segunda edad, la situación era bastante «normal» al contrario que en Baton Rouge donde, a excepción de la relación absoluta en 1788, las irregularidades eran marcadas.

Siempre según el Resumen de Miró, en 1788, la situación en otros antiguos núcleos, ingleses era:

Grupos de edades	Relación de masculinidad		
	Manchac	Mobila	Pensacola
I		132	
II		138	
III		142	
Población total	121	136	132

Los exiguos volúmenes de Manchac y Pensacola aconsejan no ofrecer el detalle por edades, pero su relación absoluta al igual que todas las de Mobila, se hallaban sobre los 115 que puede estimarse como máximo normal.

En líneas generales no podemos decir que en estos centros, de composición predominantemente anglosajón, se distingue un tipo diferente de reparto al de otras poblaciones. Incluso no parece que exista entre ellos una regularidad marcada, siendo Natchez el que tanto detalladamente (hay que hacer la excepción una vez más de la edad II, pero hay también que valorar ciertamente el que en la III el índice baje de los 100, con lo que ello implica de ortodoxo) como en absoluto, presenta unas características más próximas a la normalidad. ¿Razones? En primer lugar, se trata de la población más numerosa, y eso reduce las posibilidades de alteraciones por la ley de los pequeños números. En segundo término, las ya comentadas más arriba, de su nivel económico y diversificación social. Evidentemente es una relación de fenómenos que no tiene que producirse necesariamente, pero que en este caso parece tener lugar.

En otros núcleos, creemos que principalmente su bajo volumen, aunque otro tipo de circunstancias no evidentes pudieran influir, debió determinar los desequilibrios que muestran los datos.

Por otra parte, sin embargo, tenemos los casos de San Luis y Sta. Genoveva de Illinois, que registraron un descenso detectado por nosotros desde 1775, de un —21.8‰ conjuntamente, y en 1779 seguían manteniendo —a pesar de ello— sus estructuras desequilibradas que habíamos visto que les eran propias durante el primer período, sobre todo entre los 15 y los 49 años:

Grupos de edades	Relación de masculinidad	
	San Luis	Sta. Genoveva
I	109	118
II	245	180
III	66	433
Población total	174	164

San Luis aún mantenía 109 en la primera edad y 66 en la tercera que pueden ser considerados índices aceptables. Sin embargo, Sta. Genoveva escapaba en todas las edades a la normalidad y como ha ocurrido en otras ocasiones, con la información de que disponemos, algunos datos son inexplicables, como el 118 en los niños.

Globalmente destacan los índices generales en ambos casos que son muy altos, y en este segundo período más que los de cualquier otro núcleo.

A pesar de que ya se había entrado en una fase de depresión en el comercio indio en Illinois, la orientación económica de la zona parece que seguía estando determinada por actividades relacionadas con la «treta», la pesca y la marinería [97], y esto continuaba condicionando la composición de la población por sexos en la segunda y tercera edades, a pesar de que en San Luis aparecía 66 en el último escalón.

Hasta 1788 no existen datos detallados para la población de Illinois [98] que diferencien por sexos y edades y para entonces se refieren a las «Poblaciones de Illinoa» presentando los siguientes índices de relación:

---

[97] Ver Relaciones de Compañías de Milicias de San Luis y Santa Genoveva de 1779, AGI. Papeles de Cuba 213.

[98] Los datos utilizados por J. Viles en «Population and extent of settlement...», op. cit., no especifican sexos ni edades.

| | Relación de masculinidad | |
Grupos de edades	1788	1779
I	121	114
II	148	214
III	171	171
Población total	148	170

No es factible una comparación directa entre los datos de las dos fechas, puesto que es muy probable que los de 1788 engloben una parte de población ajena a los núcleos de San Luis y Sta. Genoveva, quizás situada en la localización de la futura Nuevo Madrid o Villa Carondelet.

De cualquier forma, suponiendo una cierta validez a los datos de Miró y teniendo en cuenta que hablamos refiriéndonos al conjunto de la región de Illinois, se advierten dos cambios notables en los tres grupos de edades observados. El primero entre los niños, con un aumento del índice a 121 sin que podamos encontrar una razón válida. En 1779 ya Sta. Genoveva presentaba 118 que quedaba compensado con el 109 de San Luis, para dar ese 114 general. En 1788 por tanto hay que suponer la existencia de un índice superior al 121, que aparece para el total de la región, de alguna de sus poblaciones componentes más importantes, posiblemente Sta. Genoveva.

El segundo hecho es el del descenso experimentado en la segunda edad desde 214 a 141, que puede ser debido bien a una alta mortalidad masculina o, más probablemente, a una inmigración con mayor número de mujeres.

Teniendo en cuenta que la tasa de crecimiento del área en estos años fue superior al 60‰, no resulta arriesgado afirmar que probablemente fue la inmigración el factor que más pesó en la citada variación. El resultado, como consecuencia, es el descenso del índice absoluto a 148 que, a pesar de seguir siendo muy alto, resultaba algo menos espectacular que el 170 de 1779.

Otro núcleo de población con origen en la era francesa, Natchitoches, con un incremento medio anual inferior al que acabamos de ver, sólo el 21.3‰, no modificó excesivamente su composición por sexo durante los años ochenta.

Si consideramos sus relaciones de masculinidad por tres grupos de edades en 1787 que eran las siguientes,

Grupos de edades	*Relac. mascul.* [99]
I	111
II	149
III	234
Población total	146

notaremos que las diferencias registradas en relación a los mismos índices en 1770 son verdaderamente poco destacables, excepto en el caso de los niños en que la relación ha tendido a aumentar hasta situarse en 119, desde 104, haciendo elevarse también la relación total desde 128 a 146. El análisis en detalle de la curva de relación de masculinidad por grupos de cinco años, Gráfico 2.4.A, presenta un caso bastante frecuente entre las poblaciones del primer período en las que tuvimos ocasión de hacer el mismo tipo de estudio, es decir, unos índices con relativos altibajos pero próximos a la normalidad en edades bajas, concretamente hasta los treinta años, para después comenzar un crecimiento muy fuerte en edades adultas y ancianas.

Los datos del Resumen de Miró pueden ser difícilmente comparados con los que estamos viendo, a causa de la diferencia en los totales de población de estos dos documentos, de cualquier forma ofreceremos los índices que se desprenden del primero para observar si existen puntos de coincidencia.

1788

Grupos de edades	*Relac. mascul.*
I	124
II	180
III	142
Población total	150

Y vemos que dichos puntos aparecen sobre todo en la edad I, aunque aquí se alcanza un 124 fuera de lo normal, y en el índice absoluto. Sin embargo en adultos y ancianos las variaciones son notables confirmando el que estemos tratando con volúmenes de población diferente.

---

[99] Hay que advertir que en los índices por grupos de edades han quedado excluidos 20 varones y 11 hembras en edad indeterminada, así como 7 individuos con sexo desconocido. En el índice absoluto sólo no han intervenido estas 7 personas.

En resumen hemos observado una población con características similares a las de Illinois, que nos hace considerarlas como pertenecientes a un mismo grupo entre las distintas modalidades de comportamiento que, en conjunto, estudiemos.

Las Costas de Alemanes, Parroquias de San Carlos y San Juan Bautista, guiándonos por el ejemplo de la segunda en 1784, con un ritmo de crecimiento mantenido a base, probablemente, de su movimiento natural, no habían modificado apenas el reparto por sexo de sus individuos, por tres grupos de edades, que aparecía así:

Grupos de edades	Relac. mascul.
I	100
II	111
III	141
Población total	109

Las relaciones, salvo en el caso de la tercera edad en que, de cualquier forma, la proporción era mucho más baja que en 1777, podían aceptarse como muy semejantes a las que presentaría un índice «tipo», y contrastan visiblemente con las de las poblaciones estudiadas anteriormente, siendo necesario acudir de nuevo a la idea de la diferente orientación de sus economías para explicar la existencia de ambos casos.

Ratificando estas observaciones, en 1788 el Resumen de Miró presentaba para las dos Parroquias conjuntamente los siguientes valores:

Grupos de edades	Relac. mascul.
I	105
II	115
III	113
Población total	109

Los ligerísimos aumentos en los dos primeros escalones quedaban compensados crecidamente con la normalización del tercero, de forma que Alemanes pasaba a engrosar el grupo de poblaciones regulares en el reparto por sexos, donde ya teníamos al contingente de canarios antes estudiado.

Por otra parte, un descenso notable, como el sufrido por Punta Cortada del —39.8‰ entre 1777 y 1786, sí fue acompañado, al contrario que en Illinois, de una sustancial modificación en su reparto por sexos de un año a otro. Aunque su índice de relación absoluto continuaba siendo 109, por grupos de edades los índices eran:

Grupos de edades	Relac. mascul.
I	128
II	77
III	269
Población total	109

Sin embargo, dos años después, según el Resumen de Miró, estos niveles habían tendido a normalizarse, salvo el de la edad III que continuaba cerca de 200, volviendo a parecerse mucho al estado en que se hallaba en 1777.

Grupos de edades	Relac. mascul.
I	99
II	106
III	181
Población total	106

Las modificaciones habidas en dos años podríamos calificarlos de imposibles y son sólo explicadas por el 87‰ de incremento anual en el total de habitantes que, por otra parte, en otro lugar ya pusimos en duda.

En 1786 destaca el índice de edades infantiles, 128, excesivamente alto, aunque no es la primera vez que aparece este tipo de irregularidad. Sin embargo, consideramos mucho más importante la relación de 77 entre 15 y 49 años, que sí resulta un signo completamente insólito hasta el momento.

Ya en el estudio de los volúmenes destacaba el hecho de que Punta Cortada fuese una de las pocas localidades de la colonia que en su movimiento real registró un descenso, e hicimos alusión a algunos datos que confirmaban y explicaban, a un tiempo, este fenómeno. No es posible determinar si los problemas bélicos y económicos se produjeron antes que dichas disminución, o en otras palabras, qué tipo de relaciones existió entre ambos acontecimientos, pero el hecho de que sea el grupo de varones en edad de formar milicia hace pensar si tal pérdida no estaría determinada por las intervenciones militares en el conflicto bélico.

El otro gran contingente incorporado en bloque en la colonia durante la década de 1780 es el de los acadianos. Los primeros llegados hacia 1779 no están controlados, como sabemos, pero sí lo están los de 1785, y su reparto por sexos, aunque por dos grupos de edades separados por el límite de los 15 años, era el siguiente:

Grupos de edades	Relac. mascul.
I	108
II	111
III	111
Población total	109

Aún sin poder precisar con exactitud, es claro, estos 1.500 individuos no contribuyeron, al menos en gran medida, a hacer mayor la diferencia existente numéricamente entre los dos sexos. En general las proporciones mantenidas dentro del grupo eran equilibradas y debieron contribuir a normalizar, en parte, las de aquellas poblaciones a que fueron destinados.

Y estas poblaciones fueron, en su mayoría los núcleos acadianos ya existentes en la Baja Luisiana, y para los cuales, verdaderamente escasean las noticias a lo largo de este segundo período. Se trataba de Cabahanoce (Parroquia St. Jacques), Lafourche (Parroquia Ascensión), Valenzuela e Iberville. La primera y las dos últimas presentaban en 1788 la siguiente situación:

Grupos de edades	Relación de masculinidad		
	Cabahanoce	Valenzuela	Iberville
I	82	104	99
II	118	97	120
III	128	266	193
Población total	100	101	112

En primer lugar creemos importante señalar la regularidad y moderación de los índices generales de las tres poblaciones, de las que sólo Iberville destaca algo, sin llegar a ser excesivo.

Por edades Cabahanoce, el núcleo, probablemente, en su mayoría más antiguo por lo que quizás cupiese esperar una mayor normalización en su estado, destaca, sin embargo, con 82 en edades infantiles, muy bajo, frente a los índices más normales de los otros dos puestos. Entre 15 y 49 es Valenzuela la que baja de 100, aunque los tres núcleos se hallan dentro de límites aceptables casi objetivamente; y, por último, sobre los 50 años en los tres casos aparecen las relaciones más elevadas, aunque de forma irregular, llegando a sobrepasar Valenzuela los 250. En conjunto, salvo en la edad III se trataba de poblaciones relativamente equilibradas, desde luego algo más de lo que parecía Lafourche, a pesar de que, según consta en el «Estado de Familias e individuos (...) que de orden de S. M. se embarcaron en Nantes...» citado en la Relación de Censos, el mayor número de los acadianos llegados en 1785, con relaciones de masculinidad casi normales, fueron destinados a dicho establecimiento. Los censos de 1787 y 1788 daban las siguientes relaciones en tres grupos de edades:

Grupos de edades	Relación de masculinidad	
	1787	1788
I	114	130
II	105	107
III	135	148
Población total	110	117

Salvo en la edad II, en líneas generales eran índices más altos que los anteriores y en detalle por grupos de edad de cinco años aparecían como en los gráficos 2.4.B y C. Se observa en ambos casos una mayor regularidad entre 0 y 15 años, aunque en niveles altos, que entre 15 y 50, con fuertes alteraciones, a pesar de que el resultado medio, como vimos resultase normal. Ello nos pone de manifiesto, una vez más, la relatividad de estos índices por tres bloques de edades que manejamos, al tiempo que nos hace aparecer este caso, como típico dentro de poblaciones acadianas a que nos referíamos.

Otros dos centros de formación predominantemente acadianas como Opelusas y Atacapas tampoco pueden ser estudiados en cierto detalle hasta 1788. Ya vimos las dificultades planteadas por los censos de 1785, de los que sólo se puede extraer la relación de masculinidad absoluta que era para Opelusas de 125 y para Atacapas de 115.

En 1788, el primero por un censo local, y el segundo según el Resumen de Miró, daban los siguientes datos:

Grupos de edades	Relación de masculinidad	
	Opelusas	Atacapas
I	91	106
II	⎱ 168	119
III	⎰	152
Población total	124	113

Es de señalar la similitud de estas relaciones absolutas con las de 1785, y, en segundo término, una cierta semejanza con los núcleos de Cabahanoce, Valenzuela e Iberville —si acaso Opelusas elevaba demasiado la relación en las edades II-III—, que permitía agrupar a todas estas poblaciones bajo unas características comunes.

Sobre una larga lista de poblaciones, las noticias durante este segundo período que estamos estudiando son completamente inexistentes hasta el año 1788 —como ya se sabe— [100].

Estas poblaciones sin noticias las estudiaremos, como venimos haciendo hasta ahora, por zonas, y así en primer lugar tenemos a la zona del río comprendida entre la Valiza y la ciudad, a San Juan del Bayou y Gentilly y Chapitoulas, que tenían las siguientes relaciones de masculinidad:

Grupos de edades	Relación de masculinidad		
	Riberas del río	San Juan B. Gent.	Chapitoulas
I	90	181	102
II	84	146	144
III	238	50	147
Población total	99	135	127

En San Juan del Bayou y Gentilly el bajo volumen de su población hace imposible valorar los índices, por lo que pasamos sobre este núcleo sin dedicarle más comentarios.

En las Riberas es de destacar la abundancia de mujeres hasta los 49 años, siendo notable ese 84 que, tras Punta Cortada en 1786 (77), es el índice más bajo logrado en este segundo período en la

---

[100] Aunque ya lo dijimos al hablar del tamaño de los pueblos, no importa recordar que, según el censo de Miró, esas poblaciones suponían el 28% de los habitantes de la colonia, lo que quiere decir que para el otro 72%, al menos una vez, existe alguna referencia en el período que estudiamos.

segunda edad. Sin embargo, por encima de los 50 años, esta población que tenía un 14% de individuos ancianos, una de las tasas más altas en la Provincia, se situaba en 238, consiguiendo un cuadro de relaciones por edades completamente anormal y desequilibrado —a pesar de que el índice general sea 99—, en el extremo opuesto, podríamos decir que las poblaciones de Illinois.

¿Cómo se logró esto? ¿Qué variaciones hubo desde 1777? Chapitoulas, zona de plantaciones al norte de la ciudad, que había visto incrementara su población a un ritmo medio de un 105.8‰ al año, tenía, con 1.476 habitantes libres (6.9% de la colonia) unos índices, dentro de la tónica general, relativamente normales. Eran reseñables ciertas subidas en la segunda y tercera edad que —insistimos— resultan normales ya en la Provincia, siendo su índice global 127, relativamente alto, pero logrado a base de una mayor regularidad, por edades.

En resumen, no podemos afirmar que mantengan relaciones similares estas poblaciones cercanas a la capital, en 1788, como tampoco mostraban mismas características en sus estructuras de edades.

En último lugar hemos querido presentar la población de Nueva Orleans, como centro urbano que puede tener características completamente diferentes a las de la población rural localizada en los restantes Puestos estudiados hasta ahora.

¿Existe alguna relación obligada entre un tipo determinado de habitat —rural o urbano— y cierta composición o cierto modo estructural de población? Tradicionalmente se acepta para poblaciones rurales unos rasgos que pueden ser distintos de los de las urbanas como: mayor natalidad y, más baja mortalidad como consecuencia sobre todo de unas condiciones higiénicas menos malas que en las urbes. Alguna de estas características, muy a grandes rasgos, las hemos visto cumplirse en el caso de Nueva Orleans. Sin embargo, nada hay o parece que deba darse sobre la estructura por sexo de estas poblaciones. Y, sin embargo, en Luisiana, sí parecen estarse cumpliendo ciertas características que diferencian claramente, en este punto los dos tipos de poblaciones.

Concretamente Nueva Orleans —lo vimos en el primer período— tiene una regularidad y «normalidad» mucho mayor que el resto de las poblaciones rurales en las relaciones de masculinidad por edades. Sería muy ilustrativo un análisis sociológico que pudiera arrojar luz sobre este tema que parece cumplirse sistemáticamente en Luisiana.

En efecto, para 1778 los dos documentos que nos dan el estado de la población de la capital presenta el siguiente cuadro de relaciones de masculinidad por tres grupos de edades:

Grupos de edades	Relación de masculinidad	
	Estadillo	Censo
I	96	101
II	99	98
III	110	111
Población total	99	100

Es notable la gran similitud existente entre ambos (a pesar de la diferencia en el número total de habitantes), similitud que también había aparecido en el caso del estudio de las edades, lo que equivale casi a una garantía de la certitud de los datos, estructuralmente observados. En otro sentido, sin llegar a presentar un tipo de relaciones «ideal», sí muestran, como decíamos, una gran regularidad, sin grandes distorsiones, y muy próxima a la curva «tipo». Ello debe interpretarse en el sentido de un comportamiento poblacional mucho más equilibrado en este caso que en los demás, aunque hay que tomar en consideración, desde luego, la posibilidad de la influencia del hecho de que estemos trabajando con la población más numerosa de la colonia, la cual aleje el peligro de las alteraciones producidas por las operaciones con pequeños números. No obstante esta posibilidad sólo es menor, ya que en otras ocasiones, como en Illinois en 1788, ya hemos operado con volúmenes relativamente altos, similares al presente en los que sí han surgido fuertes contrastes en sus composiciones.

Tras diez años de intervalo, en los que registramos para Nueva Orleans un incremento ciertamente destacado por oposición al observado en el primer período, los índices de relación de masculinidad habidos se mantenían, sensiblemente similares, con la sola excepción de un ligero descenso en la primera edad, y otro algo más acentuado en la tercera, este último tendiendo a asemejarse aún más a la curva «ideal» de masculinidad en las poblaciones. En suma los índices eran:

Grupos de edades	Relac. mascul.
I	90
II	100
III	50
Población total	96

En efecto entre los 0 y 15 años, 90 es una relación baja con respecto a 103 que podría considerarse ideal, aunque en los adultos y ancianos las proporciones son aceptables como normales y el índice general se coloca en un punto muy similar al existente diez años antes.

Por la tasa de incremento registrada es obvio que la inmigración desempeñó durante estos años un papel primordial en la evolución de la población, y lo que parece evidente es que su composición no debió ser muy desequilibrada, puesto que la situación que estudiamos se asemejaba a la del punto de partida.

En la Provincia como conjunto continuaban dominando, en líneas generales, las relaciones de masculinidad altas salvo en localidades como Nueva Orleans que, como hemos visto, era posiblemente la más normal en este sentido. Alemanes y algunos grupos de edades en ciertos núcleos de acadianos. Por lo demás las irregularidades seguían siendo comunes, con la tendencia ya conocida de aumento de índices en edades II y III.

5. COMPOSICIÓN POR SEXO, EDAD Y ESTADO CIVIL

No existen muchos censos en este período que permiten dibujar un cuadro, ni siquiera aproximado, de lo que fue la evolución de este factor, si lo comparamos con los años 1763 a 1777, y de entre los escasos ejemplos de que disponemos, es necesario hacer notar que algunos de ellos se refieren a poblaciones de tan pequeño volumen, que creemos que su estudio no llegará a ser revelador de casos representativos.

Así pues, nos veremos obligados a detenernos esporádicamente en estos ejemplos, demasiado aislados, que intentaremos relacionar, en lo posible, con las líneas trazadas para este punto en los años anteriores.

En primer término, como una muestra de lo que era la estructura por estado civil entre las poblaciones de inmigrantes canarios, ofrecemos a continuación los casos de Nueva Iberia, donde, como sabemos, entre las 74 personas que formaban el establecimiento había algunos franceses, Galveztown, ambos en 1779, y el grupo de inmigrantes de 1783, en conjunto, antes de ser dividido y dirigido a sus destinos. (Ver cuadro 2.5.A).

A pesar de lo mínimo de su tamaño, hemos creído interesante, presentar los datos de Nueva Iberia porque van a ratificar los de las otras dos poblaciones siguientes, en el punto del porcentaje de personas casadas entre las adultas y ancianas, que, como se observa alcanzaba justamente el 60%, límite establecido en el primer período para determinar el Grupo I de poblaciones caracterizadas por este rasgo. Sin detenernos más, puesto que conclusiones detalladas sería imposible extraer de tan bajos contingentes, nos fijamos en la situación de Galveztown, donde el mismo esquema vuelve a repetirse pero con líneas mucho más acentuadas. (Ver cuadro 2.5.B).

Nótese que los porcentajes de casados, tanto a nivel general de la población adulta como individualmente por sexos, son absolutamente mayoritarios, no bajando en ningún caso del 70%, lo que constituye el caso extremo, en este tipo de poblaciones, de los estudiados hasta el momento. Es curioso comprobar, al contrario de lo que habíamos visto que ocurría en el primer período, e incluso en Nueva Iberia como ejemplo más próximo, cómo manteniendo una tasa de masculinidad por encima de los 15 años de 126, en la columna general de solteros, la participación femenina es del 65% contra sólo un 35% de varones, aunque esta distancia podría verse disminuida con el reparto de los hombres con estado civil desconocido que son el 10.3% en su sexo. Por el contrario entre los viudos, al revés de lo que pudiera esperarse lógicamente, son los varones los que aportan el 72.2% del total. Junto a la proporción tan alta de casados, Galveztown presentaba como se ve, antes de ser completamente diezmada por las enfermedades, algunos rasgos radicalmente distintos a los que encontramos en otros núcleos del tipo I.

Al no ser posible analizar la situación por grupos de edades, pasamos al caso de los inmigrados de 1783, cuyos datos son mucho más pobres e imprecisos aún que los anteriores, ya que en primer lugar se refieren al total de la población, no sólo a los adultos, siendo imposible distinguir por edades, y en segundo término el número de viudos es un mínimo, pudiendo ocurrir que en realidad fuese ligeramente superior, dado que el único estado que específicamente se hace constar es el casado. Ello hace, consecuentemente, que el número de solteros también sea provisional aunque nosotros lo demos como real. (Ver cuadro 2.5.C).

Disponemos, por tanto de la cifra de 38.5% de casados entre el total de la población, y para su valoración aproximada recurriremos a las equivalentes para dicho concepto en otras poblaciones que hayan sido clasificadas dentro del Grupo I. Así, por ejemplo:

	% casados sobre total	% casados sobre adultos
Punta Cortada 1766	34.4	67.4
Opelusas 1771	36.6	61.1
Iberville 1772	42.3	64.6
St. Jacques Ascensión 1777	34.4	67.2

Lógicamente, al hallar estos porcentajes sobre el total de las poblaciones, las diferencias que representan los niños entre 0 y 14 años al intervenir en las operaciones, hacen que los resultados sean menos precisos que utilizando únicamente los individuos adultos. A pesar de todo, queda claro que el índice de los canarios hace suponer que sobre la población adulta probablemente se transformaría en más del 60%, y por tanto quedaría incluida esta población en el ya referido I Grupo.

Los tres ejemplos que llevamos vistos, pues, nos presentan a unos inmigrantes con una proporción altísima de matrimonios que, sin embargo, no encuentran una correlación clara, hasta donde nosotros hemos podido observar, en el tamaño de las poblaciones infantiles.

Incluido en el mismo grupo I junto con los canarios, y en esta ocasión sí existe como veíamos lógico una correspondencia entre volumen de población infantil y estructura de estado civil, tenemos a la población de la Parroquia de San Juan Bautista en Alemanes, que aunque es sólo una mitad del establecimiento, es perfectamente representativo del mismo, dada la gran semejanza existente entre las dos Parroquias. (Ver cuadro 2.5.D).

Efectivamente, podemos comprobar en los datos del cuadro que la columna de casados domina absolutamente con 68.8% el estado general de la población adulta, quedando sólo 15.2% de solteros y 10.—% de viudos. Con estado civil desconocido un 5.8% no basta, evidentemente, para cambiar sustancialmente la composición. Cada grupo, por separado, se comporta de forma normal, si recordamos que la relación de masculinidad entre estos adultos y ancianos era 123: los varones predominan sobre las hembras entre los solteros y es lo contrario en el caso de los viudos.

Por sexos, el reparto se asemeja al de otras poblaciones de mismo tipo, si bien cabe destacar, motivado por el alto número de matrimonios, el 7.9% de mujeres solteras únicamente.

Por edades, aunque sólo conocemos los totales de los dos escalones de segunda y tercera edad, se adivina un reparto racional sobre todo en las columnas de viudos, al contrario que en otros grupos, y aquí es sobre los 50 años donde se registra el mayor número de aquéllos.

En suma, un caso que podemos calificar de perfectamente típico, en consonancia perfecta con el resto de estructuras de esta población que en otros lugares hemos analizado. Similares rasgos a los que hemos visto en Alemanes tenía en 1766 Punta Cortada, el primer caso que expusimos del Grupo I, y que veinte años más tarde resulta haber variado decisivamente su composición por estado civil como también otros de sus factores, tal como nos muestra el cuadro 2.5.E.

Sin efectivos en la columna de desconocidos y con sólo 6.—% en la de viudos, la casi totalidad de individuos se reparte entre casados y solteros con 55.2% y 38.8% respectivamente. Es decir que se sitúa esta población en lo que hemos denominado Grupo II de poblaciones, por estos índices.

Con una relación de masculinidad baja como ya hemos visto, 96 para adultos y ancianos, la participación de solteros varones, sin embargo, es mayor que la de mujeres, pero en la columna de viudos son estas últimas las que aportan el 86.6%. Comparativamente por sexos, las proporciones son similares, aunque lógicamente el % de las viudas es más alto, que el de los varones. Y por último, a pesar de que sólo tenemos clasificación por grandes bloques de edades, es importante destacar el hecho de que las mujeres casadas, sobre todo, y también las viudas se concentran, en el primer caso de forma absoluta entre los 15 y 49 años, al contrario por ejemplo de lo que habíamos visto que ocurría con Alemanes. Aunque sería interesante poder analizar más detalladamente la columna de viudas por edades, de cualquier forma puede ser ilustrador el hecho de la coincidencia de una mayoría de viudas en la segunda edad, junto a la baja relación de masculinidad, lo que podría interpretarse como la existencia de una cierta mortalidad de varones adultos en los años anteriores —por causas desconocidas, quizás la guerra—, que habría contribuido a provocar el descenso en la relación entre sexos. También cabría preguntarse, por la posibilidad de un descenso en la tasa de nupcialidad, quizás provocado por una serie prolongada de problemas económicos que habrían dado lugar al cambio registrado.

Perteneciente al mismo tipo de población, aunque con ciertas peculiaridades que la hacen un poco diferente, motivadas principalmente por el mismo hecho de la relación de masculinidad que ahora adquiere el valor de 163 para la población por encima de los 15 años, es Natchitoches en 1787, cuyos datos se encuentran en el cuadro 2.5.F.

En primer lugar, notemos que ya los casados han bajado hasta el 50%, los solteros rodean el tercio de la población observada, los viudos mantienen un % bajo —5.7%—, y son los individuos con estado civil desconocido, causa de las especiales condiciones en que este censo presenta la información, los que alcanzan prácticamente el 12%. La absoluta mayoría de esta cantidad son varones, que lógicamente irían a engrosar la participación de este sexo en las columnas de solteros y viudos, en las que ya representan más de los 2/3 de las mismas. Como puede verse, por tanto, el 163 de relación de masculinidad se hace notar.

Por sexos, la abundancia de varones hace que las diferencias entre solteros y casados no sean grandes, y destaca como ya hemos dicho la columna de desconocidos con un 18.8%. En el caso de las hembras la situación no presenta ningún punto destacable si no es que quizás las solteras se mantienen durante los diferentes grupos de edades más de lo que cupiese esperar.

También en el mismo Grupo II con Natchitoches y Punta Cortada, aunque más cerca aún que este último del Grupo I, se encontraba la población de Lafourche para donde disponemos de dos censos en 1787 y 1788, cuyos cuadros se presentan en los números 2.5.G y 2.5.H.

En el primero de los dos realmente tenemos poco que comentar pues sus rasgos podemos calificarlos como de normales tras anotar que el % de casados se encuentra en 57.9%, que la existencia de 5.6% en Desconocidos en general, y que casi un 9% en viudos hace reducirse a sólo 27.5% la columna de solteros. En esta última predominan los varones sobre las hembras —la relación de masculinidad es de 109—, al revés que en los viudos lo cual es completamente natural.

En 1788, se pueden notar algunos cambios en realidad apenas perceptibles, manifestados en un descenso en todas las columnas de casados y viudos, tanto generales como por sexos, excepto en la de viudos de hombres. Este descenso aunque muy ligero —en realidad no cabría esperar cambios más bruscos en sólo un año de diferencia—, fue acompañado, como sabemos, de otro en el volumen total del grupo evaluado en —39.8‰.

Es curioso constatar el hecho, repetido en Punta Cortada y ahora en Lafourche, de la coincidencia en un descenso del volumen y en el % de casados. Sin disponer por el momento de datos más seguros que ratifiquen los hechos nos limitamos a exponerlos y a emitir la hipótesis que, por otra parte parece muy lógica, de una recesión matrimonial ante dificultades económicas principalmente. Para Lafourche como para los demás establecimientos acadianos, sabemos que los años que siguieron a 1786 fueron especialmente malos.

No hemos podido observar algunos de los establecimientos que tuvimos ocasión de estudiar en el primer período, tales como Opelusas, Atacapas o Iberville, que nos hubieran permitido establecer las líneas evolutivas de estas poblaciones durante estos años. Por el contrario hemos analizado otros establecimientos por primera vez, como Natchitoches y Alemanes, con lo cual, de todas formas, el cuadro de los distintos tipos de población existentes en la colonia se enriquece y permitiendo ponerlo en relación con las demás estructuras observadas.

No sabemos por tanto cuál habrá sido el camino seguido por aquellos núcleos que a final del período primero tendieron a aumentar su población casada. En los que hemos visto ahora, excepto el caso de Alemanes que, ya lo hemos dicho, parece que constituye un ejemplo completamente típico y claro en sus rasgos, los demás núcleos, aún mostrando algunos de ellos ciertas particularidades, se han encuadrado todos en el llamado Grupo II respondiendo a unas líneas estructurales relativamente semejantes.

De las poblaciones inglesas conquistadas en la guerra de 1781 sólo podemos presentar dos censos de Baton Rouge, pertenecientes a 1782 y 1786, que por su exiguo tamaño lo único que haremos será presentar los datos y resaltar los rasgos más generales, para aproximarlos al tipo de poblaciones que más se asemejen. (Ver cuadro 2.5.I).

En 1786 la situación, con 82 personas de población total y sólo 60 individuos observados, sin embargo no se notan excesivas oscilaciones que pudieran estar provisadas por el corto número y sólo diremos que, muy parecido al de 1782, los casados se siguen manteniendo en 50%; con 45% los solteros, donde predominan los varones, y 5% los viudos (tres individuos, dos de los cuales son hombres también).

6. ESTUDIO DE LA FERTILIDAD

Si para los primeros quince años de este estudio existía un número relativamente abundante de censos del tipo A, que posibilitaban el análisis de la fertilidad en las poblaciones correspondientes sin necesidad de aplicar en ellos el coeficiente 2.4 referido en el apartado de Metodología, en el período que nos ocupa ahora, la situación es bien distinta y sólo en cuatro casos, uno de los cuales es Nueva Iberia en 1779, con menos de 100 personas, sabemos con seguridad que los índices que obtenemos son exactos. En los demás restantes, que son la absoluta mayoría, al aplicar el citado coeficiente, se nos presenta el problema de los márgenes posibles de error que tal aplicación conlleva. Ello quiere decir que las conclusiones a las que lleguemos tras estudiar los datos del cuadro 2.6.A, serán definitivas y absolutas sólo en la medida en que lo permitan los márgenes a que aludimos que, por otra parte, como ya habíamos visto, no eran excesivamente elevados.

Teniendo en cuenta esta posibilidad, aunque mínima, de error en las tasas de fertilidad observadas, en esta ocasión nuestro interés en general va a desviarse del análisis dinámico de las mismas, salvo en algunos casos en los que la evolución resulta evidente, para dedicarnos a ver qué poblaciones se agrupan bajo características similares. Al mismo tiempo, cuando sea posible, ofreceremos los cuadros de número medio de hijos vivos por edades de las madres, datos también escasos y no siempre completos.

Refiriéndonos a las tasas de fertilidad, nos centramos primeramente en un conjunto de establecimientos que presentan índices superiores a 1.000, destacando entre todos ellos Alemanes que, en 1784, sobre la base de una de las dos Parroquias que componían el Puesto solamente, arrojaba la cifra de 1.925 que resulta auténticamente espectacular. Aunque está hallada aplicando el coeficiente 2.4 y sería posible que en realidad fuese algo más baja, no debemos olvidar el hecho de que el porcentaje de población infantil se elevaba en este núcleo al 58.2% de la población total, y que las mujeres entre 15 y 49 años sólo representaban el 12.6%, es decir que sobre la base de este extremadamente joven reparto por edades, el índice de fertilidad no es más que una consecuencia y es perfectamente posible que alcanzase el nivel indicado que refleja el gran poder procreador de este grupo. En 1788 la tasa descendía a 1.358, ya contando con las dos Parroquias del Puesto, hallándose aún por encima de todos los demás establecimientos que veremos.

En orden descendente tenemos Opelusas que en 1788 daba 1.283, habiendo superado la barrera de 1.000 en 1777 y manteniéndose a pesar de las sensibles variaciones que había experimentado en el volumen.

Iberville, 1.195, e Illinois, 1.166 habían ascendido desde el nivel de 800 en 1777 y 1775 respectivamente, y tras ellos se situaban Natchez en 1784 con 1.091, siendo éste uno de los casos a que nos referíamos anteriormente en que es posible detectar una evolución descendente hasta 1788 provocada por la disminución del porcentaje de niños; Natchitoches también en 1788 con 1.045, aunque ya estudiamos la diferencia de los datos referidos a Natchitoches para 1787 y 1788 que nos hacía dudar del valor de los de este último año proporcionados por el Resumen General... de Miró; y por último, Atacapas en 1788 con una altura una vez más similar a la de Opelusas aunque ligeramente inferior.

Éste era, pues, el grupo de poblaciones con más de 1.000 de tasa de fertilidad entre 1777 y 1788 a través de los datos disponibles. En realidad se trata de un conjunto muy diverso, con orígenes diferentes. Así existen, por una parte, Puestos de procedencia francesa, y dentro de ello con características socioeconómicas distintas como eran Illinois, Natchitoches y Alemanes; de otro lado están algunos núcleos de acadianos como Iberville, Atacapas y Opelusas, dándose la circunstancia de que en los dos últimos se había detectado la incidencia de la ola espansiva de la nueva nación independiente americana; y por último también está el caso de Natchez en 1784, antigua población inglesa.

En otro sentido, el camino seguido por estas poblaciones hasta lograr las tasas manifestadas variaba de una a otras. En efecto, en tanto que Alemanes parecía haberse movido al ritmo marcado únicamente por su movimiento natural, Atacapas o Illinois, por ejemplo acusaban ritmos de incremento medio al año suficientemente altos, como para poder afirmar que era el flujo de inmigrantes el que había influido decisivamente en lograr dichas tasas.

En lo tocante al tema del número de hijos vivos por edades de las madres, nos hallamos con el mismo problema de la escasez de datos, pero más acentuado si cabe, y concretamente por lo que respecta al grupo que acabamos de ver, tan sólo es posible precisar que en Alemanes la media total, no por grupos quinquenales de edad, de hijos por cada madre entre 15 y 49 años era de 2.96 en 1784. Obviamente, esta cifra no parecía corresponder con la tasa de fertilidad a que nos hemos referido para la misma población y año que era de 1.925, y la explicación se encuentra en el alto porcentaje de mujeres casadas existentes entre las mismas edades que se elevaba a más del 75.—% de los elementos de su sexo. Como se puede ver este dato no es suficiente y, además, con la peculiaridad citada no es válido para hacer un análisis de la cuestión en estas poblaciones.

Tras este heterogéneo grupo, muy pocos Puestos se acercaban al límite de 1.000. Uno de ellos era Natchez en 1786, cuando sólo alcanzaba 970, comenzando así la disminución que culminaría en 1788 con 791. Por otra parte se hallaba la Parroquia de St. Jacques de Cabahanoce en 1788, el núcleo de acadianos que había resultado afectado en menor grado por la inmigración durante la década de 1780, manteniendo casi, al mismo tiempo el nivel de su fertilidad, que en 1777 era de 1.014. A continuación vendría el ejemplo de Nueva Iberia, poco representativo por su escaso volumen, para pasar inmediatamente al grupo de poblaciones que se hallaban entre 500 y 800, que incluía centros igualmente diversos entre los que se hallaban, por un lado, Chapitoulas y Bas du Fleuve, próximos a Nueva Orleans, que en 1788 contaban respectivamente con 608 y 629 de fertilidad, aunque a pesar de su similitud en este punto sabemos que su historia, al menos en cuanto a ritmo de crecimiento había sido diferente. Por otra parte tenemos también en 1788 a S. Bernardo, de origen canario, con 662, debiendo advertir que no conocemos la tasa que tuvieran estos inmigrantes en su momento de llegada a la colonia para compararla con la precitada. De otro lado los antiguos núcleos ingleses de Baton Rouge en 1782 —583—, Mobila en 1788 —616—, y Natchez ya en 1788 —791—, se situaban en el nivel medio que estamos estudiando; por último, Illinois en 1779, donde San Luis con 708 y Sta. Genoveva con 691 presentaban un descenso con respecto a 1775 que había ido parejo con el registrado en sus volúmenes; Natchitoches en 1787 —646—; Punta Cortada en 1786 y 1788 con niveles semejantes en 1777: 666 y 791 respectivamente, pese al descenso en volumen experimentado hasta 1786; y Valenzuela con base de canarios y acadianos, se hallaban todos ellos en el mismo grupo medio, en el que, como advertíamos al principio ocurría lo mismo que en el formado por tasas superiores a 1.000: la heterogeneidad de los núcleos componentes, en todos los sentidos, hacía casi imposible establecer una sistematización bajo ningún criterio.

En este grupo, que podemos calificar de intermedio, existen algunos otros ejemplos para los que es posible extraer el número medio de hijos vivos por madre por facilitarlo los censos. Exactamente se trata de Nueva Iberia en 1779, Baton Rouge en 1782, y Punta Cortada en 1786 y Natchitoches en 1787.

De los dos primeros casos, debido a su corta envergadura sólo diremos que la media era de 2.30 y 2.62 respectivamente, que correspondía con tasas de 600 y 583. Punta Cortada, donde tampoco los datos permiten diferenciar por grupos de edades, la media era de 3.02 algo más alta, dado que las mujeres casadas eran sólo el 54% de su sexo entre 15 y 49 años. Por último en Natchitoches, el reparto del número medio de hijos por grupos de cinco años de edad era:

Grupos edad de madres	N.º medio hijos
15-19	0.37
20-24	1.52
25-29	2.—
30-34	2.94
35-39	3.33
40-44	2.60
45-49	3.50
Total	2.26

Salvo el descenso de los 40-44 años, se trata de unas cifras de carácter medio, sin signos destacables en ningún sentido, acordes con la tasa de 646 de fertilidad que mostraba la población.

Tan sólo después de haber citado el último grupo, que queda configurado por aquellos Puestos, cuyas tasas de fertilidad se hallan por debajo del límite de 500, será posible fijar las evoluciones particulares de algunas de las poblaciones e intentar hallar las causas de ciertos cambios, aunque de hecho, casos como el de Natchez hayan quedado ya esbozados.

En el límite justo de los 500 se encuentra Nueva Orleans que, tras un leve descenso experimentado en 1779, volvía a recuperarse en 1778 al mismo nivel, aproximadamente que el mostrado en 1777.

Se trataba, evidentemente, de un notable caso de estabilidad en la población más numerosa de la Provincia, truncada justamente el año en que el incremento de su volumen parece que fue mayor, lo que nos obliga a preguntarnos por la composición cualitativa de los inmigrantes que provocaron dicho incremento, entre los que es muy probable —por comparación en los datos de edades y sexos entre 1777 y 1778— que el volumen de mujeres en edad fecunda fuese más alto que el de niños entre 0-14 años.

No hemos de olvidar tampoco que este leve descenso tiene lugar antes de la epidemia de viruelas que ocurriría en el invierno siguiente, y que es de suponer que contribuiría a bajar aún más el índice, con lo que se colocaba en uno de los más bajos niveles vistos hasta el momento.

Posiblemente, aunque sin mucha seguridad, otras poblaciones contiguas a la capital debieron notar un descenso similar por la misma causa, al menos de forma pasajera, principalmente los contingentes de canarios y acadianos llegados al inicio de este segundo período, ya que, por el contrario, y ahora nos remontamos a la primera localidad estudiada, Alemanes, tradicionalmente joven y con una tasa muy alta y sostenida, en 1784 no ofrecía huellas de haber acusado el efecto.

En último término, nos referimos a aquellos centros en que las tasas se situaban por debajo de 500, que a pesar de ser lo normal en naciones industrializadas actualmente, veremos que se trata en la colonia que estudiamos de un caso excepcional.

Así tenemos, como ejemplos, en este grupo de poblaciones a Lafourche y Nueva Feliciana, dos de los lugares a donde se habían destinado grupos de acadianos llegados en 1785, y que en 1786 y 1787 habían sufrido inundaciones con pérdidas de las cortas cosechas que, consiguieron iniciar. Para Lafourche, las tasas eran de 481 en 1787 y 427 en el año siguiente, y para Nueva Feliciana, de 400 en 1788.

Un ejemplo similar era el de Baton Rouge en 1786, y 1788 y el de Manchac en este último año, donde también fueron destinados algunos acadianos y las tasas descendieron respectivamente a 416 y 274 en el primer caso, y a 403 en el segundo.

Por su parte, Galveztown cuya historia ya conocemos en detalle, presentaba en 1788 el índice más bajo de la colonia cifrado en 179, resultando objetivamente escasa.

En este grupo de poblaciones, Baton Rouge en 1786 ofrecía una media de 2.75 hijos por cada madre entre 15 y 49 años, cantidad alta para la fertilidad mostrada, puesto que el porcentaje de casadas era sólo de un 41%. En Lafourche las medias por grupos quinquenales de edad eran:

Nivel edad de madres	N.º medio de hijos 1787	1788
15-19	0.22	0.20
20-24	1.—	1.—
25-29	1.79	1.58
30-34	2.56	2.64
35-39	2.68	2.82
40-44	2.67	2.35
45-49	3.13	3.30
Total	2.—	2.01

Son notables y normales las similitudes y el conjunto resulta un cuadro de un nivel muy bajo análogamente a la tasa de fertilidad de la población.

Aún sin haber podido precisar excesivamente, se han puesto de manifiesto la existencia de tendencias opuestas en el ritmo procreativo de las poblaciones de la Provincia, a veces de modo tan claro como las que sostienen las poblaciones vecinas de Alemanes y Nueva Orleans, que sin embargo están distanciadas, en términos de fertilidad, por más del doble la una de la otra. Ello no es más que un ejemplo, y cabría distinguir otros entre los núcleos citados, pero hay que tener presente las consideraciones que ya hemos adelantado y que matizan las conclusiones precipitadas que se pudieran extraer de las clasificaciones hechas. Nos referimos a las diferencias de unos establecimientos a otros en cuanto a tasa de crecimiento, o lo que es lo mismo en cuanto a la influencia de la inmigración cuya composición ha podido alterar radicalmente, a veces, el funcionamiento del factor fertilidad de modo puramente coyuntural, al margen del propio camino que hubiera estado marcando la población en cuestión.

7. COMPOSICIÓN DE LOS «MENAGES»

Una advertencia similar al comienzo del apartado correspondiente a este punto en el primer período, podría ser expresada también ahora. El cuadro 2.7.A no incluye más que unos breves ejemplos, no siempre relevantes y significativos de cuál era el tamaño de los «menages» en algunas poblaciones, ejemplos que servirán de base para analizar su composición interna. Lógicamente las conclusiones que obtengamos de tales datos necesariamente han de ser parciales y provisionales, aunque de cualquier forma, es innegable que existen ciertos indicios que permiten preveer las líneas de comportamiento de los núcleos en el tema que nos ocupa.

En primer término volviendo al cuadro 2.7.A y ordenando las poblaciones por la intensidad del fenómeno en observación, notamos que en relación a los quince primeros años del trabajo, se produce la desaparición de ejemplos cuyos valores medios de personas por «menage» dan inferiores a tres, de modo que el primer grupo que cabe distinguir es el de aquellas poblaciones que se hallan entre tres y cuatro en dicho valor y son: Nueva Iberia-1779, expedición de canarios-1779, Baton Rouge-1782 y 1786, Lafourche-1787 y 1788, y Opelusas-1788.

Es interesante reseñar la similitud existente entre Nueva Iberia, cuya población estaba compuesta mayoritariamente por canarios, y la propia expedición de canarios de 1779. Aunque no se trata más que de dos pequeñas muestras de lo que fue el conjunto de la expedición canaria, puede ser importante además de su semejanza, el hecho de que se hallen en el nivel más bajo de los formados en este período.

Por otro lado, Lafourche presenta el mismo valor en los dos años, a pesar de que el volumen de su población había descendido. De cualquier manera, es de destacar que la media presentada era un punto más baja que la que ofrecía en 1777 que era 4.66, y que esto se producía después de la incorporación de parte de los acadianos llegados en 1785, aunque, como veremos más adelante, en el momento de su llegada éstos daban un valor medio de 4.23 personas por «menage».

Otra de las poblaciones incluidas en este grupo era Opelusas en 1788 que, siempre comparando los datos de los censos locales de 1785, y 1788, registraba un descenso de 1.16 en un plazo de tres años, que es verdaderamente fuerte, y que se correspondía con otro descenso de volumen de población del orden de —25‰ al año.

Por último, estaba Baton Rouge, el más pequeño de los núcleos conquistados a los ingleses. En suma, el nivel más bajo en este período, se identifica casi plenamente con inmigrantes recién llegados a la colonia, o poblaciones que han sufrido el efecto de su incorporación, y con descensos bruscos de población. Recordemos que en el primer período, el nivel inferior, entonces por debajo de tres, también se relacionaba con inmigrantes y poblaciones en descenso, al igual que algunas de las que se hallaban entre tres y cuatro. En suma no parece excesivamente arriesgado, en términos generales, establecer y aceptar esta relación de baja concentración de personas por «menage» con poblaciones en circunstancias económicas o sociales adversas.

El segundo grupo de poblaciones, con valores comprendidos entre tres y cuatro, lo componían: Alemanes y Natchez en 1784, acadianos de 1785, Opelusas del mismo año, Punta Cortada en 1786, y Natchez de nuevo en 1788. Evidentemente dentro de un mismo grupo, como ocurre en éste, existían a veces diferencias acusadas entre los distintos casos: Punta Cortada-1786 y Opelusas-1785, por ejemplo, ello significa que, en ocasiones, los límites de los grupos resultan arbitrarios y separan núcleos que se hallan más próximos entre sí que otros englobados juntos en uno sólo. Para intentar subsanar estos casos cuando se produzcan, advertiremos de su existencia, y concretamente algo así ocurre con Natchez entre 1784 y 1788. La separación de la media entre tales fechas es de 0.80 y en 1788 el valor era de 4.97, muy próximo, aunque algo inferior al 5.01 de dos años antes. Es evidente que se había logrado una más alta concentración de individuos, y que al final del período, si no en el grupo superior, la media sí se hallaba muy cerca del límite y lejos de la de 1784.

Otros índices bajos dentro del grupo, eran los de los acadianos llegados en 1785, y siendo unos recién llegados tenían sin embargo, un valor medio superior al de otras poblaciones compuestas también por inmigrantes. Al igual que para los acadianos de 1767 y 1768, en el primer período, la explicación puede hallarse en que la documentación sobre la que han sido estudiados refleja el estado en que se hallaban agrupados durante la expedición, donde se producían aquellos fenómenos de asimilación de huérfanos y otros familiares a que habíamos hecho alusión. Por otra parte, Punta Cortada, con 4.12, tras un período de descenso de volumen, había perdido algo con respecto a 1766, y más posiblemente con relación a 1777, aunque para esta fecha no conozcamos el índice.

Por su lado, la Parroquia de San Juan Bautista de Alemanes daba 4.82, en el cuadro 2.7.A. Sin embargo, es necesario advertir que estos dos casos son aquellos en los que las divisiones que comentamos en el apartado de Metodología-Estudio de los «menages» ha sido más numerosa. Concretamente en Punta Cortada hemos efectuado 11 sobre un total de 94 «menages» y en Alemanes

17 sobre 136. Ello significa que, en realidad las medias de personas por «menage» en estos dos núcleos eran exactamente de 4.51 y 5.43 respectivamente.

Así, Alemanes pasaba a integrar junto con Atacapas en 1785 y Natchez en 1786 un tercer grupo de poblaciones, en el que las medias se hallaban por encima de 5. Alemanes gozaba, como sabemos, de unas características demográficas excepcionales, y tanto Atacapas como Natchez se hallaban en un período de fuerte expansión cuando presentan estas medias de 5.24 y 5.01, apoyados ambos centros por el flujo inmigratorio americano, cuyos efectos parecen contrapuestos a los provocados por los grupos canarios o acadianos sobre otras poblaciones.

Sin atrevernos a establecer unas relaciones más determinadas con las situaciones económicas de los Puestos, sobre unas bases que aún no se hallan establecidas por la investigación, bástenos con conocer estas diferencias y algunas de las posibles causas que las motivaban.

El cuadro 2.7.B nos ofrece la clasificación de los «menages» de los establecimientos citados, más otros no incluidos antes, según el número de cabezas de familia. Pero para su valoración exacta hay que tener en cuenta la incidencia que puede tener en Alemanes en 1784, Punta Cortada en 1786, y Mobila en 1786 el hecho de las divisiones de los «menages» citados anteriormente y que constan en la columna correspondiente en el cuadro 2.7.B, en el sentido de aumentar el porcentaje de la columna de Varios y Número Desconocido en perjuicio de la columna Con uno. El caso más interesante de comentar es el de Alemanes, donde se observa que el número de «menages» dividido asciende a 17, lo que podría hacer subir la columna de Varios, en el mejor de los casos hasta un 12.5%. Estas divisiones están motivadas, principalmente, por la existencia de un tipo de familias, como segundos núcleos de los «menages» tratados sin aparente relación de parentesco con el núcleo principal, y que son denominadas en el censo «résidents», acompañando normalmente dicho calificativo al cabeza de familia.

Se trata de una figura sociológica desconocida para nosotros, hasta el momento, a diferencia de lo que ocurría con los «engagés» que sí son frecuentes en sociedades europeas. No hemos podido descubrir los lazos que unían a la familia «residente» con la principal en el «menage», aunque pudieran asemejarse a los que unieran a los «engagés» con sus núcleos. Por otra parte, en ninguna otra población hemos hallado esta figura excepto en Alemanes, lo que nos hace pensar si no se trataría de un vestigio de la cultura alemana que estos inmigrantes trajeron a Luisiana al ser transplantados a la colonia. En cualquier caso la absoluta mayoría de «menages» con un solo cabeza de familia no desaparecería, sino que a lo sumo se verían reducidas en cantidades no superiores al 5% sobre las expresadas. Es decir, que entre un muestrario de poblaciones más variado cualitativamente que el contemplado en el primer período, continuaba siendo un fenómeno absolutamente generalizado la abundancia de «menages» uninucleares, y por su parte, la columna de número desconocido implica la posibilidad de aumento de cualquiera de las dos primeras con lo que este fenómeno podía tender incluso a aumentar.

Por lo que se refiere al estado civil de los cabezas de familia, su clasificación se halla en el cuadro 2.7.C, y su comentario estimamos que puede salvarse desde el momento en que es una parte del análisis del estado civil de la población, que ha sido efectuado ya.

En el siguiente punto que estudiaremos, y que se refiere a la clasificación del cabeza de «menage» según sexo y estado civil, cuyos datos aparecen en el cuadro 2.7.D, a pesar de la variedad de los datos que será comentada seguidamente, es posible adelantar que el conjunto de los resultados presenta bastantes similitudes con el mismo cuadro en el primer período. Posiblemente a grandes rasgos, las diferencias se centren en una disminución de los porcentajes en la columna de varones solteros, en beneficio del conjunto de «menages» encabezados por mujeres, cuyo componente principal resultan ser las viudas. Lógicamente, no hay que olvidar que al expresarnos globalmente, como acabamos de hacerlo, hemos de tener en cuenta una vez más que lo hacemos sobre conjuntos de poblaciones diferentes en cada ocasión, lo que puede justificar en cierto modo tales variaciones.

Destaca notablemente la columna de varones casados, pero tan sólo en una ocasión se supera el 70%, y es en el caso de los canarios de 1779, mientras que durante el primer período de 15 establecimientos estudiados dicho límite fue sobrepasado en seis ocasiones. En 1786 es de señalar la situación de Punta Cortada, donde habíamos visto una relación de masculinidad muy baja entre 15 y 49 años, que se ve reflejada en el 45.1% de varones casados que consta en el cuadro que estamos estudiando.

El otro índice bajo es el de Baton Ruege en 1782, aunque por tratarse de una población acentuadamente corta no queremos valorar excesivamente esta cifra.

Con relación a los bajos valores de la columna de varones solteros hay que contar con la compensación, en ciertos casos, de unos porcentajes elevados en la de desconocidos que compensarían esa falta.

Frente a esta situación entre los varones, en las hembras encontramos el aumento a que hemos aludido antes, especialmente notable en casos como el de Nueva Iberia, poco significativo a causa de las diferencias aleatorias, Alemanes con un 15% de viudas y Lafourche en los dos años en que aparece.

La existencia de ese 15% en Alemanes, por ejemplo, superior al porcentaje de viudos varones, 5.2%, que ya quedaba patente al estudiar la estructura del estado civil de la población, si bien parece reflejar una sobremortalidad masculina en edades altas, ello no implica un reparto por sexo normal a dichas edades, puesto que en Alemanes la relación de masculinidad por encima de los 50 años era de 141. Y este ejemplo era aplicable a otras poblaciones. Es decir que aún habiendo un cierto número de viudas cabezas de «menage» la proporción de varones sobre hembras, no era equilibrada como podría creerse erróneamente.

En otro sentido, continúa muy claro el escaso papel que en estas comunidades desempeñaban las mujeres solteras o madres no casadas como cabezas de familia. Los porcentajes, como puede verse son mínimos, y una vez más, el único caso de madre soltera que existe, lo protagoniza en Natchitoches una negra libre.

Por lo que se refiere al punto de «otros componentes» de los «menages» que estamos estudiando, hemos de hacer mención de nuevo a las divisiones de «menages» que efectuamos en Alemanes y Punta Cortada, que no están reflejados en el cuadro 2.7.E que recoge la información sobre este punto. Ello afectaría en el cuadro incrementando el porcentaje de personas ajenas a parentesco en Alemanes, puesto que las divisiones fueron motivadas por las familias «residentes», que no mostraban relaciones familiares con el núcleo principal; y en Punta Cortada, aumentando el tanto por ciento igualmente.

LA POBLACIÓN ESCLAVA

1. EVOLUCIÓN DE SU VOLUMEN

En el primer período, los dos factores que previsiblemente influyeron en mayor medida en el crecimiento real de los sectores esclavos fueron:

1) En caso de que fuera positivo su saldo, condición que no siempre debió cumplirse, el propio movimiento natural de la población.

2) La importación que estaba prohibida desde 1770, pero que sin duda alguna, como vimos, debieron facilitar los comerciantes ingleses.

En este segundo período, hay un tercer factor que, influyó indudablemente en el desarrollo de esta población, además de que uno de los dos ya existentes resultó profundamente modificado entre 1777 y 1782. En primer lugar, por orden cronológico, la importación fue abierta y permitida claramente, libre de impuestos a partir de 1782; y en segundo término, si durante los 15 años anteriores la inmigración blanca protagonizada principalmente por refugiados acadianos, llegaba a la colonia en situación económica precaria, ahora no sucedía lo mismo con los inmigrantes americanos que, frecuentemente arribaban llevando consigo sus propios esclavos y éstos incrementaban la población de la Provincia.

Pero el problema estriba en evaluar la importancia de cada uno de estos factores en proporción a los otros. Ni que decir tiene que, como para la población libre, no disponemos de datos sobre nacimientos o muertes de esta población. En cuanto al comercio, al ser los esclavos, artículo exento de impuesto, no ha dejado huella en las cuentas de la Real Aduana, siendo imposible, por el momento, su control. Por último, la misma dificultad que teníamos para registrar la corriente inmigratoria americana libre —o aún mayor porque los datos para esta población son más escasos—, la encontramos para los esclavos, y el resultado es que nos enfrentamos a unas cifras de incremento o descenso de volúmenes, cuyos factores aunque conocidos, son prácticamente indescifrables.

En general, podemos afirmar que los crecimientos son muy altos, aunque cabe matizar situaciones interesantes que nos hablan de las diferencias específicas de cada Puesto o zona, y por otra parte, hay que considerar también el hecho de que algunos cuyos datos sean para 1788 pudieran estar sobreestimados a causa de los datos procedentes del «Resumen General» de Miró.

Entre las tasas más fuertes destacan las de Mobila, una de las localidades conquistadas a los ingleses que entre 1786 y 1788, pasó de 351 a 923 individuos, con índices de crecimiento anual de 814 y 449‰ respectivamente. La facilidad de adquisición de esclavos en este establecimiento era asombrosa, pues se trata exclusivamente de un crecimiento de este sector, ya que su población libre no ascendió al mismo ritmo, y la proporción de esclavos por libre era de 0.80 en 1786, 1.45 en 1787 y 1.74 en 1788.

Otro centro con incrementos considerables es Natchez con 105‰ entre 1784 y 1786, y 205‰ entre 1786 y 1788, viendo crecer también su proporción de esclavos libres, aunque no tanto como Mobila, de 0.44 a 0.51 y a 0.64.

Altos incrementos eran los índices de Atacapas y Opelusas, con proporciones esclavos-blancos que oscilaban entre 0.40 y 0.60, sobre todo entre 1785 y 1788, siendo ésta una zona en que ya se comenzaba a observar por estos años la presencia de ciertos elementos anglosajones. No pretendemos, en absoluto, establecer relaciones directas y exclusivas entre cualquier contingente de inmigrantes americanos y un fuerte aumento del número de esclavos, pero en Mobila y Natchez dichas relaciones eran innegables, y no está descartada la importancia del factor anglosajón en otros lugares. Sin embargo, otras localidades, con origen e historia diferente, y probablemente sin abundancia de americanos, también experimentaron fuertes alzas en sus sectores esclavos. En primer lugar cabe destacar a Chapitoulas. Recordemos que al hablar de la población libre, no logramos explicar el origen del crecimiento entre 1777 y 1788 en los términos expresados por Miró, lo que nos hacía al menos sospechar de aquellos datos. Algo semejante sucede ahora con los esclavos que, con un ritmo de crecimiento medio anual de 152.8‰, sumaban al final de este período 6.018 individuos, siendo la relación esclavos/libres, una de las más altas de la Provincia, como en estos primeros años, de 4.07.

Por otra parte, Iberville y St. Jacques de Cabahanoce, establecimientos originalmente de acadianos con una evolución favorable, sin una contribución inmigratoria alta, también veían aumentar el número de sus esclavos a ritmos superiores a 100‰ al año. A pesar de que debieron sufrir unos primeros años muy difíciles estas dos poblaciones, prescindiendo casi de injerencias de ningún tipo, habían logrado un importante desarrollo. En ambas, la relación esclavos-libres rondaba el 0.50.

Al contrario, otros núcleos de acadianos a los que, o en 1781 o en 1785 se habían unido nuevos grupos de inmigrantes, presentaban una situación radicalmente distinta. Así Lafourche experimentó un descenso de población esclava desde 1777 de —88.9‰, hallándose en 1788 sólo con 55 individuos y una proporción esclavos-libres de 0.05. Otra localidad semejante era Valenzuela que desde su fundación en 1779 con un grupo de canarios, había llegado a disponer en 1788 de 76 esclavos, y una relación entre éstos y la población libre de 0.05.

Todo esto era el efecto negativo de la incorporación de aquellos nuevos grupos de inmigrantes, que hacían descender el nivel económico de los conjuntos.

Con unos ritmos de crecimiento elevados sin llegar a ser espectaculares, están poblaciones como Alemanes que registró un 52.1‰ entre 1777 y 1778, bastante más fuerte que el de la población libre por lo que la relación entre ambas ascendió a 1.64. Igualmente Natchitoches, encontrándonos de nuevo emparejados a estos dos establecimientos. Natchitoches hasta 1787 acusó una tasa media anual de 51.8‰, y en el año siguiente, un descenso muy fuerte de —219‰ pero que muy probablemente tiene su explicación en que las cifras del «Resumen General...» de Miró no englobaban a toda la población del área de Natchitoches que había comprendido el censo particular de 1782. Natchitoches en este año tenía una relación de 1.13.

También Nueva Orleans dispuso de un crecimiento alto situado entre 63 y 77‰ de media al año, dependiendo si tomamos como base de partida, para 1778, el censo o el estadillo a que hacíamos referencia con la población libre. La proporción esclavos-libres no variaba entre los años, hallándose en 0.60.

Del mismo modo en Illinois, el crecimiento fue siempre positivo, aunque la relación descendiese de 0.52 a 0.35, entre 1779 y 1788.

Por último, como centro importante en un crecimiento moderado citaremos a Punta Cortada, que, al contrario que con su población libre, no vio descender el volumen de la esclava aumentando ésta entre el 30‰ y el 70‰ anual, pero más fuertemente al final del período, y con proporciones esclavos-libres alrededor de 3.—.

Son como hemos visto, núcleos muy diversos en todos los sentidos. No guardan entre sí semejanzas ni en las características de los sectores libres, ni en la evolución seguida durante el período —exceptuando los casos de Alemanes y Natchitoches, que sí presentaron un cierto paralelismo—. Esto ratifica la idea de que la población esclava marcaba un camino en su evolución distinto a la libre, y justifica el hecho de que la estemos tratando por separado.

Finalmente otros Puestos, además de los que citamos anteriormente de acadianos, registraron un descenso en el número de esclavos, pero en este caso sí fueron acompañados de otro correspondiente en la población libre. Se trata de Bas du Fleuve: —24.8‰ entre 1777 y 1788, aunque el volumen de este año seguía siendo importante así como la relación entre los dos sectores 3.72. Aunque no disponemos de documentación de apoyo para probarlo, estas bajas paralelas de libres y esclavos en Bas du Fleuve nos mueven a pensar en la posibilidad de una migración interior de este Puesto a otros puntos de la colonia, pues se trata de un establecimiento similar a los de su entorno geográfico, y económicamente sin razón aparente para desarrollar una evolución tan radicalmente distinta a la de los restantes.

Por orden de intensidad en las relaciones entre esclavos y libres, las poblaciones con índices más altos eran: San Juan del Bayou-Gentilly en 1788, al norte de la ciudad lindando con Chapitoulas, con 5.43 esclavos por cada individuo libre, a continuación el mismo Chapitoulas en 1788 también con 4.07, Bas du Fleuve con 3.72 en igual fecha, y Punta Cortada con 3.— y 2.91, en 1786 y 1788 respectivamente.

Un grupo de establecimientos compuestos por, Alemanes, Baton Rouge y Pensacola en 1788, Mobila en 1787 y 1788, y Natchitoches en 1787, situaban sus índices entre 1.— y 2.5. Tras ellos Nueva Orleans en 1778 y 1788, Atacapas en 1785 y 1788, Natchez en 1786 y 1788, y St. Jacques en 1788 disponían de 0.5 a 1.— esclavo por cada individuo libre, y por fin, centros como los de los canarios: Galveztown, Barataria, Valenzuela, Lafourche, etc... no llegaban a alcanzar la proporción de 0.5.

El significado, tanto de las tasas de incremento como de estos niveles de relación entre los dos sectores, no es fácil de interpretar, si partimos de la base de que los factores que al comienzo de este punto veíamos que intervenían en su configuración no pueden ser evaluados.

En teoría el número de esclavos debería ser un medio básico en la productividad de las poblaciones, no obstante esta hipótesis debería ser probada por un estudio económico pues no hay que descartar la posibilidad, como exponíamos en otro lugar, de que en determinados lugares el esclavo realizara funciones no especialmente productivas, o de que se dispusiera de él como un elemento importante en el mantenimiento de un «status» social pero no tanto económico.

De cualquier forma, hasta tanto no estemos en condiciones de resolver estas cuestiones nuestra labor se limita a la exposición de la evolución poblacional, tal como muestran los cuadros 2.8.A y 2.8.B esperando que futuras investigaciones solventen algunas de tales preguntas.

2. COMPOSICIÓN POR EDADES

En el primer período este punto resultó ser uno de los menos problemáticos de tratar debido a la gran similitud entre las estructuras de los distintos Puestos, que simplificó grandemente nuestra labor de análisis.

Ahora, en estos años que transcurren entre 1778 y 1788 la situación es completamente idéntica, y únicamente citaremos algunos casos de poblaciones diferentes para comprobar su gran similitud.

Nueva Orleans en 1778 ya presentaba los rasgos típicos en la estructura por edades de los esclavos, básicamente como ya sabemos, un porcentaje de mujeres adultas superior al de los hombres, a diferencia de lo que ocurre en zonas rurales. Por lo demás dichos rasgos eran: nivel de edad I inferior al 30%, edad II superior al 60% y, en ocasiones como comprobaremos, próximo o superior incluso al 70%, y nivel de edad III variable dependiendo de los dos anteriores. El caso de Nueva Orleans según el censo del año citado era:

Nivel de edad	Varones	%	Hembras	%	% sobre el total
I	160	15.8	124	12.2	28.—
II	321	31.7	344	34.—	65.7
III	35	3.4	28	2.7	6.2

Unos años más tarde, en Alemanes-S. Juan Bautista (una de las dos Parroquias) en 1784 la estructura era muy similar:

Nivel de edad	Varones	%	Hembras	%	% sobre el total
I	160	16.3	73	11.6	28.—
II	220	35.2	169	27.—	62.2
III	38	6.1	23	3.6	9.7

Alternando el predominio de sexos en la edad II, las variaciones eran mínimas. Algunas más, en el sentido de una mayor acentuación de los caracteres señalados se registraban en el útlimo ejemplo que citaremos en texto, correspondiente a Punta Cortada en 1788. Nótese cómo el bloque de los niños se ve reducido a 21% para elevar a 74% el de adultos; y cómo exclusivamente los varones en esta edad II suponen el 47.1% del total, aunque existen núcleos como Natchitoches donde este mismo grupo de edades y sexo suponía hasta el 56.1% del total.

Punta Cortada, 1788

Nivel de edad	Varones	%	Hembras	%	% sobre el total
I	186	12.4	128	8.5	21.—
II	704	47.1	413	27.6	74.8
III	33	2.2	28	1.8	4.—

3. COMPOSICIÓN POR SEXOS

Cuanto hemos dicho en el apartado anterior sobre la estructura por edades de la población esclava, en el sentido del mantenimiento de las características observadas en el primer período durante los años que ahora nos ocupan, puede ser trasladado a la composición por sexos que tratamos aquí.

Los mismos rasgos de irregularidad y falta de lógica se repiten en todas las poblaciones respondiendo, naturalmente, a una composición casi caprichosa motivada por la importación masiva de estos individuos, ya que vimos que su crecimiento real fue muy fuerte, y probablemente por un ritmo de movimiento natural desequilibrado.

Dentro de un predominio masculino en zonas rurales, ninguna edad en particular presenta unos rasgos especiales. Esporádica y arbitrariamente en algún escalón de edad el índice de relación de masculinidad bajaba de 100, pero en general niveles superiores a 130, e incluso 150 eran comunes. Veamos como ejemplo de cuanto decimos algunos elegidos del conjunto de centros de la colonia, sin perjuicio de que ofrezcamos posteriormente una relación más completa de los mismos:

Relación de masculinidad

Nivel de edad	Alemanes 1784	Punta Cortada 1786	Natchez 1788
I	139	155	104
II	130	153	177
III	165	118	84
Población total	135	151	145

Únicamente, confirmando los resultados de los 15 años primeros, Nueva Orleans disponía de unas relaciones bastante más moderadas que las de las áreas rurales, llegándose al caso completamente extremo en 1788 cuando el índice máximo registrado en la capital era el de la edad II con 87, mientras que la relación total era de 81. En los años 1778 y 1788 la composición era:

Relación de masculinidad

Nivel de edad	Nueva Orleans 1778 (Censo)	Nueva Orleans 1788
I	129	70
II	93	87
III	125	45
Población total	104	81

Parece evidente, como ya quedó apuntado, que eran las economías de las localidades, de tipo agrícola unas y urbano en la capital, las que determinaban estas diferencias en estructuras, definiendo claramente el modo de comportamiento de los esclavos en este aspecto.

COMPOSICIÓN POR SEXO, EN TRES GRANDES BLOQUES
DE LOS ESCLAVOS EN LAS LOCALIDADES EXPRESADAS

Chapitoulas 1788

Nivel de edad	Relación de masculinidad
I	145
II	131
III	78

Natchitoches 1788

Nivel de edad	Relación de masculinidad
I	121
II	263
III	150

Atacapas 1788		Bas du Fleuve 1788	
Nivel de edad	*Relación de masculinidad*	*Nivel de edad*	*Relación de masculinidad*
I	126	I	131
II	142	II	134
III	300	III	333

RECAPITULACIÓN

Como vimos en el apartado 2 de la población libre, el crecimiento real constituye en este período un factor de importancia superior aún a la que tenía en los años anteriores para el desarrollo demográfico de la Provincia. La coyuntura marcada entre los años 1778 y 1783 significó un elemento suficientemente trascendente en la colonia como para justificar la división entre el período 1 y 2.

En estos años se produjo un aumento espectacular en el total de la población en líneas muy concretas y diferentes, que iban a caracterizar a la colonia para el futuro de su historia. Lógicamente la ampliación de la población de la colonia, por los dos medios de inmigración y ampliación territorial con los habitantes de esta nueva área, se notó globalmente en la tasa de crecimiento real medio al año que sabemos que excedió de 80‰, y al mismo tiempo entre los dos años citados se produce la aparición de mayor número de nuevas poblaciones al territorio.

Una vez incorporados a la Provincia canarios, acadianos y angloamericanos, se integraron en el diverso panorama del conjunto sobre el que se pueden distinguir tendencias similares a las del período anterior, aunque la complejidad ahora fuese mayor por el aumento del volumen.

Dinámicamente, como muestra el cuadro 2.2.A, la gran mayoría de los núcleos estudiados registraron índices de crecimiento real superiores al 30‰, destacando los casos de Baton Rouge y Valenzuela en los que intervinieron los acadianos llegados en fechas distintas pero de forma masiva. En Atacapas y Opelusas, junto a nuevos acadianos hay también elementos anglosajones infiltrados seguramente a través de Natchez. Nueva Orleans sostuvo un crecimiento acentuado igualmente, quedando difícil de resolver el paso de 1777 a 1778, y junto a la capital, Chapitoulas e Illinois.

Otros centros, aún con índices altos, aún denotando la presencia de inmigrantes, crecieron de forma más moderada. Son los casos de Nueva Iberia y Cabahanoce que, con 33.4‰ se coloca en el límite que separa este grupo que estamos comentando, del que engloba a las poblaciones en las que su crecimiento parece exclusivamente debido a la acción de los factores naturales, que son Alemanes y Natchitoches. Recordemos que se trata de dos establecimientos que ya en el primer período se hallaban encuadrados en este mismo grupo, lo que significa que su estabilidad a lo largo casi de 30 años había sido notable.

Sin embargo el dato más fidedigno es el que se refiere a Alemanes pues sus índices atañen a espacios breves de años.

En Natchitoches, por el contrario, el lapso entre 1769 y 1785 transcurre sin datos intermedios, por lo que alteraciones dentro del mismo podrían haberse sucedido sin que nosotros las detectáramos.

En el grupo anterior, donde englobábamos a poblaciones de altas tasas de incremento, aquéllas pertenecían a todos los puntos de la colonia. ¿Qué ocurría entonces en Alemanes y Natchitoches para que no participaran de los efectos de la inmigración? En el segundo caso la cuestión se puede explicar por tratarse del punto más occidental habitado del territorio antes de llegar a las tierras del Norte de Nueva España. Lógicamente los efectos de la expansión de la población hacia el Oeste tardarían más tiempo en llegar allí.

Alemanes, sin embargo se hallaba entre la capital y las tierras de acadianos, canarios y angloamericanos, justamente en el paso del tráfico que circulaba por el río, a pesar de lo cual, parece que permaneció al margen de los fuertes movimientos de población que se realizaron. La causa probablemente se halla en la diferencia cultural y lingüística que les separaba del resto de las comunidades, que constituyera una barrera infranqueable para el contacto. También, se puede argüir, el grupo anglosajón se diferenciaba del francés o español. Pero mientras los anglosajones recibían constantemente, y cada vez con más fuerza, grandes contingentes de americanos que potenciaban su extensión, estos alemanes eran prácticamente los únicos de su origen en la colonia, por lo que, nos atrevemos a ver en ellos uno de aquellos «isolats» de que hablamos en el apartado de Metodología. Y precisamente este grupo, aunque nos adelantemos algo en la exposición, registraba en general los porcentajes más altos de edad I, que debemos entender también como equivalente a un fuerte aumento de la tasa de natalidad, en un intento de autodefensa, podríamos decir, en sentido demográfico frente al aislamiento en que se hallaban.

Por último, varias tasas negativas en el cuadro que corresponden a Bas du Fleuve, difícil de explicar hallándose junto a Nueva Orleans y Chapitoulas, aunque pudiera tratarse de un caso de migración interna; Lafourche entre 1787 y 1788, Galveztown, Punta Cortada e Illinois, cuyas causas ya explicamos oportunamente; y Opelusas entre 1785 y 1788, sin causa aparente que motivase el descenso.

En general, y salvo estas excepciones, parciales a veces, el saldo era muy favorable, al menos numéricamente.

Desde el punto de vista cualitativo, como en el primer período, de un lado tenemos los núcleos que, aún aumentando su tamaño a ritmo acelerado, no alteraron sus estructuras o lo hicieron sólo ligeramente fueren cuales fueren sus características, lo que podía significar que, o bien la composición de los contingentes de inmigrantes se asemejaba a la del centro en cuestión— lo cual sería demasiada casualidad, dado que se trata al menos de cinco poblaciones importantes—, o bien que el volumen de la inmigración no había sido tan alto como para alterar la estructura del centro, que había absorbido a la de los inmigrantes. Puede darse esta última explicación a Nueva Orleans, Natchez y Nueva Iberia, aunque más difícil resultaría hacerlo con Opelusas —91‰ de incremento medio anual—, Chapitoulas —105‰— y Atacapas —71‰—.

Por otro lado, están aquellas otras poblaciones en las que predominando un crecimiento fuerte, sí se observa un cambio sustancial de composición, por distintos motivos.

Illinois, recibiendo efectivos de Canadá rejuvenecía su población y elevaba su tasa de fertilidad, gracias a que las relaciones entre sexos continuaban siendo especialmente desequilibradas.

En Lafourche, el grupo numeroso de acadianos llegados en 1785 que se unió a su población, y que probablemente disponía de una composición similar a la de los primeros que entraron en la colonia en 1764, hizo descender el porcentaje de niños de este centro que en 1777 era de los más altos de la Provincia y aumentar los índices de masculinidad. En este caso sí se acusaba seriamente el impacto de la incorporación de los inmigrantes.

A medio camino entre este grupo de poblaciones y el siguiente se hallaba Cabahanoce con 33‰ de incremento medio anual y modificaciones poco significativas.

A continuación tenemos los Puestos con crecimiento inferior al 30‰ anual, que son Alemanes y Natchitoches que mantenían e incluso acentuaban sus rasgos constitutivos. En este caso se hallaba

Alemanes que elevaba de nuevo su población infantil —en 1784 era más del 58% del total—, junto con la fertilidad —de 1925 en el mismo año— y el porcentaje de casados, al tiempo que tendía a normalizar las relaciones entre sexos salvo por encima de los 50 años.

Por su parte Natchitoches, a grandes rasgos mantenía las características del primer período.

En último término, los núcleos con crecimiento negativo, en general mantenían su composición: Opelusas, Galveztown, Bas du Fleuve; aunque a veces se produjeron transformaciones notables como es el caso del descenso de varones adultos en Punta Cortada quizás como consecuencia de los problemas habidos en Natchez.

En los modos de comportamiento aquí definidos, como adelántabamos en el primer período, no existía una correspondencia invariable entre rasgos de diferentes estructuras, es decir, a un tipo determinado de composición por edades no acompañaba siempre una misma distribución por sexos, aunque sí existían ciertas relaciones directas —ya se preveía en los años anteriores— entre porcentaje de edad infantil, fertilidad, porcentaje de casados y tamaño de «menages».

En cada una de estas estructuras y generalizando para toda la Provincia, diremos que en la composición por edades destacaba el hecho —según el Resumen General de Miró— del aumento de la edad infantil en Illinois, desapareciendo los núcleos de importancia con porcentaje inferior al 25%, notándose un incremento de los primeros escalones sobresaliendo el caso de Alemanes ya citado.

La fertilidad, consecuentemente se elevaba así como el número de casados en las composiciones por estado civil concretamente en Alemanes. Por las mismas razones el número medio de personas por «menage» era superior al del primer período, siendo comunes los índices superiores a cuatro, aunque la composición interna de los mismos respondía a las líneas ya esbozadas al final del período anterior, exceptuando la relativa complejidad de los «menages» de Alemanes.

Por último, las relaciones de masculinidad parecían haberse normalizado pues en 1788 Nueva Orleans, Alemanes, Bas du Fleuve, Punta Cortada y algún centro acadiano llegaba a mostrar índices inferiores a 105.

CAPÍTULO III

HACIA UN NUEVO ORDEN DEMOGRÁFICO

(TERCER PERÍODO 1789-1803)

OBSERVACIONES GENERALES

Un trágico incendio ocurrido en 1788 coincide con el límite que separa los dos períodos últimos de nuestro trabajo[1]. Puede aducirse que no se trataba más que de uno de los sucesos acaecidos en la Provincia a lo largo de los años, quizás, únicamente, con mayor trascendencia para la población de la capital que para el resto de la colonia; y en parte, efectivamente era así. Sin embargo, nosotros estimamos que este acontecimiento sirvió, en principio, para poner de una vez más claramente en evidencia la desconexión económica entre Nueva Orleans y el resto de la Provincia que se vio incapaz de resolver la grave situación provocada por el incendio.

Las dificultades de abastecimiento de víveres que azotaron a la capital, aunque con fuertes oscilaciones estacionales que hacían pasar de la más grave penuria a una, podemos calificar, relativa abundancia[2], fueron constantes y nunca solventadas satisfactoriamente, bien porque los Puestos próximos no podían cubrir las

---

[1] M. Wood, «Life in New Orleans in the Spanish Period», *Louisiana Historical Quarterly*, n.º 22, p. 646.

[2] El 26 de junio de 1796 el comerciante Cristóbal de Armas solicitaba a Carondelet poder exportar 600 barriles de harina porque «este género se halla abundante en la Provincia (...) y probablemente no sea presumible falte...», AGI. Papeles de Cuba 512.

necesidades de aquella población[3], bien porque el comercio, con los criollos a la cabeza, prefería exportar el arroz por ejemplo para colocarlo en mercados donde fuera mejor pagado, fuera de la colonia, que en el propio interior[4]. Este problema fue el que llevó a Carondelet a intentar construir un Pósito de arroz en 1796, que finalmente no pudo edificarse[5].

Es normal suponer que el contrabando en estas circunstancias se intensificara, y en parte ayudara a paliar las fuertes necesidades. Pero otra ayuda importante al problema, vino precisamente de parte americana, cuyo comercio por el río se había abierto en 1787 y que estaba proporcionando cantidades relativamente importantes de alimentos que, como pago de derecho de aduana o con destino a su venta, aliviaban la situación.

Ambos fenómenos existían ya desde el segundo período, pero en estos años se incrementaron, adquiriendo dimensiones importantes.

No es posible saber, por hoy, si en los establecimientos, aparte de la capital, se vivieron igualmente años de escasez económica. No es probable que fuese así, aunque la situación, como veremos tampoco debió ser excesivamente espléndida.

De un lado, en general, se asiste al fin de las oleadas de inmigrantes, frecuentes hasta 1785 en precaria situación económica, que son definitivamente sustituidos por el flujo americano que va a comenzar a invadir Illinois[6] y que, en términos generales, llegaba en un estado económico al menos desahogado, siendo frecuente que lo hicieran con animales, esclavos y herramientas[7]. Precisamente de los centros de origen anglosajón, con Natchez a la cabeza, es de donde saldrán, al final del período, las primeras máquinas para trabajar el algodón de la Provincia, demostrando unos adelantos técnicos que aunque en mucho menor grado, también debieron llegar a otros Puestos de la colonia[8].

---

[3] Las reservas de algunos lugares como los de los acadianos no parece que fuesen suficientes para la ciudad. Michel Cantrelle a Carondelet, 27 abril 1792, AGI. Papeles de Cuba 25-A.

[4] Expediente sobre solicitud de Carondelet para construcción de un Pósito de arroz, Nueva Orleans, 31 de mayo de 1796, AGI. Santo Domingo 2588.

[5] Ibid.

[6] Ver Gilbert Din, «Spain's inmigration policy in Louisiana and the American Penetration, 1792-1803», Southwestern Historical Quarterly, LXXVI, n.º 3, pp. 255-276.

[7] C. D. Delassus a Carondelet, Nueva Borbón, 18 abril 1797, AGI. Papeles de Cuba 213.

[8] John Clark, New Orleans..., op. cit., p. 269.

Pero, por otra parte, los colonos sufrieron también serios reveses en su economía, y uno de los más importantes hay que verlo en la reducción de la cantidad de tabaco adquirido por la Corona con destino a Nueva España y la Península, que bajó de 2.000.000 de libras a 90.000 en 1790, arruinando literalmente a numerosos colonos en toda la Provincia, resultando afectada también Natchez de forma especial[9].

Este corte de la producción tabacalera de Luisiana provocado por problemas internos de la metrópoli[10], demostraba una vez más, como en el caso del libre comercio que los colonos habían pedido con insistencia durante largo tiempo, los inconvenientes que comportaba a la colonia la dependencia de la Península. Desde España se defendían intereses económicos yuxtapuestos, a veces, a los de los labradores de Luisiana. Y se tomaban medidas de forma unilateral, en la mayoría de las ocasiones.

Sin embargo, la proximidad y afinidad cada vez mayor con los nuevos territorios del Sur de los Estados Unidos, y los contactos comerciales que eran cada vez más frecuentes con esta nación, desembocaron en un cambio en la estructura de la producción agrícola, donde el citado cultivo del tabaco acabó siendo sustituido al final de la época española, por el del algodón, sobre todo en los Puestos del Sur de la Provincia[11]. Con ello Luisiana y especialmente el Bajo Mississippi quedaba lista para la futura incorporación como nuevo estado a la nación americana, a la que tan importante resultaría en décadas sucesivas el algodón sudista.

Hemos hecho mención más arriba, al tema del comercio que fue otra de las claves del desarrollo de estos últimos 15 años. Si ya en el segundo período se produjo el inicio de la liberalización y apertura del comercio de Luisiana —primero con la cédula de 1782, y después con la concesión del acceso a través del río a los productos de Ohío—, ahora, la cédula permitiendo el comercio de neutrales en 1793, y más tarde la firma del tratado de San Lorenzo en 1795, permitieron definitivamente a las fuerzas comerciales americanas transformar la estructura del sector en la colonia[12].

---

[9] Miró a Leblanc, Nueva Orleans, 21 octubre 1790, AGI. Papeles de Cuba 2362.

[10] «Copia del informe relativo al estado político de la Luisiana» por D. Esteban Miró, Madrid, 7 agosto 1792, AGI. Santo Domingo 2588.

[11] Consultas del intendente V. Morales a distintos Puestos hacia junio de 1802, AGI. Papeles de Cuba 608.

[12] Consultar cuentas de las Reales Rentas de la Aduana de Nueva Or-

Este importante hecho, fue vislumbrado por A. P. Whitaker [13] quien dio algunas cifras sobre número de barcos al año entrando en Nueva Orleans, que han continuado básicamente utilizándose hasta la otra de John Clark [14]. No obstante las fuentes no han sido ni con mucho agotadas. Falta aun por hacer un análisis de la estructura cualitativa de dicho comercio, puesto que se conoce, a grandes rasgos, que la harina representó un papel importante, pero no se sabe qué otros productos, principalmente manufactura, llegaron solicitados desde la colonia. Y ello ayudaría sumamente a entender la evolución económica del interior.

Otro aspecto básico de este tema, es el que afecta al capital. Desde los primeros años de la Administración española existieron contactos con las colonias inglesas, sin embargo ahora el poderío de los comerciantes norteamericanos, o sus consignatarios en Nueva Orleans era absoluto. Principalmente desde 1793 el tráfico comercial era controlado por este núcleo de americanos, que incluso parece que moldearon el sistema de recaudación de Rentas en su beneficio [15], sin que el tema haya sido más que esbozado por el profesor Carmelo R. Arena en un trabajo, no exhaustivo, que afecta exclusivamente a las relaciones de Nueva Orleans con Filadelfia [16].

Bajo el punto de vista meramente hacendístico, los principales problemas fueron causados por las irregularidades en la llegada del Situado, principalmente en los últimos años de la época bajo el mandato del Gobernador Gayoso de Lemos [17].

Años antes, hacia 1790, se habían logrado retirar los billetes, o papel moneda que circulaba por la colonia desde después de la guerra con los ingleses, tras una consulta popular sobre el tema [18] y muchos problemas acarreados por tal sistema, de los que no era el menor su depreciación que afectaba directamente al poder adquisitivo de los agricultores. Sin embargo, el problema monetario

---

leans para años de la década de 1790, AGI. Papeles de Cuba 512 y 514, por ejemplo.

[13] A. P. Whitaker, *The Mississippi Question...*, op. cit., pp. 135-138.

[14] J. Clark, *New Orleans...*, op. cit., p. 228.

[15] De la consulta de los legajos citados en nota 12 y otras, parece deducirse que se impuso un sistema de pago de Rentas aplazado, que no podemos precisar exactamente.

[16] C. R. Arena, «Philadelphia-Spanish New Orleans trade in the 1790's», *Louisiana History*, n.º 2, pp. 429-445.

[17] J. Holmes, «Some economic problems of Spanish Governors...», op. cit., p. 540.

[18] En AGI. Papeles de Cuba 17, existen los resultados de alguna de estas consultas.

no iba a resolverse pues, tras nuevas dificultades habidas por la Hacienda, comenzaron a tener curso legal las certificaciones de pago que transcurrían de unas personas a otras, desvalorizándose al igual que ocurriera anteriormente con los billetes[19].

Pero no era éste el único problema con que se enfrentaba la Hacienda. El propio problema monetario se agravaba con el contrabando de moneda realizado sobre todo por americanos. Además había que hacer frente a los enormes gastos ocasionados por el incendio de 1788, y posteriormente el de 1794, también en la ciudad que, aunque menor, no dejó de empeorar la situación[20].

A todo ello hay que añadir los gastos militares ocasionados por la reorganización del sistema de defensas ordenada por el Barón de Carondelet, en vista de las modificaciones que estaban produciéndose en el terreno de las relaciones internacionales. Se trataba de una mejora en algunos edificios militares, así como del reforzamiento de nuevos Puestos en el río, como el de Nogales que necesitó un considerable presupuesto para su mantenimiento[21].

Efectivamente, Carondelet propugnó un rearme y una política de control del elemento social americano, frente al creciente poder de esta nación que por diversos métodos, como vemos, se introducía de manera cada vez más imparable en la Provincia. No obstante ello no iba a impedir que el crecimiento de las poblaciones debido a la incorporación de nuevos contingentes americanos se produjera, sobre todo en el Norte.

Por ello se vio obligado a proyectar y realizar un estudio de la organización de la Hacienda en la colonia, con vistas a una reforma que mejorara su funcionamiento, y cuyos resultados no fueron excesivamente positivos[22].

Desde el punto de vista del orden social hay que destacar, bajo el Gobierno de Carondelet, el acontecimiento de la rebelión de los esclavos de Punta Cortada en 1795[23]. Este hecho produjo una verdadera conmoción en la colonia, y una reacción de relativa solidaridad por parte de todos los dueños de esclavos para paliar la pérdida de los dueños de los sublevados, que fueron castigados

---

[19] J. Holmes, «Some economic problems...», op. cit., p. 539.

[20] Minter Wood., op. cit., p. 646.

[21] «Informe sobre ramos, líquido producto, reformar para minorar gastos y mutaciones para el ahorro de los Reales intereses, fomento de la Provincia y prosperidad de los moradores», Nueva Orleans, 3 enero 1793, AGI. Santo Domingo 2563.

[22] Ibid.

[23] J. Holmes, «Some economic problems...», op. cit., p. 538.

por el hecho, y que es interesante observar[24]. Esta rebelión provocó la suspensión de la importación de esclavos durante algunos años[25] que, en parte, repercutiría negativamente en el crecimiento de este sector de población durante el período.

Pero volviendo al tema de la expansión del elemento americano, que creemos que es el punto que domina toda la actividad de la colonia en estos años, es de resaltar el nuevo intento de limitar esta inmigración procedente de la nueva nación, producido durante el mandato del Gobernador Gayoso de Lemos. Esta vez el control se efectuaba de forma más importante en la rivera occidental del río[26], como en un deseo de mantenerla alejada de Nueva España, cuando ya la evolución histórica era inevitable, habiendo sido concedido a Estados Unidos, en la orilla oriental, todo el territorio hasta el paralelo 31. Este acuerdo supuso un paso más hacia el definitivo cambio de manos de Luisiana, que concluiría, años más tarde, con la «Purchase», incorporándose la región a la nueva nación del Norte.

LA POBLACIÓN LIBRE

1. Observaciones previas

De manera semejante a como hemos actuado en el segundo período lo haremos en éste. Disponiendo de cierta diversidad cualitativa de los datos, aunque a veces su cantidad no sea tan alta como en años anteriores, trataremos de agrupar a las poblaciones según la intensidad del fenómeno respectivo observado.

De cualquier forma, siendo Illinois la zona de la Provincia que registra un crecimiento proporcionalmente más alto, con diferencia sobre las demás, al margen de figurar en primer lugar del punto en que tratamos el crecimiento real de las poblaciones por edades, citaremos el caso de Illinois en primer término, en lugar de hacerlo en el orden que le correspondería.

Se trata de una excepción motivado, como decimos, por ser el caso de crecimiento más fuerte de la Provincia, por un lado, y por

---

[24] AGI. Papeles de Cuba 211.
[25] J. Holmes, «Some economic problems...», *op. cit.*, p. 538.
[26] Gayoso a V. Morales, Nueva Orleans, 13 febrero 1799, AGI. Papeles de Cuba 608.

existir, para dicha árca, el mayor número de datos de todo el período, lo cual nos permite trazar perfectamente su evolución y contrastarla con la del resto de las poblaciones del territorio.

Hecha esta salvedad, remitimos a la advertencia del segundo período para un mayor detalle del orden seguido en la exposición que, en suma, no varía en nada del de entonces.

2. ESTUDIO DEL MOVIMIENTO REAL

A pesar de tratarse del período más moderno en nuestro estudio, sus años transcurridos entre 1789 y 1803 contienen, probablemente, la información de más baja calidad, en el sentido de ser los datos demográficos menos completos y aprovechables, del conjunto y, al mismo tiempo, concentrada en su mayor parte en poblaciones menores, o de segunda fila dentro de la colonia. Si durante los dos primeros períodos, alguna vez, habíamos echado en falta datos relativos a cierto sector del territorio para completar los cuadros comparativos que establecíamos, ahora esta falta se hace aún mayor de tal forma que no disponemos de ninguna estimación general, para toda la Provincia, semejante a las de 1766, 1777 ó 1788, que sea válida. Como vamos a tener ocasión de estudiar, los dos Estados de Curatos que existen para 1797 y 1800 plantean serias dificultades en su estudio, de una parte porque la comparación de su información entre sí, y con la de otros censos locales, nos hace sospechar que no es del todo fidedigna, y por otro lado, debido a que en sus estimaciones —aunque no se advierte— parece claro que se engloban los dos sectores sociales de libres y esclavos, por lo que las cifras no son analizables, dado el planteamiento del estudio que venimos siguiendo.

Ello hace imposible, desafortunadamente, una evaluación separadamente, ni siquiera aproximada, del volumen de las poblaciones, tanto libres como esclavas, al concluir el mandato español en Luisiana. Por consiguiente, habremos de conformarnos con ofrecer, oportunamente, las estimaciones conjuntas contenidas en los citados Estados de Curatos en un intento de sustituir, aunque sea tan parcialmente aquella falta.

Al explicar en el primer capítulo, la planificación del trabajo, justificábamos el establecimiento de este tercer período, aduciendo que era la época en que la colonización de la Luisiana Alta se emprendió con más fuerza, en comparación con otras zonas

de la Provincia, sobre todo en la zona Baja donde el fenómeno
había tenido lugar en los años anteriores. Efectivamente, si nos
fijamos en que desde 1788 cuando el volumen del sector libre de
las «Poblaciones de Illinoa» había sido fijado en 1.542, hasta 1804
en que el conjunto de las mismas ascendía a 8.850 [27], la tasa de
incremento medio al año había sido de 115.4‰, podremos comprobar que, refiriéndonos a una zona entera, este ritmo no se veía
igualado en toda la colonia, al menos a través de los datos de que
disponemos.

Tan sólo algún Puesto determinado, como podría ser Natchez
entre 1788 y 1794 pudo superar dicha tasa, pero no de una manera
continuada y progresiva como ocurrió en Illinois.

Algunas consideraciones deben hacerse, sin embargo, a este
crecimiento. Primeramente, que se trata de cualquier manera de
una tasa sobre una población relativamente escasa. No olvidemos
que hablamos de toda la zona norte de lo que era la Provincia,
donde en 1796 colocamos escasamente 3.000 personas libres, casi
las mismas que dos años antes vivían en los distintos pequeños
núcleos que formaban la población de Natchez, por ejemplo.

Por esto mismo hay que decir, en segundo término, que dicho
crecimiento se efectuó, principalmente, en forma de nuevos y pequeños establecimientos alrededor de los que ya había creados,
de los que los más importantes eran San Luis y Sta. Genoveva.
Ya en el segundo período quedó dicho que sería posible que a
finales de los años 1780 existieran algunas pequeñas comunidades
de cazadores y «traitteurs» que serían los que sirvieron de base
a centros como Nuevo Madrid, Villa Carondelet, St. Charles, etc.,
que toman incremento en estos años. De todos ellos el más importante, en cuanto al tamaño de su población fue, sin duda, Nuevo
Madrid. Y quizás también el más antiguo, siendo J. Viles quien
data el establecimiento permanente de algunos cazadores y comerciantes de pieles en dicho lugar en 1786-87 [28]. Más adelante el coronel Morgan planeó y realizó la venta de tierras en el establecimiento
y posteriormente negoció su organización como Puesto [29]. El origen
de casi todos sus habitantes a partir de 1790 era anglosajón, y su
dedicación principal era la agricultura.

---

[27] J. Viles, «Population and extent of settlement...», *op. cit.*, p. 206.
[28] Ibid., p. 191.
[29] Ver F. Solano Costa, «La fundación de Nuevo Madrid», *Cuadernos de
Historia Jerónimo Zurita*, IV-V, 1956, pp. 91-108.

Con relación al volumen de su población, aunque cabe dudar de que los censos que se conservan comprendan el total de la misma, de cualquier forma la existencia de documentos para los años 1792, 1793 y 1795, e incluso las cifras que proporcionan contradicen lo expuesto por Viles, en el sentido de que hasta 1796 no se conservaba ningún censo y aportando para entonces la cantidad de 457 personas libres. Por el contrario, como se puede comprobar en el cuadro 3.2.A, ya en 1795 la población del centro había sobrepasado el límite de los 500 individuos, en un ritmo de crecimiento realmente fuerte, y de acorde con el del conjunto de la región. A partir de 1796, en el cuadro las cifras que ofrecemos son las mismas que presenta el profesor Viles en el trabajo.

Por otra parte, otros de los nuevos núcleos, relativamente importantes era Nueva Borbón, establecimiento formado en los primeros años de la década de 1790 con emigrados del establecimiento de Gallipollis [30], al Oeste de los Estados Unidos, y cuyos orígenes se repartían entre americanos, franceses y canadienses, en su mayoría, abundando entre sus profesiones las de agricultores y artesanos [31]. Este centro estuvo ligado muy directamente al de Sta. Genoveva, y por ello a partir de 1797 los datos que se conservan no hacen la distinción entre ambos establecimientos, por lo que es difícil precisar sus tasas de incremento independientemente. En concreto la de Nueva Borbón entre 1795 y 1796 fue de 820.—‰, aunque a este impresionante índice hay que despojarlo de su carácter aleatorio al estar hallado sobre una base de 150 personas.

Sta. Genoveva, por su parte, desde 1791 a 1795 parece que experimentó un descenso medio anual del —39.7‰, que supone una pérdida de casi 100 personas en cuatro años, cantidad realmente importante [32], sin que nosotros conozcamos la existencia de un suceso capaz de provocar esta disminución.

Entre 1795-1796, Sta. Genoveva aumentó en un 12‰. Por otro lado, junto con Nueva Borbón, para ambas poblaciones se produjeron entre los citados años, y según los datos del Padrón [33], 50 nacimientos que significan el 59.7‰, y 29 muertes, o 34.6‰. Esto sig-

---

[30] Las nacionalidades más abundantes eran la americana y canadiense, ver «Colonie de la Louisiane. Partie occidentalle des Illinois. Poste et district de la Nouvelle Borbon. Anée 1797. Etat de la population du Poste...», AGI. Papeles de Cuba 2365.

[31] Ibid. Esto es «cultivateur» y «forgeron», «faissant de tonnelier», etc.

[32] La cifra de partida para 1791 está tomada de J. Viles, *op. cit.*, p. 202.

[33] Ver Documento n.º 68 de la Relación de censos.

nificaría un crecimiento vegetativo teórico del 25.1‰. Si unimos para los dos años los volúmenes de ambas poblaciones y hallamos la tasa de incremento real obtendremos la cifra de 183‰, de lo que se deduce:

> Que en la evolución de estas poblaciones durante los años que estudiamos (y esta consideración es aplicable como sabemos, a tantos otros casos en que el incremento real sea semejante), la fuerza de la inmigración se impone al efecto del crecimiento vegetativo diluyéndolo.
> Que dado este flujo inmigratorio, las cifras de nacidos y muertos, y los tantos por mil, deben ser admitidas con reservas, pues no sabemos si se incluyen los habidos entre la población inmigrante, y por tanto, tampoco conocemos con seguridad la población base sobre la que hemos de efectuar los cálculos.

A partir de 1796 la evolución conjunta de estos dos núcleos siguió los siguientes pasos:

Población 1796	Incre. ‰ medio anual	Población 1799	Incre. ‰ medio anual	Población 1800	Incre. ‰ medio anual	Población 1804
837	90.3	1.085	228.5	1.33	152.3	2.350 [34]

Como se puede comprobar, el ritmo de crecimiento fue altísimo siendo en todo caso de validez las consideraciones anteriores.

A San Luis, desde 1791, se le unían también en su distrito otros pequeños núcleos que en un principio eran sólo San Fernando y Villa Carondelet, y que más tarde, en 1800, se habían ampliado a Marais des Liards, Meramec, Mississippi-Missouri, y St. Andrews. De cualquier manera, ni aún a finales del período ninguno de ellos había logrado alcanzar la cifra de 300 personas, por lo que sólo nos fijaremos, de un lado en la evolución de S. Luis aisladamente, y de otro, de la del conjunto del Distrito.

En el primer caso, como en Sta. Genoveva, también se nota un descenso entre 1791 y 1795 aunque más suave: del —14.3‰ por término medio al año, para subir posteriormente así:

---

[34] Datos obtenidos de J. Viles, *op. cit.*

Población 1795	Incre. ‰ medio anual	Población 1796	Incrc. ‰ medio anual	Población 1800
679	20.6	693	16.2	739

No parece, pues, que el establecimiento de S. Luis, aislada-mente acogiera gran número de inmigrantes durante la década. Sin embargo en el distrito en conjunto la evolución fue:

Pobla. 1795	Incre. ‰ medio anual	Pobla. 1796	Incre. ‰ medio anual	Pobla. 1799	Incre. ‰ medio anual	Pobla. 1800	Incre. ‰ medio anual	Pobla. 1804
1.017	198.6	1.219	167.9	1.942	55.6	2.050	26.9	2.280

El incremento había sido notable aunque, en parte, había ido perdiendo fuerza hacia los últimos años debido a que otros nuevos establecimientos, también en la zona Norte, estaban siendo crea-dos, tales como Cape Girardeau, cuya evolución entre 1799 y 1803 fue:

Población 1799	Incre. ‰ medio anual	Población 1800	Incre. ‰ medio anual	Población 1803
521	201.5	626	181.7	1.033

Así, en efecto, Illinois se constituía en estos años en la zona en la que el despegue de la población se hacía más fuerte, y ello quedará más claramente de manifiesto al compararlo con el de otros lugares.

Pero mientras este proceso de crecimiento en Illinois puede ser seguido con tanto detalle, no se puede hacer lo mismo con otras zonas de la Provincia.

En el Sur, por ejemplo, en la región Opelusas-Atacapas, para el primero de estos dos centros sólo conocemos datos referidos a 1797 que le asignan una población de 1.440 personas, o lo que es lo mismo, un aumento medio del 40.4‰ anual. Extrapolando estas cantidades, tendríamos en 1803, 1.822 habitantes, y aunque no es probable que se hubiera mantenido la misma tasa de incremento entre 1797 y 1803, adoptamos dicha cifra como mera indicación o punto de referencia con Atacapas, pues aquí, por el contrario sabemos que en 1803 había 2.244 habitantes, pero no existen otros datos para años intermedios. En este caso intrapolando los de 1788 y 1803 se deduce que en 1797 la población supuesta a un ritmo de incremento medio del 27.1‰ al año, sería de 1.858 personas.

No parece que el excedente aportado por la inmigración, sobre la tasa de crecimiento vegetativo en el movimiento de estas poblaciones, fuese excesivamente alto, aunque, desde luego sobre todo en Opelusas seguía siendo importante. Aquí había seguido interviniendo activamente en la composición de la inmigración el elemento de origen anglosajón, de modo que en el censo de 1797 no menos del 16.7% de los «menages» los encabezaban individuos con apellidos de tal naturaleza.

En otros puntos, la oleada expansiva americana hacia el Oeste también dejaba sentir sus efectos, y como es lógico suponer uno de los más afectados era Natchez, el más importante antiguo Puesto inglés, cuyo territorio iba a ser entregado antes del final del mandato español en Luisiana a los Estados Unidos, en virtud del tratado de San Lorenzo.

Entre 1788 y 1793, Natchez había aumentado su tasa de crecimiento real a 131.6‰ de media anual, precisamente en las fechas en que la reducción de la cantidad de tabaco adquirida por la Real Hacienda a los agricultores de la colonia, iba a perjudicar seriamente a la economía agrícola de este Puesto. En este sentido sería interesante un estudio detenido del efecto de los dos fenómenos simultáneos sobre el nivel económico de la población. Al año siguiente, 1794, la tasa de crecimiento real volvía a ser semejante a la de la década de 1780: 58.7‰.

Pero hemos de detenernos aquí a considerar brevemente de nuevo, el número de nacimientos y defunciones que ambos censos facilitan y que podrían darnos una idea aproximada del movimiento natural. No vamos a repetir las advertencias hechas en el segundo período también para Natchez y las de este tercero para Illinois, todas las cuales tienen aplicación en este caso. Sólo aclararemos que por tratarse de censos del tipo C, no nos ha sido posible confrontar estas cifras, familia por familia, con el carácter cualitativo de sus componentes.

El hecho es que para 1793 se presenta un índice de natalidad del 64.9‰ y de mortalidad del 24‰: teórico crecimiento vegetativo del 40.9‰. En 1794 los mismos valores eran respectivamente 58.9‰; 18.6‰ y 40.3‰.

Hechas las consideraciones sobre la posible inclusión de la población esclava, nos limitamos a exponer los datos con el relativo valor que pueden tener.

En Punta Cortada, cercana a Natchez, la influencia de la inmigración no tuvo efecto hasta después de 1795. Hasta entonces la tasa de crecimiento real había sido de una media al año de 11.6‰, posiblemente producto exclusivamente del movimiento natural de la población. Posteriormente dicho índice se convirtió en 63.7‰ entre 1795 y 1803, concluyendo la población el período con 910 habitantes.

A pesar de estarse iniciando, como sabemos, la expansión americana hacia el Oeste, ésta se vio frenada ligeramente por el control que las autoridades españolas trataron de ejercer sobre los desplazamientos de americanos por la Provincia. Dicho control debió surtir más efecto lógicamente en la zona sur que en Illinois, e, incluso en el Sur, después de 1795 tras el tratado de San Lorenzo y el incremento del comercio, estas restricciones serían difíciles de llevar a cabo.

Para otros núcleos de acadianos, como decíamos no se conservan demasiada información. En Lafourche, cuya evolución habíamos seguido de cerca en 1787 y 1788, tres años más tarde la población era de 1.194 personas y su tasa de crecimiento de 41.4‰, aunque en este caso no es posible detectar la presencia —al menos a primera vista en el censo, téngase en cuenta que no trabajamos con documentación que especifique la naturaleza de los individuos— de elementos anglosajones. En este sentido, sin pretender por supuesto que todos los que viviesen allí se dedicasen a tal actividad, resulta importante la cría y comercio de ganado caballar en la zona de Opelusas-Atacapas para explicar, en parte, el factor americano en su población que encontraba trabajo desde antiguo en esta profesión ganadera [35].

En Lafourche, las nuevas anexiones provenían sobre todo de descendientes de los canarios y acadianos de otros núcleos en la Provincia. Por otra parte, está el caso de Valenzuela, otro centro formado precisamente por colonos del citado origen, donde el paso entre 1788 y 1798 se realizó así:

---

[35] L. Deblanc a V. Morales, Atacapas, 22 febrero 1802, AGI. Papeles de Cuba 608.

Población 1788	Incre. ‰ medio anual	Población 1797	Incre. ‰ medio anual	Población 1798
1.424	26.5	1.802	—46.6	1.718

Hasta 1797, si existió algún contingente de inmigrantes, no debió ser considerable, pues la tasa de 26‰ no está lejos del crecimiento vegetativo de una población de este tipo en condiciones óptimas. Sin embargo, en un año se registra una pérdida fortísima que coincide con una epidemia de fiebre amarilla que castigó por estas fechas a la Provincia, y que pudo ser la que motivara este fenómeno [36].

Este descenso posiblemente se produjera también, aunque no sabemos si en el mismo grado, en otras poblaciones del Sur —en Illinois, si tuvo lugar, quedó compensado por la inmigración— y puede ser, en parte, el que reflejan las cifras de los establecimientos de acadianos en los Estados de Curatos de 1797 y 1800, que presentamos aquí con las distintas denominaciones de los Puestos:

Nombre	Población 1797	Población 1800	Nombre
Santiago Cabahanoce	2.224	1.299	Cabahanoce, Acadianos
La Ascensión, Fourche	1.162	1.100	Fourche, Chetimachas
Asunción, Valenzuela	1.991	1.210	Valenzuela, Chetimachas
S. Gabriel Iberville	1.038	1.178	Costa de Iberville.

Y decimos en parte únicamente porque, como habíamos precisado, estos datos se refieren globalmente a poblaciones libre y esclava, lo que imposibilita una evaluación exacta del desarrollo de cada sector. Hemos de recordar que hacia 1796 se tomaron ciertas medidas, por el Gobernador Carondelet, tendentes a cortar la importación de esclavos de las islas del Caribe, para intentar evitar la introducción de ideas revolucionarias que condujeran a situaciones como la de la rebelión de esclavos de Punta Cortada, en 1795, y esto dificulta aún más, si cabe, el cálculo del componente esclavo de las cifras citadas [37].

---

[36] Ver Navarro a Antonio Valdés, Nueva Orleans, 22 febrero 1802, AGI. Papeles de Cuba 633.

[37] Sobre la prohibición a la importación de esclavos ver Jack Holmes, «Some economic problems...», *op. cit.,* p. 538.

Por otra parte, si comparamos concretamente la información de Valenzuela procedente de los censos de la localidad en 1797 y 1798, con la que proporcionan los Estados de Curatos, y si consideramos que el número de esclavos en los censos era de 265 en 1797 y de 274 en 1798, comprobaremos que las diferencias entre ambos tipos de documentos eran las siguientes:

Años	Estados Curatos	Censos
1797	1.991	2.067
1798		1.992
1800	1.210	

No podemos calificar más que de curiosa, la semejanza entre el censo de 1798 y el Estado de 1797, pues se supone que, en todo caso, un censo habría servido de base a la compilación eclesiástica y no al contrario, y concretamente el censo de 1797 —firmado por Verret el 10 de abril— presenta un total superior al Estado del mismo año con fecha 15 de febrero. Lógicamente nosotros concedemos más valor al censo como documento demográfico que se halla firmado por el Comandante del Puesto y desestimamos la información del Estado.

Por otra parte, el descenso que denota el Estado de 1800 parece excesivo y aparentemente injustificado, por lo que la fiabilidad de este segundo documento resulta aún menor que la del primero.

Junto a estos acadianos con crecimiento moderado en algunos casos, Nueva Orleans volvía a registrar un nuevo estancamiento en su historia durante el período español. Ya conocemos el incendio que sufrió en 1788, y hemos señalado la gravedad de las consecuencias económicas que el desastre supuso. Por otra parte los efectos de la epidemia de viruelas que afectó a la Provincia en 1787, se unirían a las circunstancias que hicieron que de 1788 a 1791 el índice de crecimiento medio al año fuera del 2.3‰, prácticamente una estabilización.

Aún en 1794 se volvió a producir un nuevo y grave incendio en la capital, y de hecho no parece que hubieran desaparecido algunos de los problemas económicos que pesaban sobre la población, como las crisis estacionales de productos agrícolas a las que en 1796 trató de poner fin Carondelet [38]. Sin embargo, nominalmente

---

[38] Cfr. nota 4 de este mismo capítulo.

a partir de 1793 y realmente hacia 1796, un nuevo factor estaba ejerciendo su influencia en la vida de la ciudad y, en general, de la colonia y era la apertura del comercio con los Estados Unidos, que variaba completamente de sentido tras la firma del Tratado de San Lorenzo. La situación política internacional originaba esta circunstancia que sería aprovechada por la nación americana, para extender su potencial comercial en el Golfo de México. De cualquier forma, el resultado para la ciudad debió traducirse en un crecimiento económico paralelo al del tráfico comercial que registró, y el incremento de su población no se hizo esperar, de modo que hasta 1803, el ritmo aumentó, situándose en una media del 42.3‰ al año. Sin haber llegado a constatar una relación de causa-efecto, parece, sin embargo evidente la existencia de una correspondencia entre los fenómenos expresados, lo que nos lleva al convencimiento, una vez más, de que realmente existían motivaciones diferentes en las distintas zonas de la Provincia que influían en el desarrollo de sus poblaciones, y no resulta arriesgado afirmar que el crecimiento de la de Nueva Orleans iba ligado de forma bastante próxima a la evolución del comercio.

A no ser para algunos núcleos de mínima importancia como Arkansas o Nueva Iberia, que a veces no excedían de los 200 habitantes —aunque el primero de éstos, por ejemplo, hubiera reflejado en este tercer período la inmigración americana con una tasa media de crecimiento real entre 1788 y 1795 de 219.6‰—, no existen datos para el resto de las poblaciones del territorio, quedando nuestro conocimiento muy limitado por este motivo. Al final de este apartado incluimos los dos Estados de Curatos a que nos hemos referido anteriormente, cuya fidelidad ya ha sido puesta en duda, y que presentan para el conjunto del territorio unos totales de 43.087 el de 1797, que no incluye la región de Illinois y Arkansas, y de 44.116 el de 1800 que sí abarca toda Luisiana y Florida Occidental, incluyendo ambos, libres y esclavos.

Evidentemente la diferencia entre los dos no corresponde a la que existe entre sus respectivas bases territoriales, lo que confirma nuestras sospechas de inexactitud en alguno de los dos, o en ambos incluso, sin que podamos detectar precisamente su importancia.

En resumen, no podemos fijar una cifra de población libre, ni siquiera aproximada al final de los años de administración española en Luisiana, al no existir las fuentes adecuadas, siendo extremadamente arriesgado cualquier suposición que nos atreviésemos a hacer.

De otro lado, de los datos parciales estudiados en este tercer período se desprenden las siguientes líneas:

Un crecimiento fuerte y mantenido del área de Illinois, materializado en la creación de nuevos núcleos. Se trataría del cauce más importante por el que se canalizó la inmigración americana —incluyendo también pequeños contingentes de irlandeses y canadienses—, que durante período anterior los había hecho más abundantemente por Natchez y el curso medio del río.

Un ritmo medio-alto de incremento, con variaciones temporales dentro del período como el experimentado por Natchez, Punta Cortada, Opelusas, Atacapas e, incluso, Nueva Orleans, por su parte, habría tenido un curso muy característico que ha sido reseñado en su momento.

Por último un desarrollo moderado en áreas acadianas, acompañado a veces de descensos, siendo sin duda aquí, donde la inmigración participó en menor grado.

ESTADO DE CURATOS QUE COMPRENDE LA DIÓCESIS DE LUISIANA... Y RELACIÓN DE LA VISITA DE 16 DE ELLAS QUE HE HECHO CON ARREGLO A LA INSTRUCCIÓN PUBLICADA...

Curatos	Almas
Nueva Orleans	16.009
San Carlos	2.232
San Juan Bautista	2.048
Santiago Cabahanoce	2.224
La Ascensión-Fourche	1.162
San Gabriel Iberville	1.038
N. Sr. Dolores Baton Rouge	969
San Francisco de Punta Cortada	1.838
Salvador de Natchez	4.556
Colescreek	1.022
Asunción Valenzuela	1.991
San Martín Atacapas	1.450

Curatos	Almas
San Landry Opelusas	3.663
San Francisco Natchitoches	1.776
San Bernardo Galventown	226
San Bernardo Torno	883

San Luis ⎫
Santa Genoveva ⎬ Parroquias por visitar
Nuevo Madrid ⎭

San Carlos Misuri ⎫ Parroquias ultª. mars.
Arkansas ⎭

Nueva Orleans 15 de febrero 1797

[AGI. Santo Domingo 2588]

ESTADO DE CURATOS, CURAS Y MISIONEROS DE ESTAS PROVINCIAS DE LA LUISIANA Y FLORIDA OCCIDENTAL, DE SUS POBLACIONES Y NÚMERO DE HABITANTES CATÓLICOS Y PROTESTANTES

Poblaciones	N.º habit.	Curatos	Curas
Valiza hasta el torno del Inglés	1.150 Cs.	1	—
Nueva población de San Bernardo	597 Cs.	1	Fr. José Villa Provedo capuchino.
Nueva Orleans — 6.000 ⎫		1	Fr. Joaquín de Portillo
S. Juan Bayou y — Gentilly — 772 ⎬		2	Te. Fr. J. Pelea González
Chapitoulas, Jurisdicción de la Ciudad — 3.827 ⎪	10.639 Cs. y Ps.	1	p/los ingleses
		1	P.º Houg.
Barataria — 40 ⎭			Vicario
		1	Sacristán

Poblaciones	N.º habit.	Curatos
1.ª Costa Alemanes	2.488 Cs.	1
2.ª Costa Alemanes	1.981 Cs.	1
Cabahanoce Acadianos	1.299 Cs.	1
Valenzuela de Chetima-chas	1.210 Cs.	1
Fourche de Chetimachas	1.100 Cs.	1
Costa de Iberville	1.178 Cs.	1
Galveztown y Amit.	437 C.	1
Manchak — 304 Cs.	Cs.	
Baton Rouge — 686 Ps.	1.404 y	1
N. Feliciana — 414 Ps.	Ps.	
Punta Cortada	2.350 Cs.	1
Atacapas	2.641 Cs. y Ps.	1
Opelusas	2.485 Cs. y Ps.	1
Nueva Iberia	290 Cs.	1
Ouachita	286 Cs. y Ps.	—

Año 1800

[AGI. Papeles de Cuba 1815]

3. COMPOSICIÓN POR EDADES

Siguiendo el mismo orden mantenido en el apartado anterior, trataremos primeramente las poblaciones de Illinois, desarrolladas más fuertemente durante el período que nos ocupa.

Aunque los datos brutos sobre la región de Illinois no son escasos, tan sólo en dos años —1795 y 1796— estos datos están divididos por los tres escalones de edades que normalmente se utilizan en los censos que estudiamos.

Sin embargo, aún siendo poca información, resulta altamente ilustrativa pues denota una fuerte homogeneidad en las composiciones de los diversos núcleos existentes en la Luisiana Alta. Para algunos de ellos, los más pequeños, no expresaremos los valores debido, como siempre, a un intento de eludir, al máximo, las oscilaciones aleatorias.

Por ello en 1795 sólo citaremos, San Luis, Santa Genoveva y San Carlos de Missouri, además del total resumido del conjunto de las poblaciones de Illinois, donde quedan englobadas en este año Nuevo Borbón, San Fernando y Villa Carondelet.

En San Luis el reparto por edades era el siguiente:

Nivel de edad	Varones	%	Hembras	%	% sobre el total
I	132	19.4	130	19.1	38.6
II	218	32.1	133	19.6	51.7
III	39	5.7	27	3.9	9.7

A 1779 hemos de remontarnos para encontrar otra ocasión en que San Luis y Santa Genoveva, separadamente pudieron ser analizados en sus composiciones por edades, y también entonces se observaba una gran similitud entre ambas poblaciones, al igual que ahora, cuando Santa Genoveva se estructura así:

Nivel de edad	Varones	%	Hembras	%	% sobre el total
I	101	18.1	115	20.6	38.7
II	206	37.—	114	20.4	57.4
III	16	2.8	5	0.9	3.7

Salvo en el caso de Opelusas y Atacapas, sobre todo en el primer período, cuando los inmigrantes que componían la base de sus poblaciones se hallaban recién llegados, en ninguna otra ocasión hemos observado una similitud tan acentuada en centros, aunque vecinos, diferentes, y por otra parte recibiendo relativamente altos contingentes de inmigrantes, aunque la evolución de estos núcleos entre 1791 y 1795 no quedase claramente establecida.

Junto a ellos, San Carlos de Missouri presentaba rasgos análogos:

Nivel de edad	Varones	%	Hembras	%	% sobre el total
I	61	18.1	71	21.—	39.1
II	103	30.5	63	18.7	49.2
III	34	10.1	5	1.4	11.5

Estas concomitancias reflejadas por los datos de esta tercera población, son difícilmente interpretables. Podrían significar la existencia de una corriente inmigratoria definida, con unos rasgos demográficos determinados, que estaba afectando de modo semejante a toda la región, del mismo modo que, en parte ocurrió algunas veces con los acadianos. Sin embargo no hemos de olvidar que San Luis y Santa Genoveva no eran centros de reciente fundación como San Carlos, sino que en 1788, por ejemplo, ya constituían la base fundamental de la región de Illinois, y que su composición por edades entonces difería bastante claramente de la que presentaban ahora. ¿Qué había ocurrido en el transcurso de sólo siete años para que no sólo esta composición variara en la forma en que lo había hecho, sino para que además, se asemejara en cierta manera al nuevo establecimiento de S. Carlos?

Si, como parecía en el apartado anterior, habían registrado un descenso en volumen entre 1791 y 1795, por causa no muy clara actualmente, no sería de extrañar que se hubiese producido a costa del escalón infantil que, efectivamente, era el que aparecía ahora disminuido tanto en valor absoluto como proporcionalmente. El resultado podría haber coincidido en elementos constitutivos, a grandes rasgos —no olvidemos que también hay diferencias como 49.2% en edad II en San Carlos contra 57.4% en Santa Genoveva—, con los de la masa de inmigrantes que llegaban, de modo que se conformase un conjunto homogéneo con las siguientes características:

Nivel de edad	Varones	%	Hembras	%	% sobre el total
I	379	18.3	407	19.7	38.1
II	697	33.8	417	20.2	54.—
III	109	5.2	52	2.5	7.8

En el año siguiente, la situación apenas se había alterado, notándose en algún caso una ligera disminución del porcentaje en beneficio de la segunda edad de los adultos. Así en San Luis la composición en este año era:

Nivel de edad	Varones	%	Hembras	%	% sobre el total
I	124	17.9	119	17.1	35.—
II	248	35.7	145	20.9	56.7
III	35	5.—	22	3.1	8.2

En efecto, en este cuadro se puede distinguir el fenómeno del que hablábamos como así también en San Carlos de Missouri:

Nivel de edad	Varones	%	Hembras	%	% sobre el total
I	73	18.8	65	16.7	35.5
II	127	32.7	76	19.5	52.3
III	37	9.5	10	2.5	12.1

No resulta fácil explicar esta evolución por medio del movimiento natural, aunque parece lógico pensar, vistas las tasas de incremento de cada uno de los centros, que en el primero de los casos sí fuera esa la causa y en el segundo se tratase del movimiento real en el que jugaba un papel importantísimo la inmigración.

Santa Genoveva, sin embargo, no modificaba su escalón infantil, y disminuía el de la edad II para incrementar el de ancianos:

Nivel de edad	Varones	%	Hembras	%	% sobre el total
I	148	26.2	71	12.5	38.8
II	170	30.1	137	24.3	54.4
III	20	3.5	18	3.2	6.7

A los demás núcleos de la región de Illinois, sin alcanzar aún el nivel de los 300 habitantes, no los consideramos representativos y por esta razón omitimos presentar sus datos individualmente, englobándolos, junto con los tres presentados en el cuadro general de la población de la zona para 1796, que era:

Nivel de edad	Varones	%	Hembras	%	% sobre el total
I	530	21.6	389	15.9	37.6
II	807	33.—	521	21.3	54.3
III	128	5.2	70	2.8	8.1

Si continuásemos clasificando las poblaciones en grupos, teniendo en cuenta como criterio fundamental, el volumen de sus escalones infantiles, y situando sus límites de separación en 35% y 45%, los establecimientos de Illinois en estos años quedarían incluidos en el grupo intermedio entre los dos límites citados, mostrando, como ya habíamos advertido, una gran homogeneidad entre sí, a pesar de que sus crecimientos no siempre había marchado emparejados.

En resumen, hemos de insistir en el hecho de que, desde 1788 se había experimentado una baja sensible en la juventud de la población de Illinois, al menos en forma conjunta, que no tenía visos de cambiar en 1796.

En esta organización por grupos, con unos rasgos muy similares a los que hemos visto en Illinois, se encontraba en 1791 Lafourche, centro de acadianos que en 1788, al final del período anterior se hallaba con menos del 35% de su población compuesto por niños, y que en tres años elevaba dicho porcentaje a 39.3%. Por grandes bloques de edades sus valores eran:

Nivel de edad	Varones	%	Hembras	%	% sobre el total
I	244	20.4	226	18.9	39.3
II	325	27.2	301	25.2	52.4
III	54	4.5	44	3.6	8.2

En detalle, la pirámide de su población que aparece en el gráfico 3.3.C nos muestra una silueta muy semejante a la que habíamos visto en la misma población en 1788, repitiendo las entradas características de las poblaciones acadianas: 5-14, y 30-39 años, pero con la notable diferencia —y a ello se debe lógicamente el aumento de la población infantil— de un desmesurado incremento del escalón de 0-4 años, donde se llega a concentrar el 20.—% del total del Puesto. Recordemos que se trata de un fenómeno que ya apareció en algunas de las poblaciones acadianas al final del primer período, a los años que haber sido fundadas (Opelusas, Atacapas, por ejemplo), y que puede indicar la fase en que estas poblaciones comenzaban realmente a superar los problemas de adaptación al territorio, logrando tasas de natalidad altísimas, próximas al 50‰ o incluso superiores.

Aunque los porcentajes del conjunto de los dos sexos, son similares en Illinois y aquí en Lafourche, obsérvese que separadamente no contribuyen los dos en la misma proporción en cada caso, siendo en el norte de la Provincia la participación masculina mucho más numerosa. Este fenómeno, en parte recuerdo de la composición por sexos de años anteriores, será evaluado con precisión en el próximo apartado.

Otro caso de rejuvenecimiento, aunque hayamos de citarlo con ciertas reservas, lo protagoniza la capital de la Provincia, Nueva Orleans, en el año 1796.

Se trata de un ligero aumento del porcentaje de niños en relación con el de 1788, pero detectado exclusivamente a base de los datos correspondientes a tres de los cuatro grandes barrios que componían la ciudad, y con la población dividida sólo en dos grupos de edades con las siguientes características:

Nivel de edad	Varones	%	Hembras	%	% sobre el total
I	549	21.4	498	19.4	40.8
II-III	754	29.3	765	29.8	59.2

A falta del cuarto barrio, se había producido un aumento del 2.5% en la edad I durante la fase de incremento del total de población que estaba sucediendo entre 1791 y 1803, aunque estas cifras por tanto sólo son provisionales.

Prácticamente en el límite del paso del grupo intermedio, del que hemos tratado, al de poblaciones más jóvenes con más del 45% de niños, tenemos a Natchez en 1793 y 1794. Después de algunos altibajos en su composición entre 1784 y 1788, esta población, si no podemos afirmar rotundamente que se había estabilizado, sí hay que decir que los cambios experimentados no eran excesivamente bruscos, considerando la tasa de incremento medio anual observada entre 1788 y 1791, que había sido de 131‰, capaz de desequilibrar cualquier estructura. De hecho en 1793, por tres escalones de edad, era ésta:

Nivel de edad	Varones	%	Hembras	%	% sobre el total
I	653	23.8	598	21.8	45.6
II	680	24.8	486	17.7	42.5
III	196	7.1	128	4.6	11.8

Ello significaba concretamente en el escalón infantil una variación de 2% sobre 1788; por otra parte el escalón de adultos perdía casi un 8% que, lógicamente, se incorporaba al grupo de los ancianos. Al año siguiente, después de otro fuerte aumento, la composición se mantenía apenas alterada:

Nivel de edad	Varones	%	Hembras	%	% sobre el total
I	693	23.8	636	21.9	45.8
II	760	26.1	579	19.9	46.1
III	128	4.4	106	3.6	8.—

Teniendo en cuenta que en este año se habían registrado —aunque como ya dijimos las cifras sean dudosas— 171 nacidos y 54 muertes, hemos de imaginar que, normalmente, la mortalidad había afectado con mayor intensidad a los ancianos que perdían en número absoluto, en tanto que la inmigración había favorecido preferentemente al escalón intermedio.

Así, hallándose en el grupo de poblaciones más jóvenes, Natchez no constituía una situación extrema en este sentido como vamos a ver que ocurría en otras poblaciones. Una de éstas era Punta Cortada, que había iniciado a partir de 1786 una recuperación en la que no sabemos si 1803 era un punto culminante, o simplemente un momento más dentro del proceso.

El caso era que al final del período español, Punta Cortada presentaba una composición por edades semejante a la del comienzo del mismo:

Nivel de edad	Varones	%	Hembras	%	% sobre el total
I	212	23.3	241	26.4	49.8
II	215	23.6	188	20.4	44.3
III	33	3.6	21	2.3	5.9

Este rejuvenecimiento, se producía tras unos años de fuerte crecimiento por inmigración en el establecimiento, aunque no podemos especificar qué grado de relación guardan ambos fenómenos.

A 1796 pertenece el censo de Opelusas que sólo nos ofrece las edades de la población, divididas en dos únicos bloques de edades delimitados por la barrera de los 15 años. Con relación a 1788, al tiempo que se había experimentado un crecimiento constante con participación del elemento americano, se producía un ligero aumento de los efectivos entre 0 y 14 años hasta llegar a suponer el 50.7% del total de la población del establecimiento, detallándose el reparto de la siguiente forma:

Nivel de edad	Varones	%	Hembras	%	% sobre el total
I	389	27.—	342	23.7	50.7
II-III	391	27.1	318	22.—	49.2

Pero más joven que Opelusas, y a falta de datos de otros núcleos, constituyendo el caso extremo en este período, aparece la población de acadianos y canarios de Valenzuela, en Lafourche, en 1797 y 1798.

Ya en 1788 Valenzuela, junto con la Parroquia de St. Jacques de Cabahanoce, se diferenciaba, principalmente en su porcentaje de niños, del núcleo denominado Lafourche y nosotros, explicábamos esta diferencia por el hecho de que en este último, era donde se habían incorporado, en mayoría, los nuevos inmigrantes llegados en 1785, quienes todavía en 1788 tenían problemas de adaptación, en tanto que probablemente los acadianos de Valenzuela y St. Jacques ya los habían superado.

Ahora, durante el tercer período, cuando estamos viendo una tendencia casi generalizada —Lafourche, Natchez, Punta Cortada, Opelusas— a un incremento en los porcentajes de las poblaciones infantiles, Valenzuela se situaba en dicha tendencia, alcanzando en 1797 un 45.7% de la población total entre 0 y 14 años en la siguiente composición:

Nivel de edad	Varones	%	Hembras	%	% sobre el total
I	443	24.5	382	21.2	45.7
II	426	23.6	368	20.4	44.—
III	105	5.8	78	4.3	10.1

El gráfico 3.3.G nos muestra el detalle de esta composición, en la que se aprecia junto a una base francamente ancha, las típicas rupturas existentes en las pirámides de acadianos, en este caso entre los 15 y 25 años para ambos sexos, y más adelante otra más suave de los 40 a 50 años.

Al año siguiente, 1798, a pesar de que la evolución del total de población del establecimiento había sido descendente, el escalón infantil había aumentado en valor absoluto y relativo, situándose en relación a los otros dos bloques de edades así:

Nivel de edad	Varones	%	Hembras	%	% sobre el total
I	475	27.6	410	23.8	51.5
II	366	21.3	341	19.8	41.1
III	72	4.2	54	3.1	7.3

Detalladamente la pirámide del gráfico 3.3.H correspondiente a esta población refleja, en comparación con la anterior, el cambio de estructura con una base más ancha y compacta, al tiempo que una reducción proporcional en el resto de los grupos de adultos y ancianos.

En resumen, como hemos adelantado más arriba, creemos interesante resaltar el hecho de la tendencia al rejuvenecimiento experimentado, aunque con diferente graduación, en la gran mayoría de las poblaciones revisadas, salvo Illinois, en el Norte.

¿Hasta qué punto cabe relacionar la expansión comercial, la gran expansión comercial de los años noventa, con este desarrollo de juventud en las poblaciones? ¿Guarda alguna relación, o se trata de un efecto de la composición de la inmigración americana que afectaba a casi todas las zonas por estas fechas?

De cualquier forma, si fuese esta segunda razón, no sería aplicable a todos los núcleos, ya que Valenzuela por ejemplo, donde el influjo americano no llegó, también —y en mayor medida que ninguna otra— sufrió la misma evolución.

4. Composición por sexos

Continuando el mismo orden observado hasta ahora en la exposición de los datos, vamos a referirnos en primer lugar a la zona de Illinois para continuar después con los demás Puestos de la colonia.

Para 1791, las cifras de población facilitadas por el profesor Viles hacen la distinción por sexos pero no por edades, con lo que es imposible precisar más allá de lo que los datos dicen. En Sta. Genoveva la relación de masculinidad absoluta era en aquel año de 160[39], por encima de la que había en 1788 para el área de

---

[39] Quedan excluidos 26 individuos de color libres (3.9% del total) para los que no se especifica el sexo.

Illinois entera, y casi en la misma altura que la que tenía el Puesto en 1779.

Por su parte San Luis, como población independiente, alcanzaba 153 [40], y junto a los núcleos de San Fernando y Villa Carondelet, formando el Distrito de su nombre, 150, cabiendo repetir casi lo dicho para Santa Genoveva, aunque San Luis en 1779 se elevaba a 174.

Era evidente, de todas formas, que la composición continuaba marcada por el dominio del sexo masculino en altas proporciones, semejantes a las que habían existido hasta entonces.

En 1792 el primer censo de Nuevo Madrid presentaba una relación absoluta de 136, que ascendió al año siguiente a 158, al mismo nivel que los otros establecimientos de Illinois, para descender de nuevo en 1795 a 139.

En este mismo año San Luis y su Distrito habían registrado una baja igualmente en sus relaciones absolutas, siendo sus composiciones en tres bloques de edades:

| | Relación de masculinidad | |
Grupos de edades	San Luis	Distrito (incluye San Luis)
I	101	93
II	163	153
III	144	132
Población total	134	124

El mismo fenómeno había tenido lugar en Sta. Genoveva, aunque por ser el nivel de esta población más alta el resultado fuera menos notable:

| | Relación de masculinidad | |
Grupos de edades	Sta. Genoveva	Distrito (incluye Sta. Genoveva)
I	87	96
II	180	188
III	320	314
Población total	138	148

Detalladamente se notan unos índices en edades infantiles relativamente bajos, a diferencia de lo que ocurría en 1788 ó 1779, y sobre los 15 años, unas proporciones anormalmente elevadas

[40] No se consideran 37 personas libres de color (5.1% del total) por la misma razón de la nota anterior.

con la particularidad de que en S. Luis, los índices entre los ancianos no son más altos que los de adultos, como era normal en Sta. Genoveva. Este hecho no era nuevo porque ya en 1779, cuando dispusimos de datos para las dos poblaciones por separado, también se produjo el mismo sentido.

Recordemos justamente que, durante estos años transcurridos entre 1791 y 1795, había existido una disminución del volumen de población que coincidía con estas modificaciones del reparto por sexos, causadas por un descenso fuerte del número absoluto de varones en los Puestos, para lo que, en el estado actual de nuestros conocimientos, no es posible hallar una explicación lógica.

Al año siguiente ya se había iniciado la recuperación, en el sentido de un nuevo incremento, por lo menos en los índices absolutos. Nucvo Madrid situaba su relación absoluta en 151, aunque precisamente en esta población era 1796 el año que acusa una baja en su volumen, quizás motivada, como vimos, por problemas de fuentes.

En Sta. Genovvea la relación era de 149 y en su distrito, incluyendo a Nuevo Borbón, de 154, dividiéndose así por edades:

Grupos de edades	Relación de masculinidad	
	Santa Genoveva	Distrito
I	208	199
II	124	131
III	111	138
Población total	149	154

Resulta absolutamente extraño y difícil de aceptar el cambio radical habido en la edad I que pasa, concretamente en Sta. Genoveva, de 87 en 1795, a 208 en 1796. Con un incremento interanual de 20.6‰, nos atreveríamos a afirmar que no es posible dicho cambio, y que debe explicarse a un error de clasificación por sexos en algunos individuos de esa edad.

Mientras, San Luis y su distrito evolucionaban así:

Grupos de edades	Relación de masculinidad	
	San Luis	Distrito
I	104	110
II	171	169
III	159	158
Población total	142	143

Aunque la población de San Luis sólo representaba el 56.8% del total del Distrito, es notable la semejanza que existía entre los dos casos. Semejanza que se halla en la misma línea de homogeneidad que se producía en la zona completa de Illinois entre sus diferentes establecimientos.

Al no haber para años posteriores a 1796 datos que diferencien por edades, sólo podemos observar las relaciones absolutas de los mismos núcleos, que eran para Nuevo Madrid de 153 en 1797, y de 135 en 1800. En el distrito de Sta. Genoveva de 138 en 1800, y en tercer lugar, para San Luis aisladamente, de 149 en el mismo año, y de 137 para todo el distrito.

Claramente en Nuevo Madrid y en Sta. Genoveva, y sólo de forma relativa en el caso de San Luis, parece experimentarse un ligero descenso en estas relaciones absolutas hacia el final del período, aunque siguen quedando, indudablemente, muy por encima del medio aceptable en una población tipo, que no debería exceder, aún concediendo un cierto margen en caso de oscilaciones aleatorias, de 115.

Incluso faltando datos para otras poblaciones de la Provincia en este período, no es probable que en ningún caso la situación de Illinois fuese similar a la de otros núcleos, y por ello este área seguía mostrando ciertos rasgos que la diferenciaban claramente del resto del conjunto.

Un grado menor que Illinois en la relación por sexos sólo lo encontramos en Natchez, debido a la escasez de datos a la que acabamos de aludir, aunque es de suponer que otras poblaciones de la Provincia se hallarían en esta situación intermedia que expondremos.

Desde 1784, Natchez disponía de un reparto similar alterado por pequeñas variaciones causadas probablemente por la composición de los inmigrantes que llegaban al Puesto. Esta situación se mantuvo en años siguientes durante el presente período, a pesar de que la tasa de crecimiento experimentada, a veces, pudo haber dado lugar por su intensidad a una alteración de la estructura. En 1793 y 1794 por tres bloques de edades los índices eran:

Grupos de edades	Relación de masculinidad	
	1793	1794
I	109	108
II	139	131
III	153	120
Población total	126	119

Por regla general, como venimos estudiando, en muchas poblaciones los índices de las edades infantiles no exceden los límites 90-115, al igual que sucede en este caso de Natchez. Del mismo modo, también suele ser un fenómeno común, la elevación excesiva del índice entre los ancianos, contrariamente a lo que es normativo en una población «tipo», aunque en este hecho cabe establecer gradaciones entre los distintos puntos de la colonia.

Sin embargo, el grado inferior, en relación a Illinois, a que nos referíamos que caracteriza a Natchez, viene dado además de por el índice de relación absoluta, por el de la edad II o de adultos que aún hallándose sobre el nivel 115, no alcanza a los que eran corrientes en Illinois, superiores a 150.

Evidentemente también la relación absoluta contribuye a caracterizar el valor intermedio, entre las distintas variantes que estamos estudiando, que representa Natchez.

Desde el punto de vista dinámico es de notar los signos de descenso advertidos en 1794. No es suficiente, lógicamente, para deducir que en años posteriores la tendencia continuara siendo descendente, pero al menos debemos apuntar esta posibilidad que viene a unirse a la baja observada también en Illinois, ya al final del período.

Pero un grupo cada vez más amplio de poblaciones tendía a establecer relaciones de masculinidad, tanto por edades como absoluta, próxima a la normalidad.

Así, cronológicamente expuestas tenemos en 1791 a Lafourche, y en 1796 a Opelusas, con los siguientes índices:

Grupos de edades	Relación de masculinidad	
	Lafourche 1791	Opelusas 1796
I	107	113
II	107	122
III	122	122
Población total	109	118

En Opelusas los niveles son sólo ligeramente más altos que lo normal, mientras que en Lafourche únicamente la edad III excede dichos límites, hallándose la relación absoluta en un moderado 109.

Mientras, en 1795 unas listas de habitantes de Punta Cortada en la que únicamente se diferenciaba el sexo y no las edades, presentaba una relación absoluta de 97, que indica una acentuada normalidad, aunque hay que suponer que por escalones de edades se producirían, oscilaciones lógicas en una población de 500 habitantes.

La población de Valenzuela aún sobrepasaba alguna vez el 115, sobre todo por encima de los 50 años, o, por el contrario, se mantenía exactamente en tal límite en otras ocasiones. En 1797 y 1798 las características eran:

Grupos de edades	Relación de masculinidad	
	1797	1798
I	115	115
II	115	107
III	134	133
Población total	117	113

El descenso habido entre ambos años se reflejaba en la edad II y en nivel absoluto, siendo evidente el nivel relativamente bajo del conjunto de los valores.

Por último ya en 1803, tenemos información nuevamente sobre Punta Cortada y, también para Atacapas, cuyas relaciones de masculinidad se situaban en:

Grupos de edades	Relación de masculinidad	
	Punta Cortada	Atacapas
I	87	107
II	114	104
III	157	
Población total	102	106

En esta misma línea de relativa normalidad se sitúa, como en períodos anteriores, Nueva Orleans.

Ya en 1788 veíamos que sus relaciones entre sexos, al contrario que los del resto de los establecimientos se mantenían incluso más bajas que las de la curva «tipo». Pues bien, tres barrios de la ciudad en 1796 presentaban unos rasgos similares, aunque levemente superiores:

Grupos de edades	Relación de masculinidad
I	110
II-III	98
Población total	103

Nueva Orleans se manifestaba así, en este aspecto, como el centro más estable de la colonia a diferencia de todos los demás estudiados, cuyas alteraciones a lo largo de los 40 años llegaron a ser, a veces, muy marcadas.

No están ausentes entre estas poblaciones ciertos rasgos que salen de la línea que marcaría una curva ideal: en general en la edad I los índices son ligeramente elevados, aunque cercanos a la normalidad, llegando a situarse en 115, como en Valenzuela, sin faltar el caso opuesto que es una vez más —como en el segundo período con los adultos— Punta Cortada, con 87. Entre los adultos es donde podemos decir que radica la modificación registrada en estos centros, pues en comparación con las proporciones mantenidas en años anteriores, ahora los índices quedaban todos por debajo de 115. Finalmente como ya es normal, en los ancianos sí se sobrepasa esta barrera haciendo subir, en ocasiones, ligeramente las relaciones absolutas.

De todas formas, la tendencia a la normalización en las relaciones entre sexos en las zonas populosas de acadianos y otros puntos del curso medio del río, parecía deberse ya a los años de historia de los establecimientos, por un lado, que hacían que su funcionamiento se consolidara, y por otro, del aumento de sus volúmenes de población, que eliminaba paulatinamente las oscilaciones aleatorias, aunque no puede aducirse como única causa esta última, puesto que en algunos centros como Punta Cortada el total de la población aún no llegaba a ser muy elevado y las relaciones sí alcanzaban grados normales.

5. COMPOSICIÓN POR SEXO, EDAD Y ESTADO CIVIL

En el estudio de la composición de las poblaciones según su estado civil en estos últimos años, vamos a echar en falta ejemplos que diversifiquen los datos disponibles. Entre ellos sólo se hallan representados los núcleos acadianos por medio de Lafourche y

Valenzuela, además de Nueva Feliciana, población creada en 1786 con parte de los inmigrantes del año anterior, aunque aquí había un sector representativo de americanos, y por último, el Puesto de Arkansas que, por su situación en la orilla derecha en el curso medio del río, y por su historia como centro de cazadores, podía considerarse en cierto modo del tipo de población que encarnaban Natchitoches e Illinois, cuyas economías miraban en gran medida al comercio y «trata» con los indios. Así pues, las poblaciones más importantes de la colonia quedarán inéditas en este punto, por lo que las conclusiones que obtengamos van a ser necesariamente parciales.

Por orden de intensidad en los fenómenos, nos vamos a referir cronológicamente a los tres censos de acadianos, y entre ellos tomaremos, en primer lugar, al de Lafourche en 1791 (ver cuadro 3.5.A). Las cifras de su Resumen General muestran una población adulta en la que destaca inmediatamente el porcentaje de casados sobre las otras columnas, que con 64.9% nos lleva a clasificar este centro en aquel Grupo I de poblaciones que constituimos en el primer período, y que, recordando brevemente, entonces caracterizábamos como con más de 60% de casados, mayoría de esta categoría en cada sexo, y alta relación de masculinidad. Hay que considerar que en aquellos años nos referíamos a núcleos de menor tamaño que éste de Lafourche o los siguientes de Valenzuela, que estudiaremos, por lo que algunos de estos rasgos se han suavizado en estos años, como sucede, por ejemplo, con la relación de masculinidad, que en este caso, entre adultos y ancianos, es de 109.

Sin embargo, el elemento fundamental de esta caracterización lo constituye indudablemente el elevado grupo de casados que, evidentemente resulta mayoritario en los respectivos sexos, sobre las demás columnas de solteros, viudos y desconocidos. Comparativamente, existen ciertas semejanzas aunque con cierto predominio de solteros varones sobre hembras y, eventualmente, de viudas sobre viudos, dado que el porcentaje de desconocidos, que habría que repartir entre solteros y viudos, es más alto para las mujeres que para los hombres.

Por grupos de edad, el reparto se realiza en forma similar a la de otras poblaciones pertenecientes a este mismo Grupo I. Hay similitudes entre solteros y viudos de los dos sexos, siendo como es lógico en la primera categoría mayoritarios los varones; y entre los casados, las mujeres aparecen, en esta ocasión con 19.3%, en el grupo de 15-19 años, mientras que los hombres guardan este escalón aún vacío. En el mismo sentido la edad media de las casadas resulta más baja que la de los hombres.

Pues bien, este esquema que hemos trazado, aunque con algunas diferencias mínimas que no afectan en absoluto a la estructura de la composición, lo vemos repetido seis años más tarde en Valenzuela (ver cuadro 3.5.B), núcleo de origen canario y, sobre todo, acadiano, y aún en 1798 (ver cuadro 3.5.C), y es de notar que algunos rasgos en esta fecha se acentúan, como es el porcentaje de individuos casados, que llega a ascender, para ambos sexos, a 70.4%, e individualmente a 67.5% en los varones y a 73.4% entre las hembras, a costa en los dos casos de la columna de solteros. Por edades, no obstante, puede aplicarse el mismo comentario de Lafourche.

En Nueva Feliciana, aunque se trata de un núcleo mucho menos importante (ver cuadro 3.5.D), y en el que los datos están presentados en dos bloques de edades, los porcentajes son relativamente semejantes a los de Valenzuela en 1798. Ello significa que existía un tipo de composición por estado civil, común a varias poblaciones que, entre sí, no concordaban en otras estructuras demográficas, como puede ser la de edades, aunque sí veamos más adelante que lo hacían con otras, principalmente la del reparto de sexos. Así mientras Lafourche en 1791 sólo contaba con 38.3%, de niños (0-14 años), Valenzuela en 1798 disponía del 51.5%, siendo así que entre sus respectivos porcentajes de casados únicamente mediaba una diferencia que no llegaba al 6%. Obviamente, el nexo que en gran medida servía de unión entre estas dos estructuras y que difería en cada caso, era la fertilidad.

Por otro lado tenemos el caso de Arkansas en 1794 y 1795 (ver cuadros 3.5.E y F), que aunque se trate de un núcleo de segunda categoría en este tercer período, teniendo en cuenta su volumen, su ejemplo puede servirnos de indicativo, dada la escasez de datos existentes.

A primera vista se observa que su composición no corresponde a la que tenían los acadianos. Los casados de los dos sexos aquí, aún siendo mayoría, no lo son en proporción tan abrumadora, pues no llegan al 45% en ninguno de los dos años, tan sólo un 10% más aproximadamente que los solteros, sin contar con que la columna de desconocidos engloba a un 17.7%, que podría alterar la citada diferencia.

En cada sexo, separadamente, la situación difiere de forma clara, las mujeres tienen una absoluta mayoría de efectivos casados, sin desconocidos. Los hombres, por el contrario, cuentan con una ligera superioridad de solteros que, como en el caso del Resumen General, podría aumentar tras el eventual reparto de la columna de desconocidos (27%).

Hay que tener en cuenta que estamos trabajando con una población en la que la relación de masculinidad oscila entre 181 y 190 para adultos y ancianos, al revés de lo que ocurría entre los acadianos como habíamos advertido, cuya relación de masculinidad era sensiblemente más baja.

Continuando con Arkansas, no podemos precisar con detalle el reparto por edades, debido a la ordenación de los datos en grandes bloques, y sí solamente advertir que, una vez más, la edad media de las mujeres casadas se muestra más baja que la de los varones.

Estos casos de Arkansas, pueden ser tomados como representativos, en cierta forma, de poblaciones como Natchitoches e Illinois, con las que la unía el rasgo común del desequilibrio en las relaciones de masculinidad, muy acentuado en todas ellas, y pueden ser clasificadas, en la ordenación por grupos que habíamos hecho en el primer período, en una posición intermedia entre los Grupos II y III, ya que tan sólo en uno de los sexos —varones— se observa una mayoría de solteros sobre casados, y no así en el otro, en que ocurre lo contrario.

De esta forma, creemos que siguen estando claras las diferencias existentes entre distintos tipos de población en la estructura por estado civil, siendo de lamentar, insistimos una vez más, la falta de información sobre otros núcleos que ayudarían a enriquecer mucho más nuestro conocimiento del tema.

Igualmente se confirma la idea de la relación preferente entre esta estructura que estudiamos y la de sexos, sobre cualquiera otra posible.

6. ESTUDIO DE LA FERTILIDAD

Sin olvidar las reflexiones hechas en los apartados correspondientes de los períodos anteriores sobre el tema de la fertilidad, y considerando que en éste que nos hallamos la mayoría de los censos ofrecen la información por edades en tres grandes bloques, por lo cual las tasas que obtengamos están logradas mediante la aplicación del coeficiente 2.4, comenzaremos por citar la serie de establecimientos en los que, en algún momento, dicha tasa excedió la cifra de 1.000 en estos años.

En ausencia de poblaciones tradicionalmente muy jóvenes como era Alemanes, que previsiblemente, de contar con datos para las mismas, deberíamos incluirlas aquí, tenemos en primer lugar el caso de Natchez en 1793, donde el índice de fertilidad alcanzó 1.070. El porcentaje de niños en este lugar no había variado sustancialmente desde 1788, subiendo del 43 al 45%, pero sí lo había hecho el de mujeres adultas, descendiendo desde un 22 al 17%, lo que provocaba la alteración de la fertilidad, que en 1788 era de 791 y en 1793 subía a 1.070. Lógicamente el incremento experimentado en estos años, de más del 100‰ explicaba estas oscilaciones.

Al año siguiente, el índice descendía a 954, debido a un aumento del grupo de mujeres a 19.9%, a pesar de lo cual, Natchez parece perfilarse como uno de los centros con más alta fertilidad.

Valenzuela en 1798, después de haber sufrido un descenso en su volumen que había afectado principalmente a las edades adultas, veía aumentar su fertilidad desde 864 en 1797 a 1.055. Si pensamos que en 1788, este establecimiento arrojaba una tasa de 650, notaremos el progreso experimentado en pocos años por aquellos canarios y acadianos llegados a comienzos de la década de 1780.

Sin llegar a constituir el nivel más alto detectado en lo que hemos analizado a lo largo del trabajo, el número medio de hijos vivos por madre en esta población de Valenzuela podemos decir que era elevado, y se repartía así por grupos de edades de las madres:

Nivel de edad	N.º medio hijos/madre	
	1797	1798
15-19	0.33	0.55
20-24	1.41	1.41
25-29	2.75	2.82
30-34	3.59	4.—
35-39	3.72	3.47
40-44	3.72	3.42
45-49	2.61	2.52
Total	2.81	2.94

En conjunto, coincidiendo con el crecimiento del porcentaje de niños, y la elevación de la tasa de fertilidad, el número medio de hijos aumenta de 2.81 a 2.94 de un año a otro, a causa sobre todo de la diferencia en el escalón 30-34, que es el más numeroso de todos, y se puede afirmar que resulta un cuadro parecido al de aquellas poblaciones acadianas jóvenes que veíamos en 1777.

Por último, dentro de este grupo de núcleo con fertilidad superior a 1.000 tenemos a Punta Cortada en 1803, que tras la recuperación iniciada en algunos aspectos: en volumen total después de 1795, y en porcentaje de edad infantil, por ejemplo, ratificaba esta tendencia con la subida desde 666 en 1788, a 1.000 a finales del período.

De estas tres poblaciones, los casos que nosotros resaltaríamos especialmente serían el de Natchez y el de Punta Cortada. Valenzuela había seguido el camino de un comportamiento ya trazado en el primer período por otros grupos de acadianos. Sin embargo para Natchez la situación era completamente nueva, y facilitada, de una parte, por la inmigración americana, y de otra, si aquellos cálculos de crecimiento vegetativo que discutíamos en los apartados dedicados al volumen de la población se aproximaran a la realidad, por la tasa de natalidad del grupo que se revelaba francamente elevada.

Punta Cortada parecía recuperarse de una crisis que se había iniciado ya en 1777 con «envejecimiento» del grupo, baja de fertilidad y descenso del volumen, puntos que en estos últimos años rectificaba claramente.

Un segundo grupo de Puestos, continuando adelante, que se manifestaban con tasas de fertilidad entre 700 y 1.000 quedaba integrado por Nueva Feliciana en 1793, centro del que hemos hablado en el apartado anterior como de segundo orden en el conjunto de la colonia y no representativo especialmente. La tasa observada era de 762 y el número medio de hijos vivos por madre de 2.17, comparativamente bajo en relación con la fertilidad.

También se hallaban en este grupo, núcleos de Illinois en general en 1795, así San Luis presentaba una tasa de 816, Sta. Genoveva de 787, S. Carlos de Missouri de 870, y el conjunto de la zona de 783. Como con otros rasgos demográficos había ocurrido antes, la homogeneidad era evidente, pero hay que advertir que se había registrado una baja en relación a 1788, en que la fertilidad se cifraba en 1.166 (baja también experimentada en volumen de niños).

En 1796 este descenso continuaba marcándose ligeramente, cuando ya San Luis y Santa Genoveva se situaban en 695 y 662, por lo que correspondería citarlos en el grupo siguiente de poblaciones.

Sin embargo, atendiendo a que San Carlos de Missouri aún presentaba 754, y el conjunto del área 733 (dos nuevas bajas con respecto al año anterior), los enumeramos aquí, al tiempo que se nos plantea la incógnita de cuál sería la tendencia seguida por estos núcleos, ante la evolución de crecimiento que iban a seguir experimentando en años siguientes hasta 1804, dado que, salvo la situación de 1788 que en parte podía ser falsa y provocada por Miró al confeccionar el Padrón, Illinois había seguido un comportamiento fijo al que parecía retornar en estos últimos años.

Finalmente está Lafourche que, en 1791, presentaba una fertilidad de 830, sensiblemente más alta que en 1788, habiendo incrementado al mismo tiempo su población infantil. El número medio de hijos vivos por madre y grupos de edad de éstas era:

Nivel de edad	N.º medio hijos/madre Lafourche 1791
15-19	0.83
20-24	1.48
25-29	2.35
30-34	2.57
35-39	3.70
40-44	2.33
45-49	2.90
Total	2.23

Por simple comparación con los datos anteriores de Valenzuela, para comprobar dónde residen las diferencias, nótese cómo desde los 30 a los 45 años, en que los grupos son más numerosos, Valenzuela sostiene prolongadamente unos índices más altos que repercuten en el momento de la media, en la forma que indica la diferencia. Estimamos que Lafourche iniciaba una subida tras el descenso provocado —y ya comprobado en otras estructuras— por la incorporación de los acadianos en 1785, que se manifestaba en los datos que hemos observado.

En último término, nos referiremos al conjunto de poblaciones con menos de 700 de tasa de fertilidad que, dada la escasez de información en que nos estamos desenvolviendo quedaba limitado a Arkansas con 508 en 1794, y 545 en 1795, que al mismo tiempo ofrecía medias de hijos por madre de 2.02 y 2.24 respectivamente. Es evidente la existencia de una cierta desproporción entre los dos tipos de índices: no se comprenderían unas medias tan «altas» junto a fertilidades tan bajas, de no ser por el hecho de que entre los hijos se contabilizan los mayores de 15 años aún viviendo con sus padres, punto que es explicado en el apartado de Metodología pero que recordamos ahora para hacer más clara la situación.

De esta forma aunque, en el apartado anterior relacionáramos a Arkansas con los centros de Illinois, principalmente a través de las estructuras de masculinidad, semejantes por lo altas en los dos lugares, y consecuentemente por la estructura del estado civil, parece claro sin embargo que las tasas de fertilidad no eran comunes, resultando sensiblemente inferiores en Arkansas.

Para concluir, nos queda el caso de Nueva Orleans, aunque sólo podemos tomar como ejemplo (y somos conscientes de lo poco representativo que esto puede ser) a dos de sus cuatro barrios, que en 1796 presentaban una tasa de fertilidad de 604, hallándose perfectamente en línea con las registradas en años anteriores. Con esto Nueva Orleans ratificaba su línea de estabilidad estructural ya demostrada en otros apartados, y mantenida a lo largo de los tres períodos, dando lugar a una unidad bien diferenciada de las del resto de la Provincia.

7. COMPOSICIÓN DE LOS «MENAGES»

El cuadro 3.7.A donde aparecen las medias, y sus correspondientes desviaciones típicas de personas por «menage», es aún más reducido que el correspondiente al segundo período, al igual que viene sucediendo con el resto de las estructuras estudiadas, originándose la diferencia en la mayor pobreza de datos para estos últimos años de la época.

¿Qué aportaciones nos facilita el citado cuadro en relación al 2.7.A? En primer lugar, insistiendo en observar los fenómenos gradualmente por su intensidad y, sin duda, debido a la expresada escasez de datos, hay que hacer notar, por un lado, la desaparición de casos en los que la media sobrepase el nivel 5. Recordemos que en el primer período, Alemanes y Atacapas se había llegado a colocar por encima de este límite; en el segundo fueron Natchez y nuevamente Atacapas. En esta ocasión ninguno de estos tres centros están presentes en el cuadro y el máximo observable es de 4.54 en Opelusas en 1796.

Pero, por otro lado, ha reaparecido un ejemplo de índice inferior a 3.—, que tan sólo había tenido lugar durante los primeros quince años, en el caso de los acadianos recién inmigrados. El hecho de que ahora se produzca en Nuevo Madrid en 1795, un nuevo establecimiento con pocos años de vida aún, nos lleva a plantearnos si es que, por regla general, estos índices bajos eran propios de poblaciones de nueva formación. Y, hasta cierto punto, tenemos ejemplos que nos ilustran de lo contrario: los canarios, vistos en el período anterior, se aproximaban a 4.— en sus concentraciones; y los acadianos de 1785 incluso superaban esta cifra. Es decir, que parece que estos casos de medias inferiores a 3.—, excepcionales en sociedades coloniales, como veremos más adelante, eran aislados y se debían a circunstancias especiales, debiendo recordar, para el caso de Nuevo Madrid, que las concesiones de lotes de tierra en el nuevo establecimiento las gestionó aquel coronel Morgan [41], y que por causas que nos son desconocidas, hubo un alto número de individuos solos —solteros o viudos— entre los que adquirieron dichos lotes, lo cual hacía descender la media que estudiamos [42].

Pero observemos, como decíamos, los índices de mayor a menor. Opelusas, en primer lugar, detecta el máximo, aunque denota unos fuertes altibajos desde 1785, que la habían llevado a una media de 3.81 en 1788, y ahora en 1796 a 4.54, y que debían ser motivados por la acción inmigratoria que en este Puesto era más palpable por la presencia de aquel contingente de americanos. Inmediatamente detrás, y prácticamente al mismo nivel, se halla Valenzuela. Sabemos que este núcleo había tendido desde 1788 a rejuvenecerse, a incrementar su fertilidad y a normalizar su relación varones-hembras. Es muy probable que también su media de persona/«menage» hubiese aumentado, aunque no dispongamos de cifras para años anteriores con que comparar. En realidad, da la impresión de que este grupo, después de su fundación con canarios y acadianos en 1779, llevaba un desarrollo parecido al de St. Jacques de Cabahanoce, en los términos que acabamos de citar, que también había tenido lugar en Opelusas, Atacapas e Iberville en el primer período, y que, en definitiva, parecía ser la línea de comportamiento

---

[41] Ver F. Solano Costa, «La fundación de Nuevo Madrid», *Cuadernos de Historia Jerónimo Zurita*, IV, 1956, pp. 91-108.

[42] En efecto en el censo de 1795 hay un 46.3% de «menages» compuestos por un solo individuo.

de los acadianos, cuando no se veían perturbados por la incorporación de nuevos inmigrantes.

Y esto sucedió con Lafourche, en 1785, quebrándose el camino llevado hasta 1777, pero que ahora también parecía recuperar, de modo que el número medio de personas/«menage» subía en 1791 a 4.06, contra 3.67 que tenía en 1787-1788.

Ya por debajo del límite de 4.— tenemos a Punta Cortada con 3.91 que experimentaba un ligero descenso desde 1786, cuando registraba 4.12, aunque por ser tan leve no parece significativo.

A la misma altura se halla la vecina localidad de Nueva Feliciana, anglo-francesa, poco representativa, en continuo decaimiento, según se desprende del cuadro 3.2.A; y ya, con sólo 3.04, Arkansas, igualmente núcleo de escasa entidad, en comparación con los tamaños de las poblaciones en este tercer período.

Nótese, si queremos establecer ciertas relaciones de semejanza, como hicimos en otro lugar, entre Arkansas y las poblaciones de Illinois, basándonos en la abundancia entre su población de aquellas profesiones móviles de que ya hemos hablado, la gran diferencia que existe entre este índice de Arkansas en 1794-1795, y el que tenían Santa Genoveva (5.50) y San Luis (4.59) en 1766. No existe una correspondencia lógica entre ambos casos, y menos aún si pensamos que los menores porcentajes de población infantil se daban en Illinois, por lo que estas altas concentraciones debieron producirse a base de individuos adultos, lo cual caracteriza, de cualquier forma, de manera peculiar a aquella zona.

En fin con 2.82, y una desviación típica muy elevada de 2.44, tenemos el caso de Nuevo Madrid ya comentado.

Una vez más se deduce que, en general, las medias de número de personas por «menage» en la colonia oscilaban alrededor de 4.—, y este hecho va a ser muy interesante a la hora de compararlo con otras zonas de América colonial, donde los índices eran superiores.

El cuadro resulta 3.7.B, verdaderamente reducido, si tomamos en cuenta que tenemos tres núcleos, Valenzuela, Lafourche y Nueva Feliciana, que tienen como base grupos acadianos, y que ya sabemos que han coincidido en otras estructuras. Obsérvese la semejanza que aquí se vuelve a dar entre ellos, y en la que destaca el rasgo, ya sabemos que común en la colonia, de una absoluta mayoría de «menages» con un solo cabeza de familia, es decir, nucleares, y que por su claridad no merece un comentario más detenido. No sucede igual con Arkansas, donde surgen unos porcenta-

jes muy elevados de «menages» con número desconocido de cabezas
de familia, debido a que el censo cuando no especifica el estado
civil de los individuos adultos, nos obliga a considerarlos como
con estado desconocido. Hay que aclarar que, contra lo que podría
pensarse, no se trata de una concentración de individuos adultos
en un solo «menage», que nos impida saber el número de ellos que
constituyen cabezas de familia. Se trata, de manera mayoritaria,
de individuos adultos, formando en solitario «menages», y para los
que, como decimos, desconocemos su estado civil. Probablemente
se tratase de aquellos «chasseurs» y «voyageurs» que formaban la
base del Puesto y que, al contrario de lo que sucedía en Illinois,
al vivir solos, contribuían a hacer descender la media de indivi-
duos/«menage».

Por otra parte, era la consecuencia lógica de la alta tasa de
masculinidad que sabemos que tenía Arkansas, y que se manifestaba en la existencia de estos individuos.

Así pues, quedan claramente dibujados los dos modos de comportamiento expuestos, quedando sin ninguna localidad que lo
represente un tercero, al que pertenecería Alemanes en el segundo
período, con una proporción relativamente elevada de «menages»
con número de cabezas de familia desconocidas pero allí sí, debido
a la existencia de 2 ó 3 en cada uno de ellos.

Continuando este análisis de los «menages», el cuadro 3.7.D ofrece una panorama que complementa al que acabamos de presentar
anteriormente. En efecto, observemos que aquellas poblaciones
con mayoría de un solo cabeza de familia registran un porcentaje
muy alto, próxima al 80% de cabezas de «menage» varones casados,
cediendo proporciones menores, según los casos, a viudos, tanto
varones como hembras, y a solteros. Únicamente Nueva Feliciana
da un 8.6% de varones con estado civil desconocido, a pesar de lo
cual, esta localidad junto a Lafourche, y Valenzuela, tienen una
serie de semejanzas muy importantes.

Por el contrario, los porcentajes de casados en los dos años de
Arkansas son sensiblemente más bajos que los del resto de los
establecimientos, en tanto que en la columna de desconocidos volvían a hacer aparición las mismas cifras del cuadro 3.7.B.

Como se recordará se trata de una composición que recuerda
a la que aparecía en la estructura por estado civil de la población,
aunque en aquel caso nos refiriésemos al total de la población
adulta y aquí sólo a los cabezas de «menage».

Finalmente nos referiremos al punto que analiza los elementos que intervienen en la composición de estos menages y que son ajenos a los lazos de parentesco padres-hijos, o hermanos entre sí. Del cuadro 3.7.E que dichos elementos son escasos en todas las poblaciones observadas, incluyendo Arkansas, Lafourche y Valenzuela muestran un porcentaje conjunto que no llega al 4%, y que es muy similar al que tenía el mismo Lafourche en 1787 y 1788, lo cual nos indica, además de una coherencia en los datos, la existencia de un tipo de menage simple, muy general, en el que predominan las relaciones familiares más directas.

También Arkansas presenta unas características similares, y por tanto, podemos deducir, que las diferencias de carácter económico entre estos Puestos no afectaba a la composición de los «menages» en este sentido, que continuaban siendo simples, aunque, entre ellos hubiera un más alto porcentaje de unidades constituidas por una sola persona, clasificada por nosotros como con estado civil desconocido.

Y ésta era justamente, junto con el tamaño, la diferencia más acusada entre los menages de los Puestos estudiados en este tercer período que, por lo demás presentaban importantes puntos en común entre sí.

LA POBLACIÓN ESCLAVA

1. EVOLUCIÓN DE SU VOLUMEN

Al comenzar este tercer período ya comentábamos la existencia, en 1795, de una fuerte rebelión de esclavos en Punta Cortada con el asesinato de un colono, que fue probablemente el hecho más destacado en las relaciones entre ambos sectores de población en estos años, y que motivó la prohibición de importación de esclavos del Caribe [43] por el Gobernador, para impedir la introducción de ideas revolucionarias con estos individuos.

Pero esta medida no es suficiente para justificar el cambio de tendencia en el movimiento real de los esclavos, que se observa en el cuadro 3.8.a, en la mayoría de los Puestos incluidos. No engloba este cuadro un gran volumen de datos, pero sí los suficientes como para comprobar lo que decimos.

---

[43] J. Holmes, «Some economic problems...», op. cit., p. 638.

De siete poblaciones observadas —de las que tan sólo una puede calificarse como do segundo orden en atención a su volumen de población libre— únicamente tres arrojan en algún momento tasas medias de incremento anual superiores al 100‰, y dos de ellas las logran sobre volúmenes de partida muy escasos. Por el contrario, otros establecimientos con cantidades importantes de esclavos no llegaron a sobrepasar el 30‰ de incremento. Es decir que en términos absolutos el crecimiento fue escaso.

Los primeros casos son los de Lafourche, Natchez hasta 1793 y Valenzuela hasta 1797. El primero y el tercero tenían en 1788 menos de 100 individuos, y por ello, a pesar de que los índices son altos, los volúmenes obtenidos en las fechas en que nosotros podemos controlarlos, debían continuar siendo bajos. De otro lado, las proporciones entre esclavos y libres en estas localidades, eran levemente superiores a las mostradas en 1788 y continuaban siendo insignificantes.

En Natchez, el 157‰ del cuadro se producía sobre un contingente de casi 950 individuos, con lo que en 1793 se lograban casi 2.000. Aquí la inmigración de americanos que habíamos detectado en estos años, y el éxito del tabaco hasta 1790 debieron contribuir al crecimiento. Después de esta fecha, el problema agrícola repercutiría sensiblemente, y así vemos que entre 1793 y 1794 el incremento fue sólo del 11.2‰, la relación esclavos libres en Natchez se hallaba en niveles semejantes al final del segundo período.

Tras estos ejemplos debemos citar el de Illinois que, al menos entre 1795 y 1796, vio una tasa superior al 50‰, en tanto que hasta entonces había experimentado un incremento medio anual del 13.2‰. Esto nos hace pensar que en algunos años de esta fase el crecimiento hubiera sido negativo, como había sucedido con la población libre, aunque la media, después, diera el índice expresado. Junto a esto, el crecimiento paralelo al del sector libre, demuestra que eran los inmigrantes a la región de Illinois los que, llevando consigo sus esclavos, contribuían al desarrollo de esta población, más que por medio de la importación.

En otro sentido, la coincidencia del 56.3‰ de Illinois entre 1795 y 1796 no supone una contradicción con la prohibición dictada por Carondelet, ya que era pronto en el mismo año para notar la influencia de la medida, y más en el rincón más alejado de la capital.

Por fin aparecen junto a la pequeña población de Arkansas, las otras mucho más importantes de Atacapas, Opelusas y Punta Cortada ratifican lo que el comienzo habíamos advertido: en largos períodos de años las tasas medias de incremento apenas sobrepasaron el 20‰, indicando que muy probablemente hubieron de ser negativas a veces, y significando un radical cambio en la evolución de la población esclava.

Parcialmente, entre 1795 y 1800, cuando se volvió a permitir la importación[44], estos bajos ritmos pudieron ser debidos a la medida de Carondelet, pero creemos que otras razones hubieron de añadirse a ésta, y entre ellas pudiera hallarse la de la epidemia de fiebre amarilla de los años 1796-1797. Lógicamente las relaciones esclavos-libres también descendieron en estas últimas poblaciones, al mismo tiempo que se producía la citada evolución.

Cabe preguntarse si este desarrollo que estamos observando se produciría igualmente en otras localidades importantes de la Provincia en población esclava, como eran Chapitoulas y Nueva Orleans. Hoy no disponemos aún de datos completos que nos sirvan de respuesta a esta cuestión, pero de cualquier manera, los ejemplos citados son suficientes para detectar esta modificación apuntada.

2. Composición por edades

La homogeneidad que ha caracterizado a la composición por edades de los sectores esclavos de la población hasta 1788, vuelve a manifestarse en las cuatro localidades que estudiaremos en este Período bajo este aspecto.

Sin embargo, los porcentajes por grupos de edades sí han variado con relación a años anteriores, al menos en los centros rurales ya que no en Nueva Orleans, y este hecho rompe una línea mantenida desde los primeros momentos del estudio. Las modificaciones sin ser excesivamente importantes, rebajan los volúmenes de la segunda edad de los grupos a menos del 60% del total, por encima del cual se habían situado hasta ahora todas las poblaciones.

---

[44] Instrucciones sobre el bando relativo a la importación de negros. R. López Angulo a M. Duralde, Nueva Orleans, 24 dicimebre 1800, AGI. Papeles de Cuba 135.

Así, Natchez en 1793 y 1794 tenía la siguiente composición respectivamente:

1795

Grupos de edades	Varones	%	Hembras	%	% sobre el total
I	350	17.8	331	16.8	34.6
II	719	36.6	428	21.8	58.4
III	87	4.4	49	2.5	6.9

1794

Grupos de edades	Varones	%	Hembras	%	% sobre el total
I	336	16.9	381	19.1	36.1
II	755	38.—	415	20.9	58.9
III	58	2.9	41	2.—	4.9

El descenso en edades adultas con respecto a 1788 había sido de un 6% aproximadamente, que no puede ser imputable a posibles errores en los datos, y menos cuando era una situación repetida en los dos años que acabamos de ver.

Hacia 1793 aún no se había producido la prohibición de importación de esclavos por Carondelet, y aunque así hubiera sido, no podría explicarse la variación por dicha causa a la vista del fuerte incremento experimentado por el volumen de esclavos, incluso superior al de libres hasta 1793, y verdadero motivo del cambio.

No parece haber sucedido así en Illinois, donde la tasa de incremento fue más moderada, y el movimiento natural de la población debió representar un papel más importante en la transformación que, en 1795, se había operado en el mismo sentido que Natchez.

Grupos de edades	Varones	%	Hembras	%	% sobre el total
I	116	19.2	71	11.7	30.9
II	185	30.6	176	29.1	59.7
III	36	5.9	20	3.3	9.2

Pero en el año siguiente, 1796, esta composición se alteraba aún más como consecuencia del fuerte aumento experimentado por la inmigración registrada por Nueva Borbón, y el resultado era muy similar al que habría podido presentar alguno de los centros más envejecidos de población libre de la Provincia, como Nueva Orleans, por ejemplo:

Grupos de edades	Varones	%	Hembras	%	% sobre el total
I	118	18.5	114	17.8	36.3
II	160	25.—	155	24.3	49.3
III	49	7.6	42	6.5	14.2

En efecto, junto al 36.3% de población infantil, ya alcanzados también por Natchez, estaba el 49.3% de adultos y el 14.2% de ancianos que hacían de ésta una estructura completamente distinta a la típica que hemos observado en los esclavos. Y como motivo principal ya hemos dicho que se trata de la composición de los esclavos importados o traídos consigo los nuevos inmigrantes blancos que en estos años llegaban a Illinois.

Punta Cortada, por último, en 1803 ofrecía una situación intermedia aunque en la misma línea de reducción del grupo de edades adultas:

Grupos de edades	Varones	%	Hembras	%	% sobre el total
I	367	19.2	240	12.6	31.8
II	690	36.2	412	21.6	57.8
III	107	5.6	88	4.6	10.2

A pesar de que son pocos ejemplos como para poder generalizar a todo el período y la Provincia, al menos parece haberse iniciado en algunos puntos rurales importantes por la entidad de sus poblaciones, esta transformación apuntada, que coincidía, como sabemos, con un desarrollo comercial, económico, y en algunos lugares técnico, notable. Sin ser labor nuestra en el presente estudio resolver la cuestión, es posible plantear la hipótesis de que el factor esclavo estuviera perdiendo una pequeña parte de su importancia como medio de producción ante algunos avances tecnológicos en la agricultura, y a ello se debería el cambio en la composición por edades observado. Insistimos en que sería necesario probar que los adelantos técnicos que se produjeron en la región tuvieron la suficiente trascendencia como para alterar dicha composición, pero ello debe ser objeto de otra investigación.

En Nueva Orleans, por otra parte la estructura por edades, aunque estudiada a través de dos barrios de la ciudad en 1795-96, había evolucionado en sentido contrario al que vemos en zonas rurales, y el reparto por bloques de edades se hacía así:

Grupos de edades	Varones	%	Hembras	%	% sobre el total
I	144	10.9	145	11.—	22.—
II	431	32.8	556	42.3	75.2
III	16	1.2	20	1.5	2.7

Aquí el cambio se hacía a base de aumentar aún más el volumen de los individuos entre 15 y 49 años en perjuicio de los niños que quedaban reducidos al 22% del total.

Por tanto, de las cifras estudiadas se desprende que se había producido una separación, como ya antes existía en la composición por sexo, entre el área urbana y la rural, sin que deba olvidarse la posibilidad de relación entre este hecho y de ciertas transformaciones en el sector de la agricultura, aunque por el momento sea imposible fijar nada sobre este punto.

Los dos mismos tipos de reparto por sexo ya conocidos en los dos períodos anteriores se vuelven a repetir en estos años, aunque hay que advertir ciertas matizaciones en cada uno de ellos. En primer lugar, en el que se registraba en áreas rurales, caracterizado por altas e irregulares relaciones de masculinidad por edades, aparecen dos casos que destacan del conjunto por su tendencia al descenso de los índices, aproximándose a lo que consideramos situación normal entre la población libre. Pero antes de conocer estos dos ejemplos, citaremos los casos típicos de este grupo de poblaciones durante este tercer período entre los que se encuentran Natchez en 1793 y 1794, Illinois en 1795 y Punta Cortada en 1803. De los datos que exponemos no resaltaremos ningún rasgo en particular, puesto que responden plenamente a las características antes mencionadas:

Grupos de edades	Relación de masculinidad			
	Natchez 1793	Natchez 1794	Illinois 1795	Punta Cortada 1803
I	105	88	163	154
II	167	181	105	167
III	177	141	180	121
Población total	143	137	126	157

El conjunto, evidentemente, de poblaciones no tenía por qué asemejarse (sus tipos de economía o sus relaciones esclavos/ libres, por ejemplo, eran diferentes). En él destacan los dos casos que citábamos más arriba, no sabemos si como nuevos ejemplos aislados, o como inicios de una tendencia a la normalización en la composición por sexos, que en el cuadro precitado, por otra parte, no se adivina en absoluto.

Se trataba de la zona de Illinois en 1796, de un lado, y de Atacapas en 1803, por otro. El primero de los dos casos, sobre todo, era muy notable ya que, por grupos de edades, repartía la población así:

Grupos de edades	Relación de masculinidad Illinois 1796
I	103
II	103
III	116
Población total	105

Se observa un tipo de estructura desconocido en zonas rurales hasta el momento, y que no creemos que perdurara de forma estable debido al ritmo inmigratorio probablemente que lo alteraría, aunque pudiera ser que conservando niveles más bajos, que anteriormente.

Por otro lado, se hallaba Atacapas donde únicamente sabemos que el índice absoluto de masculinidad era de 118, verdaderamente bajo en comparación con el del resto de los establecimientos.

Recordemos además, que el caso de Illinois se producía donde también habíamos observado una alteración de la estructura de edades, dirigida hacia una mayor normalidad en el reparto, lo que puede hacernos pensar en el inicio de un funcionamiento normal en algunas poblaciones esclavas, que se habría logrado, no por la actividad natural de los grupos, no lo olvidemos, sino por la composición interna de los contingentes importados, es decir, hasta cierto punto, por el azar.

De cualquier modo, la mayoría seguía ostentando unas relaciones excesivamente altas, y frente a ellas las de Nueva Orleans descendían aún más de lo que estaban en 1788, llegando, casi, a ser igualmente anormales, aunque en el sentido opuesto a la población rural. Los índices de Nueva Orleans, a base sólo de dos barrios en 1795-1796, por edades eran:

Grupos de edades	Relación de masculinidad
I	99
II	77
III	80
Población total	81

Entre los niños, la relación era levemente inferior a lo normal, pero sí lo era de forma acentuada entre los adultos, mientras que en los ancianos y la relación absoluta pueden considerarse excesivamente correctos, si pensamos que estamos ante una población esclava con lo que ello económicamente significa. En suma, en el centro urbano de la capital el predominio del sexo femenino parecía resultar cada vez mayor, en tanto que en las áreas rurales habían aparecido, de entre la mayoría de ejemplos perfectamente típicos de las mismas, algunos casos con relaciones más bajas, cuya interpretación, por el momento, a falta de datos para épocas posteriores se hace difícil.

RECAPITULACIÓN

Aunque en sentido dinámico el desarrollo de los Puestos, en general, no ha podido ser precitado en la misma medida que en los dos períodos anteriores, los casos estudiados, algunos con cierto detalle como Illinois, nos permiten asegurar que las tasas de incremento durante estos últimos años no descendieron en relación con las registradas hasta este momento, y por tanto que la población al final del período debió haber aumentado considerablemente de volumen, aunque hacia 1797 se entregara a los Estados Unidos la parte de territorio comprendido hasta el paralelo 31 que incluía Natchez, como parte del acuerdo del tratado de San Lorenzo.

De entre la información estudiada sólo hay tres pequeños puntos (ello no significa que fuesen los únicos que se produjeran en el conjunto de las poblaciones) que mantienen una dirección contraria a la general. El primero es el índice negativo en Nueva Feliciana entre 1793 y 1796 (—114.3‰). Se trataba de una población de segundo orden en la colonia por lo que no hemos dedicado excesiva atención a su caso en el apartado de volumen.

Otro ejemplo es el de Nuevo Madrid de 1796 a 1797, que puede ser explicado por tratarse las cifras de población obtenidas de dos fuentes diferentes, la segunda de las cuales pudiera no estar considerado el conjunto del establecimiento.

Por último está el caso de Valenzuela entre 1797 y 1798, cuyo descenso se puede deber a las consecuencias de la epidemia de fiebre amarilla que en 1796 afectó a la Luisiana Baja.

Salvo estos tres momentos negativos, únicamente hay que señalar otras dos fases de evolución comprendidas entre 0 y 30‰, registradas, la primera en Nueva Orleans entre 1788 y 1791, como mínimo, ya que las dificultades económicas de la capital no terminaron ese año, y el estancamiento pudo haber durado 2 ó 3 años más. El segundo, como era el de Punta Cortada también de 1788 a 1795 con una tasa de 11.6‰ de media al año, antes de comenzar a acusar los efectos de la «ocupación» americana de todas las zonas de la Provincia.

Sobre estos casos y en orden ascendente encontramos a Valenzuela de 1788 a 1797 con un crecimiento del 26.5‰ medio al año, y Atacapas que muestra un índice de 27.1‰ (ambos aún por debajo de los 30‰ que estimamos posible alcanzar por el solo movimiento natural). Inmediatamente después Opelusas, Punta Cortada después de 1795, e Illinois hasta este mismo año, hasta llegar a Natchez y la zona de Illinois, de nuevo, pero al final del período.

En líneas generales, se puede afirmar que todas las áreas de la colonia, en algún momento, a pesar de expresas advertencias de control que fueron dadas a los Comandantes de los Puestos, se vieron afectadas por inmigrantes americanos. Éstos fueron quienes alimentaron todos estos crecimientos, en especial los del norte de la Provincia, aunque no faltaron contingentes de franceses, canadienses o irlandeses unidos a los anteriores, sin que sea posible establecer unas líneas fijas de demarcación en las que la inmigración fuese más fuerte excepto Illinois.

Estructuralmente las distintas poblaciones, como en años anteriores, se vieron alteradas en grados diversos por estos movimientos pero, de forma generalmente uniforme, se han dibujado ciertas tendencias que expondremos seguidamente.

En el capítulo de la composición por edades es posible advertir los rejuvenecimientos desde fechas anteriores, en general desde 1788, que afectó a la gran mayoría de los Puestos aunque en distinto nivel, salvo precisamente los establecimientos de Illinois que descendían desde 1788, de un 49% a 38% y 37%, en edades infantiles, y Nueva Orleans, cuya pérdida se reducía sólo a un 3% en los mismos escalones. Valenzuela llegaba a 51% de edad I en 1798, Opelusas al 50.7%, Punta Cortada al 49.8% y Natchez se situaba en 45%, mientras Lafourche sólo alcanzaba 39.3% (2% más que en 1788).

Este acusado rejuvenecimiento coincidía también con una tendencia a la normalización de las estructuras por sexo, que afectaba a un número relativamente elevado de poblaciones, aunque otras siguieran manteniendo la misma situación que en el segundo período. Estas últimas eran por orden decreciente en los fenómenos: Illinois que con algunas variaciones seguía presentando índices muy altos en edades II y III, Natchez con unos niveles medios en la relación absoluta que oscilaban entre 119 y 126, y por último Nueva Orleans, que en tres de sus barrios, había visto elevarse el índice que en 1788 presentaba para la ciudad entera en el total de los individuos, de 93 a 103.

Sin embargo, Atacapas sí descendía en la relación absoluta a 106, Opelusas a 118, Lafourche a 109 y Valenzuela entre 1797 y 1798, a 117 y 113. Excepción hecha en Illinois, único como de desequilibrio ostensible, el conjunto había evolucionado a situaciones más estables que las mostradas hasta entonces. Estos rasgos de masculinidad, parecían en este período mantener una relación con los de estado civil más clara que en otras ocasiones. A través del caso de la pequeña población de Arkansas, donde la relación de masculinidad era tan alta como en Illinois, se establecía una correspondencia entre el reparto por sexo y por estado civil, caracterizada por un porcentaje relativamente bajo de los individuos casados entre adultos y ancianos (entre 40 y 50%), en comparación con otros núcleos, que con proporciones varones-hembras más equilibradas presentaban relaciones por sexo en que destacaban mucho más el número de casados.

No obstante, estas identificaciones, sobre todo en el primer caso, no se realizaban de forma cierta ya que al llegar al apartado dedicado a la fertilidad, se observaba como en Illinois que las tasas por este concepto, eran sensiblemente más altas que las de Arkansas, por lo que no parece factible establecer unas líneas invariables de relación entre estructuras aunque, sin duda, existieran ciertas influencias entre sí. Efectivamente, en fertilidad influía el reparto por edades y la relación de masculinidad entre adultos para determinar tasas de más de 1.000 en Natchez en 1793, Valenzuela en 1798 y Punta Cortada en 1803. Muy próximos a este límite estaban también estas poblaciones en otros años.

Con más de 700 se encontraban Lafourche y Valenzuela, para con algo más de 500, únicamente, situarse Arkansas, con diferencia sobre el resto.

La composición de los «menages» seguía siendo similar a la observada en otros años en cuanto a tamaño, hallándose la mayoría de los casos estudiados entre 3 y 5 personas de media, sin sobrepasar este último límite, y sí descendiendo Nuevo Madrid, por el contrario, por debajo de 3. También se mantenía el rasgo de su composición nuclear, incluso en Arkansas donde el alto porcentaje de «menages» con número de cabezas de familia desconocido era provocado por la duda entre 0 y 1, y no por la posibilidad de existir más de 1.

Igualmente había semejanza en las proporciones de componentes de «menages» ajenos al grado de parentesco directo, y sin embargo las diferencias se producían en la estructura por estado civil de los cabezas de «menages», donde sólo en Arkansas los porcentajes de casados descendían alrededor del 50% del total.

Esto es todo cuanto cabe resumir referente al sector libre de la población. El esclavo, por su parte, notó fuertes diferencias en su evolución con respecto a años anteriores. La primera de ellas afectaba al crecimiento que, debido a restricciones de importación, se vio limitado en frecuentes casos a tasas inferiores al 3‰ medio al año; y los que fueron superiores se lograron, casi siempre, sobre volúmenes base muy reducidos. Esto supuso frecuentemente, los consiguientes descensos en la proporción esclavos/blancos.

Estructuralmente hay que hablar, por un lado, de un ligero rejuvenecimiento de las poblaciones en general, incrementando el escalón de la edad I en perjuicio de aquel grupo II de edades

(15-49) excesivamente voluminoso hasta entonces. Juntamente, aunque sólo de forma aislada —Illinois y Atacapas—, se notó una cierta normalización en el reparto por sexos, cuya interpretación ya dijimos que no es posible vislumbrar, por el momento.

CAPÍTULO IV

CONCLUSIONES

¿HACIA UN MODELO DE POBLACIÓN COLONIAL?

Tras haber concluido el análisis, con cierto detalle, de la población de Luisiana Española, difícilmente se escapa a la tentación de plantear una pregunta sugerente: una vez fijadas las características que se han definido en el análisis ¿es posible distinguir un modelo determinado de población, en sentido amplio, entendiendo por ello, tanto unos rasgos constitutivos como un ritmo de crecimiento, que haya funcionado en la región a lo largo de estos años?

Por supuesto la respuesta a esta pregunta es muy compleja, y peligrosa. En primer lugar es un hecho que aparece una variedad de comportamientos, detectada a lo largo de las diferentes zonas del territorio. Si no en un número muy elevado, sí hemos distinguido algunos de lo que hemos denominado modos de comportamiento en las Recapitulaciones de los períodos, perfectamente diferenciados unos de los otros que, en primera instancia, hacen imposible generalizar el resultado total en unos caracteres muy concretos.

No obstante, y esto no significa en absoluto una contradicción con lo expuesto, estos modos se han movido dentro de unos límites generales que son los que pueden darnos una pauta meramente indicativa, a la hora de comparar la población de Luisiana con la de otros lugares para establecer diferencias y similitudes.

Así pues, no creemos que resulte muy fácil, e intentarlo sería resolver el problema de modo simplista, reducir el conjunto de datos observados a un único modelo de funcionamiento de población.

Por otra parte, el riesgo a que nos referíamos consiste en la posibilidad de caer en la trampa de considerar algunas de las características que hemos estudiado como específicas de Luisiana, cuando en realidad son justamente rasgos comunes a otras zonas coloniales, por lo que pretender hablar prematuramente de un modelo de población en esta región podría entenderse como una forma más o menos clara de provincianismo y visión parcial de los problemas.

Pero antes de continuar adelante, consideramos oportuno precisamente establecer qué rasgos y de qué tipo de los aparecidos en el análisis puede estimarse que resultan comunes a diferentes poblaciones en otras zonas e incluso otras épocas.

Son lógicamente rasgos de tipo general. Para relacionar la población de Luisiana con otras, especialmente coloniales, hemos de recurrir necesariamente a esas pautas, de las que hablábamos antes, que no hacen sino simplificar y empobrecer la riqueza de significado que hemos conseguido con el análisis completo del período, pero que son el único medio posible de hacerlo con ciertas posibilidades de éxito.

El primer aspecto que tenemos que tocar obligatoriamente, es el del crecimiento de la población libre. Ya hemos consignado en los apartados dedicados al volumen en cada uno de los períodos las tasas de incremento registradas en la Provincia tanto para el conjunto del teritorio, como en cada uno de los establecimientos más importantes. Debemos comenzar considerando estos datos para tener una idea aproximada de su significado con otras tasas en distintas áreas.

Un punto de partida lo tenemos en la tasa de incremento medio anual global, para toda Luisiana, mantenido en los primeros 15 años estudiados que fue de 38‰. Estamos expresándonos en términos de movimiento real, y para alcanzar este nivel sabemos que la Provincia contó con la incorporación de un número ciertamente alto de inmigrantes. Éstos fueron sobre todo acadianos, aunque también otros núcleos como Chapitoulas registraron incrementos muy elevados. Por otra parte, poblaciones muy importantes, a las que la inmigración probablemente afectó en mínima forma tuvieron evoluciones diversas: Nueva Orleans, negativa (—2.9‰), Alemanes llegó a 28‰, pero Punta Cortada y Natchitoches sólo rondaron el 20‰.

Todo esto significa que, en el mejor de los casos, el movimiento natural global de la Provincia, si pudiera ser hallado (y al decir esto hay que insistir en que se pierde una gran parte de la riqueza de los datos) estaría lejos, y en lugares como Nueva Orleans, muy lejos, de la tasa de incremento de 38‰, en la que la inmigración desempeñó un gran papel.

Pero sucede que por diversas causas ya estudiadas, en el segundo período esta tasa ascendió a 80.7‰ de media al año. Evidentemente las diferencias entre localidades, y entre movimientos real y natural serían grandes, pero núcleos espléndidamente dotados demográficamente como Alemanes (será comentado con detalle más adelante porque decimos esto) sólo desarrollaron incrementos que nunca sobrepasaron el 12‰ al año, y Natchitoches llegaba de nuevo a 21‰.

En el tercer período los datos globales nos son desconocidos pero existen suficientes pruebas para saber que por zonas el fenómeno del crecimiento no cambió de signo, e incluso se acentuó en áreas como Illinois.

Acudamos a algunos lugares de las colonias inglesas, y después Estados Unidos, y sabemos que tan sólo en ciertas colonias-estados, y en determinadas décadas, los incrementos sobrepasaron el 50‰, como Carolina del Norte o Georgia. Globalmente, entre 1700 y 1790 las tasas oscilaron entre 30‰ y 40‰ de media al año [1], semejante a la detectada por Luisiana entre 1763 y 1777, pero muy lejos de la que mantuvo hasta 1788, y probablemente hasta 1803.

El problema estriba en esta zona, al igual que en nuestra región, en diferenciar el crecimiento natural del real [2], lo que hoy por hoy, ni global ni mayoritariamente, en sentido geográfico, es posible.

Las afirmaciones de Malthus [3] del doblamiento de la población en 25 años, que suponía una tasa de incremento de 32‰ parece que incluía la inmigración que estaba afectando a estos territorios, aunque algunos autores hayan querido ver en este ritmo principalmente una consecuencia del acelerado movimiento natural de las sociedades [4].

---

[1] J. Potter, «The growth of population in America...», *op. cit.*, pp. 638-9.
[2] Ibid., p. 637.
[3] Ibid., p. 638.
[4] Alfred J. Lotka, «The size of American families in the eighteenth century», *Journal of the American Statistical Association*, XXII, jun. 1927, pp. 169.

Si nos trasladamos al Canadá colonial, tenemos que conociendo los índices de crecimiento vegetativo que osciló entre 1661 y 1770 entre 25‰ y 30‰, superando frecuentemente esta cifra (en 1691-1700 ascendió a 36.8‰), y sabiendo que la tasa media de crecimiento real fue de 44.4‰ para todo el período, comprenderemos que Henripin afirme que «quant à la faible inmigration qui a suivi, elle n'a, comparée á la population d'alors (...) qu'une importance minime» [5].

Comparativamente, con relación a estos casos Luisiana presentaba en la época que estudiamos un crecimiento mucho más fuerte expresado en tasas reales, aunque lógicamente hemos de tener en cuenta, como ya advertimos en los períodos, los volúmenes base sobre los que estas tasas estaban halladas. Evidentemente, estas cantidades eran más bajas en Luisiana que en la costa Atlántica de América, pero no más que en Canadá. Ello significa, en cuanto al primer ejemplo, que si las comparaciones de las cifras expresadas en tanto por mil no tiene mucho sentido debido a la diferencia de los volúmenes base, en contrapartida, los efectos demográficos de las inmigraciones serían mucho menores en la colonia inglesa que en Luisiana por la misma razón, y en último término estos efectos son los que nos interesan.

Efectivamente las consecuencias y primera conclusión importante que obtenemos de cuanto llevamos dicho, es que, expresándonos en términos generales para toda la colonia, el volumen de la inmigración en Luisiana fue lo suficientemente espectacular sobre una población inicial relativamente corta, como para diluir en la mayor parte de los casos los efectos del movimiento natural de las mismas, cuando esta inmigración se produjo sobre centros de población ya establecidos. Esto en teoría, confería a la población de la región una eventual inestabilidad cuyas consecuencias tanto demográficas como económicas, se manifestaban en sucesivas y bruscas alteraciones puestas de relieve, sobre todos las primeras, a lo largo del estudio.

En cuanto a eventuales tasas de crecimiento vegetativo, debieron variar mucho de unas áreas a otras, pero por los ritmos detectados en estas poblaciones ya citadas, en diversos momentos: Natchitoches, Alemanes, Punta Cortada, Nueva Orleans, etc... no parece prudente generalizar la opinión aceptada por Potter y Lotka para colonias americanas de un movimiento natural extendido de

---

[5] J. Henripin, *La population canadienne...*, op. cit., pp. 12-13.

aproximadamente el 30‰ [6]. En cualquier caso éste sería el óptimo que pudo darse en ciertas localidades de la colonia, pero ni mucho menos de manera general, pues tasas entre 10 y 20‰, muy probablemente debidas a la acción de los factores naturales han resultado corrientes en nuestro estudio, al margen de los estancamientos observados en el caso de Nueva Orleans.

¿Qué podemos decir en cuanto a la estructura interna de las poblaciones? En principio los datos existentes para casos con los que podemos comparar los de Luisiana son, o bien escasos cuando se refieren a pequeñas localidades, semejantes a las estudiadas por nosotros en Luisiana [7], o relativamente abundantes, pero afectando a condados enteros de las distintas colonias inglesas, por lo que la diferencia en el tamaño de las poblaciones a comparar pudiera invalidar en parte las conclusiones obtenidas [8].

No obstante podemos observar algunos rasgos generales. Considerando el tamaño de lo que hemos llamado la edad I, Canadá en todo su territorio, hacia 1681, tenía un porcentaje de 46% [9]; en Bristol, Rhode Island, en 1774, era de 45.2% [10]; y en términos generales, todas las colonias disponían de porcentajes comprendidos entre el 40% y el 50%, sin sobrepasar excesivamente, ni frecuentemente estos límites [11]. Por nuestra parte, en Luisiana hemos registrado varios casos en que los excesos sobre 50% han sido acusados y cabe destacar el de Alemanes en 1784 con 58%, que no encuentra comparación con ningún otro ejemplo conocido.

Fuera de este Grupo I, también se han producido en la Provincia casos, con relativa frecuencia, de estructuras en que su componente infantil no lograba este nivel de juventud que parece tan típico de distintos lugares coloniales, como comentaremos más adelante en la caracterización territorial de la Provincia. Incluso cabe señalar que este rasgo fue propio de ciertas poblaciones llegando a descender a veces hasta por debajo del 25%.

---

[6] J. Potter, op. cit., p. 663 y A. Lotka, op. cit., p. 169.

[7] J. Potter, op. cit.; J. Demos «Families in colonial Bristol, Rhode Island: An Exercise in Historical Demography», The William and Mary Quarterly, XXV, Jan. 1968, pp. 40-57; P. Greven, Four Generations: Population, Land and family in Colonial Andover, Massachussetts, Ithaca and London, 1970.

[8] Básicamente R. Wells, The Population of the British Colonies in America before 1776. A Survey of census Data, Princeton, 1975.

[9] J. Henripin, op. cit., p. 120.

[10] J. Demos, «Families in Colonial Bristol...», op. cit., p. 51.

[11] R. Wells, op. cit., cfr. diferentes capítulos.

Por otra parte, enfocando el fenómeno con mucha más precisión, la estructura de las pirámides de población elaboradas presentan rasgos anormales del mismo tipo que los de las pirámides confeccionadas para Canadá en 1666, 1667 y 1681 [12]. Aunque se trataba allí de contingentes de origen francés, y la mayor parte de nuestras pirámides con edades exactas, se refieren a núcleos de acadianos de la misma naturaleza, las anormalidades a que nos referimos no creemos que se deban a las mismas causas, que, en los ejemplos de Luisiana, serían fundamentalmente la salida de estos refugiados de Acadia tras la ocupación inglesa.

Los restantes ejemplos, que hemos analizado, de pirámides para poblaciones no acadianas, no presentaban la misma constitución con aquellas rupturas típicas de los refugiados, sino que organizaban los grupos de edades adultas, principalmente varones, de forma compacta, lo cual no dejaba de ser otra irregularidad aunque de distinto tipo.

No nos es posible determinar nada fijo en el tema de la longevidad de las poblaciones, que en ciertos lugares de las colonias inglesas parece que era alta, entre 65 y 71 años por término medio [13]. Nuestras posibilidades se limitarían a establecer la edad Omega de los grupos, y éstas resultaban muy variables oscilando entre los 60 y más de 90 años. Por regla general, las pirámides eran extremadamente anchas, y por otra parte, es probable que la esperanza de vida fuera mucho más baja que esas edades extremas.

En lo tocante a la composición por sexo de la población, los rasgos más típicos estudiados habían sido apuntados ya por J. Zitomersky [14] para el período francés, aunque de forma muy general, y parece que coincide con los de otras situaciones coloniales muy características, pudiendo citar como ejemplo nuevamente Canadá y Santo Domingo Francés a finales del siglo XVIII. En el primer caso, entre 1665 y 1685 la composición absoluta pasó de 171 a 119 para normalizarse casi totalmente durante el siglo XVIII [15]. En Santo Domingo, sin embargo, y debido, opinamos, al corto número de casos observados de los que han sido obtenidos los cálculos, las relaciones absolutas oscilaban según J. Houdaille entre 415 y

---

[12] J. Henripin, *op. cit.*, p. 120.
[13] Philip J. Greven, Jr., «Family Structure in Seventeenth-century Andover, Massachussets», *The William and Mary Quarterly*, XXIII, Ap. 1966, p. 239.
[14] J. Zitomersky, «Urbanization in colonial...», *op. cit.*, p. 273.
[15] J. Henripin, *op. cit.*, p. 19.

650, entre 1740 y 1792 [16]. No obstante no todos los casos coloniales estudiados presentan estos rasgos, pues en tanto que en Bristol en 1774, la relación absoluta era de 87 [17], en todos los Estados Unidos se alcanzaban niveles bastante normales y en 1790 este índice se colocaba en 103 [18], sin necesidad de insistir en el ejemplo de Canadá durante el siglo XVIII.

En Luisiana, en líneas generales los desequilibrios han sido patentes, principalmente en la edad II (15-19 años) y, aún más acentuados en la III (más de 50 años) llegando a sobrepasar el límite de 200. No obstante las variantes han sido múltiples y en el otro extremo del fenómeno han aparecido poblaciones mostrando tasas completamente normales, sobre todo en el tercer período, lo que podría entenderse como el inicio, tras una etapa determinada de existencia, de una estabilización definitiva de las poblaciones, en la que jugaría un papel importante igualmente el aumento de los volúmenes que eliminarían las oscilaciones aleatorias.

La influencia que estos desequilibrios debieron ejercer sobre la economía de la mayoría de los Puestos probablemente fue grande, e igualmente debió ocurrir con otras estructuras demográficas, como el estado civil o la fertilidad. Esta impresión cobra fuerza a la vista de los casos en que se pueden observar las tasas de masculinidad por grupos quinquenales de edad, aunque no sea fácil precisar el tipo de relación y efecto de unos factores sobre otros.

Por tanto, con las matizaciones hechas, en esta estructura la Provincia se ha comportado en forma semejante a como lo han hecho otras colonias, presentando un predominio del sexo masculino sobre el femenino considerando el costo número de la población.

En los análisis de los cuadros por estado civil en los dos períodos la observación resulta casi exclusivamente limitada a los casos de los grupos acadianos, que son los que con más frecuencia han proporcionado censos del tipo A que permitían un estudio por grupos de edades quinquenales.

Podemos afirmar, y las excepciones son tratadas aparte, que la gran mayoría de las poblaciones disponían de unos porcentajes

---

[16] J. Houdaille, «Quelques données sur la population de Saint-Domingue au XVIIIe siècle», *Population*, núms. 4-5, 1973, pp. 859-872.

[17] J. Demos, «Families in colonial Bristol», *op. cit.*, p. 51.

[18] J. Potter, *op. cit.*, p. 636; y R. Wells, *The Population of the British Colonies...*, *op. cit.*, cfr. los apartados correspondientes.

francamente altos de casados, en muchas ocasiones superiores al 60% de los grupos de adultos y ancianos.

Es a esta altura donde indiscutiblemente las distintas composiciones por sexo de los centros debían ejercer su influencia. Como es normal, cuando las relaciones de masculinidad eran muy altas, en el sector femenino los porcentajes de solteras, solían aparecer escasos, al contrario que el de las casadas, aunque no siempre en la medida de lo esperado. Por otra parte, parecía existir una cierta correspondencia entre baja relación de masculinidad y elevado porcentaje (más del 60%) de casados sobre los 15 años; y viceversa.

Dependiendo del grado de la proporción hombres-mujeres, que era muy variable, las diversas estructuras también presentan muchas diferencias con las que Henripin vio en Canadá en el siglo XVIII, y en frecuentes ocasiones los porcentajes de casados superan a los de la nación del norte [20] con lo que se puede decir que Luisiana tiene características especiales en este aspecto.

La edad media del matrimonio nos es desconocida, pero son muy frecuentes los casos de mujeres casadas en el escalón de 15 a 19 años, aunque no por debajo de 15. Tan solo en Alemanes en 1784 aparecieron dos de estos casos. Esta situación es similar a la que tenía Andover, Massachussets, a finales del siglo XVII, aunque para dicha colonia se puede especificar la edad de los individuos al casarse [21].

No obstante, a pesar de esos casos de casadas en edades jóvenes, no puede deducirse fácilmente que al alargarse así los períodos fecundos, se derivase un movimiento natural muy alto [22], ya que los posibles ritmos de crecimiento vegetativo no eran tan altos, quizás frenados por las tasas de mortalidad que debieron ser seriamente considerables en ocasiones.

Por lo que toca exclusivamente a la fertilidad, este último planteamiento que acabamos de hacer acerca de la extensión de la edad fecunda parece que sí se cumplió frecuentemente. Tanto si observamos las tasas de fertilidad, entre las que se pueden encontrar muchos ejemplos por encima de 1.000, como si nos fijamos

---

[20] J. Henripin, *op. cit.*, p. 19.

[21] P. Greven, *op. cit.*, p. 241.

[22] Potter, además de creerlo así, afirma: «contemporary opinion held strongly to the view that the rapid growth of population was due to 'early' marriage. The views expressed, however, were rarely supported by statistical evidence; no general marriage data are available before the nineteenth century», *op. cit.*, p. 663. En Luisiana, por el contrario hemos visto que sí son generales los casos de matrimonios de mujeres antes de los 20 años.

en las estructuras de los cuadros del número medio de hijos por madre, donde los niveles eran relativamente altos hasta los 49 años, notaremos los fuertes ritmos de procreación de estos grupos.

No obstante, en valores absolutos, el número de hijos por madre, no era excesivamente alto, pues hasta los 5 y 10 años la mortalidad debía ejercer una fuerte presión, reduciendo el efecto de la natalidad.

Estas altas tasas de fertilidad de Luisiana seguían siendo características, y unas de las más altas en los Estados Unidos, años después de haber dejado España la colonia[23], lo cual confirma nuestras observaciones y hace destacar a la región como especialmente distinta en este aspecto.

Ha sido un elemento peculiar, salvo en casos muy concretos, la existencia generalizada de un tipo de «menage» nuclear, con una estructura en la que resultaban raros los componentes ajenos al grado de parentesco padres-hijos, o únicamente hermanos. Esta clase de unidad demográfica ha aparecido predominantemente, y casi siempre encabezada por una pareja, por lo que parece claro que la separación de los hijos mayores del núcleo central familiar tras el matrimonio se efectuaba normalmente, al no existir excesivos problemas en la adquisición de tierras, e instalación independiente de la nueva familia.

Este planteamiento es el que propugna J. Demos, en un principio, para las sociedades coloniales americanas[24]. Pero existen dos puntos en los que Luisiana en general se muestra diferente a otras poblaciones como pueden ser Andover, Bristol, u otras colonias. Se trata del número medio de personas por familia, así como del número medio también de niños en la misma unidad, índices que se han supuesto siempre muy altos. Recordando nuestra casi total identificación entre «menage» y familia en los centros de Luisiana, las ocasiones en que el número de personas por «menage» excedía de 5 han sido realmente pocas, siendo mucho más frecuentes los índices entre 4 y 5, e incluso comunes los entre 3 y 4 y hasta por debajo de 3. La media en Bristol era de 5.97[25], más alta que el máximo logrado en Luisiana así como, en general, el resto de las colonias inglesas.

No obstante, en una población de tipo de plantación distinta a la de las colonias inglesas del norte a las que pertenecía Bristol,

---

23 J. Potter, *op. cit.*, pp. 674-5.
24 J. Demos, «Families in colonial...», *op. cit.*, p. 44.
25 Ibid., pp. 44 y 52, y R. Wells, *op. cit.* en los distintos apartados.

como era Bridgetown (Barbados) en 1680, el número medio de personas por household era de 3.74 [26], más parecido al de nuestra Provincia lo que parece indicarnos unas ciertas similitudes ocasionadas por el tipo de economía, distinta a la de las colonias inglesas citadas. El número de esclavos en aquéllas, quizás compensaba la diferencia en individuos libres [27].

El mismo caso ocurre con los niños. En el apartado de fertilidad, el número medio de hijos (categoría más amplia en el sentido de numerosa que la de niños) en el mejor de los casos sólo superaba levemente la cifra de 3, por lo que hemos de imaginar que al reducir el concepto, la media quedaría comprendida entre 1 y 1.5 en las poblaciones de Luisiana. Sin embargo en Bristol, ésta ascendía a 3.27, y en Andover, aunque Greven no ofrece la cifra exacta sus cálculos, hacen suponer que debía acercarse a la misma cantidad [28].

Por el contrario en Bridgetown, la media se situaba en 0.94 [29], mucho más próxima a las logradas en nuestra colonia. Así opinamos que sus sistemas agrícola y esclavista, en algunos elementos muy específicos de su estructura demográfica encontraba semejanzas ciertas con otros equivalentes del Caribe, antes que con poblaciones de origen social y orientación económica diferente.

Por lo que respecta a los esclavos, ha quedado perfectamente de manifiesto, por una parte, que su evolución en volumen total no ha diferido sustancialmente de la del sector libre, lo cual no limita ni reduce la certidumbre de nuestras conclusiones, puesto que es evidente que los móviles de su crecimiento eran radicalmente diferentes a los de la población libre. Sin embargo, en otro sentido, su estructura, tanto de edades como por sexos han mostrado rasgos completamente característicos que la configuran como una entidad independiente dentro de la sociedad de la colonia.

En primer lugar, las proporciones entre esclavos y libres, han sobrepasado numerosas ocasiones en Luisiana la unidad, incluso elevándose en lugares concretos sobre 4 ó 5. Estas relaciones en

---

[26] Richard S. Dunn, «The Barbados census of 1680. Profile of the richest colony in English America», *The William and Mary Quarterly*, XXVI, Jan. 1969, p. 22.

[27] Ibid.

[28] P. Greven, «Family Structure...», *op. cit.*, pp. 236-8. Ver también R. Wells, *op. cit.*

[29] R. Dunn, «The Barbados census...», *op. cit.*, p. 22.

1790, aunque considerando estados enteros, eran desconocidos en Estados Unidos, pues sólo en Carolina del Sur se lograba 0.75 [30].

La estructura de edades era muy estable, con más del 60% de la población en edades entre 15 y 49 años, y menos del 30% por debajo de 14 años. La fuerza de trabajo así se concentraba en edades aptas para el mismo. De los pocos cuadros de edades de población negra colonial que hemos encontrado, tan sólo en Nueva York entre 1703, 1723 se observan algunas similitudes, aunque nunca una situación parecida, pues el mínimo porcentaje de población infantil en dicha colonia se registró en 1723 y era de 35.3% [31], a distancia del observado en Luisiana.

Por lo que respecta a la estructura por sexos, no es posible trazar unas líneas de comportamiento determinadas sino ratificar que era general la primacia de varones sobre hembras, aunque de forma irregular. Ello se relaciona con el tipo de trabajo realizado en áreas rurales, salvo en el caso de Nueva Orleans donde la economía doméstica imponía otras exigencias al trabajo de los esclavos.

En suma, se puede comprobar que existen relaciones de carácter general, entre poblaciones de distintos lugares de América en la época colonial, e incluso primeros años de la Independencia estadounidense. Sin embargo, el análisis detallado que hemos efectuado en Luisiana denota ciertos rasgos particulares que hacen de la región una variante digna de ser considerada que, en ocasiones, presenta más puntos de contacto con algún ejemplo del Sur del subcontinente norte —recordemos los ejemplos de Barbados o Carolina del Sur y Georgia— que con otros de la zona septentrional.

Por tanto, podría afirmarse la existencia de un modelo colonial de población, aunque señalando las variantes registradas dentro del mismo que enriquecen el cuadro general, dentro del cual se situaría, como una de aquéllas, Luisiana.

Pero, incluso dentro de la misma Provincia, como se puede observar, no se producía una uniformidad precisa, sino que se distinguían diferentes ritmos de crecimiento o, según nuestra anterior denominación, modos de comportamiento que expondremos, a continuación a grandes rasgos.

---

[30] J. Potter, *op. cit.*, p. 641.
[31] Ibid., p. 653, y R. Wells, *op. cit.*, p. 116.

Variedades zonales en Luisiana

Lógicamente, y esto ya ha sido expuesto en las respectivas Recapitulaciones, estas variedades de las que hablamos no son perfectamente definibles entre sí, ya que en ocasiones comparten elementos constitutivos semejantes. Por otra parte, los criterios que los motivan tampoco son constantes, sino que responden a estímulos de distinto carácter.

En primer término, consideramos que se encuentra el del tipo de la población, según su organización en urbana o rural. Así, aparecen perfectamente diferenciadas Nueva Orleans de un lado, y el resto de los establecimientos de otro, y, a pesar de que en ocasiones pudieron llegar a sobrepasar el límite de 2.500 habitantes, siempre se organizaron sobre una base territorial excesivamente extendida como para adquirir categoría de urbana. Nueva Orleans, por tanto, muestra un desarrollo bastante independiente del resto de la colonia que viene dado por el carácter precitado.

En segundo término, dentro del grupo de poblaciones rurales podemos hacer una primera diferenciación determinada por su tipo de orientación económica, con lo que cabe marcar una distinción entre los núcleos de Illinois y Natchitoches, como principales representativos, que mostrarían una tendencia al contacto comercial con las naciones indias, presentando en su caracterización profesional un alto porcentaje de ocupaciones móviles: «marchands», «traitteurs», «voyageurs»; y el resto de los núcleos en general, con economías predominantemente agrícolas, estables, sin este tipo de variante mencionado.

Por otro lado, cabría distinguir entre grupos sociales diferenciados según su naturaleza de origen, lo que nos daría en seguida una clasificación en que se distinguirían Alemanes, los establecimientos acadianos, y algo menos identificables los puestos angloamericanos.

Insistimos, en que, en ocasiones bien entre sus ritmos de crecimiento o entre sus rasgos estructurales, estos tipos enunciados presentan puntos en común, aunque como veremos, son más los que los diferencian entre sí.

Nueva Orleans, desde el punto de vista dinámico, ha tenido una evolución por fases relativamente bien definidas aunque hemos de suponer lógicamente —igual que en las demás poblaciones—, que su duración, pudiera no haber coincidido exactamente con las fechas para las que nosotros disponemos de datos. O, en otras palabras, que nos vemos relativamente determinados por las fechas de los censos. Las fases de esta evolución en Nueva Orleans han sido sucesivamente de estancamiento y de despegue, hasta cuatro, coincidiendo con otras etapas comerciales favorables o desfavorables, y también con otras coyunturas especialmente graves para la ciudad como las marcadas por los incendios de 1788 y 1794. Estas fases, no han sido seguidas por ningún otro Puesto de la colonia, con lo que la capital se destaca como núcleo independiente del resto.

Estructuralmente Nueva Orleans ha mantenido una situación estable, a pesar de los cambios bruscos en el crecimiento ya expresados, con unas características menos extremas que las del resto de las poblaciones: porcentaje de niños bajo en comparación con las demás, que ha oscilado alrededor del 35% constantemente; relaciones de masculinidad casi normales y fertilidad entre 500 y 600 son los rasgos más destacados de su población libre. Los esclavos se han diferenciado también de los censos de la colonia principalmente por su relación de masculinidad, dominada por el sexo femenino, especialmente entre los adultos.

Así pues el núcleo urbano, íntimamente relacionado a la vida comercial vivió un desarrollo bastante al margen de los demás establecimientos.

De las zonas más alejadas y extremas de la Provincia, Illinois y Natchitoches, con las peculiaridades económicas de que hemos hablado, era sin duda la primera citada la que más claramente representaba un tipo distinto en la colonia, aunque en algunos aspectos Natchitoches compartiera este papel. La región de Illinois, San Luis y Santa Genoveva hasta 1790, y los nuevos establecimientos que fueron apareciendo a partir de esa fecha, salvo en un breve lapso especialmente difícil, se vio afectada por la inmigración de canadienses y americanos que sostuvieron una tasa de crecimiento regular, acentuándose en la última década del estudio. En este sentido, Natchitoches difería ligeramente, ya que estuvo al margen de influencias inmigratorias masivas durante casi todo el período.

También, excepto en un momento concreto, en que la información prevenía del «Resumen General...» de Miró, en 1788, la población de Illinois no ha destacado por su juventud, hallándose como en Nueva Orleans el porcentaje de sus edades I entre 35 y 40%, aunque a comienzos de la época fuera especialmente bajo, sin alcanzar el 25%.

Pero, sin duda, el rasgo más característico de esta población ha sido su alto índice de masculinidad, el máximo de la Provincia durante los 40 años. Las relaciones alcanzadas, han sido espectaculares, sobre todo en las edades II y III, debiendo haber influido, aunque no hayamos dispuesto de datos para analizarlos, en la estructura de estado civil de la población, reduciendo las proporciones de casados y aumentando las de solteros, de manera fundamental varones. La fertilidad no parece haber sufrido mucho las consecuencias de este hecho, pues en la última década estudiada se alcanzaban niveles superiores a 700.

En lo tocante a los esclavos, no cabe señalar nada especial, puesto que participaron de los rasgos comunes a toda la colonia por sus irregularidades estructurales.

En situación intermedia entre Illinois y Alemanes, se hallaba Natchitoches, en cuanto a relación de masculinidad o fertilidad, aunque Alemanes, a la que ya apuntamos en su momento como un posible caso de «isolat», constituyó un caso perfectamente diferenciable merced a unos elementos inconfundibles como fueron: su tasa de crecimiento donde cabe adivinar la acción exclusiva de los factores naturales, ajena a cualquier inmigración y oscilando entre 6‰ y 28‰; y el volumen de su población infantil, constantemente alto pero especialmente a mediados del segundo período, alcanzando el 58% del total de los habitantes y dando lugar a la pirámide de 1784, completamente anormal.

Evidentemente, ello repercutía en unas tasas altísimas de fertilidad, en tanto por mil de individuos casados, y en concentraciones densas de personas/«menage», superando el nivel 5 frecuentemente. Por otra parte, también existían unos «menages» complejos, a diferencia de lo notado en la generalidad de la Provincia, con participación considerable de individuos ajenos a la relación de parentesco directa.

Alemanes, es pues, posiblemente, el núcleo demográficamente hablando más pujante de la colonia, al tiempo que un prototipo casi perfecto de aquel modelo de población colonial que esbozábamos anteriormente. Junto a él, aunque sin lo acusado de sus rasgos expuestos, se podría colocar a Punta Cortada, que además sufrió un bache en su evolución hacia 1780-1786, que afectó también a sus estructuras.

El último bloque de población ciertamente definido, es el formado por los distintos centros de acadianos, además de ser aquel para el que existe mayor abundancia y calidad de fuentes. Estos refugiados, en general, tras su llegada a la colonia, acusaron siempre los efectos negativos de aclimatación, producidos por sus precarias condiciones económicas, y esto ocurrió en 1764-1765, 1781 y 1785, con descensos de las poblaciones inmigradas, y de algunos de sus elementos de estructuras como los porcentajes de niños.

Sin embargo, pasados estos primeros momentos, se mostraron como unos grupos demográficamente fuertes con alta fertilidad, altas tasas de nupcialidad, y tendencia a la concentración de personas en menages, aunque éstos fueran marcadamente uninucleares y simples. En cuanto a las relaciones de masculinidad, en momentos iniciales, fueron altas, pero en los últimos años de la época tendieron a normalizarse, como ocurrió de forma general en toda la Provincia.

Desde el punto de vista de la población esclava hay que destacar su baja proporción de esclavos-libres, como señal de la pobreza económica de estos grupos.

Un ejemplo de cuanto hemos dicho lo constituye St. Jacques de Cabahanoce, donde la influencia inmigratoria fue menor, mientras que en Valenzuela y Lafourche se notaron las crisis de la incorporación de nuevos contingentes de recién llegados, y las consecuentes recuperaciones posteriores. También Opelusas y Atacapas son buenos ejemplos de lo que hemos dicho aunque, a partir del segundo período comenzaron a ser objeto de la inmigración anglosajona, con lo que perdieron el carácter puramente acadiano de los otros grupos.

Junto a estos tipos expuestos, las antiguas poblaciones, inglesas entre las que destacaba Natchez, o las áreas cercanas a la capital —Chapitoulas, Bas du Fleuve—, e incluso el grupo de poblaciones menores —Arkansas, Nueva Feliciana—, no destacaron con rasgos definidos, sino que compartieron los que tenían estos cuatro modos principales, que fueron los que en realidad imprimieron el carácter a la población de la colonia.

APÉNDICE I

ANÁLISIS CRÍTICO DE LAS FUENTES

La base documental de este trabajo la constituye fundamentalmente la colección de censos que existe en el Archivo General de Indias, referidos a las distintas localidades que comprendía a finales del siglo XVIII lo que se llamaba Provincia de Luisiana y Florida Occidental, concretamente durante los cuarenta años que duró, teóricamente, el control de España sobre aquellos territorios [1].

El sentido y el valor que pretendemos que tenga nuestro estudio dentro de la actual historiografía sobre la región estará condicionado, forzosamente, por el carácter de las fuentes que manejamos, y en el presente apartado, lo que intentamos es fijar el grado de validez de dichas fuentes en función de los fines de la investigación, para establecer el verdadero alcance que puedan tener sus conclusiones.

En otro sentido, el hecho de tratarse de una documentación estadística hace que sea preciso, igualmente, delimitar hasta qué

---

[1] Básicamente nuestras obras de consulta para la localización de estos censos han sido Roscoe R. Hill, *Descriptive Catalogue of the Documents Relating to the History of the United States in the Papeles Procedentes de Cuba...*, Washington, 1916; y J. de la Peña y otros, *Catálogo de Documentos del Archivo General de Indias (Sección V, Gobierno-Audiencia de Santo Domingo) sobre la época española de Luisiana*, 2 vols., Madrid-New Orleans, 1968, aunque no todos los censos catalogados se encuentran en la actualidad en los legajos consignados y, a su vez, algunos otros existen sin estar incluidos en catálogos.

punto son fidedignos sus datos con objeto de no llamarnos a engaño en el momento de elaborarlos y obtener resultados.

De esta forma, nos referiremos primeramente a los censos, como documentos en sí mismos y, en segundo lugar, a la información que contienen, intentando cubrir sus principales características y los problemas que plantean como fuentes históricas.

Nuestras fuentes se encuentran incluidas en lo que pudiéramos llamar documentos de carácter fundamentalmente estático que ofrecen una panorámica más o menos completa de una población en un momento determinado[2]. Pero dentro de este gran grupo cabe hacer una posterior clasificación, y así encontramos, por un lado, las fuentes que ofrecen lo que se llaman datos directos, que se caracterizan por ser primarios, documentales, oficiales y de orden «ex profeso» demográfico, y por otro, las que aportan los llamados datos subsidiarios, que no cumplirían alguno de los requisitos citados[3].

El número de documentos de tipo estadístico utilizados para la elaboración de este estudio, y que han sido enumerados en la Relación de Censos, es relativamente abundante, y, sólo por este hecho, es fácil suponer que, conjuntamente observados, muestren una gran heterogeneidad tanto en su forma como en su contenido; por ello intentaremos aclarar cuáles, y de qué forma, pertenecen a estos apartados, que hemos visto que surgen de las clasificaciones de fuentes demográficas precitadas.

En primer término, para referirnos al problema de la primariedad de las fuentes, debemos advertir sobre la dificultad que comporta el decidir, en muchos de los documentos, si se trata del reflejo de una información de primera mano la que ofrecen, o, por el contrario, si se trata de una simple transmisión de una información primaria que ha sido compilada en la elaboración de un documento posterior.

Existen, sin duda, algunos indicios que nos hablan, claramente, sobre el origen de los documentos que estudiamos, y, de ellos, el que merece más atención es el hecho de que aparezca firmado por el Comandante del Puesto correspondiente, y fechado en el momento de haber sido confeccionado. Este signo lo consideramos como decisivo para fijar la originalidad del documento. Veremos que hay ciertos recuentos de población, ya que no pueden ser llama-

---

[2] R. Mols, S. J., *Introduction a la Demographie Historique des villes d'Europe du XIVeme au XVIIIeme siècle*, 3 vols., Louvain, 1954; vol. I, p. 5.
[3] Ibid., vol. I, pp. 7-8.

dos censos, consistentes en meros estadillos del número de habitantes, ordenados por criterios simples, pero que no pueden ser considerados como documentos de segunda mano, puesto que son los mismos que se enviaron al Gobernador en calidad del estado anual de población, que era —como veremos más adelante— exigido a los Comandantes en las Instrucciones que a estos se les entregaba. Si existieron borradores, que sirvieran de base para su elaboración, éstos se perdieron y consideramos que los estadillos citados deben ser estimados como fuentes primarias.

Por supuesto, disponemos también de verdaderas recopilaciones de datos originales que no ofrecen dudas en su calificación, y de ellas merecen destacarse la «Recapitulation Géneral...» de 1763, el «Primer Padrón General...» de 1766, el «Padrón General...» de Gálvez de 1777, el «Resumen General...» de Miró de 1788 y, desde otro punto de vista, los «Estados de Curatos...» de 1797 y 1800[4]. Durante nuestro estudio las cifras de estos documentos son analizados en forma pormenorizada, y generalmente los consideraremos como puntos de referencia para conocer el volumen total de la población de la colonia en diferentes momentos.

Pero, a grandes rasgos, salvo en los casos que nosotros mismos señalamos, es posible afirmar que la documentación utilizada resulta de primera mano, y excepto en muy raras ocasiones, permanece completamente inédita como fuente histórica.

En lo que atañe al carácter oficial de las fuentes, los llamados Comandantes de los Puestos al ser titulados con aquel carácter adquirían el rango de funcionario de la Administración, representando algo así como un delegado del Gobernador en la localidad respectiva, aunque en un cierto número de casos se trataba de simples colonos como los restantes que componían la población. Por tanto, los documentos firmados por ellos que son la mayoría de los que manejamos, adoptaban el carácter oficial que su cargo conllevaba. En cierto modo, pensamos que este hecho confiere un cierto grado de garantía a los datos, aunque ésta dependía de la capacidad del Comandante a cuyo cargo estaba la ejecución del documento.

Los demás censos o listas de población no elaboradas por el Comandante, resultan igualmente de carácter oficial, y eso sucede, por ejemplo, con las listas de inmigrantes realizadas con objeto

---

[4] Números 70 y 72 de la «Relación de Censos...».

de controlar el flujo migratorio y firmadas, siempre por algún funcionario de la Administración [5].

Sobre el hecho mismo de la ejecución de los documentos sabemos realmente poco. No existían oficialmente unos patrones por los que hubiera de guiarse la persona o personas que efectuaran la encuesta, y ello es una de las causas que provoca la heterogeneidad de las fuentes a que antes hemos aludido. Pensando que la mayoría de las poblaciones tenían un volumen relativamente escaso, no es difícil imaginar que una sola persona, no encontraría excesivos problemas para controlar el total de la población a la que podría visitar en corto espacio de tiempo. En núcleos de hasta casi 1.000 habitantes, el Comandante, es de suponer que conociera personalmente incluso, a todos los cabezas de familia del establecimiento; y ello, elimina algunos de los problemas que hubiera podido causar la larga duración de la confección del censo, por cuanto esto provocaba en ocasiones, y es un caso relativamente frecuente en zonas rurales europeas, la repetición u omisión de datos que, lógicamente le restaba validez.

De un caso, al menos, tenemos noticias de que se facultara al Comandante del Puesto para nombrar personas de su confianza que le ayudasen en la elaboración de la encuesta correspondiente, y que serían pagadas por ello. De cualquier manera, los Comandantes, por el ejercicio de su cargo, recibían [6] mensualmente una asignación que remuneraba sus obligaciones como tales, entre las que se encontraba la de efectuar el censo.

Por el momento, pues, hemos visto que la documentación de nuestro trabajo reúne las características, a grandes rasgos, de primaria, oficial, documental —por supuesto—, y sólo le queda el ser de orden «ex profeso» demográfico, para cumplir los requisitos que se exige a las fuentes para que proporcionen los datos directos.

En lo que se refiere a este rasgo, es decir a la finalidad puramente demográfica de las fuentes, o a su elaboración con otros fines, como fiscales, religiosos, etc..., haremos ciertas consideraciones sobre la documentación utilizada. Aunque son algo extensas, nos parecen absolutamente necesarias porque van a poner de manifiesto la calidad en relación a la característica de la que hablamos.

---

[5] Números 7 y 8 en la «Relación de Censos...».

[6] A pesar de los problemas que en distintas épocas existieron con la llegada del Situado, los Resúmenes de la Caja Real de Nueva Orleans permiten comprobar que, normalmente, estos sueldos se pagaban con relativa puntualidad.

Sabemos ya, aunque casi no haría falta insistir sobre este tema, que la Corona española tuvo en el fomento de la población de la colonia una de sus principales preocupaciones, constantemente manifestada por casi todas las autoridades de la Provincia durante el período español. Y este interés que puede fácilmente observarse en la documentación emanada de aquéllas, podemos adelantar que fue la clara motivación por la que, prácticamente, todos los censos que vamos a utilizar en nuestra investigación fueron realizados.

Tras la Guerra de los Siete Años, eminentemente colonial, con los ingleses en las colonias norteamericanas y Florida, a un paso de Nueva España, Luisiana adquirió un valor estratégico extraordinario que fue claramente comprendido por España, y cuya fuerza como «barrera» entre los ingleses y México, se intentó rápidamente afianzar [7].

El territorio era verdaderamente inmenso, y de esto se tenía conciencia en la Península, pero por esta inmensidad, era prácticamente indefendible desde un punto de vista militar. Era imposible cubrir una frontera de más de 500 kilómetros de territorio salvaje y casi desconocido con una fuerza armada que resultara efectiva. Tal empresa no estaba al alcance de ninguna potencia del mundo en la época y, desde luego, tampoco de España.

La Ilustración domina Europa en estos momentos, y sus ideas sobre población y economía son aplicables a un caso como el de Luisiana. Se pretende activar la economía de las naciones poniendo una de sus bases en el fomento de la agricultura, mejorando las explotaciones ya existentes, ocupando nuevas tierras con colonos que estén dispuestos a cultivarlas. Esta idea fue llevada a la práctica en España y también, además de en otros lugares, en Luisiana. En nuestro caso se unían la necesidad de hacer fuerte el territorio con la expansión de las ideas ilustradas, y ello hace que los gobernantes de la colonia muestren tanto interés por el tema de la inmigración para la que, por su parte, parecía a primera vista no haber excesivos problemas a la hora de encontrar focos de abastecimiento.

En un primer momento cuando los españoles aún casi ni han puesto el pie en la colonia, las primeras remesas de inmigrantes llegan como consecuencia de los efectos que la guerra franco-inglesa han causado en Acadia, ajenos a las intenciones de las autoridades hispanas. Se trata de los refugiados que se incorporan a

7 J. Holmes, «La última barrera: la Luisiana y la Nueva España», *Historia Mexicana*, n.º 40, 1961, pp. 637-49.

la colonia en 1764 y 65. Todos los demás inmigrantes que recibió Luisiana hasta que salió de manos españolas, fueron de uno u otro modo, en su gran mayoría, llevados por España. Si no en expediciones costeadas o favorecidas por la Corona, como en el caso de los canarios y los acadianos de 1785, sí facilitándoles la entrada en la Provincia, y eliminando paulatinamente las trabas que se lo impedían, como con los americanos que desde los años 80 estuvieron continuamente llegando.

Por ello no tendría mucho interés buscar minuciosamente todos, ni siquiera la mayor parte de los testimonios donde se manifiesta el afán en fomentar la población de la colonia. Con algunos ejemplos que creemos significativos, bastará para dejar constancia de la cuestión que, repetimos, es fundamental para la existencia de los censos que vamos a analizar.

En primer lugar nos referiremos a ciertos comentarios del que fue primer Gobernador nominal, no real, de la Provincia, D. Antonio de Ulloa en relación con los habitantes de la colonia al poco de su llegada a la misma y que demuestran su actitud frente al problema de la población. Estas manifestaciones están extraídas de su correspondencia con Grimaldi a quien decía el 19 de marzo de 1766 que «la mayor parte de los habitantes actuales son los acadianos que han venido desde dos años a esta parte a establecerse en la colonia, porque rebajados éstos del número total se reconoce cuan corto es el de los antiguos habitantes...»[8].

En mayo del mismo año concretando su apreciación anterior, vuelve a comunicar a Grimaldi que contabiliza 1.058 familias para toda la colonia, y de ellas 145 de acadianos[9].

Se trataría de una primera toma de conciencia de la falta de población en la Provincia que iba a intentar ser subsanada en años posteriores.

En 1778 comienzan a recibirse las expediciones de familias canarias a Luisiana cuyos cabezas irían, en principio, sólo en calidad de reclutas pero que, una vez en la colonia, y por motivos económicos, fueron destinados, en su mayoría, a colonizar nuevas tierras fundando varias poblaciones.

El entonces Teniente de Gobernador[10] encargado especialmente de los asuntos de Amistad de Indios, Comercio de la Provincia y

---

[8] Ulloa a Grimaldi, Nueva Orleans, 19 de mayo 1766, AGI. Sto. Domingo 2585.

[9] Ibid.

[10] Sobre problemas con su nombramiento ver J. H. Nunemaker, «The

Establecimientos de las Nuevas Poblaciones, D. Francisco de Bouligny, reunía información sobre ciertos parajes favorables, en Ouachita, según su criterio, para el asentamiento de aquéllas y las comunicaba al Gobernador D. Bernardo de Gálvez[11], afirmando tras haber ensalzado las cualidades del terreno:

«...Subsistiendo V. S. aquí ocho o diez años podrá V. S. llevarse la satisfacción de haber hecho al Rey y al Estado el mayor de todos los servicios estableciendo en este tiempo una población de más de mil familias que no sólo será la llave y centro de esta Provincia sino también el resguardo y verdadero antemural del importante Reyno de México, más difícil será establecer estas mil familias y en los diez primeros años que diez mil en los subsecuentes, y destinando V. S. de los cuarenta mil pesos asignados anualmente treinta mil para este fin, creo serán suficientes para conseguir este importante objeto, además yo no dudo que la superioridad dará mayores auxilios siempre y cuando se vea el feliz éxito de los primeros pasos...».

En este párrafo se nos adelante Bouligny en un tema al que pensábamos hacer alusión y que es el de la asignación que la Corona destinó desde 1766 —en los primeros años se trataba de 25.000 pesos— a ayuda para inmigrantes, y que formalizó en 1778 creando el Ramo de la Caja Real de Nueva Orleans, denominado de Población y Amistad de Indios, demostrándose con ello de forma más clara, si cabe, su gran interés en el problema.

En el citado párrafo, por otra parte, queda patente la importancia que Bouligny concede —«...el mayor de todos los servicios...»— al «...resguardo y verdadero antemural del importante Reyno de México...», intentando reforzarlo por medio del asentamiento de colonos.

Algo más adelante, surgirían los problemas entre Gálvez y Bouligny. Este último, en otra carta suya al Gobernador de 3 de diciembre de 1778[12], cuando ya ambos discutían sobre el emplazamiento de los inmigrantes canarios, volvía a afirmar,

«...Las ventajas que sacaría el Rey de estos establecimientos son considerables, dispuesta su Real voluntad a formar aquí una numerosa población para servir de barrera y antemural al importante Reyno de México donde puede mejor colocar esta población que en el centro de esta Provincia en un paraje pingüe, saludable y rico por la naturaleza del suelo...».

Bouligny affair in Louisiana», *The Hispanic American Historical Review*, XXV, 1945, n.º 3, pp. 339-363.

11 Informe de Bouligny a Gálvez, Nueva Orleans, 4 agosto 1778, AGI. Papeles de Cuba, 2358.

12 Bouligny a Gálvez, Nueva Orleans, 3 diciembre 1778, AGI. PC. 2358.

Aunque resultase que Bouligny hubiera tenido interés personal en llevar una nueva población a Ouachita —en realidad no parece que lo tuviera a juzgar por los estudios que se han hecho sobre la cuestión [13]—, lo que parece evidente es la especial atención que se dedicaba a los asuntos de población en el momento a que nos referimos.

El que fue Gobernador y personalidad principal de la Provincia durante varios años D. Esteban Miró elaboró en agosto de 1792 un «Informe relativo al Estado político de Luisiana» [14] que tiene excepcional interés por el carácter de su autor, y simultáneamente por el sentido retrospectivo y futurista que imprimió al escrito, y que ilustra sobre la historia de Luisiana en los años próximos al de la confección del informe.

Hemos de pensar que las ideas que Miró tiene y presenta en su escrito fueron las que guiaron a la Provincia durante los años en que estuvo en el cargo de Gobernador, y que, posiblemente iban a seguir influyendo en el futuro. El Informe fue elaborado a solicitud del Rey y con referencia expresa a algunas de las cuestiones más urgentes que tenía planteadas la colonia, pero su amplitud hace que toque los temas más variados. Nosotros nos fijaremos en las alusiones que haga al de la población y cuestiones anexas, por ser las que exclusivamente interesan a nuestros propósitos. Y así podemos leer en determinado lugar del Informe:

«...La Luisiana merece mucha atención por ser un puesto en el seno mexicano donde ninguno hay perteneciente a otra potencia; pero lo que la hace principalmente apreciable y de mucho valor, es su posición con respecto al Reyno de México, siendo el Mississippi su natural barrera. El empeñarse en hacer siempre los atrevidos proyectos que en sus papeles públicos han vociferado varios individuos de los Estados Unidos señalando el camino por la Luysiana a la conquista del expresado Reyno; y aunque esto es remoto y no sucederá en el presente reynado, será glorioso a la memoria de Carlos IV (que Dios guarde) que sus providencias hayan libertado a sus sucesores de la pérdida de un Reyno tan famoso y rico; asegurando así para siempre útil a España la independencia de dichos Estados contra la opinión de muchos políticos que la creen perjudicial, a causa de la vecindad de sus posesiones.

---

[13] J. H. Nunemaker, *op. cit.* Recientemente el Dr. Gilbert Din ha publicado un trabajo monográfico sobre la figura de D. Francisco Bouligny.

[14] Existen varias copias del informe que se halla publicado por Jack D. L. Holmes en *Documentos inéditos para la Historia de Luisiana*, Madrid, 1963. Nosotros hemos utilizado la que se encuentra en AGI. Santo Domingo 2588.

Para conseguir esto hay dos medios, primero es poblar la Luysiana de manera que sus moradores puedan defenderla, y el segundo formar una conexión con Kentucke y demás distritos del Pays Occidental, de modo que se obliguen a servir de barrera contra los mismos Estados Unidos...».

Para ello, explica Miró que ya trabajó desde 1787 con Wilkinson, quien también, por su parte, se habría propuesto fomentar la emigración desde dichos distritos occidentales a la misma Luisiana. Sin embargo, diferentes problemas impidieron el que España llegara a un acuerdo con Kentucky, a pesar de lo cual Miró resalta como, quizás, el principal logro durante su mandato el fuerte incremento de la población de la Provincia:

«...Resulta pues de todo lo referido que no hay nada granjeado sobre atraer a nuestro partido a los Kentuckeses, y que la emigración no ha sido afluente como se esperaba, habiendo no obstante aumentado en los diez años de mi Gobierno en 25.000 almas la Luisiana y Florida Occidental, pues en el de 1782 sólo contenían 20.000, y en el día estoy muy persuadido pasarán de 45.000».

Sin entrar en la valoración de las cifras que son objeto de nuestra atención a lo largo de este trabajo, lo que nos interesa destacar es la importancia que, ahora, Miró concede al problema de la población, fundamental para que la Provincia adquiera su auténtico significado. En esta época y en el Informe ya aparece planteada la cuestión de si es conveniente que los inmigrantes que lleguen sean o no extranjeros y se piensa, sobre todo, al decir extranjeros en los norteamericanos. No nos detendremos por el momento en la cuestión y sólo expondremos que el ex-Gobernador se mostraba favorable, y no veía serios inconvenientes en la entrada de extranjeros en Luisiana, siempre que fuesen buenos labradores. Miró pensaba, no sin lógica, que dado el carácter casi incontrolable de la región, igual daba que los americanos se hallasen a un lado o a otro del río, puesto que en el momento en que se lo propusieran firmemente, podrían atravesarlo con facilidad, y lo que era preferible era disponer de una población de colonos establecidos y con su modo de vida ligado a la tierra que ocupaban, que era lo único que la haría realmente estar segura. Así, afirmaba más adelante:

«...Al mismo tiempo que esto se emprenda es de la mayor consecuencia e importancia el que se den cuantas providencias extraordinarias requiera el poblar la Luisiana, de manera que pueda defenderse por sí misma, lo que haría menos o casi nada necesarios la consabida conexión» [15].

---

[15] Ibid.

Vemos, pues, que ya en los años de la década de 1780 la nación más considerada, lógicamente, era los Estados Unidos; que la colonia conservaba su carácter de barrera que le confería su posición estratégica; y que el tema de la población seguía siendo de interés preferente.

Para terminar, y por no hacer interminable la relación de testimonios semejantes, aludiremos a otro proveniente del Barón de Carondelet, uno de los últimos Gobernadores de la Provincia, tomado de un informe al Consejo sobre la solicitud del Gobernador de construir un Pósito para controlar las cosechas y el precio del arroz en la colonia, en 1796.

Carondelet expresaba que para poner a la Luisiana Alta en estado de proveerse de harina, había acudido entre otros medios a fomentar el cultivo del trigo, y la emigración de buenos labradores que de la parte americana se pasasen a aquellas Provincias. Frente a aquella región, el Gobernador afirmaba de la Luisiana Baja que se hallaba mucho más poblada y mejor cultivada, resaltando en ambos casos el aspecto poblacional, que ya a fines del período español continuaba estando en la mente de las primeras autoridades como uno de los preferentes en su Gobierno.

Este interés que manifestaba la Corona en el fomento de la población se materializaba, por decirlo así, en las Instrucciones que eran entregadas por los Gobernadores a los Comandantes o Tenientes Particulares de los Puestos cuando éstos tomaban posesión de los cargos, y en las que, entre otras cosas, se les ordenaba sobre ciertos aspectos en relación con la población de sus localidades.

Estas Instrucciones formaban parte de una figura muy conocida y frecuente dentro del proceso de la colonización española en América, y hay que entenderlas como nuevos ejemplares de aquélla. Lo que a nosotros nos interesa aquí es el papel que la población juega en las mismas, y para ello hemos elegido algunas muestras —no era necesario estudiar exhaustivamente este tipo de documentos— que creemos bastarán para nuestros fines.

Hasta 1770, en el momento en que O'Reilly está procediendo a la reorganización de la Administración de la colonia, no encontramos por primera vez referencias sobre la obligación de los Comandantes de enviar relaciones de los habitantes de sus Puestos a la Gobernación. Ya antes, Ulloa, en 1767 había tomado las primeras medidas tendentes al fomento de la población en unas

Instrucciones a los Comandantes de las nuevas poblaciones de Missouri, San Luis de Natchez y San Gabriel [16].

Pero será con O'Reilly, repetimos, cuando aquéllas se volverán más completas y precisas. Así, en la «Instrucción al Teniente de Gobernador del Pueblo de San Luis, Santa Genoveva y todo el distrito del río Missouri y la parte de los Ilinueses que pertenece a S. M.» [17], se dicta un punto en el que se advierte la obligación de enviar un padrón anual que refleje la evolución que ha sufrido la población, así como en las «Instructions aux Lieutenants Particuliers de la Côte», en las que también se fija el que aquéllos rindan cuenta anualmente de las visitas que hagan a sus respectivas poblaciones [18].

Estas Instrucciones y otras que fueron concedidas durante 1769 y 1770, al igual que sucedería con las que regulaban la concesión de tierras, continuarían teniendo vigencia durante años, y servirían de base para la confección de sucesivas. Sin embargo, en las que Bernardo de Gálvez entregaba a D. Fernando de Leyba titulada «Instrucción General de Población que deberá observarse por los Comandantes de los Puestos de esta Provincia a donde deban destinarse familias a fin de que puedan establecerse con arreglo a las humanas y piadosas intenciones de S. M.» [19], la obligación era de «remitir cada seis meses una relación exacta del aumento o disminución de las familias...». Lógicamente, hay que pensar, que estas Instrucciones no siempre fueran cumplidas al pie de la letra y que, en algunos años, estos padrones no serían enviados, aunque también que algunos de los que se remitiesen se hayan perdido y no hayan llegado hasta nosotros. Ambas razones justifican las lagunas que muestra la documentación de nuestro trabajo en muchos años del período.

En algunos casos se llegaba a precisar el tipo de los individuos que debía aparecer en el censo y la clase de información solicitada, como en la «Instruction à Mr. Declouet Comandant des deux Districts des Atacapas et Opelousas», especificándosele que formara un «censo exacto y bien circunstanciado de los habitantes establecidos en los dichos Puestos de todas las edades, sexos (...), tanto de blancos como de negros, mulatos (...) libres y esclavos» [20],

---

[16] AGI. Santo Domingo 2357.
[17] AGI. Santo Domingo 2594.
[18] Ibid.
[19] AGI. PC. 2358.
[20] Ibid.

análogamente a como se hacía en la «Instruction que sera exacte-
ment observée par Mr. Filliol, Comandant du nouveau Poste du
Ouachita» [21]. No obstante esta exactitud no era frecuente en la
mayor parte de ellas.

Por citar un ejemplo más, recordemos las «Instrucciones que
deberá observar el Capitán de Milicias, regidor perpetuo del Ayun-
tamiento de esta Ciudad, D. Nicolás Forstall, Comandante del
Puesto de Opelusas», en las que había una cláusula que le ordenaba
verificar «con la posible anticipación el Padrón General de su
Puesto que debe repetir anualmente a principios del mes de enero».
Éstas fueron concedidas por Miró a dicho Forstall el 1 de abril de
1787 [22].

Estimamos que estos casos citados son suficientes para clari-
ficar cuál fue el proceso que hubo de seguirse, para la confección
de la mayor parte de los censos que tomamos como base documental de nuestro trabajo.

Después de lo comentado, pensamos que es posible afirmar
que, si bien muchos de los censos que hemos manejado contienen
información abundante sobre aspectos económicos de las poblaciones respectivas, como cantidad de tierras de las familias, cabezas
de ganado o volumen de cosechas, en general son todos de orden
«ex profeso» demográfico, pues no hay indicios que nos muevan a
pensar que eran utilizados primordialmente con alguna finalidad
fiscal, meramente económica, militar o religiosa. Por otra parte,
la colonia se hallaba exenta de todo tipo de contribución sobre
personas o haciendas desde los comienzos del período español,
continuando la tradición francesa, y sólo a partir de 1785 comenzó
a funcionar la Administración de Reales Aduanas en Nueva Orleans, aunque verdaderamente el comercio exterior había venido
siendo parcialmente gravado desde algunos años antes.

Evidentemente, de manera indirecta, siempre hubieran podido
ser utilizados, y hemos de dudar que el interés por la estadística
pura se hallase tan desarrollado como para mover a confeccionar
la serie de censos de que disponemos. De cualquier forma hay que
convenir en que el siglo XVIII, sobre todo en su segunda mitad,
por la influencia del racionalismo y la Ilustración, comienza a
mostrar una actitud diferente sobre los problemas meramente
estadísticos, y en parte, la labor que dio lugar a la documentación
que manejamos hay que comprenderla en este sentido.

21   AGI. PC. 211.
22   AGI. PC. 2361.

Antes de continuar adelante, queremos comentar brevemente un punto al que ya hemos aludido de pasada unos párrafos más arriba, y que es el de la laguna que a lo largo de los 40 años que dura nuestro estudio, presentan los censos de las diferentes poblaciones, y que limitan, a veces, de manera importante las posibilidades de análisis.

Ya hemos expuesto las razones lógicas por las que estas faltas se producen, y si nos detenemos a observar los cuadros sobre los que hemos representado la existencia de datos [23] —no ya necesariamente censos—, veremos que en contra de lo que pudiera esperarse, proporcionalmente son más abundantes y de mayor calidad demográfica (nos referimos al tipo A del que hablaremos más adelante) durante los primeros años de la época que en los últimos.

Desde el momento en que nosotros hemos antepuesto en las metas de nuestro trabajo, el análisis de las estructuras a la observación evolutiva de estas poblaciones, las lagunas de que hablamos tendrán sólo una repercusión relativa, de cualquier forma, en el logro de esas metas; y por otra parte, desde el punto de vista puramente estadístico, el hecho de que las muestras que representan los censos, tengan un carácter auténticamente aleatorio —no existe un criterio determinado que motive la existencia de los censos en esos años en concreto—, las capacita como absolutamente válidas para realizar sobre ellas una investigación estadística.

Otro aspecto fundamental de los documentos al que es obligado referirse es el de la amplitud. Al igual que en el estudio de otros rasgos, también es éste se hace difícil generalizar sobre la exhaustividad de los censos, tanto en lo que atañe a la población que comprenden, como al ámbito geográfico abarcado.

Por lo que respecta al primer punto, el criterio profesional es, posiblemente, el que pudiera afectar de forma restrictiva el contenido de algunos censos. Existen casos evidentes que nos muestran que la población comprendida era absolutamente la totalidad de la que vivía en el Puesto o dependía de él, sin excluir ningún tipo de profesiones. Cuando se llegan a especificar algunas de éstas, podemos comprobar cómo hasta los «commerçants», «marchands» o «traiteurs» aparecen reseñados [24]. Éstos constituían el sector más difícil de controlar por su movilidad, que era muy alta

---

[23] Apéndice estadístico cuadros I-A, I-B y I-C.

[24] Por ejemplo en el censo incluido en K. Bridges y W. Deville, «Natchitoches in 1766», *Louisiana History*, IV, pp. 145-159.

en determinados establecimientos de la colonia como Natchitoches o Illinois, por ejemplo. Justamente por esta razón, aun en los casos que comentamos, en los que constan las profesiones citadas, es necesario mantener la duda de si los que recoge el censo eran todos los que habitaban en la localidad, o había alguno ausente en el momento de ser confeccionado. Otras veces, sin embargo, no nos es posible conocer si estos sectores ambulantes o, profesionalmente, móviles han sido tenidos en cuenta, simplemente porque no se llega a especificar.

En principio, en tanto no tengamos pruebas de lo contrario, estimaremos que los censos incluyen el total de la población, y trabajaremos sobre esta base. En relación con este tema es necesario señalar que en ciertas zonas de la Provincia, y rastreando los desplazamientos de estos sectores móviles de población, sería posible conseguir una aproximación a este margen de inexactitud de los censos. En este sentido se orientan algunos de los esfuerzos del profesor Douglas Inglis quien, una vez que publique sus trabajos, pudiera modificar, aunque no creemos que sustancialmente, algunos de nuestros resultados.

Desde el punto de vista del carácter racial de los habitantes, sí podemos afirmar que no se producen exclusiones de ningún tipo, especificándose muy frecuentemente el número de personas libres de color, por ejemplo, existente en cada Puesto. Por tanto, se trata de documentos amplios en lo tocante a población comprendida, aunque, como vamos a ver, desde la óptica del ámbito geográfico-administrativo la cuestión presenta ciertas dificultades.

Las unidades básicas administrativas de la colonia eran los denominados Puestos, traducción del nombre que se daba en la época francesa, «poste», a los establecimientos de colonos, protegidos generalmente por una guarnición militar, ya fueran de carácter concentrado como Natchitoches, San Luis o Santa Genoveva, o disperso, como la Costa de los Alemanes, y su más inmediato entorno físico. En algunos momentos, y para ciertas zonas se utilizó la denominación de Distrito, para refrirse a un ámbito algo más amplio como podía ser el de Illinois, que comprendiese varios establecimientos [25].

Ninguna de las dos formas, como es casi lógico suponer, llegó a tener durante los 40 años unos límites fijos, y en ocasiones hubo

---

[25] Ver «Noticia de Tenencias de Gobierno y Comandancias... de esta Provincia», AGI. PC. 2367.

algunas fricciones a causa de la determinación de la jurisdicción de los Comandantes o Tenientes Particulares —individuos que estaban al frente de un Puesto— de dos Puestos vecinos [26].

Normalmente la distancia entre dos Puestos era de muchos kilómetros, y la cuestión no solía presentarse en relación con sus poblaciones, pero, excepcionalmente, hubo Puestos literalmente contiguos, lo que provocó los problemas a que nos vamos a referir, y que no son más que los que se plantean al intentar comparar datos procedentes de censos que no se refieren al mismo ámbito geográfico, aunque en sus titulaciones parezca ser el mismo.

Ya aclaramos que el caso se presenta raramente y es solucionado a lo largo del trabajo, pero a título de ejemplo, citaremos el más importante, al que dan lugar los núcleos de acadianos formados con parte de contingentes llegados en 1764 y 1765, en ambas orillas del río y una zona del Bayou Lafourche, y a los que fueron añadiéndose en años sucesivos pequeños pero continuos grupos de recién llegados.

Con estos acadianos se formaron en 1764 dos Parroquias; la primera la de la Ascensión, y la segunda la de Saint Jacques, y en cada una de ellas una Compañía de Milicias, al frente de las cuales se hallaban respectivamente dos colonos acadianos llamados Luis Judice y Nicolás Verret; éstos ejercían el cargo de Comandantes de los dos Puestos, o Costas de los Acadianos, como eran llamadas.

Posiblemente por los lazos de unión entre los individuos de cada uno de los Puestos, gran número de los cuales eran familiares entre sí, sus demarcaciones no se hallaban en absoluto establecidas, y así vemos que en los censos correspondientes a los años 1766, 1769, 1770 y 1777, la mezcla de familias de una Parroquia a otra es frecuente, llevando los censos los títulos siguientes que como se puede comprobar resultan bastante confusos:

1766

n.º 4. Compagnie de Judice. Cabahanoce. Côte Superieure. Etat des habitants établis sur la rive gauche du fleuve depuis l'habitation de Jacques Cantrelle jusqu'a la Fourche. A Cabahanoce. Fdo.: L. Judice. Comprende parte del censo n.º 9, de 1769, aunque no exactamente su orilla izquierda. Coincide parcialmente con el n.º 11, de 1770.

1769

n.º 9. Etat des habitants acadiens (...) établis sur les deux rives du fleuve depuis l'habitation du Sieur Jacques Cantrelle et celle du nommé Joseph

---

[26] C. D. Delassus a V. Morales, San Luis, 28 agosto 1802, AGI. PC. 608.

Hébert jusqu'aux environs de l'île aux Marais... A Cabahanoce. Fdo.: Judice. Semejante, hasta cierto punto, al n.º 18, de la Parroquia St. Jacques de 1777.

1770

n.º 11. Etat des habitants acadiens de la Paroisse de l'Ascension sur la rive droite chez Jean Jeansonne, autrefois chez Vve. Lachaise et finis á la pointe d'en haut de l'île au Marais. A Cabahanoce. Fdo.: L. Judice. Es sólo una parte del anterior, aunque no coincide con su orilla derecha. Por otra parte, es muy semejante al n.º 19, de la Parroquia de l'Ascensión de 1777.

1777

n.º 18. Compagnie de don Michel Cantrelle. Recensement General des habitants qui sont établis dans l'etendue de la Paroisse St. Jacques á Cabahanoce sur les deux rives du fleuve compris les noms des personnes... Fdo.: Comandant aux Postes de Cabahanoce, Michel Cantrelle.

1777

n.º 19. Recensement General des habitants du District de la Paroisse de l'Ascension á la Fourche de Chetimachas, qui commence sur la rive droite du fleuve, par en bas, chez Basil Prejean, et finis, chez le Sieur Maurice Canoée, autrefois village des Houmas, et finis par en haut de la ditte île. A la Fourche de Chetimachas, District de la Paroisse de l'Ascension. Fdo.: L. Judice.

La confusión de los límites de cada censo es evidente, y esto impide la comparación sobre todo con los de los años 1769 y 1770, pues los dos últimos sí se refieren claramente a poblaciones distintas por completo. Con aquéllos, por tanto nuestro trabajo se limitará exclusivamente a presentar su contenido aisladamente sin poder llegar a establecer ninguna relación entre ellos mismos, ni con los precedentes o posteriores.

¿Qué se puede decir sobre el contenido de los datos demográficos de los censos? Ya hemos hablado antes de una de las principales características de las fuentes que estamos estudiando y que era su heterogeneidad. Las propias personas, y las condiciones en que cada censo fuera efectuado, variarían ostensiblemente, y el no existir, como ya dijimos, un modelo fijo al que debiera ajustarse la información reflejada en los documentos, hace que los aspectos de dicha información difiera mucho de unos a otros.

Es muy normal que el sexo aparezca especificado, aunque, preferentemente, refiriéndose a la población libre más que a la esclava. La edad exacta de todos los individuos no es muy frecuente, siendo curioso que los censos que la incluyen son más abundantes durante el primer período del estudio, y llegan a ser casi inexistentes en el último. La mayoría clasifica a los individuos en tres escalones de edades denominadas 1.ª 2.ª y 3.ª, que corresponden respectivamente a: 0-14 años —en casi todos los casos, aunque a veces comprende únicamente de 0 a 13—; 15-49 años; y más de 50. En cuanto al estado civil es especificado con relativa claridad principalmente en los censos que ofrecen edades exactas, yendo acompañado también de la composición familiar y parentesco.

De esta forma, hemos clasificado los documentos, según la calidad de información que contengan —siempre refiriéndonos a la población libre exclusivamente—, en las siguientes categorías o tipos:

A) Ofrecen las edades exactas de todos los individuos así como la composición familiar.

B) Dividen las edades en 1.ª, 2.ª y 3.ª, aunque ofrecen la composición familiar.

C) Edades en 1.ª, 2.ª y 3.ª, junto, solamente, al nombre y sexo del cabeza de familia y/o «menage».

D) Sólo especifican los individuos con menos de 14 años. Sobre este límite únicamente diferencian el sexo, constando el nombre del cabeza de familia o menage.

E) Son simples estados de población, clasificando, normalmente, el total de individuos en los tres escalones de edades citados y por sexos.

F) Otros tipos, como los que dan la edad exacta del cabeza de familia y/o «menage» y ninguna otra información sobre el resto de personas que lo componen.

Evidentemente, según a cuál pertenezcan así se podrá extraer de ellos mayor o menor número de consecuencias, y por esto uno de nuestros primeros propósitos ha sido el de homogeneizar al máximo todos los datos, para que pudieran ser utilizados conjuntamente y producir los más completos resultados.

Sobre la forma en que, a veces, esta información está presentada es necesario considerar, aunque sea brevemente, que en algunos puntos del estudio, la interpretación de los datos se hace difícil. En tales ocasiones, en que la ambigüedad era manifiesta, hemos optado por dos soluciones diferentes. Si el número de casos dudosos ni siquiera se aproximaba a la mitad del total, los clasificamos como indeterminados o desconocidos al margen de los ciertos, y así en algunas pirámides de población o cuadros de estado civil no será raro encontrar individuos con edad, estado civil o sexo desconocidos, en un deseo de evitar el mayor número de errores posible. Por otra parte, si los problemas presentados constituían una mayoría, ante el temor de presentar una versión aberrante de la realidad, optamos por prescindir del censo en concreto en el estudio del tema de que se tratara. Esto nos ocurrió por ejemplo, desafortunadamente, con el censo de Nueva Orleans de 1778, en lo que se refiere a la composición familiar. En excesivas ocasiones las posibilidades de error al decidir sobre la información son grandes, y por ello preferimos prescindir del análisis de este aspecto en dicha población. Como decimos, no es frecuente esta dificultad y advertimos de ella oportunamente durante el texto cada vez que sea necesario.

Al margen de estas consideraciones están las que se refieren a la exactitud o fidelidad de los datos, punto que requiere un tratamiento aparte. Casi es innecesario recordar que nos hallamos en una región alejada de lo que en el siglo XVIII se considera la civilización, que precisamente se está comenzando a colonizar y en la que la gran mayoría de la población está compuesta por campesinos, incluidos en muchas ocasiones aquellas personas que confeccionan los censos que nos ocupan. Esto hace que al no estar depuradas las técnicas estadísticas, aunque este problema sea general para todo el Antiguo Régimen e incluso en regiones europeas, las posibilidades de error en los datos puedan resultar considerables. Además cualquier censo de población de esta época o anterior, implica la posibilidad de que las personas no recordaran con exactitud ciertos datos como la fecha de su nacimiento, por ejemplo, lo que las llevaba a declarar años de más o de menos, la mayor parte de las veces con escasa diferencia sobre la fecha verdadera, pero en ocasiones con una alteración considerable.

Este problema es el que hemos procurado precisar al máximo en nuestra documentación, tomando como ejemplo un caso que hemos considerado significativo. Y analizando el posible margen de error existente en tales documentos en uno de los puntos en el que, lógicamente, las posibilidades de variación eran mayores y quizás de forma más acusada podía repercutir en nuestro análisis. Concretamente vamos a estudiar las oscilaciones registradas en las edades de los individuos en dos censos que lo permiten, precisándolas de modo exacto. Dichas edades intervienen en casi todos los aspectos demográficos objeto de estudio por nosotros en el trabajo: estructura de edades, relación de masculinidad, reparto por sexo y estado civil, número de hijos de las madres, etc., por lo que consideramos fundamental su elección.

Para efectuar este estudio crítico necesariamente debíamos disponer de, al menos, dos censos de una misma localidad y no excesivamente separados en el tiempo, como para que las poblaciones no hubiesen cambiado demasiado, con el objeto de comprobar si los individuos declaraban las edades que les correspondían en uno de los casos, tomando como referencia el otro. A la vista de los cuadros de reparto de los censos a lo largo de los 40 años[27], se puede comprobar que los casos de censos del tipo A y consecutivos o próximos, no abundan. Están, por una parte, los de Lafourche de los años 1788, 89 y 91; por otra los de la Valenzuela en los años 1797 y 98 —no creemos que se puedan comparar los años 1791 y 1797 aunque medien sólo 6 años, ya que se trata de un momento de gran actividad en la colonia y la movilidad de la población probablemente era alta—, además de los de la misma Parroquia de la Ascensión en los años 1769 y 1777. De entre todos estos casos hemos elegido los pertenecientes a la Parroquia de la Ascensión de los años 1787 y 1788, por ser los que de forma más inmediata, cronológicamente, se refieren al mismo grupo de población, y por tanto, ofrecen mayores posibilidades de observación de un mayor número de individuos, a los que no resulta difícil seguir la pista de un año a otro.

El proceso que hemos seguido para el análisis ha sido: a) contabilizar en primer lugar las personas que aparecen y se repiten en ambos censos; b) confrontar las edades declaradas, observando si se correspondían las de un año con las del siguiente, añadiendo uno a las del primer censo; c) porcentuar el número de individuos que alteraba las declaraciones y precisar la magnitud de las alteraciones; d) clasificarlas según los grupos de edades de los individuos que las cometieron para comprobar: si los errores eran compensatorios, y establecer si suponían una variación sustancial que restaría valor a la información que los censos presentan; o, si por el contrario, no modificaban básicamente la información, con lo cual el valor de los censos como fuente demográfica podemos considerar que en este sentido, y a grandes rasgos, seguiría siendo alto. En el estudio con los dos censos citados hemos trabajado con 985 individuos que son los que pueden ser localizados en ambos

---

[27] Ver nota 23, supra.

casos, y que suponían el 91.5% el total de población en 1787 y el 95.2% en 1788. Estas 985 personas se repartían en 530 varones y 455 hembras, y sobre este reparto, los que en 1788 declaraban edades que no correspondían con las declaradas el año anterior eran:

Varones sobre 530	%	Hembras sobre 455	%	Total sobre 985	%
84	15.8	96	21.—	180	18.2

Evidentemente se trataba de porcentajes altos en términos absolutos, quizás excesivamente, aunque debemos pensar que en su mayoría es una población compuesta por acadianos llegados a la colonia en 1785, que había vivido en los últimos años, antes de la confección de los censos, dificultades especiales desde su deportación de Acadia. Ello le debió suponer un desarraigo, que podía haber comportado un cierto olvido de fechas, que se reflejaría en estas declaraciones de edades que estamos estudiando. Quiere esto decir que podría ocurrir que estuviésemos ante unos casos extremos, cuyos porcentajes de error fuesen superiores a lo normal.

Pero ¿de qué magnitud eran los errores o diferencias expresadas? El siguiente cuadro nos muestra el valor relativo de las mismas, especificando si se trataba de más o menos edad que la correspondiente en relación a 1787, y en cuántos años:

Varones		Hembras	
Magnitud errores	N.º de casos	Magnitud errores	N.º de casos
+ 1 =	20	+ 1 =	18
— 1 =	53	— 1 =	60
+ 2 =	2	+ 2 =	1
— 2 =	1	— 2 =	1
+ 3 =	0	+ 3 =	1
— 3 =	2	— 3 =	3
+ 4 =	1	+ 4 =	2
— 4 =	0	— 4 =	3
...		+ 6 =	1
— 7 =	1	...	
+ 10 =	0	+ 10 =	1

	Varones		Hembras
Magnitud errores	*N.º de casos*	*Magnitud errores*	*N.º de casos*
— 10 =	2	— 10 =	1
		— 11 =	1
...		— 13 =	1
		— 18 =	1
+ 44 =	1	— 34 =	1
	83		96

Obsérvese cómo entre los escalones + 1 y — 1, considerados globalmente, se concentra la absoluta mayoría de las variaciones, el 83.8%, que ya nos reduce sensiblemente el efecto sobre la pirámide de edades que más tarde construiremos, al diluirse, si es que no llegan a compensarse. Con ello el carácter de estos errores se vuelve, de cualquier forma más admisible.

Algunas de las diferencias observadas en + 10 ó — 10, por ejemplo, pueden ser explicables quizás por la utilización de algún borrador previo a la confección del censo, aunque hay que dejar claro que se trata de documentos originales, firmados y fechados por el Comandante del Puesto. Sin embargo, otros resultan más difíciles de entender como los de 18, 34 ó 44 años.

Vamos a ver seguidamente cómo repercutían estas oscilaciones en las pirámides de edades, para lo que hemos construido las tres que aparecen en los gráficos 1.A, 1.B y 1.C, que contienen respectivamente los siguientes datos:

1) edades declaradas por los 985 en 1787
2) resultado de añadir a cada una de dichas edades 1
3) edades declaradas en realidad en 1788.

En realidad las que más nos interesa comparar destacando el resultado son las dos últimas, en las que, es bien visible, en líneas generales la situación es la misma. En el campo de los varones se producen 6 variaciones, en distintos escalones, de 1 individuo, 3 de 2, 2 de 3 y 1 de 4. En el sector femenino son respectivamente 5, 3, 1 y 3. En resumen, considerando los tres grandes bloques de edades de 0 a 14, 15 a 49 y más de 50 años, los porcentajes de ambas pirámides son:

		Varones		Hembras	
		Supuesta	Real	Supuesta	Real
I =	0-14	17.9%	17.7%	14.9%	14.8%
II =	15-49	30.6%	30.7%	27.8%	28. %
III =	+ 50	5.1%	5.2%	3.4%	3.3%

Se puede constatar por tanto, que estructuralmente las diferencias producidas por los errores cometidos por las personas censadas al declarar sus edades son inapreciables, por lo que podemos considerar que desde este punto de vista, este ejemplo, resulta altamente fiable y de aceptable valor como fuente demográfica. Evidentemente, los resultados obtenidos de dos censos de Lafourche no pueden ser generalizados, sin más, al resto de los censos para concluir su alto grado de fidelidad. Había poblaciones de origen social y geográfico distinto, para las que estos resultados no serían válidos. No obstante, esta prueba tiene un valor indicativo, orientador, que, a falta de otras posibles, hace que la tomemos, si no como totalmente satisfactoria, sí como una cierta garantía al menos para un número relativo de censos, en cuanto a la validez de las declaraciones de los individuos.

Pero con todo, y terminando aquí este análisis, somos perfectamente conscientes de que, a pesar de todas las críticas que seamos capaces de efectuar a las fuentes, seguimos estando ante documentación estadística efectuada en el siglo XVIII y por personas semianalfabetas en muchas ocasiones, lo que nos mantiene presente la posibilidad de error, invisible para nosotros, en las cifras contenidas en los censos.

No pretendemos, en ningún momento, estar precisando exactamente la realidad demográfica de Luisiana, en ninguno de los aspectos tocados. Sabemos que la citada posibilidad de error, aunque suponemos que mínimo, siempre existe, e incluso puede verse incrementada por los cometidos por nosotros mismos, que hemos procurado cuidadosamente evitar, pero ante cuya eventualidad pedimos perdón por adelantado.

Por el contrario, nuestro deseo es el de dibujar las grandes líneas de la población de la Provincia, trazar los rasgos más destacados de su estructura. Oscilaciones de pocos individuos son perfectamente comprensible que se produzcan, como hemos visto, y ello ni anula la validez de las conclusiones a que lleguemos, ni altera los rasgos de los que hablamos.

Apéndice II

ALGUNAS CONSIDERACIONES METODOLÓGICAS

Estudiar una población a base de censos o documentos de características similares supone, de entrada, no poder analizar ninguno de los tres factores fundamentales que influyen en su movimiento natural, esto es: natalidad, nupcialidad y mortalidad. Para esto último es necesario manejar fuentes de carácter dinámico, en tanto que los censos proporcionan una visión esencialmente estática de las poblaciones, y permiten lo que en Demografía se denomina análisis transversal [1].

¿Qué significa esto en relación con nuestro trabajo? Ya hemos visto que tendrá como base documental una colección de censos, es decir, de «instantáneas» de diferentes pobladores en unos años determinados, lo que le conferirá el carácter estático de dichas fuentes. Pero, simultáneamente, el referirse muchos de estos censos a los mismos núcleos de población, con unos intervalos de tiempo relativamente cortos, hará que el estudio de los problemas demográficos que planteamos adquiera un sentido dinámico, en el tiempo, con lo que el trabajo gozará, en cierta forma, de ambas características, siempre a través de las cuestiones que puedan ser tratadas exclusivamente a base de censos.

En el apartado anterior ya aclaramos en gran medida que nuestra idea es estudiar a grandes rasgos —conocedores de que trabajamos sólo con verdaderas «muestras» de lo que fue la población de la colonia, y considerando los problemas que plantean los cen-

---

[1] Gerard H. y Wunsch G., *Demografía*, Madrid, 1975, pp. 64 y ss.

sos como tales fuentes— cuál o cuáles fueron las estructuras de aquella población colonial, y qué diferencias se pueden registrar entre algunas de sus variedades.

Para tal análisis hemos seguido, en la elaboración de nuestro trabajo, un orden en el tratamiento de los problemas que es idéntico al que mantendremos aquí en cuanto que éstos han presentado dificultades metodológicas. En primer lugar nos vamos a referir al volumen de la población.

Volumen. — Un rasgo muy importante caracteriza a la población de Luisiana durante todo el período español. Nos referimos a lo exiguo del número de habitantes de sus establecimientos.

Lógicamente al comienzo de los cuarenta años que transcurren entre 1763 y 1803, estas poblaciones eran más pequeñas que cuando los españoles dejaron la Provincia, pero aún así, aquellos núcleos de colonos continuaban disponiendo de un volumen relativamente bajo de personas. Este rasgo habrá de ser tenido en cuenta en cada uno de los temas que vayamos a tocar durante el estudio, pues es bien conocido en estadística el hecho de que al operar con números pequeños las posibilidades de grandes oscilaciones en los resultados son mayores, por lo que es posible que algunas de los irregularidades —no todas evidentemente— que registremos se deban a lo corto del contingente de personas con que trabajamos [2].

En este sentido, lo que se ha dado en llamar «mínimo de población» ha sido tratado en alguna obra de carácter general, aunque con otra intención de la que nosotros hemos expuesto, en un intento de acercarse al volumen mínimo exigible para que el funcionamiento biológico de un grupo se pueda considerar estable. Pero este aspecto del problema, planteado entre otros por Sauvy, puede ser objeto de algunas consideraciones por nuestra parte al referirlo a la Provincia de Luisiana.

En efecto, en la región, sobre todo en los primeros años, vamos a encontrar algunos núcleos de población en los que, si consideramos separadamente la población libre de la esclava, como nos pare-

---

[2] Louis Henry en su *Manuel de Démographie Historique*, Geneve, 1970, p. 84, al hablar de «Fecondité et famille» hace una advertencia que puede ser generalizada a cualquier aspecto de estudio demográfico: «...Dans les monographies de village, il faut être toujours très prudent dans l'interprétation des résultats en raison de la faiblesse des effectifs...».

ce lógico hacer al hablar desde el punto de vista estrictamente demográfico-biológico [3], el total de habitantes no llega a esos 400-500 individuos que, siguiendo los trabajos de Dahlberg y Livi, Sauvy considera como límites mínimos al hablar de «isolats» [4].

Pero como el mismo Sauvy puntualiza, «l'isolement n'est jamais total», y al menor contacto que exista entre un núcleo determinado y su entorno, el «mínimo» disminuye [5]. Y, desde luego, aunque las comunicaciones no estuvieran excesivamente desarrolladas en Luisiana [6], es innegable que los contactos, tanto humanos como económicos, entre Nueva Orleans y los demás establecimientos eran relativamente frecuentes. Esto, unido al ritmo inmigratorio que tenía impuesto la Provincia, como sabemos francamente fuerte, hacía que, de hecho, la estabilidad de muchas de estas poblaciones a que nos referíamos no se hallase en peligro y su crecimiento, ya lo comprobamos, fuese rápido.

Sin embargo, existen otros casos de «isolat» además del puramente geográfico, como puede producirse con algunos grupos sociales o culturales de orígenes distintos. ¿Sería posible encontrar algún caso semejante en Luisiana Española? Se nos ocurre pensar en los acadianos, quienes en los primeros años fueron repartidos entre varias poblaciones, y no sería improbable que entre estos núcleos se hubiesen producido ciertos problemas de inestabilidad biológica, motivados por este eventual aislamiento de tipo sociocultural, y agravados por la penuria económica que estos mismos grupos sufrieron y que, sabemos con certeza, les afectó profundamente. Pero el caso más claro de «isolat», como tenemos ocasión de comprobar a lo largo del estudio, lo constituyeron los habitantes de las Costas de los Alemanes, al mostrar unas características demográficas perfectamente diferenciables de las del resto de poblaciones vecinas, lo que probablemente se debía a su origen y tradición cultural diferentes.

---

[3] Esta cuestión metodológica es de una importancia trascendental en el estudio de poblaciones con sector esclavo, y dentro de este mismo apartado le dedicaremos un punto especial.

[4] A. Sauvy, *Théorie Génerale de la Population*, París, 1962, vol. I, pp. 42-48.

[5] Ibid., p. 45.

[6] Este tema nos lleva a plantearnos la cuestión de las comunicaciones que no se halla estudiado a fondo. Se sabe que en épocas de lluvias los viajes entre ciertos Puestos, y Nueva Orleans no eran fáciles, sin embargo, no parece que existiese en ningún caso una incomunicación total, ni siquiera prolongada.

De cualquier forma, y para evitar dificultades originadas por la presencia de dicho «mínimo», concretamente, para eludir las grandes oscilaciones en que podríamos incurrir, como dijimos, al manejar un número corto de efectivos, las poblaciones escasas —menos de 400-500 habitantes—, en general, no serán minuciosamente estudiadas, y sólo acudiremos a ellas como referencia.

Otra cuestión diferente se plantea al referirnos al problema económico en el que, como Sauvy observa también, puede producirse un «mínimo de población». Sin embargo este aspecto no nos interesa directamente, y en el presente trabajo no será tenido en cuenta.

Ya ha quedado claro que nuestra atención va a centrarse preferentemente en el aspecto diacrónico del estudio, en el movimiento real de la población, y no en el natural, exclusivamente. Anteriormente hemos hecho alusión a la imposibilidad de ocuparnos de los factores de este movimiento natural, que merece un breve comentario por nuestra parte, pues es sabido que existen ciertos métodos que, incluso a partir de censos solamente, tienden a evaluar las tasas generales de natalidad o mortalidad, por ejemplo. Sin embargo, la invialibilidad de su aplicación ha hecho que no los hayamos considerado.

Tal sucede con el conocido método de las estructuras estables, para cuyo uso desconocemos las tasas de fecundidad y mortalidad por edades [7]; o con el método de Halley, que además de las críticas de que ha sido objeto por Henry, requiere la existencia de una población estacionaria, que no es nuestro caso [8]; o con las tablas-tipo de mortalidad, que nos exigirían conocer el cociente de mortalidad de algunas edades, y tampoco nos hallamos en esta situación, puesto que desconocemos completamente tales datos [9].

Es esto así porque otro de los métodos que suele usarse para calcular la tasa de mortalidad, que consiste en la comparación de dos censos sucesivos de poblaciones considerando que «la diferencia entre los efectivos de una misma generación (...) se debe a los fallecimientos y migraciones ocurridas en el transcurso del período entre ambos censos» [10], precisamente por ser, casi todas las poblaciones que nosotros estudiamos de carácter abierto, las posibilidades de que estas migraciones desvirtuaran los eventuales ín-

---

7 Gerard y Wunsch, *op. cit.*, p. 80.
8 L. Henry, *op. cit.*, p. 138.
9 Gerard y Wunsch, *op. cit.*, pp. 93-94.
10 Ibid., p. 95.

dices que pudieran obtenerse son realmente grandes. Ello unido a los errores que, aunque mínimos, hemos descubierto referidos a las alteraciones de edades declaradas por los individuos censados, impide la aplicación del procedimiento precitado sin graves riesgos de equivocaciones. Estos «errores» a los que aludimos, están constituidos por las diferencias que se produjeron entre el número total de personas en el censo y el de las que se repetían de una forma clara, en ambos censos. Recordemos que se trataba en 1787 de 91 individuos, es decir un 8.4% de la población; y en 1788 de 34 personas, 4.7% del total, sin que sean cifras muy altas, debemos suponer que una parte de ellas la formaron elementos que sencillamente habrían cambiado de residencia —hay algún caso de familias enteras sin localizar—, sin que sea posible interpretarlos exactamente como el producto del efecto de la mortalidad.

Así pues, vemos que por diversas razones, sobre las que se impone posiblemente el que los núcleos de población estudiados fueran muy abiertos, los métodos a que hemos aludido han sido deshechados como inaplicables en nuestro trabajo.

A pesar de ello, aunque sea de una forma indirecta y aproximada, en determinadas ocasiones nos referiremos a posibles valores del movimiento natural a partir de las tasas medias anuales de movimiento que manejaremos. Estas últimas al extraerse de los totales de población, consideran en realidad su movimiento real, esto es la diferencia entre natalidad y mortalidad, más las inmigraciones menos las emigraciones. Si estimásemos algunos índices posibles —aún conscientes del riesgo que esta operación comporta— de crecimiento vegetativo en una población como la que nos ocupa, basándonos en estudios realizados para poblaciones similares, la diferencia existente entre ellos y las tasas de movimiento real que nosotros obtendremos, correspondería a la importancia de las migraciones dentro de dicho movimiento.

Por otra parte, cuando nos ocupemos de Puestos en los que sepamos que las migraciones no han influido, al menos de forma decisiva, estas tasas de movimiento real deberán aproximarse a las de crecimiento vegetativo, con lo que, en cierta forma, nos queda un posible camino para acercarnos a su evaluación [11].

---

[11] Otra forma de discernir el movimiento natural partiendo de las tasas de movimiento real no creemos que sea posible. Trabajando con censos, el fenómeno inmigratorio, que es el que nos afecta principalmente, y su impacto hay que valorarlo de manera instantánea; una vez transcurrido el año

Inmigración. — Con respecto a este tema concreto, su análisis plantea algunos problemas específicos, propios de poblaciones coloniales como era la de Luisiana.

Uno de los aspectos más interesantes en el estudio de este fenómeno, usualmente, es la comparación de las estructuras de las poblaciones inmigrantes con las de la población del lugar al que dicha inmigración se incorpora.

Por otra parte, cuando se conoce el volumen de esta inmigración, así como el valor de los factores demográficos de la población receptora, se puede calcular la importancia del contingente inmigrante, en el sentido de si constituye un volumen de la población que lo recibe pudiera alcanzar en un plazo breve de tiempo, o por el contrario tardaría un largo número de años en conseguirlo.

Pero sucede que por tratarse Luisiana de una región abierta a la colonización, con una gran abundancia de tierra, las distintas oleadas de inmigrantes que llegaron durante el período no fueron destinadas siempre a núcleos ya existentes, sino que, a veces, constituyeron poblaciones nuevas, nuevos establecimientos, lo que hace irrealizable la comparación de su volumen, o sus estructuras, con las de la población receptora, que en rara ocasión existió. Este proceso ocurrió, por ejemplo, con acadianos, canarios o americanos establecidos en Illinois en la década de 1790. Por el contrario Natchez, San Luis o Santa Genoveva sí recibieron inmigrantes pero de forma fluida y constante, que apenas ha dejado huellas en la documentación existente, y la que ha quedado hace que su estudio requiera un enorme y paciente esfuerzo [12]. De cualquier forma, en ciertas ocasiones en que veamos que las estructuras de un grupo han variado sensiblemente en un corto espacio de tiempo, mientras que su índice de crecimiento real ha sido excesivamente alto, po-

---

o el momento preciso de la llegada de un contingente de inmigrantes, su efecto dinámico sobre los factores demográficos son realmente imprevisibles.

Quiere esto decir que el procedimiento utilizado por J. Potter en «The growth of population in America, 1700-1860», en *Population in History*, ed. D. V. Glass and D. E. C. Eversley, London, 1965, pp. 631-688, consistente en restar al incremento real observado en un período dado, la inmigración bruta registrada, estimando que el incremento resultante correspondería al movimiento natural, resulta, como el mismo autor reconoce, «...obviously very crude and the findings can be no more than a rough approximation» —p. 641—, por lo que en ningún caso hemos optado por su uso.

[12] Esta documentación consiste, normalmente, en listas no seriadas de nombres de individuos, generalmente los cabezas de familia, sin especificar el número de personas que les acompañaban, que llegaban a los Puestos, y remitidas por los Comandantes de éstos al Gobernador.

dremos suponer que estas modificaciones han resultado provocadas por la inmigración registrada, con lo que, hasta cierto punto, sus efectos se nos mostrarán aparentes. Desde luego estas consideraciones se basan en la aceptación de que los Puestos, o localidades, constituyen unidades que deben ser estudiadas, de manera preferente y en la medida de lo posible, por separado, puesto que el carácter básico de colonos agrícolas de sus habitantes hacía que sus desplazamientos y contacto entre sí fuesen mínimos.

En el aspecto que estamos comentando nuestro trabajo se limita a:

> Hallar las tasas de crecimiento medio anual en todos aquellos Puestos en que sea factible.
>
> Evaluar, porcentuando, el volumen de las poblaciones inmigrantes con relación al total de la población de la Provincia en el momento concreto en que se registran las llegadas, cuando esto sea posible.
>
> Efectuar los análisis estructurales posibles en las poblaciones.

Estructura por edades. — Nada hay que destacar del trabajo realizado con los censos del tipo A, y sí, por el contrario, de los del tipo B e incluso D.

En los primeros de estos dos últimos grupos hay que resaltar la utilidad del criterio de clasificación de edades en tres escalones, con límites en los 14 y 49 años, que marcan el paso de edades infantiles y de éstas a las ancianas, lo que suele coincidir, a grandes rasgos, con la edad activa entre los varones, y con la de procrear entre las mujeres [13].

---

[13] Se puede decir que no existe una normalización exacta, pero sí bastante aproximada, en el valor que se da en los distintos censos que no son del tipo A o lo que se denomina en ellos 1.ª, 2.ª y 3.ª edad. En general, la primera nunca pasa de los 15 años y no baja de los 13, aunque en el caso de las hembras en alguna ocasión como la «Recapitulation...» de 1763 se consideran sólo hasta los 12 años. Cuando se producen variaciones de este tipo nosotros lo advertimos en el trabajo. Si no hay indicios de lo contrario estimamos siempre que la edad I o 1.ª comprende para ambos sexos de 0 a 14 años inclusive, y sobre esta base realizamos las comparaciones con los censos de la base A.

Con la 2.ª edad no parece que existan dificultades para fijar sus límites que se extienden desde el final de la I hasta los 49 años, y es denominada en el texto edad II. La 3.ª por último abarca desde los 50 años en adelante y la llamamos edad III.

En general, por otra parte, en cuanto a la valoración y comparación de los datos de los censos de los dos tipos, B y D, los clasificaremos según el volumen de sus edades infantiles —cuando sólo ésta nos sea conocida— y anciana, que nos indicará, sobre todo el grado de juventud de dichas poblaciones.

Del análisis crítico de las fuentes hemos deducido que son posibles algunas variaciones menores en las evoluciones de los grupos de edades quinquenales entre dos censos de la misma localidad, debidas a irregularidades en las declaraciones de los individuos censados. Si, en lugar de considerar escalones quinquenales, lo hacemos con estos otros tres a los que más arriba hemos aludido, las mismas diferencias hemos de esperar que sean menores aún, por lo que oscilaciones superiores al 2% serán consideradas ajenas a los márgenes de error citados.

Estructura por sexos. — La cuestión, de la que ya hemos hablado, de manejar cortos volúmenes de población se nos presenta de forma especialmente problemática en el estudio de este punto, principalmente cuando se trata de calcular los índices de relación de masculinidad por grupos de edades quinquenales y, sobre todo, en edades ancianas en las que ya los efectivos son realmente mínimos, reduciéndose en muchas ocasiones a menos de una decena. En algunos de estos casos, en los que los resultados obtenidos alcanzan cotas extremas, podemos afirmar, en efecto, que el azar juega un papel importante, y su valor no es muy representativo.

De cualquier forma se considera que «las relaciones entre los sexos inferiores a 90 y superiores a 110 son manifiestamente desequilibradas» [14], estimando la relación de masculinidad absoluta. Por grupos de edades, estos límites pueden ascender o disminuir en el mínimo o máximo: en el nacimiento y hasta los 15 años, por ejemplo, entre los 95 y 110, y entre 90 y 105 en las edades ancianas. Por ello, en el tratamiento de esta cuestión, clasificaremos, lo mismo que hacíamos con las estructuras por edades, las poblaciones según sus relaciones de masculinidad, concediendo unos márgenes que estimemos amplios, para dar cabida a las oscilaciones debidas a lo corto de los números.

Fertilidad. — Lo escaso y heterogéneo de las fuentes nos enfrenta de nuevo a una serie de problemas metodológicos cuando comenzamos el estudio de la fertilidad, en general, con la intención

---

[14] G. T. Trewhartha, *Geografía de la Población*, Buenos Aires, 1973, p. 138.

de observar el ritmo de reproducción de las poblaciones que nos ocupan.

Descartado absolutamente el tema de la fecundidad que resulta prácticamente inabordable, puesto que en ningún caso podemos conocer a través de un censo el número de nacimientos habidos en un año en una población, sino sólo aquellos que han continuado con vida hasta la confección del censo, intentaremos aproximarnos lo más posible al estudio de la fertilidad, cuyo tratamiento debe adaptarse en muchas ocasiones al carácter de las fuentes disponibles.

En la teoría existen unos baremos por los que debe medirse el estudio del fenómeno —y estas consideraciones son generalizables a casi todos los fenómenos demográficos realizados con datos escasos o imperfectos—. Pero dichos baremos no son absolutamente rígidos, sino que son modificados ligeramente según los datos con que se puede contar, aunque dichas modificaciones deben realizarse con un mínimo de garantías que las hagan válidas.

Así, por ejemplo, mientras que algún autor como Trewartha habla de la razón de fertilidad como «el número de niños menores de 5 años por cada 1.000 mujeres en edad de procrear», considerando esta edad entre los 15 y 44 años [15], en algún estudio sobre el tema dicha edad es ampliada hasta los 50 años [16] y aunque este ejemplo en realidad se refiere a un hecho que es dable a interpretaciones —se estima que en poblaciones del Antiguo Régimen la edad fecunda de la mujer es algo más larga que en fechas actuales—, creemos que refleja de alguna forma la actitud que en muchas ocasiones han de adoptar los demógrafos de cierta maleabilidad ante los datos, siempre que ésta sea siguiendo procedimientos científicos, con el fin de obtener de ellos el máximo rendimiento posible.

Basándonos en los censos tipo A, es posible obtener la tasa de fertilidad de esas poblaciones a lo largo de nuestro trabajo. Pero ocurre que esos censos que enumeran a los individuos con sus edades exactas, no constituyen mayoría entre todos los disponibles.

Sí lo son, sin embargo, aquellos que los clasifican en tres grupos de edades que ya hemos visto: 1.ª, 2.ª y 3.ª, y que sabemos que corresponden, casi siempre a los grupos 0-14; 15-49 y más de 50. Pero en principio, esto nos impide establecer las relaciones entre

---

[15] Ibid., p. 117.
[16] J. Potter, *op. cit.*

el número de niños entre 0 y 4 años —que se nos muestra desconocido— y el de mujeres en edad de procrear, que sí conocemos.

El problema que se nos planteaba era, por tanto, cómo reducir los índices que sí podíamos hallar, es decir, los que nos reflejaban el número de niños entre 0 y 14 años por el de las mismas mujeres, heterodoxo y no dable a comparaciones válidas con otras poblaciones, a tasas de fertilidad que sí tienen un significado y un valor demográfico corrientes.

Para resolverlo hemos recurrido a un método al que pueden encontrársele defectos, pero que constituye el único medio para salvar el obstáculo que se presentaba en este sentido. En el primer período 1763-1779, en el que hay mayor abundancia de censos del tipo A, hemos hallado en todos ellos los dos índices de los que estamos hablando, y, en conjunto, hemos buscado si la relación que se mantiene entre ambos índices se aproxima a una constante.

Lógicamente no puede tratarse de una constante perfecta puesto que hay dos factores en su obtención que varía de unos censos a otros: el primero es el número de niños entre 5 y 14 años que forma parte de la tasa que queremos reducir, y el segundo es el número de mujeres en edad de fecundar, que si no varía en sí mismo sí lo hace al intervenir en dos divisiones con numeradores diferentes.

A pesar de todo en el cuadro II-A tenemos los resultados obtenidos, que nos muestran que la media de las razones conseguidas entre las dos tasas es 2.37, que puede ser redondeado a 2.4. Las oscilaciones más alejadas de esta media son de 1.77, en una ocasión y 2.85 en otra. Es decir, una sola vez 0.60 y 0.48, mientras que en el resto de los casos las aproximaciones a la media obtenida eran francamente altas. Creemos que con todas las reservas que cabe adoptar, puede utilizarse el coeficiente 2.4, a falta de otro método más válido, para reducir las tasas obtenidas a base de la población infantil entre 0 y 15 años, a las que se refieren a la comprendida sólo entre 0 y 4. Por supuesto la tasa de fertilidad resultante puede presentar diferencias, que en alguna ocasión —en las 13 ocasiones utilizadas en el cuadro sólo una— alcance hasta un 200, pero por término medio las aproximaciones son mucho más frecuentes que las dispersiones.

Desde otro punto de vista, en los censos del tipo A, hemos aprovechado la precisión del número de hijos existente en cada familia, y hemos establecido una relación entre este dato y el que se refiere al número de madres por cada grupo de edades de

5 años. Aunque tampoco excesivamente extendido, este procedimiento tiene precedentes en los estudios demográficos, habiendo sido utilizado para estudios en Francia en la Edad Moderna [17].

Evidentemente los resultados de este proceso sólo hacen referencia al número de hijos vivos según la edad de la madre al realizarse el censo, y por ello no hay que pretender ver en los mismos más de lo que significan, y por otra parte, al interpretarlos hay que tener en cuenta los factores de corrección que han intervenido tanto en la obtención de los datos, que pueden producir un cierto margen de error aunque mínimo en realidad.

Los cuadros que elaboraremos en este tipo de estudio tienen en cuenta, por una parte, sólo a las madres que aparecen como esposa de un cabeza de «menage» [18], o como cabezas de «menage» ellas mismas —solteras o viudas—, o dentro de un «menage» complejo, en caso de que el censo especificase quiénes eran sus hijos (en cuyo caso nosotros la hemos extraído de él para considerarla como familia aparte, aunque formando parte del mismo «menage»).

Es decir, que hemos prescindido de aquellas mujeres viudas incluidas en un «menage» complejo cuyos hijos nos eran desconocidos; su incorporación al conjunto de los datos no hubiera hecho sino desvirtuar los resultados por tratarse sistemáticamente de madres con 0 hijos, a efectos de contabilización.

Por análoga razón no hemos hecho intervenir en ningún caso los criterios de familia acabada ni familia completa, ya que lógicamente cualquiera de los dos restringiría el sentido que tiene observar precisamente al número de hijos de cada madre cualquiera que sea su edad, sin esperar a que la unión se rompa, o llegue intacta a los 50 años.

En lo tocante a los hijos, ya advertimos que sólo trabajamos con los nacimientos que en la fecha en que se hizo el censo aún permanecían vivos, bajo la custodia paterna o materna. No consideramos, por tanto, aquellos nacimientos que murieron o que ya dejaron el hogar.

Fundamentalmente por esta razón, al número medio de hijos por madre que registremos, habría que añadir, para obtener las tasas de fecundidad, otro número proporcionalmente mayor según

---

[17] R. Noël, «La population de la Paroisse de Laguiole (Aveyron) d'apres un récensement de 1691», *Annales de Demographie Historique*, 1967, p. 206.

[18] Utilizaremos el concepto «menage» en el mismo sentido en que lo define L. Henry, *op. cit.*, p. 44. Remitimos de todas formas a las páginas siguientes.

aumente la edad de las madres, y precisamente lo que nos es desconocida es dicha proporción.

Los cuadros conseguidos nos indicarán, hasta cierto punto, las edades de las madres al primer nacimiento, además de la duración aproximada de la edad fecunda en las mujeres, observando las edades en las que las medias de hijos por madre comiencen a descender, pues esto querrá decir que el volumen de muertes y marchas del hogar empieza a ser superior al de los nacimientos. En otro sentido tendrán un cierto valor comparativo, desde el momento en que los mismos cálculos están realizados para diferentes núcleos de población en momentos también distintos.

La estructura social y los «menages». — El tema de la estructura social tiene una importancia decisiva en nuestro trabajo desde dos planos completamente diferentes que, sin embargo, se entrecruzan en determinado momento influyendo el uno en el otro, haciendo difícil fijar el límite de ambos, lo cual repercute de forma clara en las conclusiones que obtengamos.

Estos planos a que nos referimos son el demográfico y el social, que constituyen dos puntos de vista desde los que se puede enfocar el problema, y desde los que adquiere distintas dimensiones.

Desde 1724 regía en Luisiana el llamado Código Negro, legislación especial dictada por Luis XV que regulaba los más diversos aspectos del tratamiento de los esclavos donde el control de su número hasta su instrucción religiosa, y que en 1770 tras la llegada de O'Reilly se complementó con parte de la legislación española, pero sin que dejara de tener validez [19].

Aunque se preveían relaciones entre individuos libres y esclavos, y se concedía a los hijos habidos de estas relaciones el «status» de la madre, de hecho quedaban prohibidas radicalmente [20], y hasta el momento, ningún trabajo ha sido realizado sobre los contactos ilegales de estos dos bloques sociales de población que quedaban creados con dicha legislación, por lo cual hemos de trabajar sobre la base de que, al menos oficial y legalmente, existían dos unidades poblacionales diferentes con unos ritmos demográficos propios.

Como es natural, sus actividades biológicas eran completamente distintas, y esto se manifestaba, sin duda, en la existencia de tasas de natalidad y mortalidad, etc..., independientes; al igual

---

[19] D. E. Everett, «Free persons of color in Colonial Louisiana», *Louisiana History*, VII, n.º 1, 1966, pp. 21-50.
[20] Ibid., p. 22.

que los factores que influían en sus movimientos migratorios respondían a motivaciones e intereses opuestos. Uno de ellos, referente a los esclavos, es la diversa legislación comercial que pesó sobre este grupo, al considerársele como un medio más de producción, mientras que —a pesar de las restricciones que a veces hubo—, los individuos libres gozaron de una libertad casi absoluta en sus desplazamientos, tanto dentro como fuera de la colonia.

No pretendemos ignorar los contactos que se produjeron entre libres y esclavos, que sin duda los hubo, pero tratándose de un fenómeno que hemos de suponer ocasional y, desde luego, ilegal e incontrolado, nos parece mucho más oportuno estudiar separadamente a los dos grupos de población citados.

En los últimos años el estudio de los «menages» o «households» ha sido emprendido con interesantes resultados por distintos investigadores, habiéndose insistido en aspectos conceptuales y metodológicos [21].

Con nuestras consideraciones expuestas más arriba, en absoluto discrepamos de los demógrafos que utilizan el concepto «household» o «menage» en su más amplia acepción, para el estudio de las unidades de población. Muy al contrario, compartimos lógicamente dicho criterio.

Simplemente opinamos que un enfoque tan amplio del fenómeno, aplicado a una población esclavista como la de Luisiana, difuminaría excesivamente otras tendencias, que se manifiestan únicamente observando la evolución de los dos sectores, libre y esclavo, por separado. Y son justamente dichas tendencias las que hemos querido poner de relieve con nuestro tratamiento del hecho en cuestión.

Por todas estas razones los dos sectores son objeto de estudio independientemente confirmando nuestra opinión el hecho claro de la existencia de estructuras radicalmente distintas para cada uno de ellos.

Dicho esto, sólo nos resta aclarar que siempre que utilizamos el concepto «menage», lo hacemos refiriéndonos exclusivamente a los individuos libres, agrupados según los principios expuestos por Louis Henry en su *Manuel de Demographie Historique* [22], y prescindiendo de las personas esclavas.

---

[21] Cfr. fundamentalmente *Household and Family in Past Time*, ed. by Peter Laslett, Cambridge, 1972.

[22] L. Henry, *op. cit.*, pp. 44-46. Sobre el tema, ver también *Household and family...*, *op. cit.*, «Introduction» by P. Laslett, p. 33.

Como se puede suponer la información contenida en los censos referente a los esclavos dista mucho de asemejarse la de la población libre, en calidad y abundancia de datos. Por ello, en la medida de lo posible, únicamente hemos podido tratar, en algunas poblaciones, en volúmenes, composición por edades y por sexos, a pesar de lo cual estimamos que las conclusiones que se derivan de su análisis resultan realmente interesantes.

Por regla general hemos respetado las divisiones que presentaban los censos pasa considerar a los «menages».

Sin embargo ha habido algunos casos, siempre sólo en censos del tipo A —relativamente pocos— en los que estas divisiones han sido alteradas para conseguir resultados más homogéneos y precisos al mismo tiempo, y estos casos han sido exactamente:

> a) Cuando en un menage se incluían dos matrimonios, o un matrimonio más un viudo con hijos, o un soltero más un matrimonio o viudo con hijos, es decir, en general, cuando el segundo núcleo de un menage compuesto era un matrimonio o viudos con hijos.
>
> b) Cuando por la información económica que algunos censos aportan, se apreciaba claramente que existían dos unidades que funcionaban, hasta cierto punto, independientemente [23].
>
> c) Cuando los individuos libres de un menage eran de distinta raza y no existía entre ellos —según el censo— lazos parentales. (Cuando estos lazos existían la separación no se ha efectuado).

Insistimos en que tales divisiones de menages son muy raras y, normalmente hemos preferido mantener las unidades que el censo presentaba. Lo excepcional de estas modificaciones consta en los cuadros II-B, II-C y II-D, donde se aprecia que su porcentaje es mínimo.

---

[23] A veces dentro de la misma unidad en el censo aparecen personas poseedoras de parcelas distintas de tierra, así como de esclavos y ganado.

APÉNDICE GRÁFICO

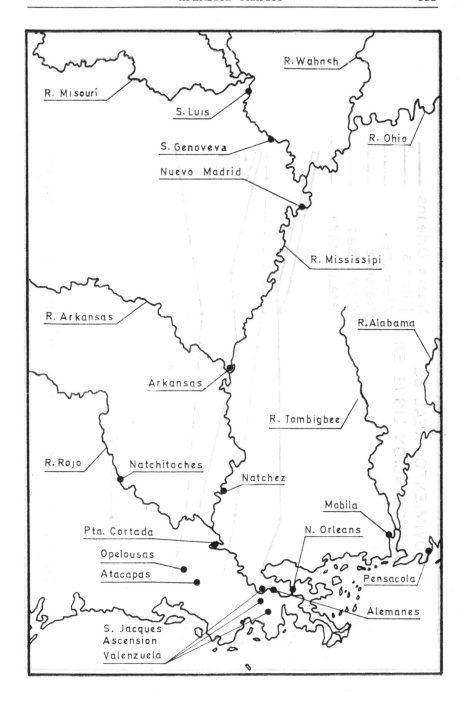

R. Wabash

R. Misourí

S. Luis

S. Genoveva

R. Ohio

Nuevo Madrid

R. Mississipi

R. Arkansas

R. Alabama

Arkansas

R. Tombigbee

R. Rojo

Natchitoches

Natchez

Mobila

Pta. Cortada

N. Orleans

Opelousas

Pensacola

Atacapas

Alemanes

S. Jacques
Ascension
Valenzuela

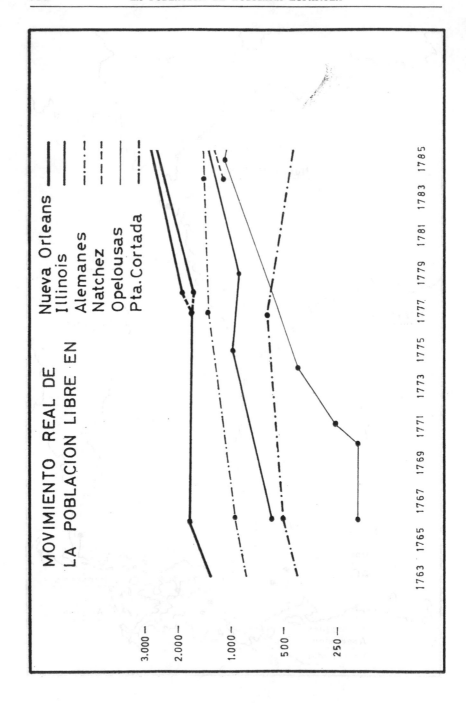

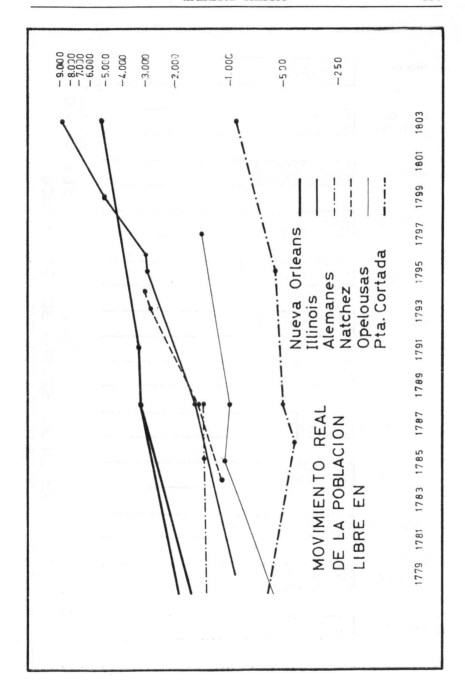

MOVIMIENTO REAL
DE LA POBLACION
LIBRE EN

Nueva Orleans
Illinois
Alemanes
Natchez
Opelousas
Pta. Cortada

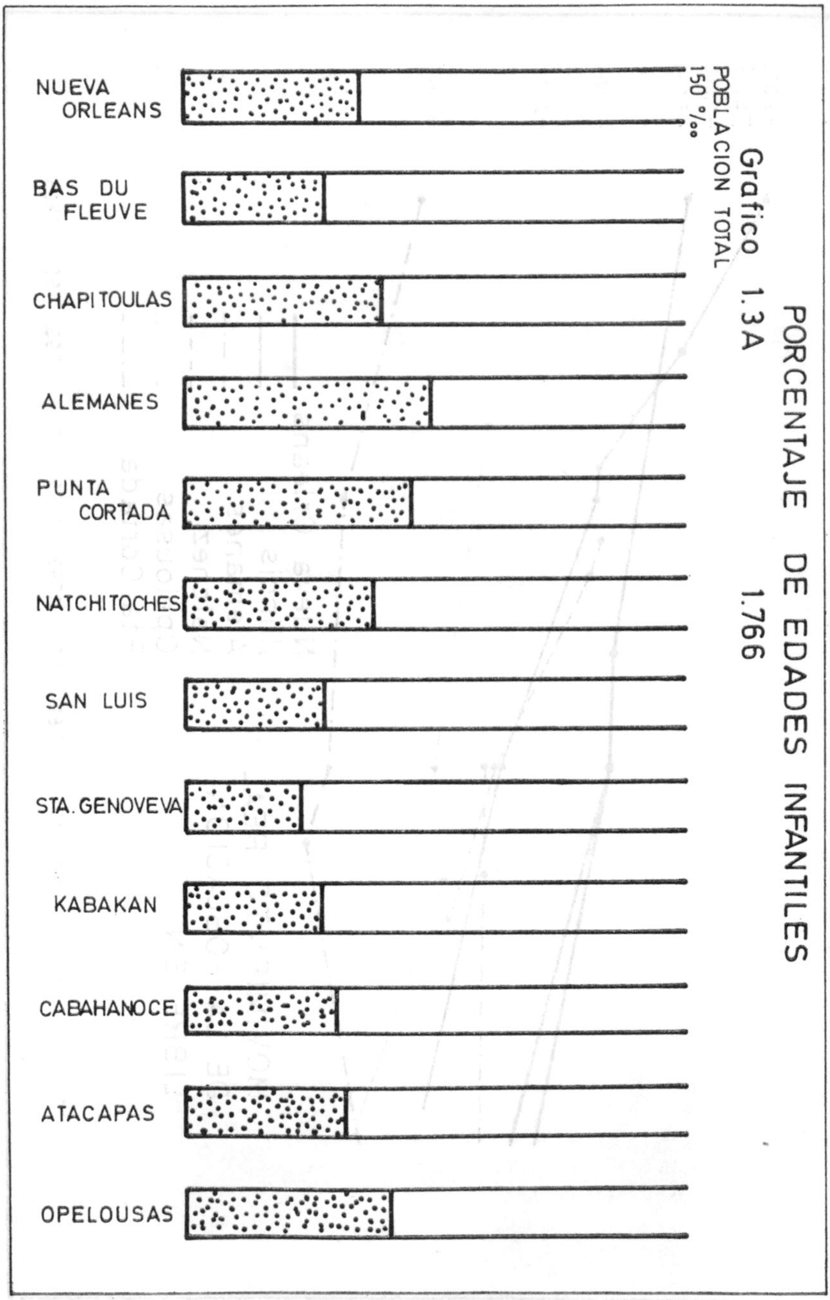

PORCENTAJE DE EDADES INFANTILES

Grafico 1.3A
1.766

POBLACION TOTAL
150 %₀

NUEVA ORLEANS
BAS DU FLEUVE
CHAPITOULAS
ALEMANES
PUNTA CORTADA
NATCHITOCHES
SAN LUIS
STA. GENOVEVA
KABAKAN
CABAHANOCE
ATACAPAS
OPELOUSAS

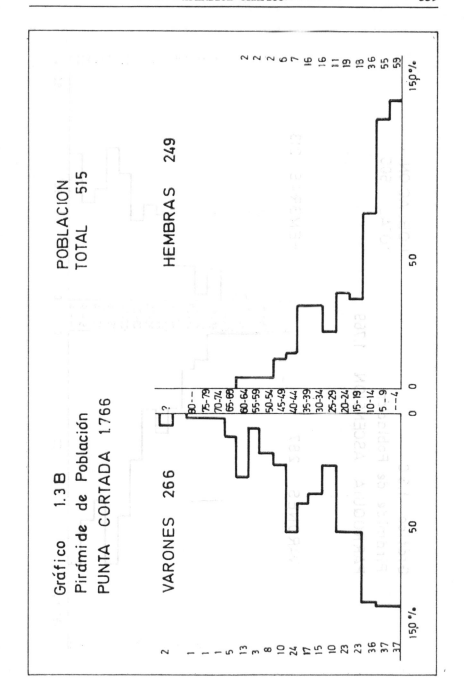

Gráfico   1.3 B
Pirámide de Población
PUNTA   CORTADA 1.766

POBLACION
TOTAL   515

VARONES   266

HEMBRAS   249

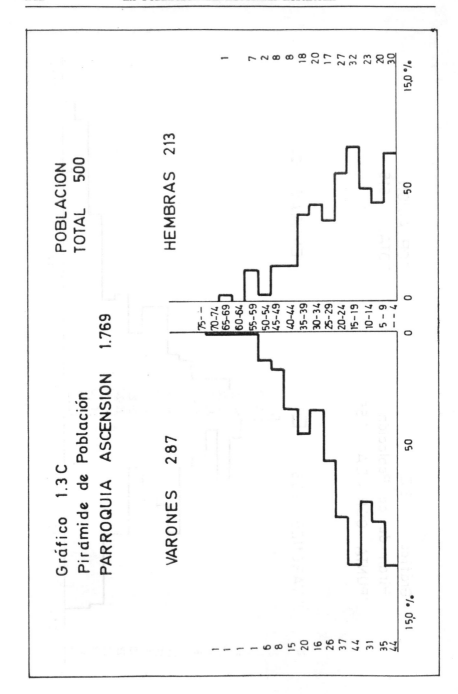

Gráfico 1.3 C
Pirámide de Población
PARROQUIA ASCENSION 1.769

POBLACION
TOTAL 500

VARONES 287

HEMBRAS 213

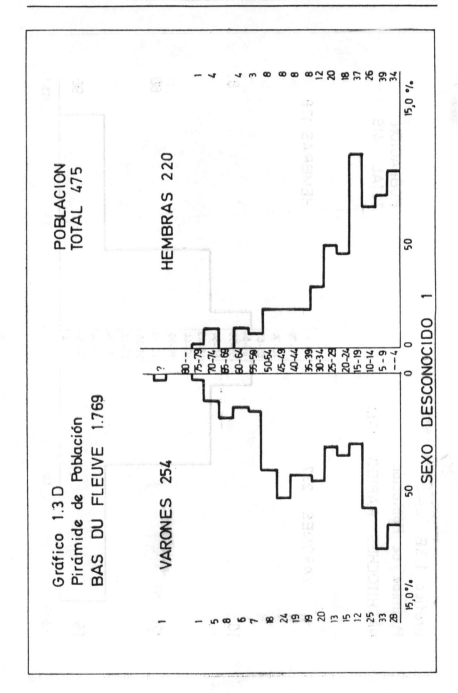

Gráfico 1.3 D
Pirámide de Población
BAS DU FLEUVE 1.769

POBLACION
TOTAL 475

VARONES 254

HEMBRAS 220

SEXO DESCONOCIDO 1

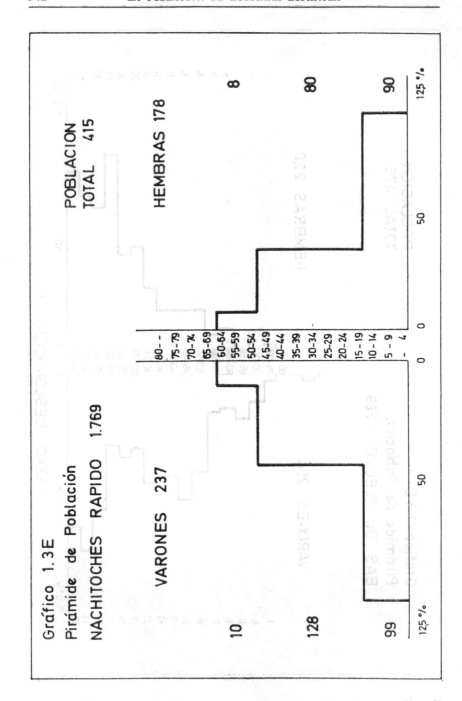

Gráfico 1.3E
Pirámide de Población
NACHITOCHES RAPIDO 1.769

POBLACION
TOTAL 415

HEMBRAS 178

VARONES 237

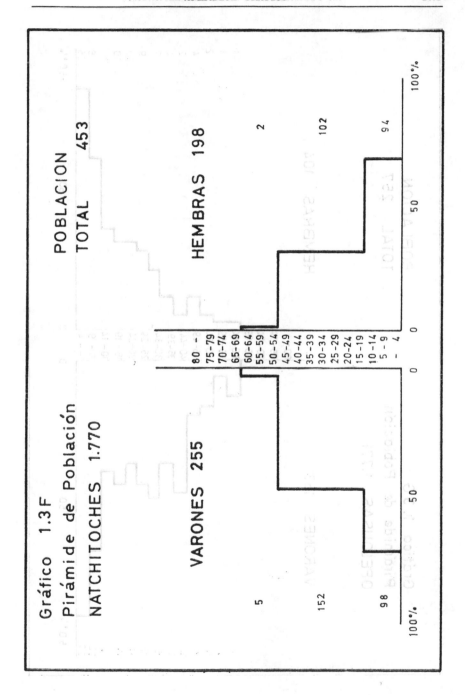

Gráfico 1.3 F
Pirámide de Población
NATCHITOCHES 1.770

POBLACION
TOTAL 453

VARONES 255

HEMBRAS 198

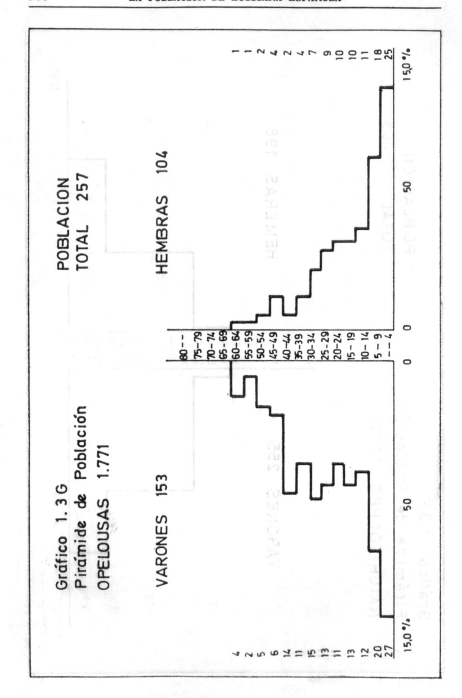

Gráfico 1. 3 G
Pirámide de Población
OPELOUSAS 1.771

POBLACION
TOTAL 257

VARONES 153

HEMBRAS 104

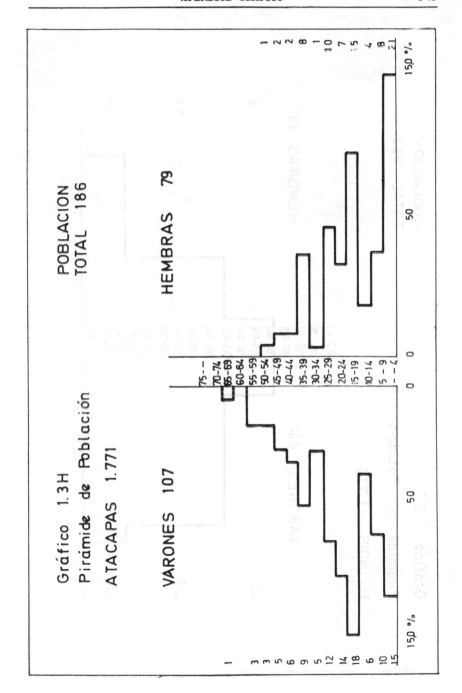

Gráfico 1.3H
Pirámide de Población

ATACAPAS 1.771

POBLACION
TOTAL 186

VARONES 107

HEMBRAS 79

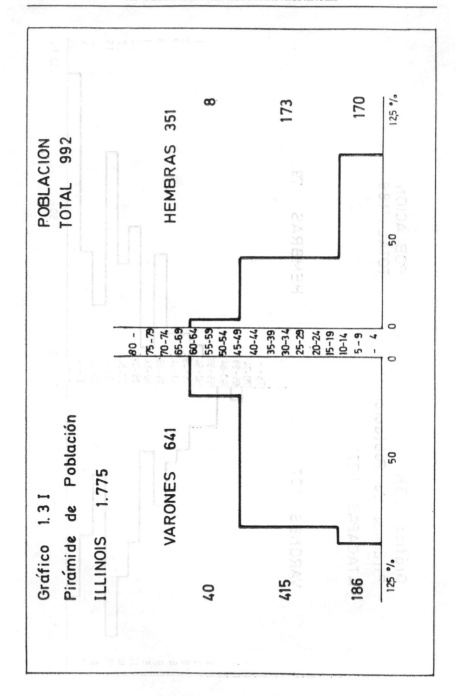

Gráfico 1.3 I

Pirámide de Población

ILLINOIS 1.775

POBLACION TOTAL 992

VARONES 641

HEMBRAS 351

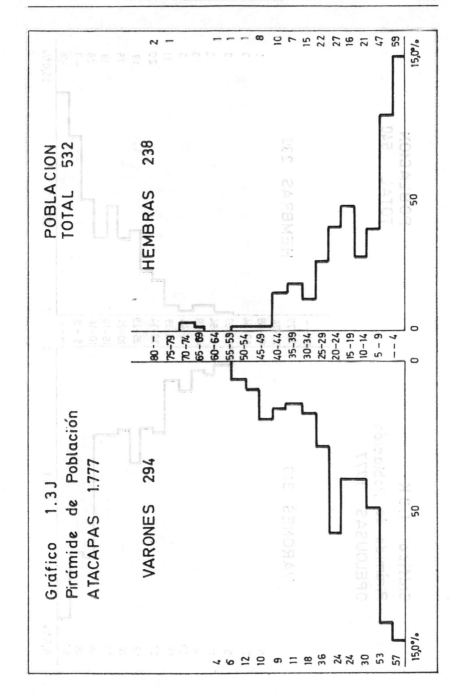

Gráfico 1.3 J
Pirámide de Población
ATACAPAS 1.777

POBLACION
TOTAL 532

VARONES 294

HEMBRAS 238

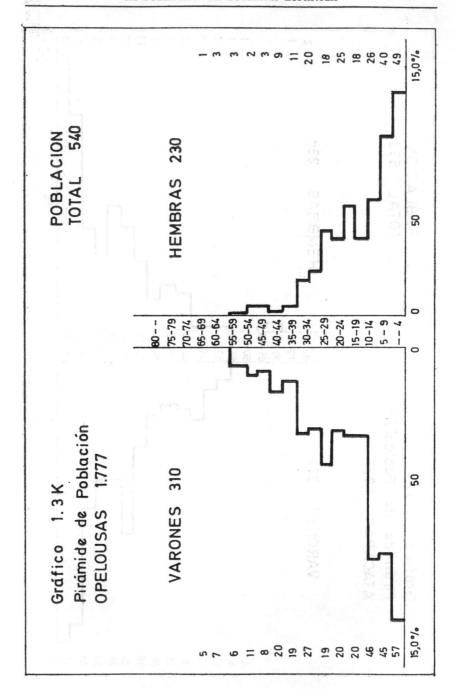

Gráfico 1.3 K
Pirámide de Población
OPELOUSAS 1.777

POBLACION
TOTAL 540

VARONES 310

HEMBRAS 230

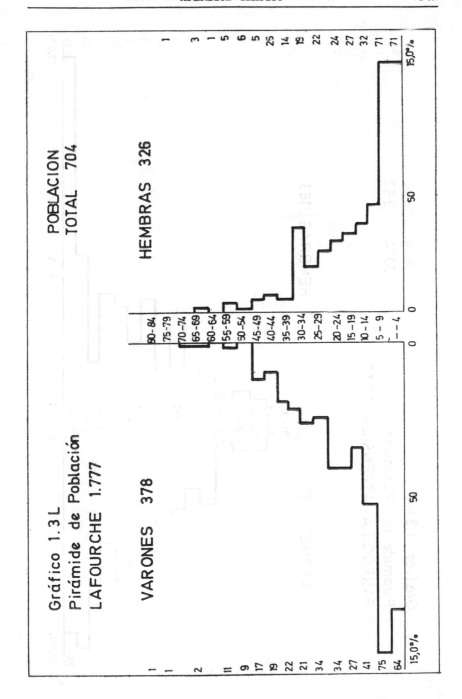

Gráfico 1.3 L
Pirámide de Población
LAFOURCHE 1.777

POBLACION
TOTAL 704

HEMBRAS 326

VARONES 378

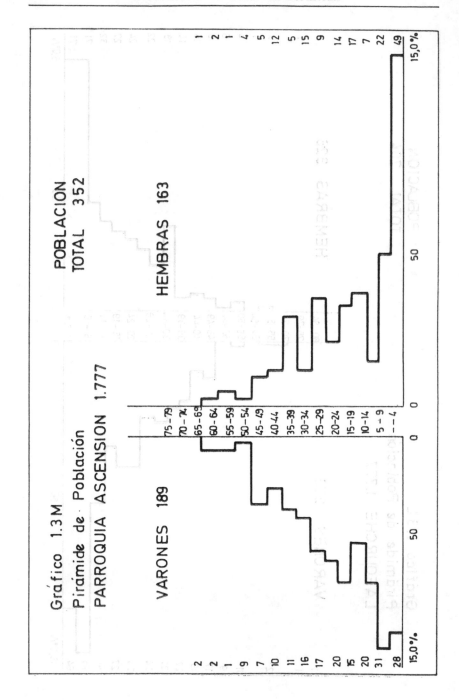

Gráfico 1.3 M
Pirámide de Población
PARROQUIA ASCENSION 1.777

POBLACION
TOTAL 352

HEMBRAS 163

VARONES 189

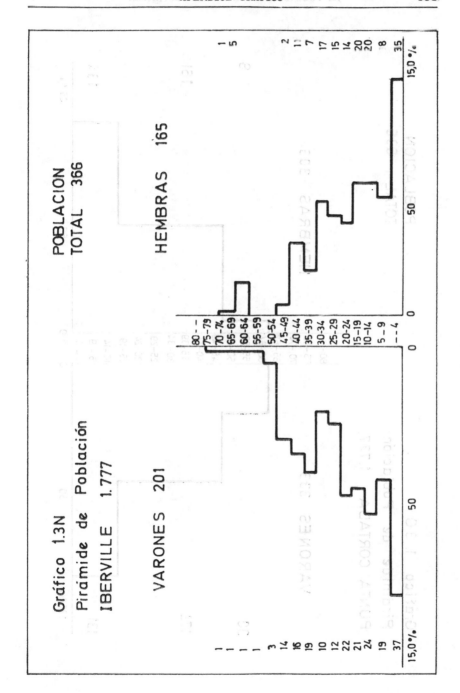

Gráfico 1.3N

Pirámide de Población

IBERVILLE   1.777

POBLACION
TOTAL   366

VARONES   201

HEMBRAS   165

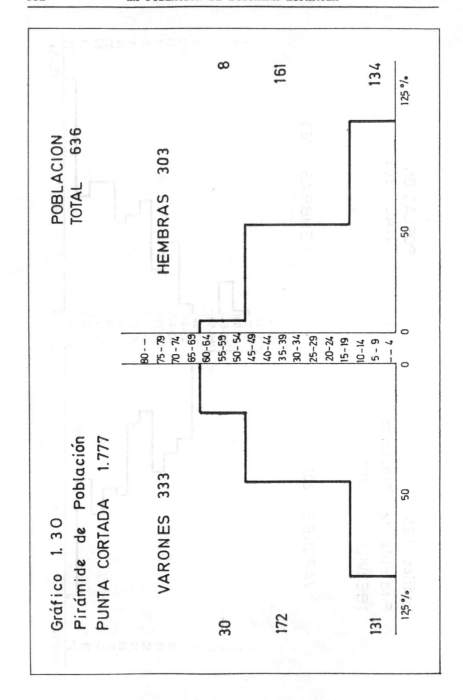

Gráfico 1. 3 O
Pirámide de Población
PUNTA CORTADA 1.777

POBLACION
TOTAL 636

HEMBRAS 303

VARONES 333

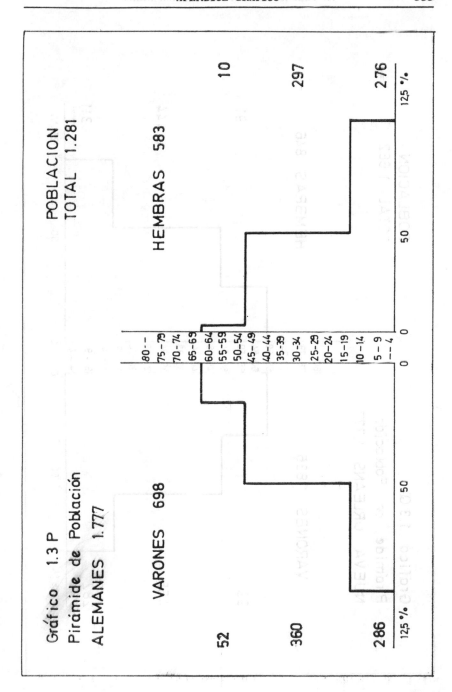

Gráfico 1.3 P
Pirámide de Población
ALEMANES 1.777

POBLACION
TOTAL 1.281

VARONES 698

HEMBRAS 583

Edad	Varones	Hembras
80 - -	52	10
75 - 79		
70 - 74		
65 - 69		
60 - 64	360	297
55 - 59		
50 - 54		
45 - 49		
40 - 44		
35 - 39		
30 - 34		
25 - 29		
20 - 24		
15 - 19		
10 - 14		
5 - 9	286	276
- - 4		

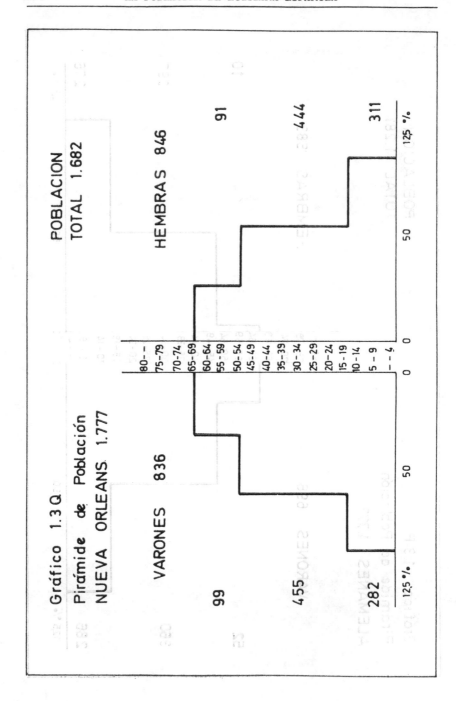

Gráfico 1.3 Q

Pirámide de Población
NUEVA ORLEANS 1.777

POBLACION
TOTAL 1.682

HEMBRAS 846

VARONES 836

80 - -
75 - 79
70 - 74
65 - 69
60 - 64
55 - 59
50 - 54
45 - 49
40 - 44
35 - 39
30 - 34
25 - 29
20 - 24
15 - 19
10 - 14
5 - 9
- - 4

91

444

311

99

455

282

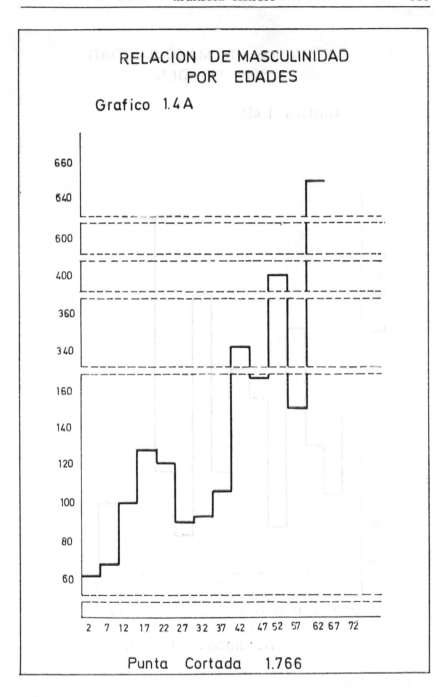

RELACION DE MASCULINIDAD
POR EDADES

Grafico 1.4 A

Punta Cortada 1.766

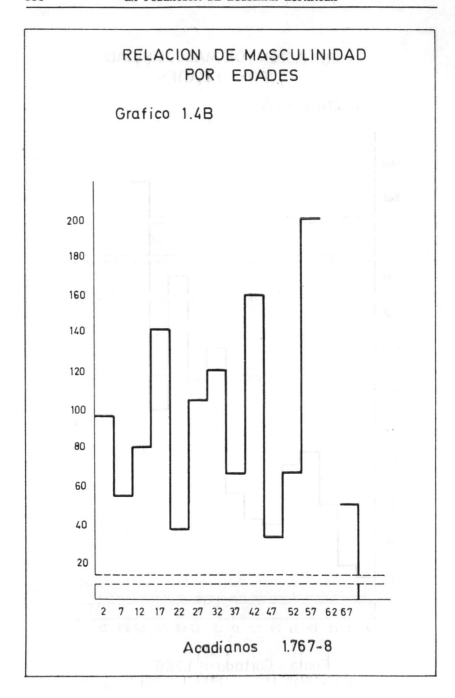

RELACION DE MASCULINIDAD
POR EDADES

Grafico 1.4B

Acadianos 1.767-8

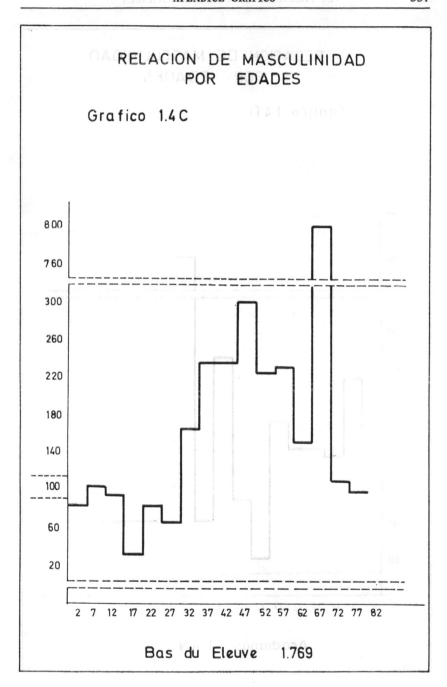

RELACION DE MASCULINIDAD
POR EDADES

Grafico 1.4 C

Bas du Eleuve   1.769

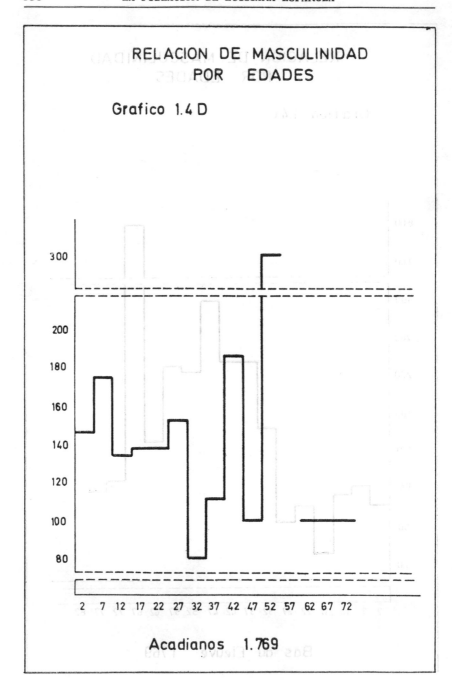

RELACION DE MASCULINIDAD
POR EDADES

Grafico 1.4 D

Acadianos 1.769

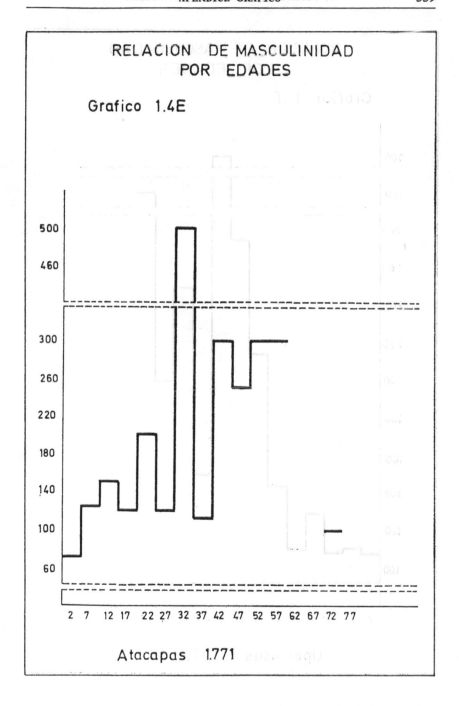

RELACION DE MASCULINIDAD
POR EDADES

Grafico 1.4E

Atacapas 1.771

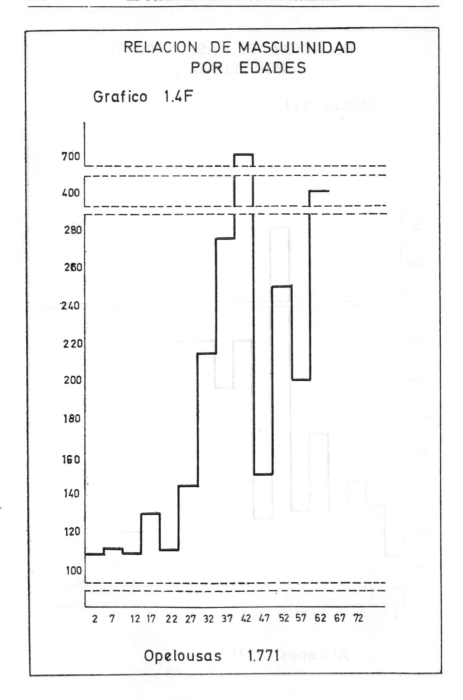

RELACION DE MASCULINIDAD
POR EDADES

Grafico 1.4F

Opelousas   1.771

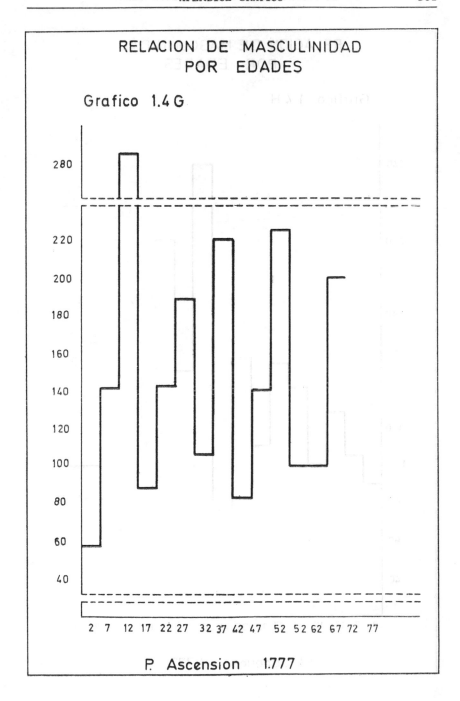

RELACION DE MASCULINIDAD
POR EDADES

Grafico 1.4 G

P. Ascension   1.777

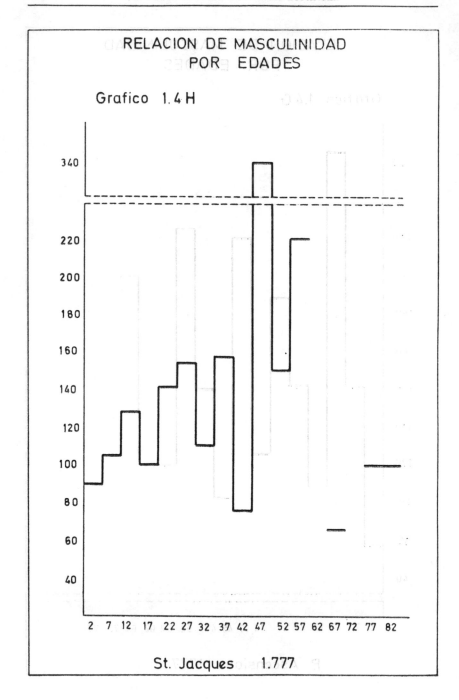

RELACION DE MASCULINIDAD
POR EDADES

Grafico 1.4 H

St. Jacques 1.777

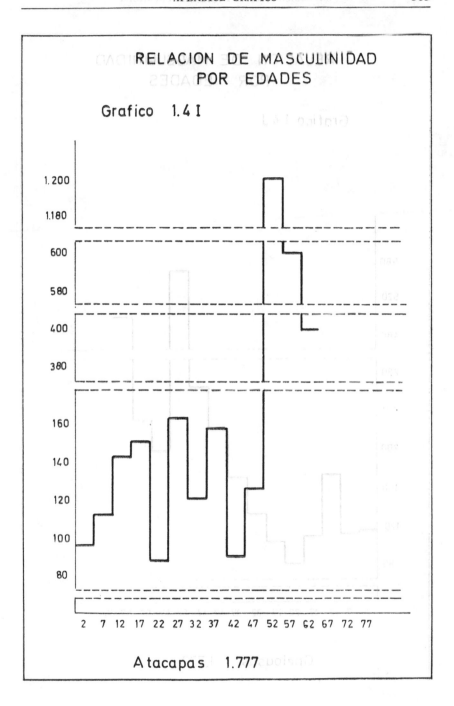

RELACION DE MASCULINIDAD
POR EDADES

Grafico 1.4 I

Atacapas 1.777

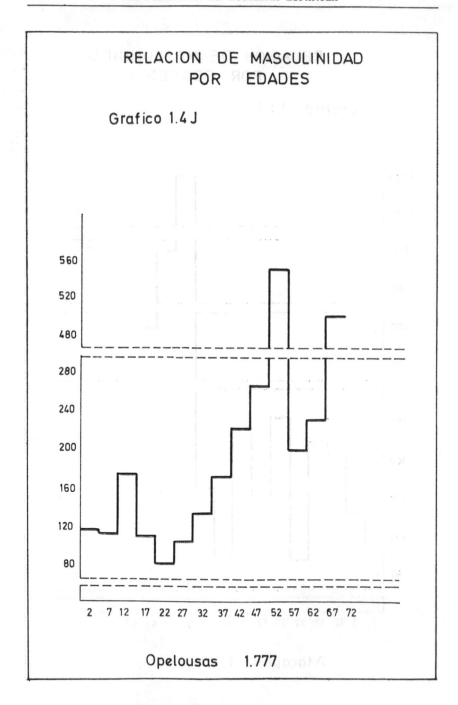

RELACION DE MASCULINIDAD
POR EDADES

Grafico 1.4 J

Opelousas   1.777

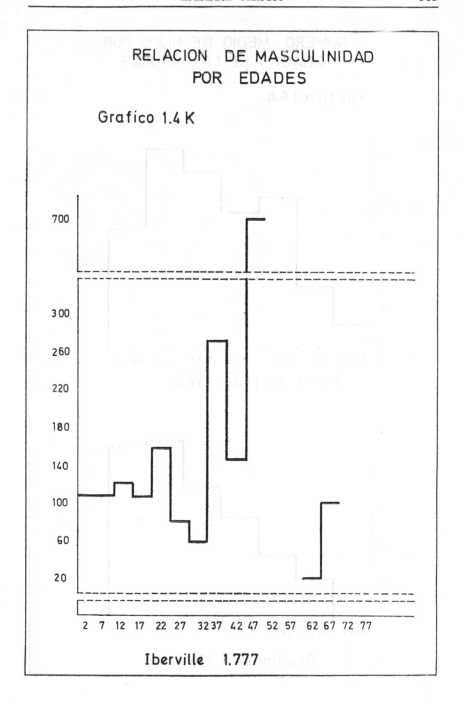

RELACION DE MASCULINIDAD
POR EDADES

Grafico 1.4 K

Iberville   1.777

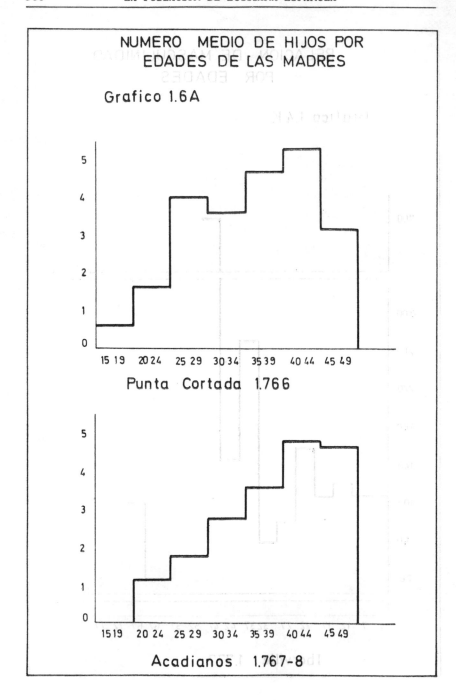

NUMERO   MEDIO DE HIJOS POR
EDADES DE LAS MADRES

Grafico 1.6A

Punta Cortada 1.766

Acadianos 1.767-8

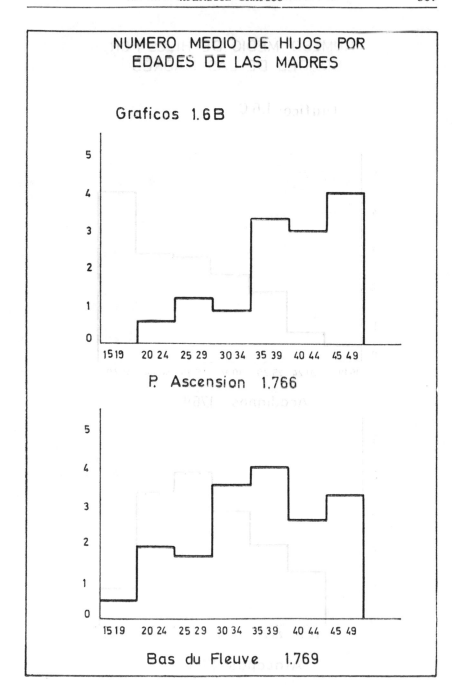

NUMERO MEDIO DE HIJOS POR
EDADES DE LAS MADRES

Graficos 1.6B

P. Ascension 1.766

Bas du Fleuve 1.769

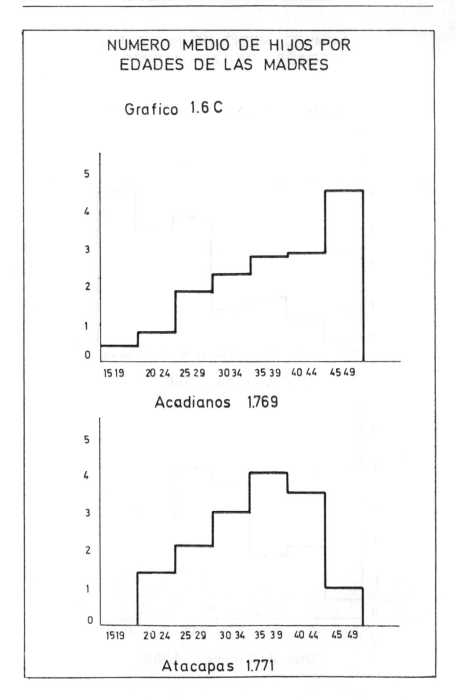

NUMERO MEDIO DE HIJOS POR
EDADES DE LAS MADRES

Grafico 1.6 C

Acadianos 1.769

Atacapas 1.771

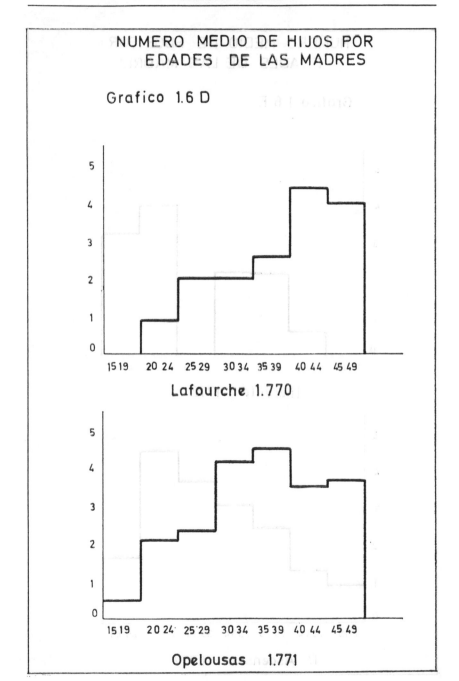

NUMERO MEDIO DE HIJOS POR
EDADES DE LAS MADRES

Grafico 1.6 D

Lafourche 1.770

Opelousas 1.771

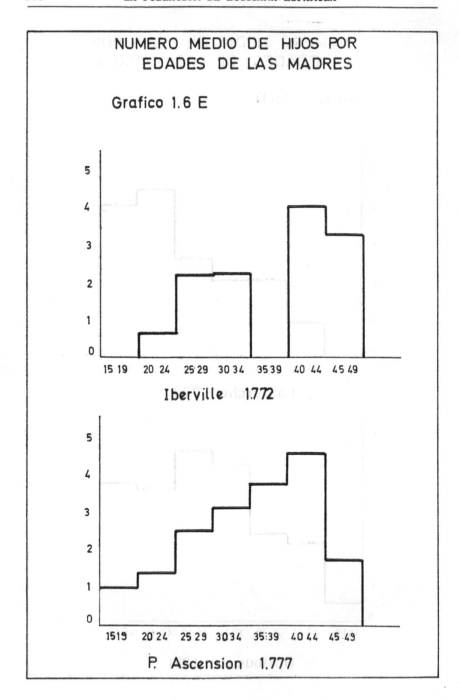

NUMERO MEDIO DE HIJOS POR EDADES DE LAS MADRES

Grafico 1.6 E

Iberville 1.772

P. Ascension 1.777

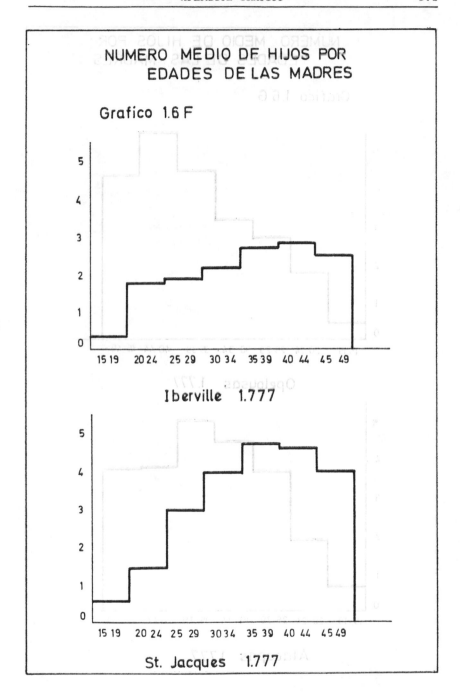

NUMERO MEDIO DE HIJOS POR
EDADES DE LAS MADRES

Grafico 1.6 F

Iberville 1.777

St. Jacques   1.777

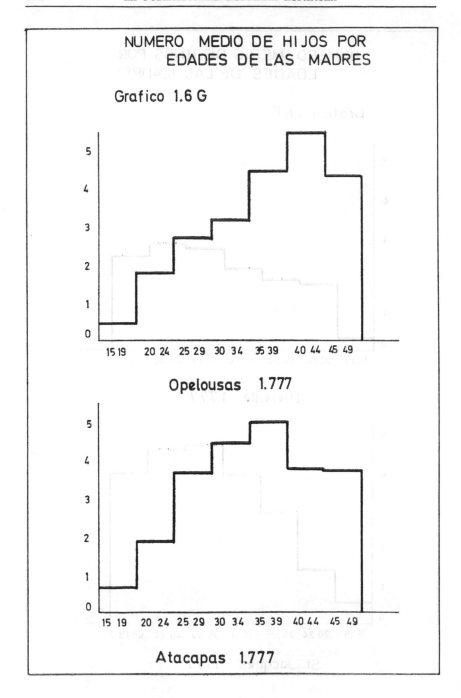

NUMERO MEDIO DE HIJOS POR EDADES DE LAS MADRES

Grafico 1.6 G

Opelousas 1.777

Atacapas 1.777

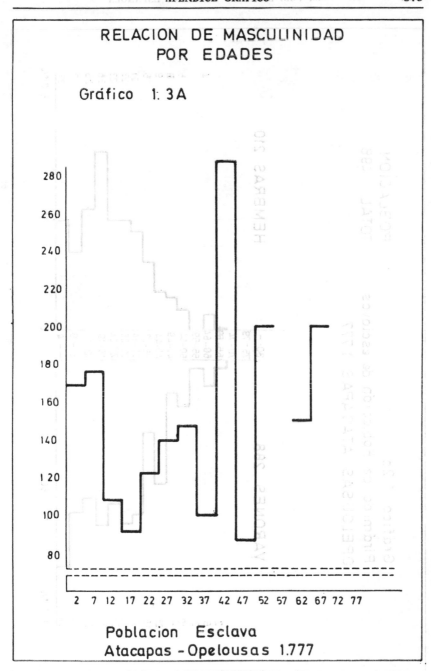

RELACION DE MASCULINIDAD
POR EDADES

Gráfico 1: 3A

Poblacion Esclava
Atacapas - Opelousas 1.777

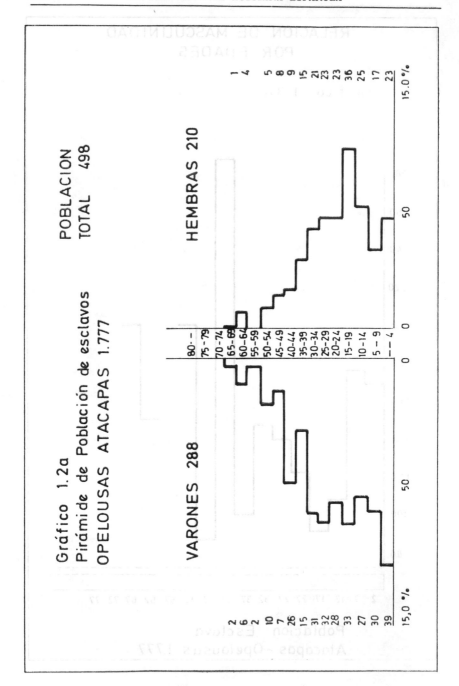

Gráfico 1.2a
Pirámide de Población de esclavos
OPELOUSAS ATACAPAS 1.777

POBLACION
TOTAL   498

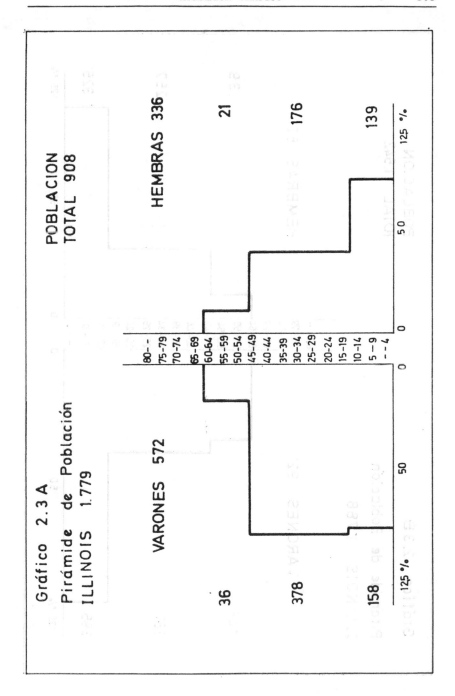

Gráfico 2.3 A

Pirámide de Población

ILLINOIS 1.779

POBLACION
TOTAL 908

HEMBRAS 336

VARONES 572

80– –
75-79
70-74
65-69
60-64
55-59
50-54
45-49
40-44
35-39
30-34
25-29
20-24
15-19
10-14
5 – 9
– – 4

21

176

139

36

378

158

125 %

50

0

0

50

125 %

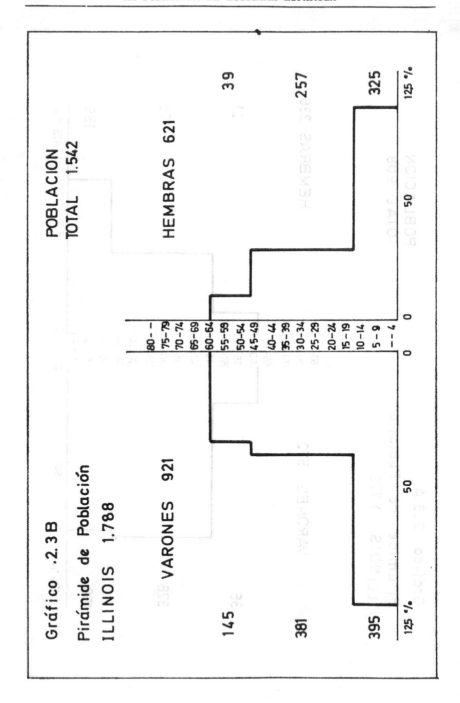

Gráfico .2.3 B

Pirámide de Población

ILLINOIS 1.788

POBLACION
TOTAL 1.542

VARONES 921

HEMBRAS 621

145

381

395

39

257

325

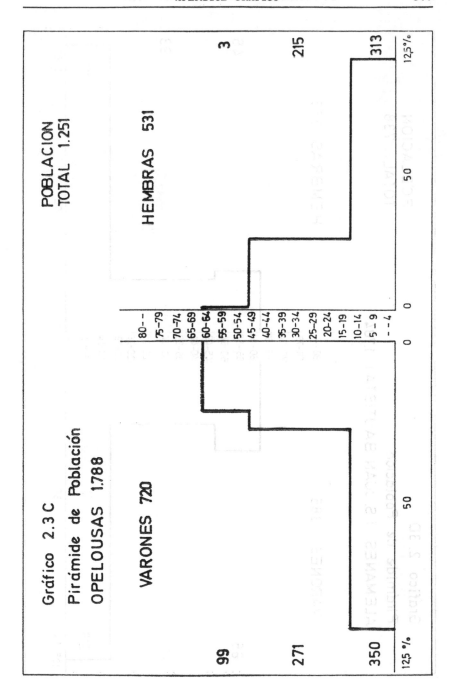

Gráfico 2.3 C

Pirámide de Población

OPELOUSAS 1.788

POBLACION
TOTAL 1.251

HEMBRAS 531

VARONES 720

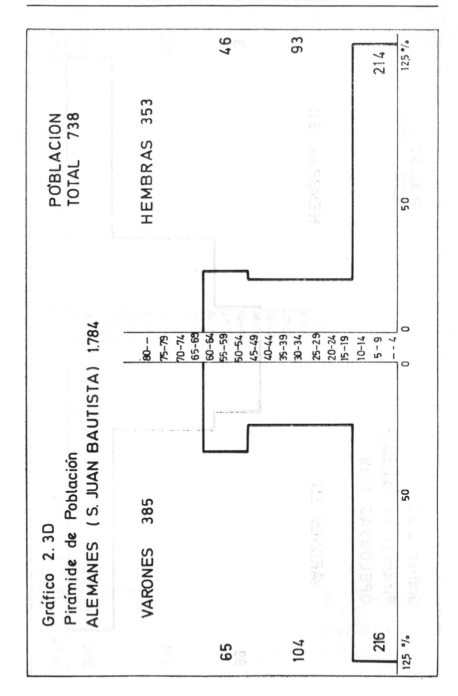

Gráfico 2.3D
Pirámide de Población
ALEMANES (S. JUAN BAUTISTA) 1.784

POBLACION
TOTAL 738

VARONES 385

HEMBRAS 353

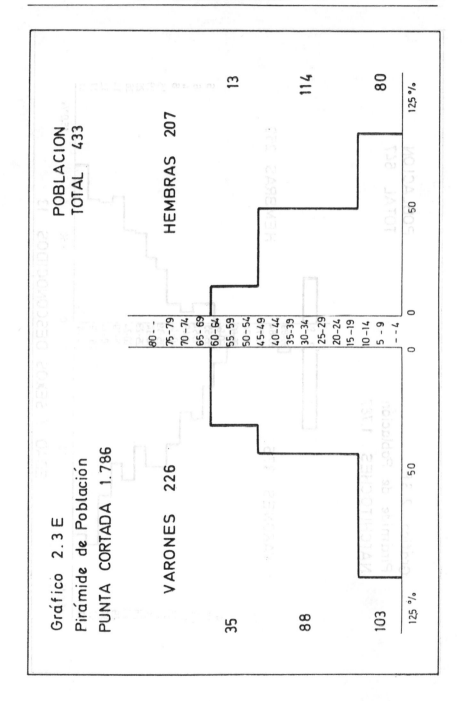

Gráfico 2.3 E
Pirámide de Población
PUNTA CORTADA 1.786

POBLACION
TOTAL 433

HEMBRAS 207

VARONES 226

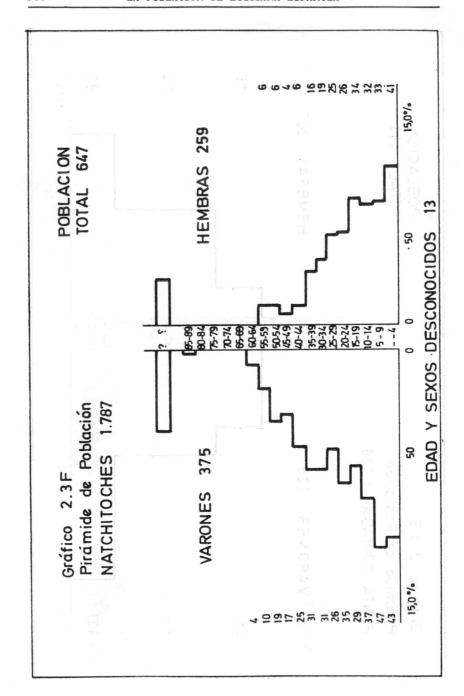

Gráfico 2.3F
Pirámide de Población
NATCHITOCHES 1.787

POBLACION
TOTAL 647

VARONES 375

HEMBRAS 259

EDAD Y SEXOS DESCONOCIDOS 13

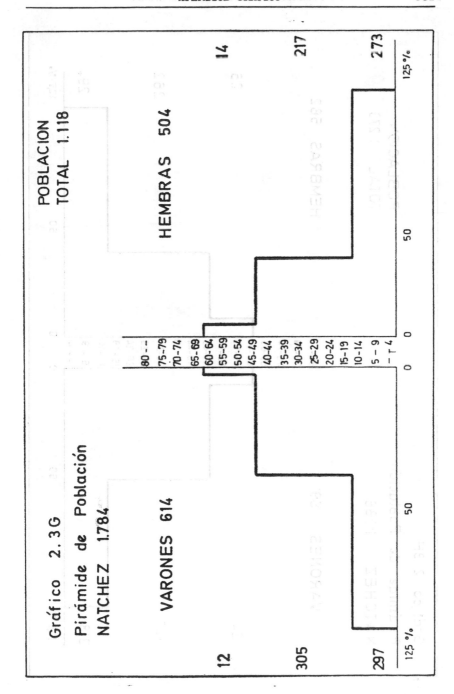

Gráfico 2.3G

Pirámide de Población
NATCHEZ 1.784

POBLACION
TOTAL 1.118

HEMBRAS 504

VARONES 614

14

217

273

12

305

297

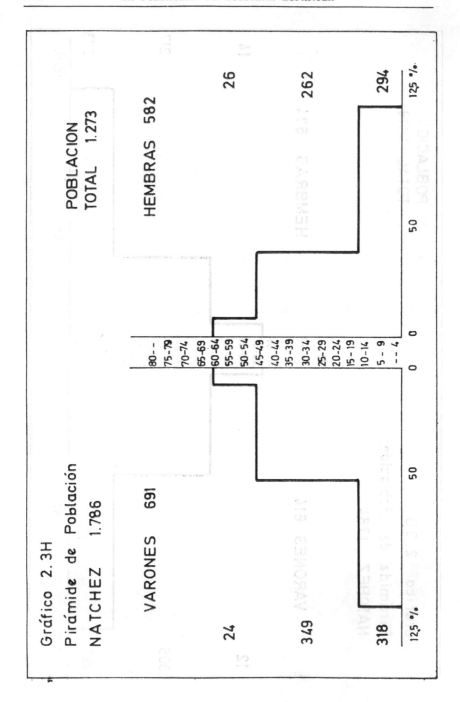

Gráfico 2. 3H
Pirámide de Población
NATCHEZ   1.786

POBLACION
TOTAL   1.273

VARONES   691

HEMBRAS   582

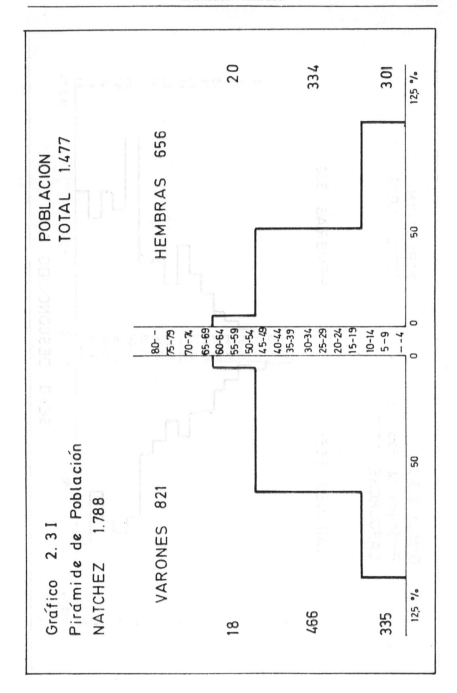

Gráfico 2. 3 I
Pirámide de Población
NATCHEZ 1.788

POBLACION
TOTAL 1.477

VARONES 821

HEMBRAS 656

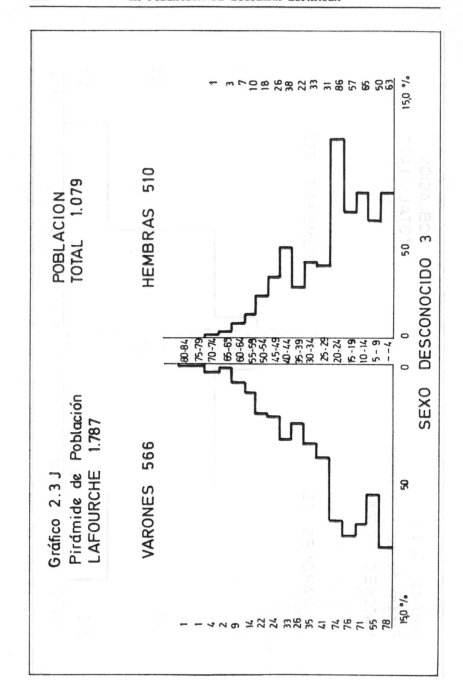

Gráfico 2.3 J
Pirámide de Población
LAFOURCHE 1.787

POBLACION
TOTAL 1.079

HEMBRAS 510

VARONES 566

SEXO DESCONOCIDO 3

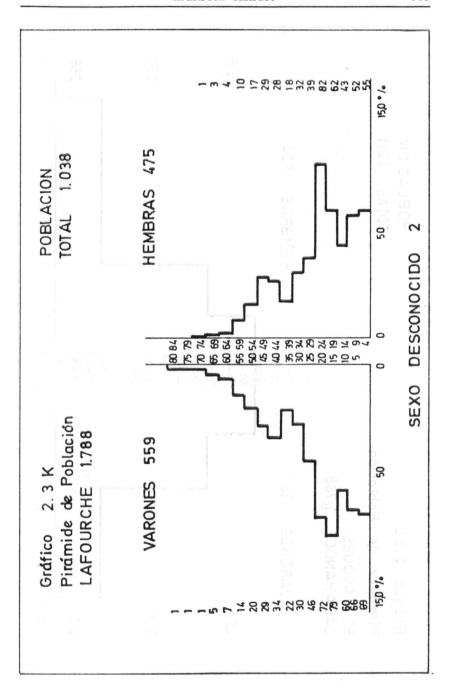

Gráfico 2.3 K
Pirámide de Población
LAFOURCHE 1.788

POBLACION
TOTAL 1.038

VARONES 559

HEMBRAS 475

SEXO DESCONOCIDO 2

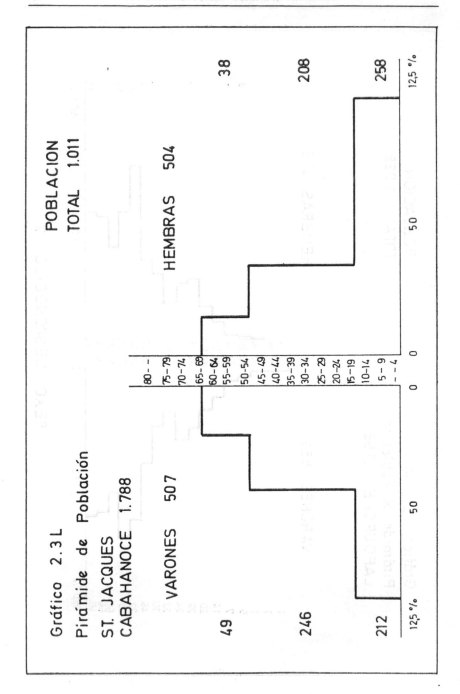

Gráfico 2.3 L
Pirámide de Población
ST. JACQUES
CABAHANOCE   1.788

POBLACION
TOTAL   1.011

VARONES   507

HEMBRAS   504

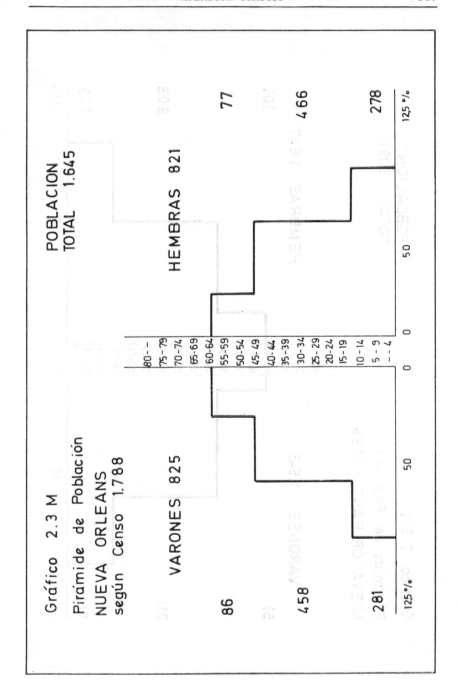

Gráfico 2.3 M

Pirámide de Población

NUEVA ORLEANS
según Censo 1.788

POBLACION
TOTAL 1.645

VARONES 825

HEMBRAS 821

86

458

281

77

466

278

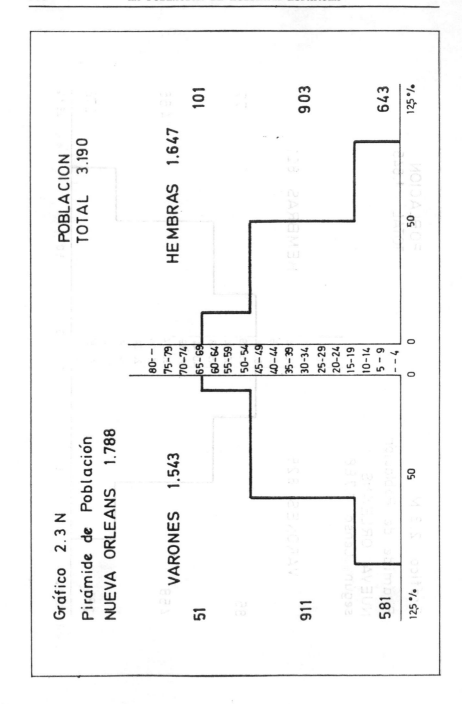

Gráfico 2.3 N

Pirámide de Población

NUEVA ORLEANS   1.788

POBLACION
TOTAL   3.190

VARONES   1.543

HEMBRAS   1.647

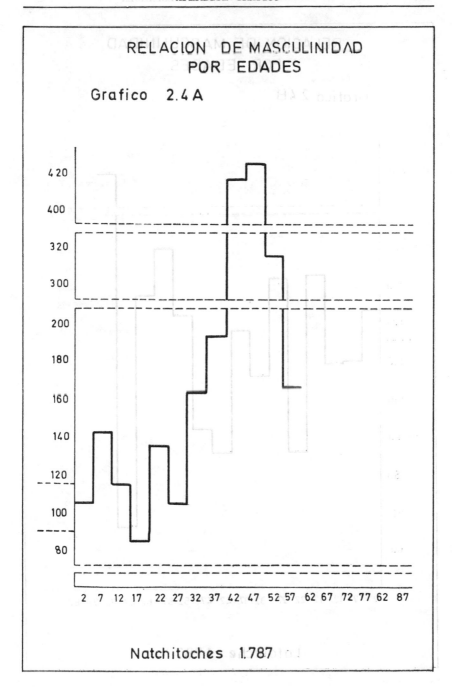

RELACION DE MASCULINIDAD
POR EDADES

Grafico 2.4 A

Natchitoches 1.787

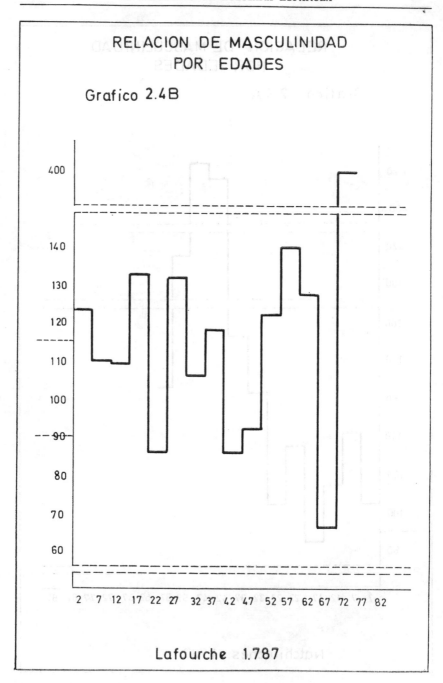

RELACION DE MASCULINIDAD
POR EDADES

Grafico 2.4B

Lafourche 1.787

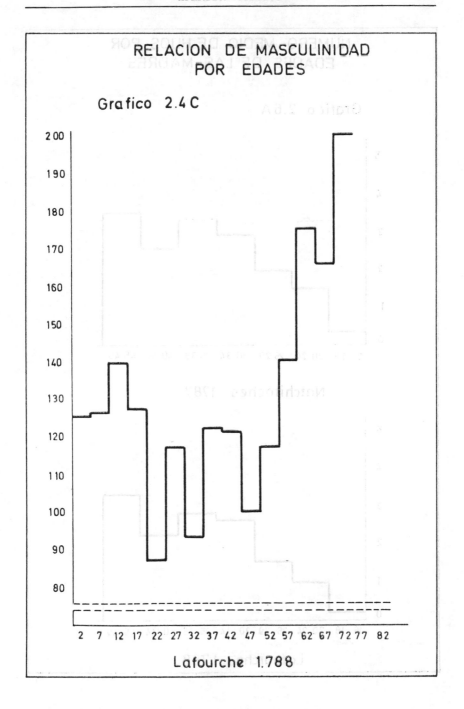

RELACION DE MASCULINIDAD
POR EDADES

Grafico 2.4 C

Lafourche 1.788

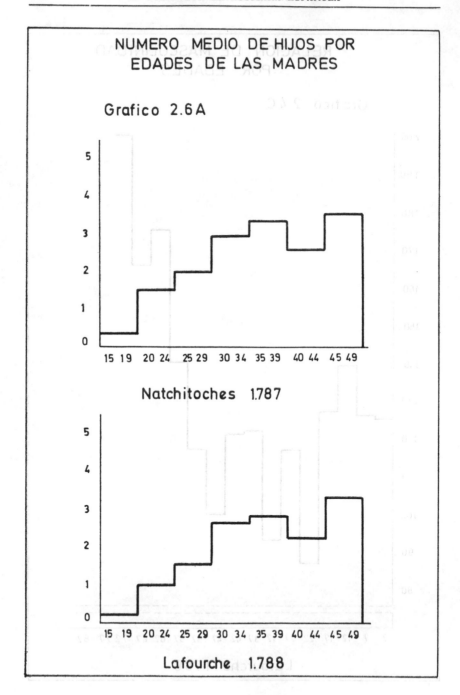

NUMERO MEDIO DE HIJOS POR
EDADES DE LAS MADRES

Grafico 2.6A

Natchitoches 1.787

Lafourche 1.788

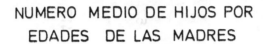

NUMERO MEDIO DE HIJOS POR
EDADES   DE LAS MADRES

Grafico 2.6 B

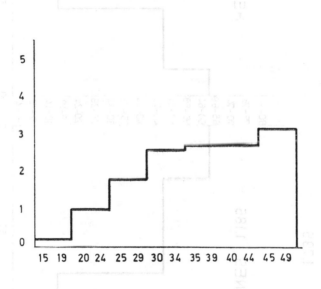

Lafourche   1.787

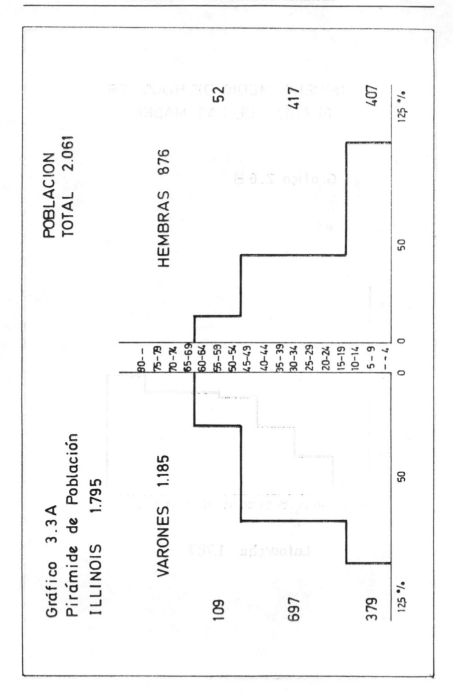

Gráfico 3.3 A
Pirámide de Población
ILLINOIS   1.795

POBLACION
TOTAL 2.061

VARONES 1.185

HEMBRAS 876

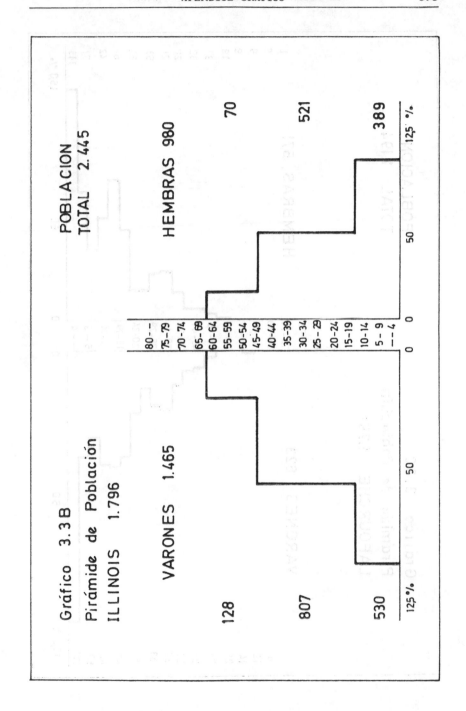

Gráfico 3.3 B
Pirámide de Población
ILLINOIS   1.796

POBLACION
TOTAL   2.445

HEMBRAS 980

VARONES   1.465

70

521

389

128

807

530

80- -
75-79
70-74
65-69
60-64
55-59
50-54
45-49
40-44
35-39
30-34
25-29
20-24
15-19
10-14
5- 9
- -4

125 %.   50   0   0   50   125 %.

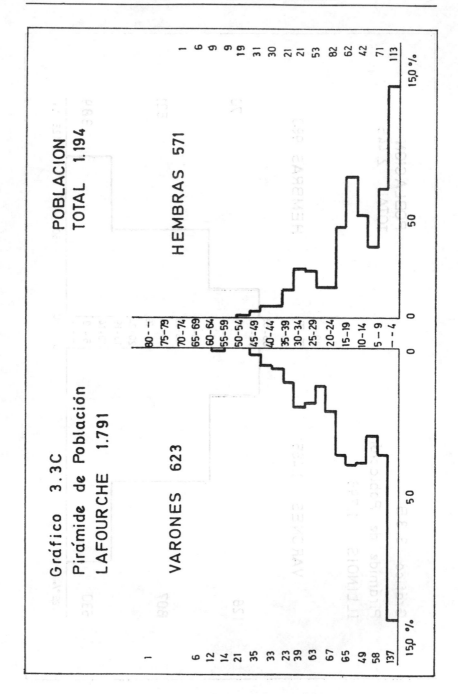

Gráfico   3.3C
Pirámide de Población
LAFOURCHE   1.791

POBLACION
TOTAL   1.194

VARONES   623

HEMBRAS   571

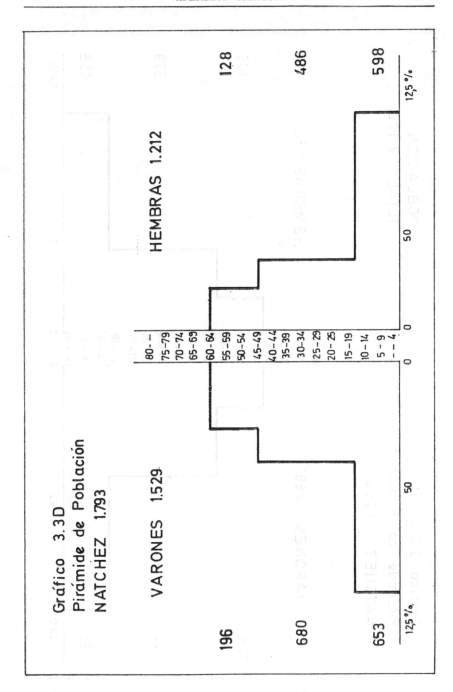

Gráfico 3.3D
Pirámide de Población
NATCHEZ 1.793

VARONES 1.529

HEMBRAS 1.212

196

680

653

128

486

598

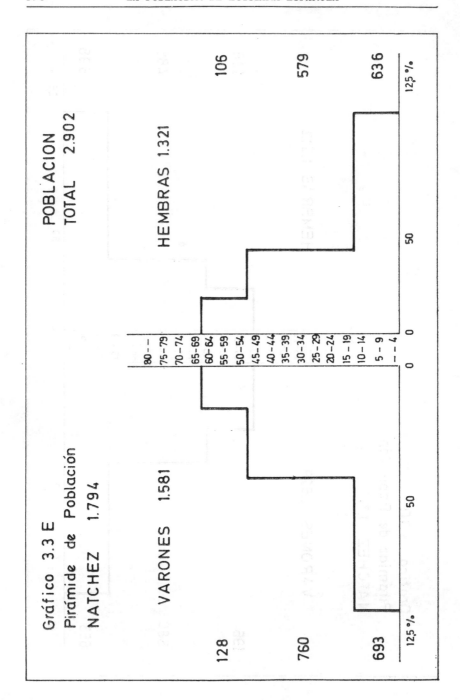

Gráfico 3.3 E
Pirámide de Población
NATCHEZ 1.794

POBLACION
TOTAL 2.902

VARONES 1.581

HEMBRAS 1.321

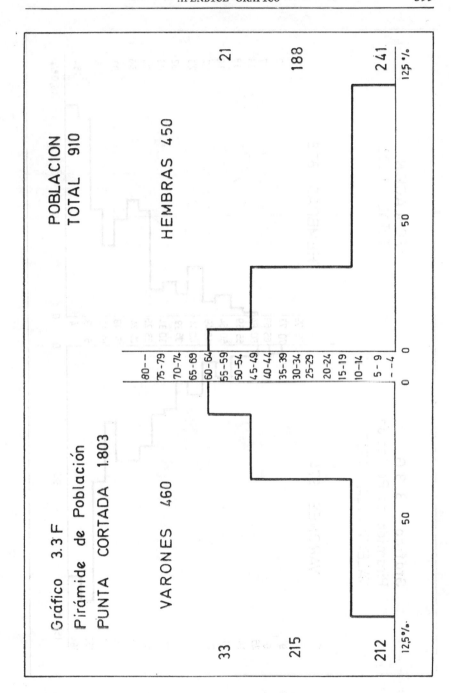

Gráfico 3.3 F
Pirámide de Población
PUNTA CORTADA 1.803

POBLACION
TOTAL 910

VARONES 460

HEMBRAS 450

33

215

212

21

188

241

125 %

50

0

0

50

125 %

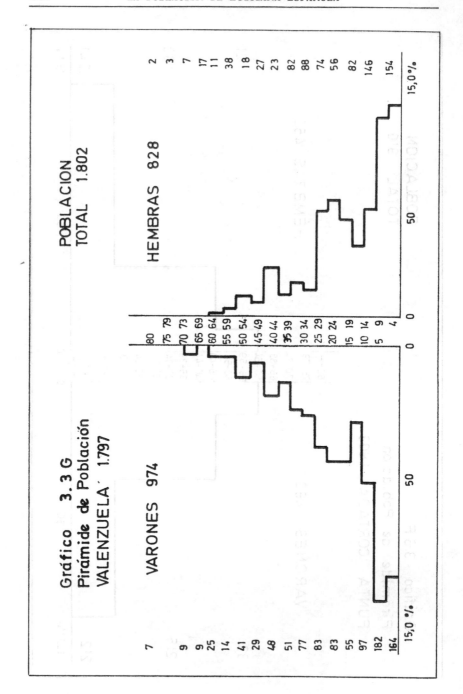

Gráfico   3.3 G
Pirámide de Población
VALENZUELA   1.797

POBLACION
TOTAL   1.802

VARONES   974

HEMBRAS   828

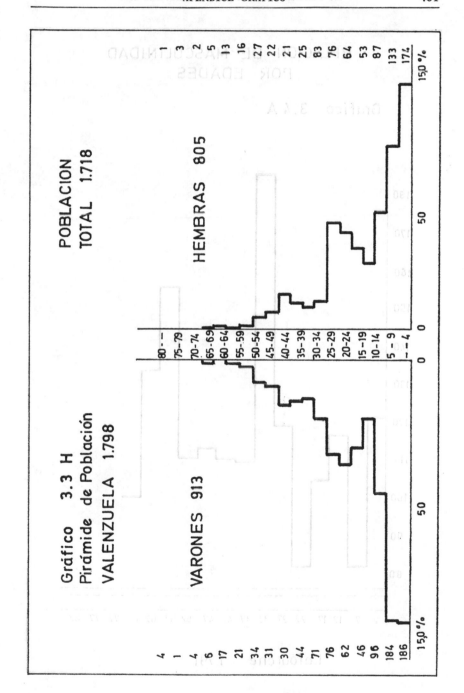

Gráfico 3.3 H
Pirámide de Población
VALENZUELA 1.798

POBLACION
TOTAL 1.718

HEMBRAS 805

VARONES 913

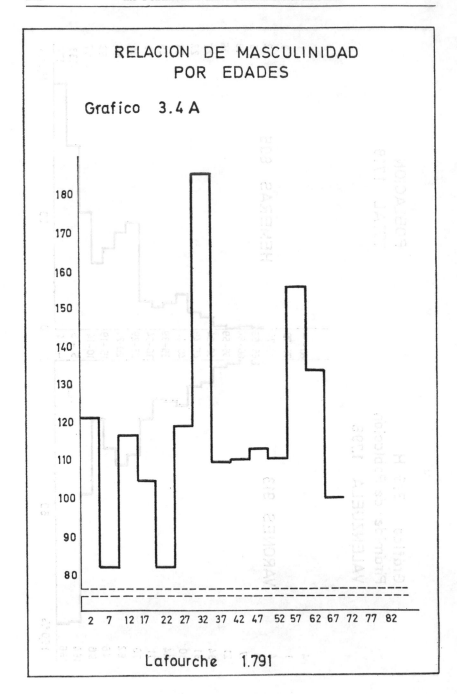

RELACION DE MASCULINIDAD
POR EDADES

Grafico 3.4 A

Lafourche 1.791

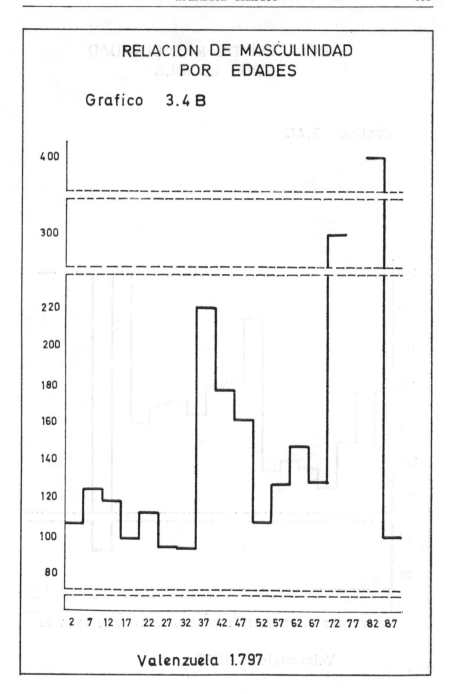

RELACION DE MASCULINIDAD
POR EDADES

Grafico 3.4 B

Valenzuela 1.797

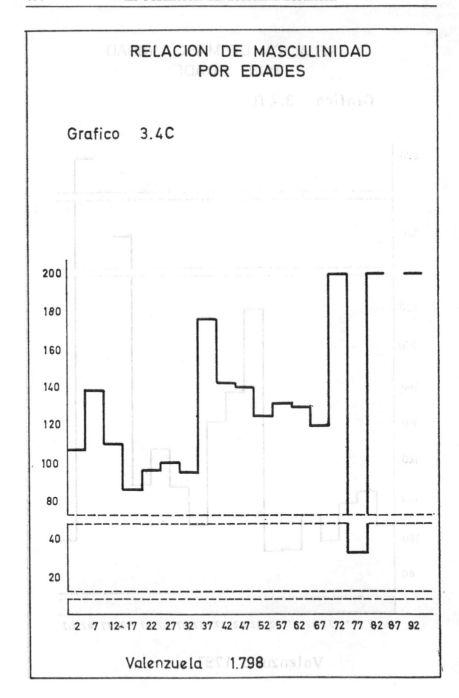

RELACION DE MASCULINIDAD
POR EDADES

Grafico   3.4C

Valenzuela   1.798

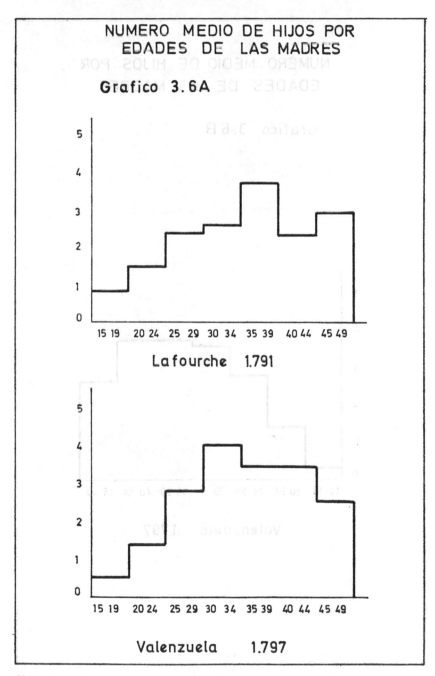

NUMERO MEDIO DE HIJOS POR
EDADES DE LAS MADRES

Grafico 3.6A

Lafourche   1.791

Valenzuela   1.797

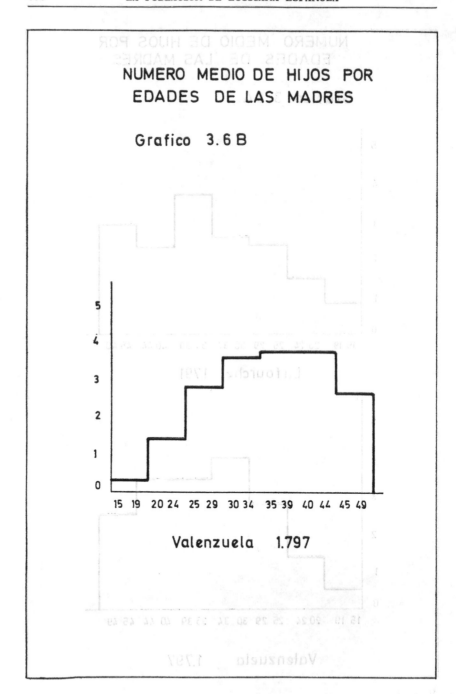

NUMERO MEDIO DE HIJOS POR
EDADES DE LAS MADRES

Grafico 3.6 B

Valenzuela   1.797

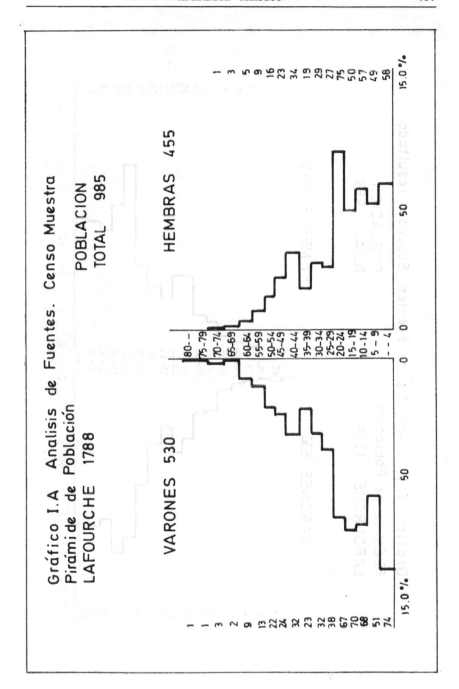

Gráfico I.A Analisis de Fuentes. Censo Muestra
Pirámide de Población
LAFOURCHE 1788

POBLACION
TOTAL 985

HEMBRAS 455

VARONES 530

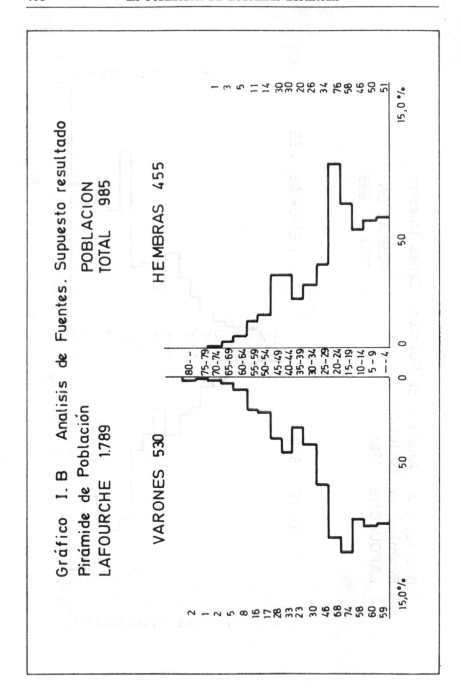

Gráfico I. B   Análisis de Fuentes. Supuesto resultado
Pirámide de Población
LAFOURCHE   1.789

POBLACION
TOTAL   985

HEMBRAS 455

VARONES 530

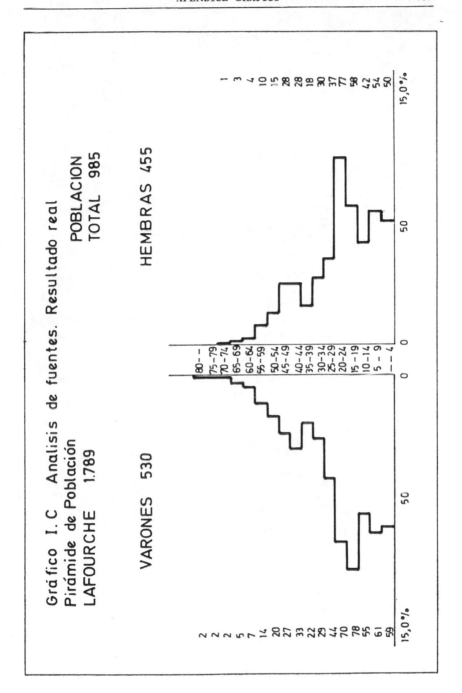

Gráfico I. C   Análisis de fuentes. Resultado real
Pirámide de Población
LAFOURCHE   1.789

POBLACION
TOTAL 985

HEMBRAS 455

VARONES 530

APÉNDICE ESTADÍSTICO

CUADRO 1.2 A

POBLACIÓN LIBRE - VOLÚMENES E INCREMENTOS
MEDIOS ANUALES - PRIMER PERÍODO

Pobl.	1763	Incr. ‰	1764	Incr. ‰	1765	Incr. ‰	1766	Incr. ‰	1767	Incr. ‰	1768	Incr. ‰	1769	Incr. ‰	1770	Incr. ‰	1771	Incr. ‰	1772	Incr. ‰	1773	Incr. ‰	1774	Incr. ‰	1775	Incr. ‰	1776	Incr. ‰	1777
1			606				-52.4 = = =	559																						1281
2	809						52.4	943																						
3								261											28.2				43.7							704
4								138																						532
5	176						5.6	179	241.9		47.2		x500	120.4	166	95.4	186	228.6					345			155.3			488
6	323						177.2	527	-34.7 = = =				474					20.3											x557
7					327					a361									212											
8							269.1	415			22.1				453								21.1		115.4				366
9								195				2.5			197	304.5	257	182.5								83.1			b524
10	434						58.7	515								17.6							425						540
11															33														624
12								142			185.-				x280								33.2						352
13																													78
14								319						62.2															
15'								257																992		-21.8 = = =			b949
16	1306						99.7	1737						-2.9 = = =															1682

b.—Obtenido por intrapolación.
x.—Puede no tratarse exactamente de dicho establecimiento. Inseguridad en los límites.
a.—Fueron destinados a S. Gabriel y S. Luis de Natchez.
—.—Crecimientos entre 0 y 30‰.
= = =.—Movimiento real negativo.

Poblaciones.—1) Acadianos, 2) Alemanes, 3) Parroquia Ascensión, 4) Atacapas, 5) Chapitoulas, 6) Bas du Fleuve, 7) Iberville, 8) Natchitoches, 9) Opelousas, 10) Punta Cortada, 11) Rápido, 12) St. Jacques Cabahanoce, 13) S. Juan del Bayou y Gentilly, 14) Santa Genoveva, 15) San Luis, 16) Nueva Orleans.

CUADRO 1.5 A

PUNTA CORTADA 1766

VARONES

Edad	Solteros	%	Casados	%	Viudos	%	Descon.	%	Total
15-19	23	100.—	0	0.—	0	0.—	0	0.—	23
20-24	13	54.17	7	29.17	2	8.33	2	8.33	24
25-29	3	30.—	4	40.—	0	0.—	3	30.—	10
30-34	1	6.67	10	66.67	2	13.33	2	13.33	15
35-39	0	0.—	14	82.35	0	0.—	3	17.65	17
40-44	0	0.—	19	79.17	3	12.50	2	8.33	24
45-49	1	9.09	10	90.91	0	0.—	0	0.—	11
50-59	0	0.—	10	90.91	1	9.09	0	0.—	11
60-69	0	0.—	11	61.11	4	22.22	3	16.67	18
70-98	0	0.—	1	33.33	1	33.33	1	33.33	3
99-0	0	0.—	0	0.—	0	0.—	0	0.—	0
	41	26.2	86	55.1	13	8.3	16	10.2	156

HEMBRAS

Edad	Solteras	%	Casadas	%	Viudas	%	Descon.	%	Total
15-19	10	55.56	8	44.44	0	0.—	0	0.—	18
20-24	0	0.—	19	100.—	0	0.—	0	0.—	19
25-29	1	9.09	10	90.91	0	0.—	0	0.—	11
30-34	0	0.—	16	100.—	0	0.—	0	0.—	16
35-39	0	0.—	14	87.50	2	12.50	0	0.—	16
40-44	0	0.—	7	100.—	0	0.—	0	0.—	7
45-49	0	0.—	6	100.—	0	0.—	0	0.—	6
50-59	0	0.—	4	100.—	0	0.—	0	0.—	4
60-69	0	0.—	2	100.—	0	0.—	0	0.—	2
70-98	0	0.—	0	0.—	0	0.—	0	0.—	0
99-0	0	0.—	0	0.—	0	0.—	0	0.—	0
	11	11.1	86	86.2	2	2.—	0	0.—	99

% sobre la suma parcial de individuos por sexos.

Resumen General

Solteros	%	Casados	%	Viudos	%	Desconocidos	%	Total
52	20.3	172	67.4	15	5.8	16	6.2	255

Varon.	Hembr.	Varon.	Hembr.	Varon.	Hembr.	Varon.	Hembr.
78.7	21.1	—	—	86.6	13.3	100	—

% sobre el total de adultos.

Composición Absoluta

	VARONES				HEMBRAS	
Solt. %	Casa. + Viu. %	Total		Solt. %	Casa. + Viu. %	Total
30.2	19.8	50%		32.2	17.6	49.8%

% sobre el total de la población excepto estado civil desconocido.

CUADRO 1.5 B

PARROQUIA ASCENSIÓN 1766

VARONES

Edad	Solteros	%	Casados	%	Viudos	%	Descon.	%	Total
15-19	19	100.—	0	0.—	0	0.—	0	0.—	19
20-24	13	76.4	1	5.8	0	0.—	3	17.6	17
25-29	12	46.1	7	26.9	2	7.7	5	19.2	26
30-34	4	30.7	9	69.2	0	0.—	0	0.—	13
35-39	1	9.1	9	81.8	1	9.1	0	0.—	11
40-44	0	0.—	7	100.—	0	0.—	0	0.—	7
45-49	0	0.—	1	100.—	0	0.—	0	0.—	1
50-59	0	0.—	3	100.—	0	0.—	0	0.—	3
60-69	1	100.—	0	0.—	0	0.—	0	0.—	1
	50	51.—	37	37.7	3	3.—	8	8.1	98

HEMBRAS

Edad	Solteras	%	Casadas	%	Viudas	%	Descon.	%	Total
15-19	13	92.8	1	7.1	0	0.—	0	0.—	14
20-24	6	37.5	10	62.5	0	0.—	0	0.—	16
25-29	3	25.—	9	75.—	0	0.—	0	0.—	12
30-34	0	0.—	8	88.9	1	11.1	0	0.—	9
35-39	0	0.—	4	66.6	2	33.3	0	0.—	6
40-44	2	40.—	1	20.—	0	0.—	0	0.—	5
45-49	0	0.—	2	100.—	0	0.—	0	0.—	2
50-59	1	25.—	1	25.—	2	50.—	0	0.—	4
60-69	2	100.—	0	0.—	0	0.—	0	0.—	2
	27	38.5	37	52.8	6	8.5	0	0.—	70

% sobre la suma parcial de individuos por sexos.

Resumen General

Solteros	%	Casados	%	Viudos	%	Desconocidos	%	Total
77	45.8	74	44.—	9	5.3	8	4.8	168

Varon.	Hembr.	Varon.	Hembr.	Varon.	Hembr.	Varon.	Hembr.
64.9	35.—	50.—	50.—	33.3	66.6	100.—	—

% sobre el total de adultos.

Composición Absoluta

	VARONES			HEMBRAS	
Solt. %	Casa. + Viu. %	Total	Solt. %	Casa. + Viu. %	Total
42.6	15.8	58.4%	24.5	16.9	41.4%

% sobre el total de la población excepto estado civil desconocido.

Cuadro 1.5 C

ACADIANOS 1767-1768

VARONES

Edad	Solteros	%	Casados	%	Viudos	%	Descon.	%	Total
15-19	30	100.—	0	0.—	0	0.—	0	0.—	30
20-24	10	83.33	2	16.67	0	0.—	0	0.—	12
25-29	7	30.43	16	69.57	0	0.—	0	0.—	23
30-34	2	16.67	10	83.33	0	0.—	0	0.—	12
35-39	0	0.—	8	100.—	0	0.—	0	0.—	8
40-44	0	0.—	7	87.50	1	12.50	0	0.—	8
45-49	0	0.—	1	100.—	0	0.—	0	0.—	1
50-59	1	16.67	1	16.67	4	66.67	0	0.—	6
60-69	0	0.—	1	100.—	0	0.—	0	0.—	1
70-98	0	0.—	0	0.—	0	0.—	0	0.—	0
99-0	0	0.—	0	0.—	0	0.—	0	0.—	0
	50	49.5	46	45.5	5	4.9	0	0.—	101

HEMBRAS

Edad	Solteras	%	Casadas	%	Viudas	%	Descon.	%	Total
15-19	21	100.—	0	0.—	0	0.—	0	0.—	21
20-24	25	78.13	7	21.88	0	0.—	0	0.—	32
25-29	5	22.73	17	77.27	0	0.—	0	0.—	22
30-34	1	10.—	6	60.—	3	30.—	0	0.—	10
35-39	0	0.—	9	75.—	3	25.—	0	0.—	12
40-44	0	0.—	4	80.—	1	20.—	0	0.—	5
45-49	0	0.—	1	33.33	2	66.67	0	0.—	3
50-59	0	0.—	1	20.—	4	80.—	0	0.—	5
60-69	0	0.—	1	16.67	5	83.33	0	0.—	6
70-98	0	0.—	0	0.—	0	0.—	0	0.—	0
99-0	0	0.—	0	0.—	0	0.—	0	0.—	0
	52	44.8	46	39.6	18	15.5	0	0.—	116

% sobre la suma parcial de individuos por sexos.

Resumen General

Solteros	%	Casados	%	Viudos	%	Desconocidos	%	Total
102	47.—	92	42.2	23	10.5	—	—	217

Varon.	Hembr.	Varon.	Hembr.	Varon.	Hembr.	Varon.	Hembr.
49.—	50.9	—	—	21.7	78.2	—	—

% sobre el total de adultos.

Composición Absoluta

	VARONES			HEMBRAS	
Solt. %	Casa. + Viu. %	Total	Solt. %	Casa. + Viu. %	Total
31.5	14.1	45.6%	36.5	17.7	54.2%

% sobre el total de la población excepto estado civil desconocido.

CUADRO 1.5 D

BAJOS 1769

VARONES

Edad	Solteros	%	Casados	%	Viudos	%	Descon.	%	Total
15-19	12	100.—	0	0.—	0	0.—	0	0.—	12
20-24	13	86.67	2	13.33	0	0.—	0	0.—	15
25-29	4	30.77	8	61.54	0	0.—	1	7.69	13
30-34	9	45.—	7	35.—	0	0.—	4	20.—	20
35-39	7	0.—	9	47.37	0	0.—	3	0.—	19
40-44	1	0.—	14	73.68	0	0.—	4	0.—	19
45-49	0	0.—	14	58.33	0	0.—	10	41.67	24
50-59	1	3.85	10	38.46	1	3.85	14	53.85	26
60-69	0	0.—	7	50.—	3	21.43	4	28.57	14
70-98	0	0.—	2	33.33	3	50.—	1	16.67	6
99-0	0	0.—	0	0.—	0	0.—	0	0.—	0
	47	27.79	73	36.86	7	4.16	41	24.40	168

HEMBRAS

Edad	Solteras	%	Casadas	%	Viudas	%	Descon.	%	Total
15-19	25	67.57	12	32.43	0	0.—	0	0.—	37
20-24	6	33.33	12	66.67	0	0.—	0	0.—	18
25-29	2	10.—	14	70.—	2	10.—	2	10.—	20
30-34	2	16.67	9	75.—	1	8.33	0	0.—	12
35-39	1	12.50	7	87.50	0	0.—	0	0.—	8
40-44	0	0.—	7	87.50	1	12.50	0	0.—	8
45-49	0	0.—	3	37.50	5	62.50	0	0.—	8
50-59	0	0.—	6	54.55	5	45.45	0	0.—	11
60-69	0	0.—	2	50.—	2	50.—	0	0.—	4
70-98	0	0.—	1	20.—	4	80.—	0	0.—	5
99-0	0	0.—	0	0.—	0	0.—	0	0.—	0
	36	27.4	73	55.7	20	15.2	2	1.5	131

% sobre la suma parcial de individuos por sexos.

Resumen General

Solteros	%	Casados	%	Viudos	%	Desconocidos	%	Total
83	27.7	146	48.8	27	9.2	43	14.3	299

% sobre el total de adultos.

Composición Absoluta

	VARONES			HEMBRAS	
Solt. %	Casa. + Viu. %	Total	Solt. %	Casa. + Viu. %	Total
30.8	18.5	49.3%	29.—	21.5	50.5%

% sobre el total de la población excepto estado civil desconocido.

CUADRO 1.5 E

PARROQUIA ASCENSIÓN 1769

V A R O N E S

Edad	Solteros	%	Casados	%	Viudos	%	Descon.	%	Total
15-19	44	100.—	0	0.—	0	0.—	0	0.—	44
20-24	18	47.37	12	31.58	0	0.—	8	21.05	38
25-29	0	0.—	16	61.54	0	0.—	10	38.46	26
30-34	0	0.—	14	87.50	0	0.—	2	12.50	16
35-39	1	5.—	18	90.—	1	5.—	0	0.—	20
40-44	1	6.67	12	80.—	0	0.—	2	13.33	15
45-49	0	0.—	8	100.—	0	0.—	0	0.—	8
50-59	0	0.—	6	85.71	1	14.29	0	0.—	7
60-69	1	50.—	1	50.—	0	0.—	0	0.—	2
70-98	0	0.—	1	100.—	0	0.—	0	0.—	1
99-0	0	0.—	0	0.—	0	0.—	0	0.—	0
	65	36.7	88	49.7	2	1.1	22	12.4	177

H E M B R A S

Edad	Solteras	%	Casadas	%	Viudas	%	Descon.	%	Total
15-19	27	84.38	5	15.63	0	0.—	0	0.—	32
20-24	7	25.93	19	70.37	1	3.70	0	0.—	27
25-29	0	0.—	16	94.12	1	5.88	0	0.—	17
30-34	1	5.—	17	85.—	2	10.—	0	0.—	20
35-39	0	0.—	15	83.33	3	16.67	0	0.—	18
40-44	0	0.—	8	100.—	0	0.—	0	0.—	8
45-49	0	0.—	5	62.50	3	35.50	0	0.—	8
50-59	0	0.—	3	33.33	6	66.67	0	0.—	9
60-69	1	100.—	0	0.—	0	0.—	0	0.—	1
70-98	0	0.—	0	0.—	0	0.—	0	0.—	0
99-0	0	0.—	0	0.—	0	0.—	0	0.—	0
	36	25.7	88	62.8	16	11.4	0	0.—	140

% sobre la suma parcial de individuos por sexos.

Resumen General

Solteros	%	Casados	%	Viudos	%	Desconocidos	%	Total
101	31.8	176	55.5	18	5.6	22	6.9	317

	SOLTEROS		VIUDOS	
	Var.	Hemb.	Var.	Hemb.
	64.3%	35.6%	11.1%	88.8%

% sobre el total de adultos.

Composición Absoluta

	VARONES				HEMBRAS		
Solt. %		Casa. + Viu. %	Total		Solt. %	Casa. + Viu. %	Total
36.6		18.8	55.4%		22.8	21.7	44.5%

CUADRO 1.5 F

TASA DE NUPCIALIDAD

Poblaciones	Año 1766		1767		1768	
Ascensión	Varones	Hembras	Varones	Hembras	Varones	Hembras
	156	105	188	136		
Tasa nupcialidad en ‰	57.—	85.7	74.4	102.9	87.3	115.6
Cabahanoce	Varones	Hembras	Varones	Hembras	Varones	Hembras
	80	62	92	76	109	90
Tasa nupcialidad en ‰	112.5	145.1	152.1	184.2	183.5	222.5

(‰ sobre total efectivos por sexos).

V. — 28

CUADRO 1.5 G

FOURCHE 1770

VARONES

Edad	Solteros	%	Casados	%	Viudos	%	Descon.	%	Total
15-19	21	95.45	1	4.55	0	0.—	0	0.—	22
20-24	12	54.55	10	45.45	0	0.—	0	0.—	22
25-29	2	12.50	13	81.25	1	6.25	0	0.—	16
30-34	2	33.33	4	66.67	0	0.—	0	0.—	6
35-39	0	0.—	9	90.—	0	0.—	1	10.—	10
40-44	0	0.—	4	100.—	0	0.—	0	0.—	4
45-49	0	0.—	6	100.—	0	0.—	0	0.—	6
50-59	0	0.—	4	80.—	1	20.—	0	0.—	5
60-69	0	0.—	0	0.—	0	0.—	0	0.—	0
70-98	0	0.—	0	0.—	0	0.—	0	0.—	0
99-0	0	0.—	0	0.—	0	0.—	0	0.—	0
	37	41.6	51	56.—	2	21.—	1	1.—	91

HEMBRAS

Edad	Solteras	%	Casadas	%	Viudas	%	Descon.	%	Total
15-19	16	88.89	2	11.11	0	0.—	0	0.—	18
20-24	4	18.18	18	81.82	0	0.—	0	0.—	22
25-29	1	14.29	5	71.43	1	14.29	0	0.—	7
30-34	1	6.25	12	75.—	1	6.25	2	12.50	16
35-39	0	0.—	5	83.33	0	0.—	1	16.67	6
40-44	0	0.—	4	80.—	1	20.—	0	0.—	5
45-49	0	0.—	3	50.—	3	50.—	0	0.—	6
50-59	0	0.—	2	50.—	0	0.—	0	0.—	4
60-69	0	0.—	0	0.—	0	0.—	0	0.—	0
70-98	0	0.—	0	0.—	0	0.—	0	0.—	0
99-0	0	0.—	0	0.—	0	0.—	0	0.—	0
	22	26.1	51	60.7	8	9.5	3	3.5	84

% sobre la suma parcial de individuos por sexos.

Resumen General

Solteros	%	Casados	%	Viudos	%	Desconocidos	%	Total
59	33.7	102	58.2	10	5.7	4	2.2	175

Varon.	Hembr.	Varon.	Hembr.	Varon.	Hembr.	Varon.	Hembr.
62.7	37.2	—	—	20.—	80.—	25.—	75.—

% sobre el total de adultos.

Composición Absoluta

	VARONES				HEMBRAS		
Solt. %	Casa. + Viu. %	Total		Solt. %	Casa. + Viu. %	Total
35.8	19.2	55%		23.5	21.3	44.8%

CUADRO 1.5 H

IBERVILLE 1772

VARONES

Edad	Solteros	%	Casados	%	Viudos	%	Descon.	%	Total
15-19	8	88.89	0	0.—	0	0.—	1	11.11	9
20-24	6	42.86	3	21.43	0	0.—	5	35.71	14
25-29	0	0.—	9	81.82	0	0.—	2	18.18	11
30-34	1	5.56	17	94.44	0	0.—	0	0.—	18
35-39	0	0.—	7	77.78	1	11.11	1	11.11	9
40-44	0	0.—	3	100.—	0	0.—	0	0.—	3
45-49	0	0.—	3	100.—	0	0.—	0	0.—	3
50-59	0	0.—	0	0.—	0	0.—	0	0.—	0
60-69	0	0.—	1	50.—	1	50.—	0	0.—	2
70-98	0	0.—	0	0.—	1	100.—	0	0.—	1
99-0	0	0.—	0	0.—	0	0.—	0	0.—	0
	15	21.4	43	61.4	3	4.3	9	12.8	70

% sobre el total de la población excepto estado civil desconocido.

HEMBRAS

Edad	Solteras	%	Casadas	%	Viudas	%	Descon.	%	Total
15-19	10	76.92	3	23.08	0	0.—	0	0.—	13
20-24	3	20.—	12	80.—	0	0.—	0	0.—	15
25-29	1	9.09	10	90.91	0	0.—	0	0.—	11
30-34	0	0.—	13	100.—	0	0.—	0	0.—	13
35-39	0	0.—	0	0.—	0	0.—	0	0.—	0
40-44	0	0.—	2	50.—	2	50.—	0	0.—	4
45-49	0	0.—	3	100.—	0	0.—	0	0.—	3
50-59	0	0.—	0	0.—	4	100.—	0	0.—	4
60-69	0	0.—	0	0.—	0	0.—	0	0.—	0
70-98	0	0.—	0	0.—	0	0.—	0	0.—	0
99-0	0	0.—	0	0.—	0	0.—	0	0.—	0
	14	22.2	43	68.2	6	9.5	0	0.—	63

% sobre la suma parcial de individuos por sexos.

Resumen General

Solteros	%	Casados	%	Viudos	%	Desconocidos	%	Total
29	21.8	86	64.6	9	6.7	9	6.7	133

Varon.	Hembr.	Varon.	Hembr.	Varon.	Hembr.	Varon.	Hembr.
51.7	48.3	50.—	—	33.3	66.6	—	—

% sobre el total de adultos.

Composición Absoluta

VARONES			HEMBRAS		
Solt. %	Casa. + Viu. %	Total	Solt. %	Casa. + Viu. %	Total
27.5	22.6	50.2%	25.6	24.1	49.7%

% sobre el total de la población excepto estado civil desconocido.

CUADRO 1.5 I

ST. JACQUES CABAHANOCE 1777

VARONES

Edad	Solteros	%	Casados	%	Viudos	%	Descon.	%	Total
15-19	27	100.—	0	0.—	0	0.—	0	0.—	27
20-24	18	52.94	11	32.35	0	0.—	5	14.71	34
25-29	6	17.65	18	52.94	1	2.94	9	26.47	34
30-34	2	9.52	15	71.43	0	0.—	4	13.05	21
35-39	1	4.55	19	86.36	0	0.—	2	9.09	22
40-44	1	5.26	18	94.74	0	0.—	0	0.—	19
45-49	0	0.—	16	100.—	0	0.—	0	0.—	16
50-59	0	0.—	18	90.—	1	5.—	1	5.—	20
60-69	0	0.—	2	100.—	0	0.—	0	0.—	2
70-98	0	0.—	1	50.—	0	0.—	1	50.—	2
99-0	0	0.—	0	0.—	0	0.—	0	0.—	0
	55	27.9	118	59.8	2	1.—	22	11.1	197

HEMBRAS

Edad	Solteras	%	Casadas	%	Viudas	%	Descon.	%	Total
15-19	16	59.26	16	40.74	0	0.—	0	0.—	27
20-24	7	29.17	16	66.67	0	0.—	0	0.—	24
25-29	3	13.64	19	86.36	0	0.—	0	0.—	22
30-34	0	0.—	18	94.74	1	5.26	0	0.—	19
35-39	0	0.—	13	92.86	1	7.14	0	0.—	14
40-44	0	0.—	22	91.67	2	8.33	0	0.—	24
45-49	0	0.—	4	80.—	1	20.—	0	0.—	5
50-59	1	9.09	10	90.91	0	0.—	0	0.—	11
60-69	0	0.—	2	50.—	1	25.—	1	25.—	4
70-98	0	0.—	1	100.—	0	0.—	0	0.—	1
99-0	0	0.—	0	0.—	0	0.—	0	0.—	0
	27	17.8	116	76.8	6	3.9	2	1.3	151

% sobre la suma parcial de individuos por sexos.

Resumen General

Solteros	%	Casados	%	Viudos	%	Desconocidos	%	Total
82	23.5	234	67.2	8	2.2	24	6.8	348

Varon.	Hembr.	Varon.	Hembr.	Varon.	Hembr.	Varon.	Hembr.
67.—	32.9	—	—	20.—	80.—	91.6	8.3

% sobre el total de adultos.

Composición Absoluta

	VARONES				HEMBRAS		
Solt. %	Casa. + Viu. %		Total	Solt. %	Casa. + Viu. %		Total
34.7	17.6		52.3%	29.7	17.9		47.6%

CUADRO 1.5 J

IBERVILLE 1777

VARONES

Edad	Solteros	%	Casados	%	Viudos	%	Descon.	%	Total
15-19	20	95.24	1	4.76	0	0.—	0	0.—	21
20-24	17	77.27	5	22.73	0	0.—	0	0.—	22
25-29	3	25.—	9	75.—	0	0.—	0	0.—	12
30-34	1	10.—	6	60.—	3	30.—	0	0.—	10
35-39	1	5.26	14	73.68	4	21.05	0	0.—	19
40-44	0	0.—	16	100.—	0	0.—	0	0.—	16
45-49	0	0.—	14	100.—	0	0.—	0	0.—	14
50-59	1	25.—	3	75.—	0	0.—	0	0.—	4
60-69	0	0.—	1	50.—	1	50.—	0	0.—	2
70-98	1	100.—	0	0.—	0	0.—	0	0.—	1
99-0	0	0.—	0	0.—	0	0.—	0	0.—	0
	44	36.3	69	57.—	8	6.6	0	0.—	121

% sobre el total de la población excepto estado civil desconocido.

HEMBRAS

Edad	Solteras	%	Casadas	%	Viudas	%	Descon.	%	Total
15-19	11	55.—	9	45.—	0	0.—	0	0.—	20
20-24	1	7.14	12	85.71	1	7.14	0	0.—	14
25-29	0	0.—	15	100.—	0	0.—	0	0.—	15
30-34	0	0.—	16	94.12	1	5.88	0	0.—	17
35-39	0	0.—	7	100.—	0	0.—	0	0.—	7
40-44	0	0.—	8	72.73	3	27.27	0	0.—	11
45-49	0	0.—	1	50.—	1	50.—	0	0.—	2
50-59	0	0.—	0	0.—	0	0.—	0	0.—	0
60-69	5	83.33	1	16.67	0	0.—	0	0.—	6
70-98	0	0.—	0	0.—	0	0.—	0	0.—	0
99-0	0	0.—	0	0.—	0	0.—	0	0.—	0
	17	18.4	69	75.—	6	6.5	0	0.—	92

% sobre la suma parcial de individuos por sexos.

Resumen General

Solteros	%	Casados	%	Viudos	%	Desconocidos	%	Total
61	28.6	138	64.7	14	6.5	—	—	213

Varon.	Hembr.	Varon.	Hembr.	Varon.	Hembr.	Varon.	Hembr.
72.1	27.8	—	—	57.1	42.8	—	—

% sobre el total de adultos.

Composición Absoluta

VARONES			HEMBRAS		
Solt. %	Casa. + Viu. %	Total	Solt. %	Casa. + Viu. %	Total
33.8	21.—	54.8%	24.5	20.4	44.9%

% sobre el total de la población excepto estado civil desconocido.

CUADRO 1.5 K

VARONES

Edad	Solteros	%	Casados	%	Viudos	%	Descon.	%	Total
15-19	24	100.—	0	0.—	0	0.—	0	0.—	24
20-24	19	79.17	5	20.83	0	0.—	0	0.—	24
25-29	13	36.11	23	63.89	0	0.—	0	0.—	36
30-34	5	27.78	13	72.22	0	0.—	0	0.—	18
35-39	2	18.18	9	81.82	0	0.—	0	0.—	11
40-44	1	11.11	8	88.89	0	0.—	0	0.—	9
45-49	1	10.—	8	80.—	1	10.—	0	0.—	10
50-59	2	11.11	13	72.22	3	16.67	0	0.—	18
60-69	1	25.—	1	25.—	2	50.—	0	0.—	4
70-98	0	0.—	0	0.—	0	0.—	0	0.—	0
99-0	0	0.—	0	0.—	0	0.—	0	0.—	0
	68	44.1	80	51.9	6	3.8	0	0.—	154

HEMBRAS

Edad	Solteras	%	Casadas	%	Viudas	%	Descon.	%	Total
15-19	13	81.25	3	18.75	0	0.—	0	0.—	16
20-24	4	14.81	23	85.19	0	0.—	0	0.—	27
25-29	4	18.18	18	81.82	0	0.—	0	0.—	22
30-34	1	6.67	14	93.33	0	0.—	0	0.—	15
35-39	0	0.—	6	85.71	1	14.29	0	0.—	7
40-44	0	0.—	9	90.—	1	10.—	0	0.—	10
45-49	1	12.50	6	75.—	1	12.50	0	0.—	8
50-59	0	0.—	1	50.—	1	50.—	0	0.—	2
60-69	0	0.—	0	0.—	1	100.—	0	0.—	1
70-98	2	66.67	0	0.—	1	33.33	0	0.—	3
99-0	0	0.—	0	0.—	0	0.—	0	0.—	0
	25	22.5	80	72.—	6	5.4	0		111

% sobre la suma parcial de individuos por sexos.

Resumen General

Solteros	%	Casados	%	Viudos	%	Desconocidos	%	Total
93	35.—	160	60.3	12	4.5	—	—	265

Varon.	Hembr.	Varon.	Hembr.	Varon.	Hembr.	Varon.	Hembr.
73.1	26.8	—	—	50.—	50.—	—	—

% sobre el total de adultos.

Composición Absoluta

	VARONES			HEMBRAS	
Solt. %	Casa. + Viu. %	Total	Solt. %	Casa. + Viu. %	Total
39.—	16.1	55.1%	28.5	16.1	44.6%

CUADRO 1.5 L

OPELUSAS 1777

VARONES

Edad	Solteros	%	Casados	%	Viudos	%	Descon.	%	Total
15-19	18	94.74	1	5.26	0	0.—	0	0.—	19
20-24	16	80.—	4	20.—	0	0.—	0	0.—	20
25-29	10	52.63	9	47.37	0	0.—	0	0.—	19
30-34	7	25.93	20	74.07	0	0.—	0	0.—	27
35-39	0	0.—	17	89.47	0	0.—	2	10.5	19
40-44	0	0.—	19	95.—	0	0.—	1	5.—	20
45-49	0	0.—	6	85.71	0	0.—	1	11.29	7
50-59	0	0.—	14	82.35	0	0.—	3	17.6	17
60-69	0	0.—	7	58.33	0	0.—	5	41.6	12
70-98	0	0.—	0	0.—	0	0.—	0	0.—	0
99-0	0	0.—	0	0.—	0	0.—	0	0.—	0
	51	31.8	97	60.6	0	0.—	12	7.5	160

% sobre el total de la población excepto estado civil desconocido.

HEMBRAS

Edad	Solteras	%	Casadas	%	Viudas	%	Descon.	%	Total
15-19	9	50.—	9	50.—	0	0.—	0	0.—	18
20-24	1	4.—	24	96.—	0	0.—	0	0.—	25
25-29	1	5.56	15	83.33	2	11.11	0	0.—	18
30-34	0	0.—	20	100.—	0	0.—	0	0.—	20
35-39	0	0.—	11	100.—	0	0.—	0	0.—	11
40-44	0	0.—	8	100.—	0	0.—	0	0.—	8
45-49	0	0.—	2	66.67	1	33.33	0	0.—	3
50-59	0	0.—	5	100.—	0	0.—	0	0.—	5
60-69	1	25.—	2	50.—	1	25.—	0	0.—	4
70-98	0	0.—	1	50.—	1	50.—	0	0.—	2
99-0	0	0.—	0	0.—	0	0.—	0	0.—	0
	12	10.5	97	85.—	5	4.3	0	0.—	114

% sobre la suma parcial de individuos por sexos.

Resumen General

Solteros	%	Casados	%	Viudos	%	Desconocidos	%	Total
63	23.—	194	70.8	5	1.8	12	4.3	274

Varon.	Hembr.	Varon.	Hembr.	Varon.	Hembr.	Varon.	Hembr.
80.9	19.—	50.—	50.—	—	150.—	100.—	—

% sobre el total de adultos.

Composición Absoluta

	VARONES			HEMBRAS	
Solt. %	Casa. + Viu. %	Total	Solt. %	Casa. + Viu. %	Total
38.1	18.4	56.5%	24.1	19.3	43.4%

% sobre el total de la población excepto estado civil desconocido.

CUADRO 1.6 A

PUNTA CORTADA 1766

CLASIFICACIÓN DE LAS MADRES SEGÚN EDAD Y NÚMERO DE HIJOS

Edad	0	1	2	3	4	5	6	7	8	9	10
De 10-14	0	0	0	0	0	0	0	0	0	0	0
De 15-19	6	0	1	1	0	0	0	0	0	0	0
De 20-24	4	8	2	3	1	0	1	0	0	0	0
De 25-29	1	0	1	1	2	3	2	0	0	0	0
De 30-34	0	1	5	2	4	2	1	0	0	1	0
De 35-39	1	2	1	2	0	3	1	5	0	1	0
De 40-44	0	0	0	1	2	2	1	0	0	0	1
Dc 45-49	1	1	1	0	1	1	0	1	0	0	0

n.º madres	Total hijos	Media
5	8	0.62
31	19	1.63
40	10	4.—
58	16	3.62
75	16	4.68
37	7	5.28
19	6	3.16
265	82	3.23

CUADRO 1.6 B

BAJOS DEL RÍO 1769

CLASIFICACIÓN DE LAS MADRES SEGÚN EDAD Y NÚMERO
DE HIJOS

Edad	0	1	2	3	4	5	6	7	8	9	10
De 10-14	0	0	0	0	0	0	0	0	0	0	0
De 15-19	9	1	1	1	0	0	0	0	0	0	0
De 20-24	2	2	4	3	1	0	0	0	0	0	0
De 25-29	5	5	2	0	3	0	1	0	0	0	0
De 30-34	0	0	4	1	3	2	1	0	0	0	0
De 35-39	0	0	0	1	0	3	3	0	0	0	0
De 40-44	0	3	3	0	0	0	2	0	0	0	0
De 45-49	2	0	2	2	0	0	1	0	0	0	1

n.º madres	Total hijos	Media
6	12	0.50
23	12	1.91
27	16	1.68
39	11	3.54
36	9	4.—
21	8	2.62
26	8	3.25
178	76	2.34

CUADRO 1.7 A

PRIMER PERÍODO - NÚMERO MEDIO DE PERSONAS/MENAGE

	1763	1764	1765	1766	1767	1768	1769	1770	1771	1772	1773	1774	1775	1776	1777
Alemanes				(5.27)											
Parroquia Ascensión			2.61 (1.92)			3.27 (2.07)									4.46 (2.66)
Atacapas			2.76 (2.20)						5.03 (2.35)						4.97 (2.43)
Chapitoulas			3.89 (2.76)												
Bajos Ciudad			4.28 (4.—)				4.05 (2.46)								
Lafourche			2.37 (1.27)					3.33 (2.—)							4.66 (2.55)
Iberville					4.88 (1.79)					3.42 (1.70)					3.24 (1.58)
Natchitoches		3.89 (2.63)	4.19 (1.20)												
Opelusas			2.60 (2.04)						4.21 (2.38)						3.86 (2.43)
Punta Cortada			4.40 (2.64)												
Santa Genoveva			5.50	(4.4)											
San Luis			4.59												
Nueva Orleans			3.87 (3.75)												

CUADRO 1.7 B

CLASIFICACIÓN DE MENAGES SEGÚN EL NÚMERO DE CABEZAS DE FAMILIA

	Con uno	%	Con varios	%	Descon.	%	Total
Natchitoches 1765	59	70.2	0		9	10.7	84
Punta Cortada 1766	101	86.3	0		16	13.6	117
P. Ascens. 1766	46	46.—	0		8	8.—	100
Acadianos 1767-1768	69	93.2	0		0		74
Bas du Fleuve 1769	89	76.7	6	5.1	19	16.3	116
Ascensión 1769	96	62.7	5	3.2	21	13.7	153
Lafourche 1770	59	70.2	1	1.2	1	1.2	84
Opelusas 1771	49	80.3	0		9	14.7	61
Atacapas 1771	29	78.3	1	2.7	2	5.4	37
Iberville 1772	52	83.8	0		9	14.5	62
Iberville 1777	83	73.4	0		0		113
Lafourche 1777	127	84.1	0		23	15.2	151
Ascensión 1777	61	77.2	0		0		79
Atacapas 1777	93	86.9	0		0		107
Opelusas 1777	105	75.—	0		0		140

CUADRO 1.7 C

CLASIFICACIÓN DE LOS CABEZAS DE FAMILIA POR ESTADO CIVIL

	VARONES		HEMBRAS	
	Casados	Viudos	Casadas	Viudas
Punta Cortada 1766	86	13	0	2
P. Ascensión 1766	37	3	0	6
Acadianos 1767-68	47	5	0	18
Bas du Fleuve 1769	73	7	1	20
P. Ascensión 1779	88	2	0	16
Lafourche 1770	51	2	0	8
Opelusas 1771	44	4	0	1
Atacapas 1771	29	1	0	1
Iberville 1772	43	3	0	6
Iberville 1777	69	8	0	6
Lafourche 1777	118	3	0	6
P. Ascensión 1777	56	2	0	3
Atacapas 1777	80	6	1	6
Opelusas 1777	97	1	1	6

CUADRO 1.7 D

CLASIFICACIÓN DE CABEZAS DE MENAGE SEGÚN SEXO Y ESTADO CIVIL. PRIMER PERÍODO

	VARONES			
	Solt. %	Casados %	Viudos %	Descon. %
Natchitoches 1765	15 - 17.8	47 - 55.9	7 - 8.3	9 - 10.7
Pta. Cortada 1766	0 - 0.—	86 - 73.5	13 - 11.1	16 - 13.6
Bas du Fleuve 1769	3 - 2.6	73 - 62.9	3 - 2.6	20 - 17.2
Ascensión 1766	46 - 46.—	37 - 37.—	3 - 3.—	8 - 8.—

VARONES

	Solt. %	Casados %	Viudos %	Descon. %
Lafourche 1769	33 - 21.5	88 - 57.5	2 - 1.3	21 - 13.7
Ascensión 1770	26 - 30.9	51 - 60.7	2 - 2.3	1 - 1.2
Ascensión 1777	17 - 21.5	56 - 70.9	2 - 2.5	0 - 0.—
Lafourche 1777	1 - 0.6	118 - 78.1	3 - 2.—	22 - 14.5
Acadianos 1767-68	5 - 6.7	46 - 62.1	5 - 6.7	0 - 0.—
Iberville 1772	1 - 1.6	43 - 69.3	3 - 4.8	9 - 14.5
Iberville 1777	30 - 26.5	69 - 61.—	8 - 7.—	0 - 0.—
Atacapas 1771	5 - 13.5	29 - 78.3	1 - 2.7	2 - 5.4
Atacapas 1777	13 - 12.1	80 - 74.7	6 - 5.6	0 - 0.—
Opelousas 1771	4 - 6.5	44 - 72.1	4 - 6.5	8 - 13.1
Opelousas 1777	34 - 24.3	97 - 69.3	1 - 0.7	0 - 0.—

HEMBRAS

	Solt. %	Casadas %	Viudas %	Descon. %
Natchitoches 1765	1 - 1.1	0 - 0.—	5 - 5.9	0 - 0.—
Pta. Cortada 1766	0 - 0.—	0 - 0.—	2 - 1.7	0 - 0.—
Bas du Fleuve 1769	0 - 0.—	1 - 0.8	16 - 13.8	0 - 0.—
Ascensión 1766	0 - 0.—	0 - 0.—	6 - 6.—	0 - 0.—
Lafourche 1769	0 - 0.—	0 - 0.—	9 - 5.8	0 - 0.—
Ascensión 1770	0 - 0.—	0 - 0.—	4 - 4.7	0 - 0.—
Ascensión 1777	1 - 1.2	0 - 0.—	3 - 3.8	0 - 0.—
Lafourche 1777	0 - 0.—	0 - 0.—	6 - 3.9	1 - 0.6
Acadianos 1767-68	0 - 0.—	0 - 0.—	18 - 24.3	0 - 0.—
Iberville 1772	0 - 0.—	0 - 0.—	6 - 9.6	0 - 0.—
Iberville 1777	0 - 0.—	0 - 0.—	6 - 5.3	0 - 0.—
Atacapas 1771	0 - 0.—	0 - 0.—	0 - 0.—	0 - 0.—
Atacapas 1777	1 - 0.9	1 - 0.9	6 - 5.6	0 - 0.—
Opelousas 1771	0 - 0.—	0 - 0.—	0 - 0.—	1 - 1.6
Opelousas 1777	1 - 0.7	1 - 0.7	6 - 4.3	0 - 0.—

CUADRO 1.7 E

OTROS ELEMENTOS COMPONENTES DE LOS MENAGES

	Personas en los menages con grado de parentesco indirecto			Personas ajenas a cualquier parentesco			% Conjunto sobre población total
	Varon.	Hembr.	% sobre total población	Hembr.	Varon.	% sobre total población	
Punta Cortada 1766	0	0	—	0	0	—	—
P. Ascensión 1766	14	19	12.6	0	5	1.9	14.5
Acadianos 1767-68	1	1	0.5	10	17	7.4	7.9
Bas du Fleuve 1769	21	22	9.—	29	2	6.5	15.5
P. Ascensión 1769	9	18	5.4	13	4	3.4	8.8
Fourche 1770	7	10	6.1	0	1	0.3	6.4
Opelusas 1771	4	1	1.9	14	4	7.—	8.9
Atacapas 1771	6	1	3.7	14	10	12.9	16.6
Iberville 1772	0	0	—	1	0	0.4	0.4
Iberville 1777	0	0	—	6	5	3.—	3.—
Fourche 1777	10	8	2.5	23	8	4.4	6.9
P. Ascensión 1777	0	0	—	30	17	13.3	13.3
Atacapas 1777	3	3	1.1	10	11	3.9	5.—
Opelusas 1777	0	1	0.2	7	2	1.6	1.8

CUADRO 1.8 A

POBLACIÓN ESCLAVA - VOLÚMENES E INCREMENTOS MEDIOS ANUALES - PRIMER PERÍODO

	1763	Incr. ‰	1764	Incr. ‰	1765	Incr. ‰	1766	Incr. ‰	1767	Incr. ‰	1768	Incr. ‰	1769	Incr. ‰	1770	Incr. ‰	1771	Incr. ‰	1772	Incr. ‰	1773	Incr. ‰	1774	Incr. ‰	1775	Incr. ‰	1776	Incr. ‰	1777
Nueva. Orl.	1135					85.-	1450									-28.7													1151
Bajos	1476					28.7	1607	7.4					1643																2464
Chapit.	939					8.1	962																						1259
Aleman.	438					28.8	477									97.9													1333
Pta. Cort.	610					36.8	680		674							35.5													999
Natchit.					265	-56.6	250							56.1	311														437
Rápido															18							51.8							
Opelusas							85							78.5	115	139.1	131	75.5	163					65.1					197
Atacapa							24							82.8	33														
San Luis							74		300							666.6	55	412.5	155		=318					259.9			310
Sta. Genov.							=226									38.3									=421	32.8			448
Iberville																													67
P. Ascens.																													137
Lafourche							18																						186
Acadianos							20				36			202.6		224.7													316
S. Juan Bayou & Gentilly.																													325

CUADRO 1.8 B

PROPORCIÓN DE ESCLAVOS/LIBRES

	1763	1764	1765	1766	1767	1768	1769	1770	1771	1772	1773	1774	1775	1776	1777
Nueva Orleans	0'88			0'83											0'68
Bajos	4'56			3'04			3'46								4'46
Chapitoulas	5'33			5'37											2'58
Alemanes	0'54			0'48											1'05
Punta Cortada	1'40			1'27											1'57
Natchitoches			0'81	0'60				0'68							0'83
Rápido								0'54							
Opelusas				0'43				0'58	0'50			0'38			0'36
Atacapas				0'17				0'19	0,29			0'44			0'58
San Luis				0'40	=0'52								=0'40		0'47
Santa Genoveva				0'93											
Iberville				0'06											0'17
Parroquia de la Ascensión						0'07									0'38
Lafourche				0'14											0'26

CUADRO 2.2. A
POBLACIÓN LIBRE - VOLÚMENES E INCREMENTOS MEDIOS ANUALES - 2.º PERÍODO

	Desde	1778	Incr.‰	1779	Incr.‰	1780	Incr.‰	1781	Incr.‰	1782	Incr.‰	1783	Incr.‰	1784	Incr.‰	1785	Incr.‰	1786	Incr.‰	1787	Incr.‰	1788
Alemanes	1777					11.4								1387							6.6		1424
Atacapas	1777							71.8								927					174.5		1502
Avoyeles																							237
Arkansas																							75
Chapitoulas	1777							105.8															1476
Bas du Fleuve	1777							-8.8 ===															505
Baton Rouge										62				72.4				82		854.4			282
Lafourche	1777			404																1079		-39.8	1036
Galveztown												-59.7 ===											232
Iberville	1777											48.7											618
Manchac																							197
Mobila														1118				437		438		212.8	530
Natchez	1777														67.-			1273			77.1		1477
Natchitoches	1777							21.3												649			
N. Feliciana																							661
Nva. Iberia														46.8									111
Opelousas	1777			74				91.6								1089							1007
Ouachita																							216
Pta. Cortada	1777							-39.8 ===										433		-25.7 ===		87.4	512
Pensacola														409									100
Rápido																							106
Sta. Genoveva	=1775		-21.8 ===	408 =908 / 500								60.6											1542
San Luis																							
S. Bernardo																							653
S. Jacques	1777											33.4											1011
S. Juan Bayou	1777																						120
Barataria																							35
Valenzuela	1777			254						52.9		68.4		211.1									1424
Nva. Orleans	1777=	(x)1905 (h)1646																					=3190

(x).—Datos procedentes del Estadillo.
(h).—Datos procedentes del Censo.
=== Incrementos entre 0 y 30‰.
=== Crecimiento negativo.

CUADRO 2.5 A

NUEVA IBERIA 1779

VARONES

Edad	Solteros	%	Casados	%	Viudos	%	Descon.	%	Total
15-19	5	100.—	0	0.—	0	0.—	0	0.—	5
20-24	0	0.—	0	0.—	0	0.—	0	0.—	0
25-29	1	20.—	2	40.—	0	0.—	2	40.—	5
30-34	0	0.—	4	100.—	0	0.—	0	0.—	4
35-39	0	0.—	1	100.—	0	0.—	0	0.—	1
40-44	0	0.—	1	50.—	0	0.—	1	50.—	2
45-49	0	0.—	2	100.—	0	0.—	0	0.—	2
50-59	0	0.—	2	66.67	1	33.33	0	0.—	3
60-69	0	0.—	0	0.—	0	0.—	0	0.—	0
70-98	0	0.—	0	0.—	0	0.—	0	0.—	0
99-0	0	0.—	0	0.—	0	0.—	0	0.—	0
	6	27.2	12	54.5	1	4.5	3	13.6	22

HEMBRAS

Edad	Solteras	%	Casadas	%	Viudas	%	Descon.	%	Total
15-19	0	0.—	0	0.—	1	100.—	0	0.—	1
20-24	3	75.—	0	0.—	1	25.—	0	0.—	4
25-29	4	100.—	0	0.—	0	0.—	0	0.—	4
30-34	1	100.—	0	0.—	0	0.—	0	0.—	1
35-39	0	0.—	0	0.—	0	0.—	0	0.—	0
40-44	1	100.—	0	0.—	0	0.—	0	0.—	1
45-49	3	75.—	1	25.—	0	0.—	0	0.—	4
50-59	0	0.—	3	100.—	0	0.—	0	0.—	3
60-69	0	0.—	0	0.—	0	0.—	0	0.—	0
70-98	0	0.—	0	0.—	0	0.—	0	0.—	0
99-0	0	0.—	0	0.—	0	0.—	0	0.—	0
	12	66.6	4	36.3	2	11.1	0	0.—	18

% sobre la suma parcial de individuos por sexos.

Resumen General

Solteros	%	Casados	%	Viudos	%	Desconocidos	%	Total
8	20.—	24	60.—	5	12.5	3		7.5	40

Varon.	Hembr.	Varon.	Hembr.	Varon.	Hembr.	Varon.	Hembr.
75.—	25.—	—	—	20.—	80.—	100.—	—

% sobre el total de adultos.

Composición Absoluta

	VARONES			HEMBRAS		
Solt. %	Casa. + Viu. %	Total	Solt. %	Casa. + Viu. %	Total
40.5	17.5	62.1%	16.2	21.6	37.8%

% sobre el total de la población excepto estado civil desconocido.

CUADRO 2.5 B

GALVEZTOWN 1779

VARONES

Edad	Solteros	%	Casados	%	Viudos	%	Descon.	%	Total
más de 14 años	7	6.—	83	71.5	13	11.2	12	10.3	116

HEMBRAS

Edad	Solteras	%	Casadas	%	Viudas	%	Descon.	%	Total
más de 14 años	13	12.6	83	80.6	5	4.8	1	0.9	103

% sobre la suma parcial de individuos por sexos.

Resumen General

Solteros	%	Casados	%	Viudos	%	Desconocidos	%	Total
20	9.1	166	75.8	18	8.2	13	5.9	219

Varon.	Hembr.	Varon.	Hembr.	Varon.	Hembr.	Varon.	Hembr.
35	65	50	50	72.2	27.7	92.3	7.7

% sobre el total de adultos.

Composición Absoluta

	VARONES			HEMBRAS	
Solt. %	Casa. + Viu. %	Total	Solt. %	Casa. + Viu. %	Total
25.2	26.6	51.9%	23.—	24.4	47.5%

% sobre el total de la población excepto estado civil desconocido.

Cuadro 2.5 C

CANARIOS 1783

Resumen General

Solteros	%	Casados	%	Viudos	%	Total
129	56.7	88	38.5	11	4.8	228

Varon.	Hembr.	Varon.	Hembr.	Varon.	Hembr.
51.9	48.—	50.—	50.—	45.4	54.5

CUADRO 2.5 D

ALEMANES 1784

VARONES

Edad	Solteros	%	Casados	%	Viudos	%	Descon.	%	Total
15-19	0	0.—	0	0.—	0	0.—	0	0.—	0
20-24	0	0.—	0	0.—	0	0.—	0	0.—	0
25-29	0	0.—	0	0.—	0	0.—	0	0.—	0
30-34	33	31.43	65	61.90	1	.95	6	5.71	105
35-39	0	0.—	0	0.—	0	0.—	0	0.—	0
40-44	0	0.—	0	0.—	0	0.—	0	0.—	0
45-49	0	0.—	0	0.—	0	0.—	0	0.—	0
50-59	3	4.69	42	65.63	7	10.94	12	18.75	64
60-69	0	0.—	0	0.—	0	0.—	0	0.—	0
70-98	0	0.—	0	0.—	0	0.—	0	0.—	0
99-0	0	0.—	0	0.—	0	0.—	0	0.—	0
	36	21.3	107	63.3	8	4.7	18	10.6	169

HEMBRAS

Edad	Solteras	%	Casadas	%	Viudas	%	Descon.	%	Total
15-19	0	0.—	0	0.—	0	0.—	0	0.—	0
20-24	0	0.—	0	0.—	0	0.—	0	0.—	0
25-29	0	0.—	0	0.—	0	0.—	0	0.—	0
30-34	11	11.83	76	81.72	6	6.45	0	0.—	93
35-39	0	0.—	0	0.—	0	0.—	0	0.—	0
40-44	0	0.—	0	0.—	0	0.—	0	0.—	0
45-49	0	0.—	0	0.—	0	0.—	0	0.—	0
50-59	0	0.—	29	63.04	17	36.96	0	0.—	46
60-69	0	0.—	0	0.—	0	0.—	0	0.—	0
70-98	0	0.—	0	0.—	0	0.—	0	0.—	0
99-0	0	0.—	0	0.—	0	0.—	0	0.—	0
	11	7.9	105	75.5	23	16.5	0	0.—	139

% sobre la suma parcial de individuos por sexos.

Resumen General

Solteros	%	Casados	%	Viudos	%	Desconocidos	%	Total
47	15.2	212	68.8	31	10.—	18	5.8	308

Varon.	Hembr.	Varon.	Hembr.	Varon.	Hembr.	Varon.	Hembr.
76.6	23.4	50.—	50.—	25.8	74.2	—	—

% sobre el total de adultos.

Composición Absoluta

	VARONES				HEMBRAS	
Solt. %	Casa. + Viu. %	Total	Solt. %	Casa. + Viu. %	Total
34.1	15.6	52.1%	30.2	17.6	47.8%

% sobre el total de la población excepto estado civil desconocido.

CUADRO 2.5 E

PUNTA CORTADA 1786

VARONES

Edad	Solteros	%	Casados	%	Viudos	%	Descon.	%	Total
15-19	0	0.—	0	0.—	0	0.—	0	0.—	0
20-24	0	0.—	0	0.—	0	0.—	0	0.—	0
25-29	0	0.—	0	0.—	0	0.—	0	0.—	0
30-34	44	50.—	43	48.86	1	1.14	0	0.—	88
35-39	0	0.—	0	0.—	0	0.—	0	0.—	0
40-44	0	0.—	0	0.—	0	0.—	0	0.—	0
45-48	0	0.—	0	0.—	0	0.—	0	0.—	0
50-59	8	22.86	26	74.29	1	2.86	0	0.—	35
60-68	0	0.—	0	0.—	0	0.—	0	0.—	0
70-98	0	0.—	0	0.—	0	0.—	0	0.—	0
99-0	0	0.—	0	0.—	0	0.—	0	0.—	0
	52	42.2	69	56.1	2	1.6	0	0.—	123

HEMBRAS

Edad	Solteras	%	Casadas	%	Viudas	%	Descon.	%	Total
15-19	0	0.—	0	0.—	0	0.—	0	0.—	0
20-24	0	0.—	0	0.—	0	0.—	0	0.—	0
25-29	0	0.—	0	0.—	0	0.—	0	0.—	0
30-34	44	38.60	63	55.26	7	6.14	0	0.—	114
35-39	0	0.—	0	0.—	0	0.—	0	0.—	0
40-44	0	0.—	0	0.—	0	0.—	0	0.—	0
45-48	0	0.—	0	0.—	0	0.—	0	0.—	0
50-59	1	7.69	6	46.15	6	46.15	0	0.—	13
60-68	0	0.—	0	0.—	0	0.—	0	0.—	0
70-98	0	0.—	0	0.—	0	0.—	0	0.—	0
99-0	0	0.—	0	0.—	0	0.—	0	0.—	0
	45	35.4	69	54.3	13	10.2	0	0.—	127

% sobre la suma parcial de individuos por sexos.

Resumen General

Solteros	%	Casados	%	Viudos	%	Desconocidos	%	Total
97	38.8	138	55.2	15	6.—	—	—	250

Varon.	Hembr.	Varon.	Hembr.	Varon.	Hembr.	Varon.	Hembr.
53.6	46.4	—	—	13.3	86.6	—	—

% sobre el total de adultos.

Composición Absoluta

VARONES			HEMBRAS		
Solt. %	Casa. + Viu. %	Total	Solt. %	Casa. + Viu. %	Total
35.8	16.4	52.2%	28.8	18.9	47.8%

% sobre el total de la población excepto estado civil desconocido.

CUADRO 2.5 F

NATCHITOCHES 1787

VARONES

Edad	Solteros	%	Casados	%	Viudos	%	Descon.	%	Total
15-19	30	90.91	3	9.09	0	0.—	0	0.—	33
20-24	28	70.—	11	27.50	1	2.50	0	0.—	40
25-29	11	37.93	14	48.28	3	10.34	1	3.45	29
30-34	9	29.03	12	38.71	1	3.23	10	29.03	32
35-39	4	9.68	18	58.06	0	0.—	10	32.26	32
40-44	2	7.41	13	48.15	1	3.70	11	40.74	27
45-49	0	0.—	9	50.—	2	11.11	7	38.89	18
50-59	3	8.82	17	50.—	6	17.65	8	23.53	34
60-69	0	0.—	3	75.—	1	25.—	0	0.—	4
70-98	0	0.—	0	0.—	1	100.—	0	0.—	1
99-0	0	0.—	0	0.—	0	0.—	0	0.—	0
	87	34.8	100	40.—	16	6.4	47	18.8	250

HEMBRAS

Edad	Solteras	%	Casadas	%	Viudas	%	Descon.	%	Total
15-19	26	74.29	9	25.71	0	0.—	0	0.—	35
20-24	8	28.57	19	67.86	1	3.57	0	0.—	28
25-29	3	11.54	23	88.46	0	0.—	0	0.—	26
30-34	1	5.—	18	90.—	1	5.—	0	0.—	20
35-39	1	5.88	15	88.24	0	0.—	1	5.88	17
40-44	4	50.—	4	50.—	0	0.—	0	0.—	8
45-49	0	0.—	4	100.—	0	0.—	0	0.—	4
50-59	2	13.33	8	53.33	5	33.33	0	0.—	15
60-69	0	0.—	0	0.—	0	0.—	0	0.—	0
70-98	0	0.—	0	0.—	0	0.—	0	0.—	0
99-0	0	0.—	0	0.—	0	0.—	0	0.—	0
	45	29.4	100	65.3	7	4.5	1	0.6	153

% sobre la suma parcial de individuos por sexos.

Resumen General

Solteros	%	Casados	%	Viudos	%	Desconocidos	%	Total
132	32.7	200	49.6	23	5.7	48	11.9	403

Varon.	Hembr.	Varon.	Hembr.	Varon.	Hembr.	Varon.	Hembr.
65.9	34.1	—	—	69.5	30.4	97.9	2.1

% sobre el total de adultos.

Composición Absoluta

VARONES			HEMBRAS		
Solt. %	Casa. + Viu. %	Total	Solt. %	Casa. + Viu. %	Total
32.9	17.8	58.1%	23.2	14.5	39.9%

% sobre el total de la población excepto estado civil desconocido.

CUADRO 2.5 G

FOURCHE-PARROQUIA ASCENSIÓN 1787

VARONES

Edad	Solteros	%	Casados	%	Viudos	%	Descon.	%	Total
15-19	76	100.—	0	0.—	0	0.—	0	0.—	76
20-24	34	45.95	27	36.49	1	1.35	12	16.22	74
25-29	1	2.44	36	87.80	0	0.—	4	9.76	41
30-34	2	5.71	30	85.71	2	5.71	1	2.86	35
35-39	0	0.—	20	76.92	3	11.54	3	11.54	26
40-44	0	0.—	27	81.82	4	12.12	2	6.06	33
45-49	0	0.—	18	75.—	4	16.67	2	8.33	24
50-59	0	0.—	30	83.33	5	13.89	1	2.78	36
60-69	0	0.—	8	72.73	3	27.27	0	0.—	11
70-98	0	0.—	5	83.33	1	16.67	0	0.—	6
99-0	0	0.—	0	0.—	0	0.—	0	0.—	0
	113	31.2	201	55.5	23	6.3	25	6.9	362

HEMBRAS

Edad	Solteras	%	Casadas	%	Viudas	%	Descon.	%	Total
15-19	48	84.21	9	15.79	0	0.—	0	0.—	57
20-24	25	29.07	57	66.28	2	2.33	2	2.33	86
25-29	3	9.68	23	74.19	1	3.23	4	12.90	31
30-34	1	3.03	29	87.88	1	3.03	2	6.06	33
35-39	1	4.55	16	72.73	4	18.18	1	4.55	22
40-44	0	0.—	32	84.21	5	13.16	1	2.63	38
45-49	0	0.—	14	53.85	8	30.77	4	15.38	26
50-59	0	0.—	14	50.—	14	50.—	0	0.—	28
60-69	0	0.—	7	70.—	3	30.—	0	0.—	10
70-98	0	0.—	0	0.—	1	100.—	0	0.—	1
99-0	0	0.—	0	0.—	0	0.—	0	0.—	0
	78	23.5	201	60.5	39	11.7	14	4.2	332

% sobre la suma parcial de individuos por sexos.

Resumen General

Solteros	%	Casados	%	Viudos	%	Desconocidos	%	Total
191	27.5	402	57.9	62	8.9	39	5.6	694

Varon.	Hembr.	Varon.	Hembr.	Varon.	Hembr.	Varon.	Hembr.
59.1	40.8	—	—	37.1	62.9	64.1	35.9

% sobre el total de adultos.

Composición Absoluta

	VARONES			HEMBRAS	
Solt. %	Casa. + Viu. %	Total	Solt. %	Casa. + Viu. %	Total
29.3	20.7	52.4%	23.7	22.2	47.2%

% sobre el total de la población excepto estado civil desconocido.

Cuadro 2.5 H

FOURCHE-PARROQUIA ASCENSIÓN 1788

VARONES

Edad	Solteros	%	Casados	%	Viudos	%	Descon.	%	Total
15-19	79	100.—	0	0.—	0	0.—	0	0.—	79
20-24	49	68.06	23	31.94	0	0.—	0	0.—	72
25-29	9	19.57	36	78.26	1	2.17	0	0.—	46
30-34	2	6.67	25	83.33	3	10.—	0	0.—	30
35-39	1	4.55	18	81.82	3	13.64	0	0.—	22
40-44	3	8.82	27	79.41	4	11.76	0	0.—	34
45-49	2	6.90	22	75.86	5	17.24	0	0.—	29
50-59	1	2.94	27	79.41	6	17.65	0	0.—	34
60-69	1	8.33	9	75.—	2	16.67	0	0.—	12
70-98	0	0.—	5	83.33	1	16.67	0	0.—	6
99-0	0	0.—	0	0.—	0	0.—	0	0.—	0
	147	40.3	192	52.7	25	6.8	0	0.—	364

HEMBRAS

Edad	Solteras	%	Casadas	%	Viudas	%	Descon.	%	Total
15-19	57	91.94	5	8.06	0	0.—	0	0.—	62
20-24	30	36.59	51	62.20	1	1.22	0	0.—	82
25-29	5	12.82	31	79.49	3	7.69	0	0.—	39
30-34	1	3.13	29	90.63	2	6.25	0	0.—	32
35-39	1	5.56	14	77.78	3	16.67	0	0.—	18
40-44	0	0.—	24	85.71	4	14.29	0	0.—	28
45-49	3	10.34	18	62.07	8	27.59	0	0.—	29
50-59	2	7.41	15	55.56	10	37.04	0	0.—	27
60-69	0	0.—	5	71.43	2	28.57	0	0.—	7
70-98	1	100.—	0	0.—	0	0.—	0	0.—	1
99-0	0	0.—	0	0.—	0	0.—	0	0.—	0
	100	30.7	192	59.—	33	10.1	0	0.—	325

% sobre la suma parcial de individuos por sexos.

Resumen General

Solteros	%	Casados	%	Viudos	%	Desconocidos	%	Total
247	35.8	384	55.7	58	8.4	—	—	689

Varon.	Hembr.	Varon.	Hembr.	Varon.	Hembr.	Varon.	Hembr.
59.5	40.5	—	—	43.1	56.9	—	—

% sobre el total de adultos.

Composición Absoluta

	VARONES				HEMBRAS		
Solt. %	Casa. + Viu. %	Total		Solt. %	Casa. + Viu. %	Total	
33.—	20.9	53.9%		24.1	21.7	45.8%	

% sobre el total de la población excepto estado civil desconocido.

CUADRO 2.5 I

BATON ROUGE 1787

VARONES

Edad	Solteros	%	Casados	%	Viudos	%	Descon.	%	Total
15-19	0	0.—	0	0.—	0	0.—	0	0.—	0
20-24	0	0.—	0	0.—	0	0.—	0	0.—	0
25-29	0	0.—	0	0.—	0	0.—	0	0.—	0
30-34	15	68.18	6	27.27	1	4.55	0	0.—	22
35-39	0	0.—	0	0.—	0	0.—	0	0.—	0
40-44	0	0.—	0	0.—	0	0.—	0	0.—	0
45-49	0	0.—	0	0.—	0	0.—	0	0.—	0
50-59	0	0.—	9	90.—	1	10.—	0	0.—	10
60-69	0	0.—	0	0.—	0	0.—	0	0.—	0
70-98	0	0.—	0	0.—	0	0.—	0	0.—	0
99-0	0	0.—	0	0.—	0	0.—	0	0.—	0
	15	46.8	15	46.8	2	6.2	0	0.—	32

HEMBRAS

Edad	Solteras	%	Casadas	%	Viudas	%	Descon.	%	Total
15-19	0	0.—	0	0.—	0	0.—	0	0.—	0
20-24	0	0.—	0	0.—	0	0.—	0	0.—	0
25-29	0	0.—	0	0.—	0	0.—	0	0.—	0
30-34	10	45.45	11	50.—	1	4.55	0	0.—	22
35-39	0	0.—	0	0.—	0	0.—	0	0.—	0
40-44	0	0.—	0	0.—	0	0.—	0	0.—	0
45-49	0	0.—	0	0.—	0	0.—	0	0.—	0
50-59	2	33.33	4	66.67	0	0.—	0	0.—	6
60-69	0	0.—	0	0.—	0	0.—	0	0.—	0
70-98	0	0.—	0	0.—	0	0.—	0	0.—	0
99-0	0	0.—	0	0.—	0	0.—	0	0.—	0
	12	42.8	15	53.5	1	3.5	0	0.—	28

% sobre la suma parcial de individuos por sexos.

Resumen General

Solteros	%	Casados	%	Viudos	%	Desconocidos	%	Total
27	45.—	30	50.—	3	5.—	—	—	60

Varon.	Hembr.	Varon.	Hembr.	Varon.	Hembr.	Varon.	Hembr.
55.5	44.4	50.—	—	66.6	33.3	—	—

% sobre el total de adultos.

Composición Absoluta

	VARONES			HEMBRAS	
Solt. %	Casa. + Viu. %	Total	Solt. %	Casa. + Viu. %	Total
39.—	20.7	59.7%	20.7	19.5	40.2%

% sobre el total de la población excepto estado civil desconocido.

CUADRO 2.7 A

SEGUNDO PERÍODO - NÚMERO MEDIO DE PERSONAS/MENAGE

	1778	1779	1780	1781	1782	1783	1784	1785	1786	1787	1788
Acadianos								4.23 (2.1)			
Alemanes							4.82 (2.67)				
Atacapas								5.24 (3.1)			
Baton Rouge					3.10 (2.28)						
Lafourche									3.73 (2.—)	3.67 (1.9)	3.67 (1.8)
Natchez							4.17 (2.7)		5.01 (2.6)		4.97 (2.7)
Nueva Iberia		3.70 (1.62)									
Opelusas								4.97 (2.8)			3.81 (2.8)
Purta Cortada									4.12 (2.4)		
Canarios		3.73 (1.84)									

CUADRO 2.7 B

CLASIFICACIÓN DE MENAGES SEGÚN EL NÚMERO DE CABEZAS DE FAMILIA

	Con uno	%	Con varios	%	Descon.	%	Total
Nueva Iberia 1779	17	85.—	—		3	15.—	20
Canarios 1779	46	88.4	1	1.9	—		52
Baton Rouge 1782	9	45.—	—		11	55.—	20
Alemanes 1784	138	90.2	—		15	9.8	153
Punta Cortada 1786	84	80.—	—		—		105
Baton Rouge 1786	18	81.8	—		—		22
Mobila 1786	88	71.5	—		35	28.4	123
Mobila 1787	91	74.6	—		31	25.4	122
Natchitoches 1787	126	68.1	—		39	21.—	185
Lafourche 1787	255	87.—	4	1.3	24	8.2	293
Lafourche 1788	250	88.6	—		—		282

CUADRO 2.7 C

CLASIFICACIÓN DE LOS CABEZAS DE FAMILIA POR ESTADO CIVIL

	VARONES		HEMBRAS	
	Casados	Viudos	Casadas	Viudas
Nueva Iberia 1779	12	1	0	4
Canarios 1779	45	2	0	1
Baton Rouge 1782	8	0	0	1
Alemanes 1784	107	8	0	23
Punta Cortada 1786	69	2	0	13
Baton Rouge 1786	15	2	0	1
Lafourche 1787	202	23	0	39
Lafourche 1788	192	25	0	33

CUADRO 2.7 D

CLASIFICACIÓN DE CABEZAS MENAGES SEGÚN SEXO Y ESTADO CIVIL

VARONES

	Solteros	%	Casados	%	Viudos	%	Descon.	%
Nueva Iberia 1779	0	0.—	12	60.—	1	5.—	3	15.—
Canarios 1779	5	9.6	45	86.5	2	3.8	—	
Baton Rouge 1782	0	0.—	8	40.—	0	0.—	10	50.—
Alemanes 1784	0	0.—	107	69.9	8	5.2	15	9.8
Punta Cortada 1786	20	13.—	69	45.1	2	1.3	0	0.—

VARONES

	Solteros	%	Casados	%	Viudos	%	Descon.	%
Baton Rouge 1786	4	18.1	15	68.1	2	9.1	0	0.—
Mobila 1786	0	0.—	68	55.2	9	7.3	34	27.6
Natchitoches 1787	22	18.9	100	54.—	16	8.6	40	21.6
Lafourche 1787	11	3.7	201	68.6	22	7.5	20	6.8
Lafourche 1788	28	9.9	192	68.—	25	8.8	0	0.—

HEMBRAS

	Solteras	%	Casadas	%	Viudas	%	Descon.	%
Nueva Iberia 1779	0	0.—	0	0.—	4	20.—	0	0.—
Canarios 1779	—		—		—		—	
Baton Rouge 1782	0	0.—	0	0.—	1	5.—	1	5.—
Alemanes 1784	0	0.—	0	0.—	23	15.—	0	0.—
Punta Cortada 1786	1	1.3	0	0.—	13	8.5	0	0.—
Baton Rouge 1786	—		—		1	4.5	—	
Mobila 1786	0	0.—	0	0.—	11	8.9	1	0.8
Natchitoches 1787	2	1.—	1	0.5	4	2.1	0	0.—
Lafourche 1787	0	0.—	0	0.—	36	12.2	3	1.—
Lafourche 1788	4	1.4	0	0.—	33	11.7	0	0.—

CUADRO 2.7 E

OTROS ELEMENTOS COMPONENTES DE LOS MENAGES

	Personas en los menages con grado de parentesco indirecto			Personas ajenas a cualquier parentesco			% Conjunto sobre población total
	Varon.	Hembr.	% sobre total población	Hembr.	Varon.	% sobre total población	
Nueva Iberia 1779	0	0	—	0	1	1.35	1.35
Canarios	0	2	1.03	0	0	—	1.03
Baton Rouge 1782	1	4	8.06	2	1	4.83	12.9
Alemanes 1784	0	0	—	7	0	0.94	0.94
Pta. Cortada 1786	0	0	—	7	5	2.77	2.77
Baton Rouge 1786	0	1	1.21	0	2	2.43	3.64
Lafourche 1787	12	15	2.5	5	8	1.2	3.7
Lafourche 1788	10	11	2.—	5	8	1.2	3.2

CUADRO 2.8 A

POBLACIÓN ESCLAVA - VOLÚMENES E INCREMENTOS MEDIOS ANUALES - 2.º PERÍODO

	Desde	1778	Incr. ‰	1779	Incr. ‰	1780	Incr. ‰	1781	Incr. ‰	1782	Incr. ‰	1783	Incr. ‰	1784	Incr. ‰	1785	Incr. ‰	1786	Incr. ‰	1787	Incr. ‰	1788
Alemanes	1777							52.1						1175									2332
Arkansas	1777																52.1						44
Atacapas	1777									69.8						532			249.9				1039
Avoyeles	1777																						72
Chapitoulas	1777								152.8														6018
Bas du Fleuve	1777								−24.8 ===														1883
Baton Rouge																							400
Galveztown	1777																		32				36
Iberville	1777																						326
Lafourche											154.7												
(P. Ascensión)									−88.9 ===											54	18.5	55
Manchac																							87
Mobila														493	150.-			351	814.8				923
Natchez																		652	205.2	637	449.-	947
Natchitoches																				734	−219.3	573
Nueva Feliciana																					===	69
Nueva Iberia	1777						17		186.1												===	79
Opelousas	1777															435			143.8				651
Ouachita																							16
Punta Cortada	1777								29.9									1303	70.-				1492
Pensacola														184									165
Rápido									46.8										−26.9				41
S. Bernardo																			===				18
S. Jacques Caba.	1777																						548
S. Juan Bayou	1777								103.2														652
Sta. Genoveva	1777			290					65.3														551
S. Luis				189									15.7										76
Valenzuela																							
Nueva Orleans	1777	1154(a) 1012(b)								63.2 / 77.3													2131

(290 y 189 en 1779 = 479)

(a) Según Estado de Población de 1778.
(b) Según Censo de Población de 1778.
—— Incrementos entre 0 y 30‰.
=== Tasas de movimiento real negativas.

CUADRO 2.8 B

PROPORCIÓN NÚMERO ESCLAVOS/NÚMERO LIBRES.
2.º PERÍODO

	1778	1779	1780	1781	1782	1783	1784	1785	1786	1787	1788
Alemanes											1.64
Atacapas								0.57			0.69
Avoyeles											0.30
Chapitoulas											4.07
Bas du Fleuve											3.72
Baton Rouge									0.39		1.41
Galveztown											0.15
Iberville											0.52
Lafourche (P. Ascensión)										0.05	0.05
Manchac											0.44
Mobila									0.80	1.45	1.74
Natchez								0.44	0.51		0.64
Natchitoches										1.13	
N. Feliciana											0.10
N. Iberia		0.23									0.71
Opelousas									0.39		0.64
Ouachita											0.07
Punta Cortada									3.—		2.91
Pensacola								0.44			1.65
Rápido											0.38
S. Bernardo											0.02
S. Jacques Cab.											0.54
S. Juan Bayou											5.43
Sta. Genoveva		0.71									
			=0.52								0.35
S. Luis		0.37									
Nueva Orleans	0.60										0.66

CUADRO 3.2 A

POBLACIÓN LIBRE - VOLÚMENES E INCREMENTOS MEDIOS ANUALES - 3.º PERÍODO

Desde	Incr. % 1789	Incr. % 1790	Incr. % 1791	Incr. % 1792	Incr. % 1793	Incr. % 1794	Incr. % 1795	Incr. % 1796	Incr. % 1797	Incr. % 1798	Incr. % 1799	Incr. % 1800	Incr. % 1801	Incr. % 1802	Incr. % 1803
1 1788		311.9			171	637.4 / 280	75.- / 301		x1858				27.1		2244
2 1788						27.1							27.1		
3 1788		24.6			262										
4 1788	48.4		1194												
5 1788	167.5 / 210				2741	58.7 / 2902									
6 1788		131.6			226										
7 1788		-193.1 ===					-114.3 ===								
8				355	253.5 / 445	65.3	505 / -95.- ===	457	245.1 / 569	153.4	757 / 307.8	990			
9 1788					11.6	40.4					40.4				b1822
10 1788							555		1440		63.7				910
11			655		19.2		707 / 185.3	838		89.9	1085 / 228.5	1333	152.3		
12			1012		1.4		1018 / 197.4	1219		138.7		2050			
13 1788									1802	-46.6 / 1718 ===					
14 1788		2.2	3212					42.3							5283

(x).—Cantidad obtenida por interpolación.
(b).—Id., id. por extrapolación.
===.—Tasas de crecimiento entre 0 y 30‰.
===.—Tasas de movimiento real negativas.
Poblaciones.—1) Arkansas; 2) Atacapas; 3) Galveztown; 4) Lafourche (P. Ascensión); 5) Manchac; 6) Natchez; 7) Nueva Feliciana; 8) Nuevo Madrid; 9) Opelousas; 10) Punta Cortada; 11) Distrito de Santa Genoveva; 12) Distrito de San Luis; 13) Valenzuela; 14) Nueva Orleans.

Cuadro 3.5 A

LAFOURCHE 1791

VARONES

Edad	Solteros	%	Casados	%	Viudos	%	Descon.	%	Total
15-19	65	100.—	0	0.—	0	0.—	0	0.—	65
20-24	39	58.21	28	41.79	0	0.—	0	0.—	67
25-29	8	12.70	54	85.71	1	1.59	0	0.—	63
30-34	4	10.26	34	87.18	1	2.56	0	0.—	39
35-39	3	13.04	19	82.61	1	4.35	0	0.—	23
40-44	0	0.—	28	84.85	2	6.06	3	9.09	33
45-49	0	0.—	29	82.86	5	14.29	1	2.86	35
50-59	0	0.—	27	77.14	7	20.—	1	2.86	35
60-69	0	0.—	16	88.89	1	5.56	1	5.56	18
70-98	0	0.—	0	0.—	1	100.—	0	0.—	1
99-0	0	0.—	0	0.—	0	0.—	0	0.—	0
	119	31.4	235	62.—	19	5.0	6	1.6	379

HEMBRAS

Edad	Solteras	%	Casadas	%	Viudas	%	Descon.	%	Total
15-19	50	80.65	12	19.35	0	0.—	0	0.—	62
20-24	18	21.95	64	78.05	0	0.—	0	0.—	82
25-29	5	9.43	46	86.79	2	3.77	0	0.—	53
30-34	2	9.52	19	90.48	0	0.—	0	0.—	21
35-39	1	4.76	18	85.71	2	9.52	0	0.—	21
40-44	0	0.—	29	96.67	1	3.33	0	0.—	30
45-49	0	0.—	27	87.10	4	12.90	0	0.—	31
50-59	0	0.—	13	46.43	8	28.57	7	25.—	28
60-69	0	0.—	6	40.—	2	13.33	7	6.67	15
70-98	0	0.—	1	50.—	0	0.—	1	1.50	2
99-0	0	0.—	0	0.—	0	0.—	0	0.—	0
	76	22.—	235	68.1	19	5.5	15	4.3	345

% sobre la suma parcial de individuos por sexos.

Resumen General

Solteros	%	Casados	%	Viudos	%	Desconocidos	%	Total
195	26.9	470	64.9	38	5.2	21	2.9	724

Varon.	Hembr.	Varon.	Hembr.	Varon.	Hembr.	Varon.	Hembr.
61.—	38.9	50.—	50.—	50.—	50.—	28.5	71.4

% sobre el total de adultos.

Composición Absoluta

VARONES			HEMBRAS		
Solt. %	Casa. + Viu. %	Total	Solt. %	Casa. + Viu. %	Total
30.9	21.6	52.6%	25.7	21.6	47.4%

% sobre el total de la población excepto estado civil desconocido.

CUADRO 3.5 B

VALENZUELA 1797

VARONES

Edad	Solteros	%	Casados	%	Viudos	%	Descon.	%	Total
15-19	55	100.—	0	0.—	0	0.—	0	0.—	55
20-24	59	72.84	22	27.16	0	0.—	0	0.—	81
25-29	27	32.53	56	67.47	0	0.—	0	0.—	83
30-34	5	6.67	67	89.33	3	4.—	0	0.—	75
35-39	6	11.76	42	82.35	3	5.88	0	0.—	51
40-44	0	0.—	41	85.42	2	4.17	5	10.42	48
45-49	0	0.—	24	82.76	3	10.34	2	6.90	29
50-59	0	0.—	40	76.92	7	13.56	5	9.62	52
60-69	0	0.—	23	71.88	5	15.63	4	12.50	32
70-98	0	0.—	5	55.56	2	22.22	2	22.22	9
99-0	0	0.—	0	0.—	0	0.—	0	0.—	0
	152	29.5	320	62.1	25	4.8	18	3.5	515

HEMBRAS

Edad	Solteras	%	Casadas	%	Viudas	%	Descon.	%	Total
15-19	50	89.29	6	10.71	0	0.—	0	0.—	56
20-24	18	24.32	56	75.68	0	0.—	0	0.—	74
25-29	10	11.36	77	87.50	1	1.14	0	0.—	88
30-34	8	9.76	71	86.59	3	3.66	0	0.—	82
35-39	1	4.35	22	95.65	0	0.—	0	0.—	23
40-44	0	0.—	23	85.19	2	7.41	2	7.41	27
45-49	0	0.—	15	83.33	3	16.67	0	0.—	18
50-59	0	0.—	40	81.63	7	14.29	2	4.08	49
60-69	0	0.—	7	29.17	13	54.17	4	16.67	24
70-98	0	0.—	1	20.—	4	80.—	0	0.—	5
99-0	0	0.—	0	0.—	0	0.—	0	0.—	0
	87	19.5	318	71.3	33	7.4	8	1.8	446

% sobre la suma parcial de individuos por sexos.

Resumen General

Solteros	%	Casados	%	Viudos	%	Desconocidos	%	Total
239	24.8	638	66.3	58	6.—	26	2.7	961

Varon.	Hembr.	Varon.	Hembr.	Varon.	Hembr.	Varon.	Hembr.
63.6	36.4	50.1	49.8	43.1	56.9	69.2	30.7

% sobre el total de adultos.

Composición Absoluta

VARONES			HEMBRAS		
Solt. %	Casa. + Viu. %	Total	Solt. %	Casa. + Viu. %	Total
33.5	19.4	52.9%	26.4	19.7	46.1%

% sobre el total de la población excepto estado civil desconocido.

CUADRO 3.5 C

VALENZUELA 1798

VARONES

Edad	Solteros	%	Casados	%	Viudos	%	Descon.	%	Total
15-19	46	100.—	0	0.—	0	0.—	0	0.—	46
20-24	38	61.29	24	38.71	0	0.—	0	0.—	62
25-29	26	34.21	49	64.47	1	1.32	0	0.—	76
30-34	3	4.23	66	92.96	2	2.82	0	0.—	71
35-39	0	0.—	41	93.18	3	6.82	0	0.—	44
40-44	0	0.—	28	93.33	1	3.33	1	3.33	30
45-49	0	0.—	23	74.19	3	9.68	5	16.13	31
50-59	0	0.—	45	81.82	5	9.09	5	9.09	55
60-69	0	0.—	20	86.96	2	8.70	1	4.35	23
70-98	0	0.—	6	66.67	3	33.33	0	0.—	9
99-0	0	0.—	0	0.—	0	0.—	0	0.—	0
	113	25.2	302	67.5	20	4.4	12	2.7	447

HEMBRAS

Edad	Solteras	%	Casadas	%	Viudas	%	Descon.	%	Total
15-19	44	83.02	9	16.98	0	0.—	0	0.—	53
20-24	21	32.81	43	67.19	0	0.—	0	0.—	64
25-29	9	11.84	65	85.33	2	2.63	0	0.—	76
30-34	6	7.23	74	89.16	3	3.61	0	0.—	83
35-39	2	8.—	22	88.—	1	4.—	0	0.—	25
40-44	0	0.—	19	90.48	2	9.52	0	0.—	21
45-49	0	0.—	22	100.—	0	0.—	0	0.—	22
50-59	0	0.—	36	83.72	5	11.63	2	4.65	43
60-69	0	0.—	8	44.44	4	22.22	6	33.33	18
70-98	0	0.—	4	66.67	0	0.—	2	33.33	6
99-0	0	0.—	0	0.—	0	0.—	0	0.—	0
	82	19.9	302	73.4	17	4.1	10	2.4	411

% sobre la suma parcial de individuos por sexos.

Resumen General

Solteros	%	Casados	%	Viudos	%	Desconocidos	%	Total
195	22.7	604	70.4	37	4.3	22	2.5	858

Varon.	Hembr.	Varon.	Hembr.	Varon.	Hembr.	Varon.	Hembr.
57.9	42.—	50.—	50.—	54.—	45.9	54.5	45.4

% sobre el total de adultos.

Composición Absoluta

	VARONES			HEMBRAS	
Solt. %	Casa. + Viu. %	Total	Solt. %	Casa. + Viu. %	Total
34.6	18.6	52.9%	28.7	18.4	47.1%

% sobre el total de la población excepto estado civil desconocido.

Cuadro 3.5 D

NUEVA FELICIANA 1793

VARONES

Edad	Solteros	%	Casados	%	Viudos	%	Descon.	%	Total
15-19	0	0.—	0	0.—	0	0.—	0	0.—	0
20-24	0	0.—	0	0.—	0	0.—	0	0.—	0
25-29	0	0.—	0	0.—	0	0.—	0	0.—	0
30-34	22	44.90	25	51.02	1	2.04	1	2.04	49
35-39	0	0.—	0	0.—	0	0.—	0	0.—	0
40-44	0	0.—	0	0.—	0	0.—	0	0.—	0
45-49	0	0.—	0	0.—	0	0.—	0	0.—	0
50-59	0	0.—	20	71.43	4	14.29	4	14.29	28
60-69	0	0.—	0	0.—	0	0.—	0	0.—	0
70-98	0	0.—	0	0.—	0	0.—	0	0.—	0
99-0	0	0.—	0	0.—	0	0.—	0	0.—	0
	22	28.5	45	58.4	5	6.5	5	6.5	77

HEMBRAS

Edad	Solteras	%	Casadas	%	Viudas	%	Descon.	%	Total
15-19	0	0.—	0	0.—	0	0.—	0	0.—	0
20-24	0	0.—	0	0.—	0	0.—	0	0.—	0
25-29	0	0.—	0	0.—	0	0.—	0	0.—	0
30-34	15	31.25	33	68.75	0	0.—	0	0.—	48
35-39	0	0.—	0	0.—	0	0.—	0	0.—	0
40-44	0	0.—	0	0.—	0	0.—	0	0.—	0
45-49	0	0.—	0	0.—	0	0.—	0	0.—	0
50-59	0	0.—	11	84.62	2	15.38	0	0.—	13
60-69	0	0.—	0	0.—	0	0.—	0	0.—	0
70-98	0	0.—	0	0.—	0	0.—	0	0.—	0
99-0	0	0.—	0	0.—	0	0.—	0	0.—	0
	15	24.6	44	72.1	2	3.2	0	0.—	61

% sobre la suma parcial de individuos por sexos.

Resumen General

Solteros	%	Casados	%	Viudos	%	Desconocidos	%	Total
37	26.8	99	71.7	7	5.—	5	3.6	138

Varon.	Hembr.	Varon.	Hembr.	Varon.	Hembr.	Varon.	Hembr.
59.4	40.5	45.4	44.4	71.4	28.5	100.—	—

% sobre el total de adultos.

Composición Absoluta

	VARONES			HEMBRAS	
Solt. %	Casa. + Viu. %	Total	Solt. %	Casa. + Viu. %	Total
30.3	22.6	52.9%	26.2	20.8	47.—%

% sobre el total de la población excepto estado civil desconocido.

Cuadro 3.5 E

ARKANSAS 1974

VARONES

Edad	Solteros	%	Casados	%	Viudos	%	Descon.	%	Total
15-19	0	0.—	0	0.—	0	0.—	0	0.—	0
20-24	0	0.—	0	0.—	0	0.—	0	0.—	0
25-29	0	0.—	0	0.—	0	0.—	0	0.—	0
30-34	45	40.54	34	30.63	2	1.80	30	27.03	111
35-39	0	0.—	0	0.—	0	0.—	0	0.—	0
40-44	0	0.—	0	0.—	0	0.—	0	0.—	0
45-49	0	0.—	0	0.—	0	0.—	0	0.—	0
50-59	1	5.—	8	40.—	6	30.—	5	25.—	20
60-69	0	0.—	0	0.—	0	0.—	0	0.—	0
70-98	0	0.—	0	0.—	0	0.—	0	0.—	0
99-0	0	0.—	0	0.—	0	0.—	0	0.—	0
	46	35.1	42	32.—	8	6.1	35	26.7	131

HEMBRAS

Edad	Solteras	%	Casadas	%	Viudas	%	Descon.	%	Total
15-19	0	0.—	0	0.—	0	0.—	0	0.—	0
20-24	0	0.—	0	0.—	0	0.—	0	0.—	0
25-29	0	0.—	0	0.—	0	0.—	0	0.—	0
30-34	22	34.92	36	57.14	5	7.94	0	0.—	63
35-39	0	0.—	0	0.—	0	0.—	0	0.—	0
40-44	0	0.—	0	0.—	0	0.—	0	0.—	0
45-49	0	0.—	0	0.—	0	0.—	0	0.—	0
50-59	0	0.—	6	66.67	3	33.33	0	0.—	9
60-69	0	0.—	0	0.—	0	0.—	0	0.—	0
70-98	0	0.—	0	0.—	0	0.—	0	0.—	0
99-0	0	0.—	0	0.—	0	0.—	0	0.—	0
	22	30.5	42	58.3	8	11.1	0	0.—	72

% sobre la suma parcial de individuos por sexos.

Resumen General

Solteros	%	Casados	%	Viudos	%	Desconocidos	%	Total
68	33.5	84	41.3	16	7.8	35	17.2	203

Varon.	Hembr.	Varon.	Hembr.	Varon.	Hembr.	Varon.	Hembr.
67.6	32.3	50.—	50.—	50.—	50.—	100.—	—

% sobre el total de adultos.

Composición Absoluta

	VARONES			HEMBRAS	
Solt. %	Casa. + Viu. %	Total	Solt. %	Casa. + Viu. %	Total
36.7	20.4	57.1%	22.4	20.4	42.8%

% sobre el total de la población excepto estado civil desconocido.

Cuadro 3.5 F

ARKANSAS 1795

VARONES

Edad	Solteros	%	Casados	%	Viudos	%	Descon.	%	Total
15-19	0	0.—	0	0.—	0	0.—	0	0.—	0
20-24	0	0.—	0	0.—	0	0.—	0	0.—	0
25-29	0	0.—	0	0.—	0	0.—	0	0.—	0
30-34	46	43.81	33	31.43	2	1.90	24	22.86	105
35-39	0	0.—	0	0.—	0	0.—	0	0.—	0
40-44	0	0.—	0	0.—	0	0.—	0	0.—	0
45-49	0	0.—	0	0.—	0	0.—	0	0.—	0
50-59	1	3.13	11	34.38	7	21.88	13	40.63	32
60-69	0	0.—	0	0.—	0	0.—	0	0.—	0
70-98	0	0.—	0	0.—	0	0.—	0	0.—	0
99-0	0	0.—	0	0.—	0	0.—	0	0.—	0
	47	34.3	44	32.1	9	6.5	37	27.—	137

HEMBRAS

Edad	Solteras	%	Casadas	%	Viudas	%	Descon.	%	Total
15-19	0	0.—	0	0.—	0	0.—	0	0.—	0
20-24	0	0.—	0	0.—	0	0.—	0	0.—	0
25-29	0	0.—	0	0.—	0	0.—	0	0.—	0
30-34	20	30.77	40	61.54	7	7.69	0	0.—	65
35-39	0	0.—	0	0.—	0	0.—	0	0.—	0
40-44	0	0.—	0	0.—	0	0.—	0	0.—	0
45-49	0	0.—	0	0.—	0	0.	0	0.—	0
50-59	0	0.—	5	71.43	2	28.57	0	0.—	7
60-69	0	0.—	0	0.—	0	0.—	0	0.—	0
70-98	0	0.—	0	0.—	0	0.—	0	0.—	0
99-0	0	0.—	0	0.—	0	0.—	0	0.—	0
	20	27.7	45	62.5	7	9.5	0	0.—	72

% sobre la suma parcial de individuos por sexos.

Resumen General

Solteros	%	Casados	%	Viudos	%	Desconocidos	%	Total
67	32.—	89	42.5	16	7.6	37	17.7	209

Varon.	Hembr.	Varon.	Hembr.	Varon.	Hembr.	Varon.	Hembr.
70.1	29.8	44.4	45.4	56.2	43.7	100.—	—

% sobre el total de adutos.

Composición Absoluta

	VARONES			HEMBRAS	
Solt. %	Casa. + Viu. %	Total	Solt. %	Casa. + Viu. %	Total
38.1	20.—	58.1%	22.2	19.6	41.8%

% sobre el total de la población excepto estado civil desconocido.

CUADRO 3.7 A

NÚMERO MEDIO DE PERSONAS POR MENAGE

	1789	1791	...	1793	1794	1795	1796	1797	1798
Arkansas					3.— (2.2)	3.— (2.1)			
Lafourche		4.— (1.8)							
N. Feliciana				3.9 (1.9)					
N. Madrid						2.8 (2.4)			
Opelousas							4.5 (2.8)		
Pta. Cortada						3.9 (2.2)			
Valenzuela								4.5 (2.—)	4.5 (2.2)

CUADRO 3.7 B

CLASIFICACIÓN DE MENAGES SEGÚN EL NÚMERO DE CABEZAS DE FAMILIA

	Con uno	%	Con varios	%	Descon.	%	Total
Lafourche 1791	258	87.7	3	1.—	10	3.4	294
N. Feliciana 1793	53	91.4	0		5	8.6	58
Arkansas 1794	57	61.9	2	2.1	35	38.—	92
Arkansas 1795	60	60.6	0		36	36.3	99
Valenzuela 1797	378	94.5	3	0.7	7	1.7	400
Valenzuela 1798	354	93.4	2	0.5	9	2.3	379

CUADRO 3.7 C

CLASIFICACIÓN DE LOS CABEZAS DE FAMILIA POR ESTADO CIVIL

	VARONES		HEMBRAS	
	Casados	Viudos	Casadas	Viudas
Lafourche 1791	223	7	0	11
Nueva Feliciana 1793	45	5	0	2
Arkansas 1794	42	8	0	8
Valenzuela 1797	322	25	0	23
Valenzuela 1798	307	16	0	14

CUADRO 3.7 D

CLASIFICACIÓN DE CABEZAS DE MENAGE SEGÚN SEXO Y ESTADO CIVIL

VARONES

	Solt.	%	Casados	%	Viudos	%	Descon.	%
Lafourche 1791	21	7.1	235	79.9	19	6.4	0	
N. Feliciana 1793	1	1.7	45	77.6	5	8.6	5	8.6
Arkansas 1794	0		42	56.5	8	8.7	35	38.—
Arkansas 1795	2	2.—	45	45.4	9	9.1	36	36.3
Valenzuela 1797	21	5.2	321	80.2	25	6.2	0	
Valenzuela 1798	38	10.—	302	79.6	20	5.3	0	

HEMBRAS

	Solt.	%	Casadas	%	Viudas	%	Descon.	%
Lafourche 1791	0		0		19	6.4	0	
N. Feliciana 1793	0		0		2	3.4	0	
Arkansas 1794	0		0		7	7.6	0	
Arkansas 1795	0		0		7	7.—		
Valenzuela 1797	0		0		33	8.2	0	
Valenzuela 1798	2	0.5	0		17	4.5	0	

CUADRO 3.7 E

OTROS ELEMENTOS COMPONENTES DE LOS MENAGES

	Personas en los menages con grado de parentesco indirecto			Personas ajenas a cualquier parentesco			% Conjunto sobre población total
	Varon.	Hembr.	% sobre total población	Hembr.	Varon.	% sobre total población	
Lafourche 1791	12	14	2.1	9	8	1.4	3.6
N. Feliciana 1793	0	0	—	0	1	0.4	0.4
Arkansas 1794	2	1	1.—	5	3	2.8	3.9
Valenzuela 1797	18	11	1.6	22	10	1.8	3.4
Valenzuela 1798	15	9	1.4	17	8	1.4	2.8

CUADRO 3.8 A

POBLACIÓN ESCLAVA. VOLÚMENES E INCREMENTOS MEDIOS ANUALES - TERCER PERÍODO

Desde	Incr. ‰ 1789	Incr. ‰ 1790	Incr. ‰ 1791	Incr. ‰ 1792	Incr. ‰ 1793	Incr. ‰ 1794	Incr. ‰ 1795	Incr. ‰ 1796	Incr. ‰ 1797	Incr. ‰ 1798	Incr. ‰ ...	1803
Arkansas 1788			28.2			52						
Atacapas 1788					12.4							1250
Lafourche 1788		259.9	110									
Natchez 1788			157.-		1964	11.2 1986						
Opelousas 1788					22.7			779				1904
Pta. Cortada 1788						16.4						
Illinois 1788				13.2			604	56.3 638				
Valenzuela 1788					148.8				265	33.9 274		

——.—Tasas de incremento medio entre 0 y 30‰.

CUADRO 3.8 B

PROPORCIÓN ENTRE NÚMERO DE ESCLAVOS Y NÚMERO DE LIBRES

	1791	1792	1793	1794	1795	1796	1797	1798	... 1803
Arkansas				0.18					
Atacapas									0.55
Lafourche	0.09								
Natchez			0.71	0.68					
Opelousas						0.54			
P. Cortada									2.09
Illinois					0.29	0.26			
Valenzuela							0.14	0.15	
Nva. Orleans						0.65			

CUADRO I A

TIPOS DE DATOS POR PUEBLOS Y AÑOS

	1763	-64	-65	-66	-67	-68	-69	-70	-71	-72	-73	-74	-75	-76	-77
Alemanes				D											
P. Ascensión				A			A								A
Atacapas									E	A			E		A
Iberville						A					A				A
Lafourche										A					A
Natchitoches			F						E						
Opelousas									E	A					A
Pta. Cortada				A											
Luisiana				D											E

CUADRO I B

TIPOS DE DATOS POR PUEBLOS Y AÑOS

	1778	-79	-80	-81	-82	-83	-84	-85	-86	-87	-88
Alemanes							B				
Atacapas								D			
Baton Rouge					B			B			
Canarios			F			F					
Galveztown			D								
Lafourche									A	A	
Mobila									F		F
Natchez							C		C		C
Natchitoches										A	
Nueva Iberia			A								
Opelousas								D			D
Pensacola							E				
Pta. Cortada										B	
Illinois			E								
Valenzuela			F								
N. Orleans		C									
Luisiana											E

Cuadro 1 C

TIPOS DE DATOS POR PUEBLOS Y AÑOS

	1789	-90	-91	-92	-93	-94	-95	-96	-97	-98	-99	-00	-01	-02	-03
Arkansas					B	B	B								
Atacapas															F
Galveztown					F										
Lafourche			A												
Natchez					E	E									
N. Borbón									B						
N. Feliciana					B			B							
N. Madrid				F	F	F	F								
Opelousas								D							
Punta Cortada							F								E
Sta. Genoveva			F			E	E				F	F			
S. Luis			F			E	E				F	F			
Valenzuela									A	A					
Nva. Orleans			F					C							

CUADRO II-A

RAZÓN NIÑOS (0-15): MUJERES (15-50)/ NIÑOS (0-4): MUJERES (15-50)

	1764	1765	1766	1767	1768	1769	1770	1771	1772	1773	1774	1775	1776	1777	1778
La Fourche						1'40 :2'50 0'569								2'63 :2'60 1'014	
Parroquia Ascensión			1'45 :2'73 0'531			0'583 :2'50 0'569								2'03 :2'03 1'000	
Atacapas								1'42 :1'77 0'800						2'54 :2'30 1'104	
Iberville									1'34 :2'16 0'620					1'77 :2'13 0'837	
Opelusas								2'45 :2'16 1'130						2'52 :2'49 1'019	
Punta Cortada			2'79 :2'70 1'032												
Bajos						1'57 :2'85 0'558									
Acadianos					1'37 :2'24 0'619									:2'37	

	Suma conjunta	n.º de casos	Media
	35.8	15	2.38

CUADRO II-B

DESDOBLAMIENTO DE MENAGES POR CAUSAS EXPRESADAS
EN EL APÉNDICE DE METODOLOGÍA

Población	Año	n.º total menages	n.º menages desdoblados
Bas du Fleuve	1769	117	6
P. Ascensión	1766	100	0
Acadianos	1769	153	0
P. Ascensión	1770	84	0
P. Ascensión	1777	79	0
St. Jacques	1777	151	0
Atacapas	1771	37	0
Atacapas	1777	107	0
Acadianos	1767-8	74	0
Iberville	1772	62	0
Iberville	1777	113	0
Natchitoches	1765	84	5
Opelousas	1771	61	0
Opelousas	1777	140	0
Punta Cortada	1766	117	0
		1.479	11=0.74%

CUADRO II-C

DESDOBLAMIENTO DE MENAGES POR CAUSAS EXPRESADAS EN EL APÉNDICE DE METODOLOGÍA

Población	Año	n.º total menages	n.º menages desdoblados
Alemanes	1784	153	17
Baton Rouge	1782	20	0
Baton Rouge	1786	23	0
Nueva Iberia	1779	20	0
Canarios	1779	52	0
Mobila	1786	124	1
Mobila	1787	122	0
Mobila	1788	181	1
Lafourche	1787	293	1
Lafourche	1788	282	1
Natchitoches	1787	187	0
Punta Cortada	1786	105	11
		1.562	32=2.04%

CUADRO II-D

DESDOBLAMIENTO DE MENAGES POR CAUSAS EXPRESADAS EN EL APÉNDICE DE METODOLOGÍA

Población	Año	n.º total menages	n.º menages desdoblados
Nva. Feliciana	1793	58	0
Arkansas	1794	92	2
Arkansas	1795	99	0
Lafourche	1791	294	0
Valenzuela	1797	400	0
Valenzuela	1798	379	0
		1.322	2=0.15%

FUENTES DOCUMENTALES

Archivo General de Indias (citado en abreviatura AGI.).
Sección V-Gobierno. Audiencia de Santo Domingo.

Legajos:

2357 2563 2574 2575 2585 2588 2594 2595 2628 2662 2665.
Sección Papeles de Cuba (citado en abreviatura PC.).

Legajos:

15-A 17 25-A 27 31 81 109 110 114 116 117 120 123 128 135 187-A 188-A 188-C
190 191 192 193-A 200 201 202 208-A 211 212 213 217 220 224-A 511 512 514 564
568 606 608 633 1146 1232 1393 1425 1815 2343 2351 2353 2357 2358 2360 2361
2362 2363 2364 2365 2367

Biblioteca Nacional.
Sección Manuscritos: Mss n.º 19265.
Louisiana State University Archives.
Jones (J.) Papers, 1763-1803.

Los documentos de la siguiente Relación de censos se hallan, casi en su totalidad, catalogados en:

HILL, Roscoe, *Descriptive Catalogue of the Documents Relating to the History of the United States in the Papeles Procedentes de Cuba...*, Washington, 1916.

PEÑA, J. de la, y otros, *Catálogo de Documentos del Archivo General de Indias (Sección V-Gobierno-Audiencia de Santo Domingo) sobre la época española de Luisiana*, 2 vols., Madrid-Nueva Orleans, 1968.

RELACIÓN DE CENSOS, PADRONES Y OTROS DOCUMENTOS BÁSICOS UTILIZADOS EN EL TRABAJO *

1763

n.º 1. Colonie de la Louisianne, 1763. Recapitulation générale des recensements ci-joints faits à la Nouvelle Orleans et dans tous les quartiers qui en dependent depuis le bas du fleuve jusqu'a la jurisdiction de la Pointe Coupée, inclusivement, en l'année mil sept cent soixante trois.

AGI. Santo Domingo 2595.

1765

n.º 2. Census of Natchitoches Post, 1766. Natchitoches January 27, 1766. Fdo.: Pain y Marjonan de la Perrière.

en «Natchitoches in 1766» by K. Bridges op. cit. (ver Bibliografía.)

1766

n.º 3. «Primer Padrón y lista de los vecinos habitantes de la Luisiana y Milicianos de ella...».

AGI. Santo Domingo 2595

n.º 4. Compagnie de Judice. Cabahanoce. Coste Superieure. Etat des habitans établis sur la rive gauche du fleuve depuis l'habitation de Jacques Canterelle jusqu'a la Fourche. A la cotte de Kaba-anoce le neuvième Avril 1766. Louis Judice.

AGI. Papeles de Cuba 202

n.º 5. Cote d'Allemands. Ressencement Général des habitans qui comportent la Compie. de Villeré fait le 4 Avril.

AGI. Papeles de Cuba 187-A

n.º 6. Quartier de la Pointe Coupée, Compie. d'Allain. Revue du 16 Avril 1766. Reçansemans Général des habitans de la Pointe Coupée et leur quantité de negres, terre et bestiaux. Fdo. Desmazellieres.

AGI. Papeles de Cuba 187-A

---

* Se ha mantenido la grafía original en los documentos.

1767

n.º 7. Lista de las familias acadienses que han venido a establecerse en esta Pvcia. de la Luisiana y se hallan alojadas en la habitación del Rey..., Nueva Orleans, 27 julio de 1767. Fdo.: Julián Álvarez.

AGI. Papeles de Cuba 114

1768

n.º 8. Lista de las familias acadianas que han venido a establecerse a esta Prov. de la Luisiana y se hallan alojados en la habitación del Rey, 2 febrero 1768.

AGI. Santo Domingo 2585

1769

n.º 9. Année 1769, au mois de septembre. Etat des habitants acadiens (...) etablis sur les deux Rives du fleuve depuis l'habitations du sieur Jacques Cantrelle et celle du nommé Joseph Hebert jusqua aux environs de liste aux marest ansy quil suit... A Cabahanoce, le 14 Septembre 1769. Fdo.: Louis Judice.

AGI. Papeles de Cuba 187-A

1770

n.º 10. Etat des habitations de la côte du fleuve à commence depuis l'habitation de Madame Vve. Lachaise jusque aux environs de la Prairie aux Moucle tant dessus la rive que dessus la rive goche. Année 1770 au mois de Janvier.

AGI. Papeles de Cuba 188-A

n.º 11. Année 1770. Etat des habitants acadiens de la Paroisse l'Assension a commencer sur la Rive Droite du fleuve, chez Jean Jeansonne autre fois chez la veuve Lachaice et finis a la pointe d'en haut de l'îsle aux Marais. A Cabahanossée le 1.º Aoust 1770. Fdo.: Louis Judice.

AGI. Papeles de Cuba 188-A

n.º 12. Para el Señor Gobernador General don Luis de Unzaga. Carpeta número 13. Papeles que contienen dos relaciones firmadas de don Eduardo Nugent, y de don Juan O'Reilly (sic); la del número 1.º manifiesta el número de habitantes que hay en Natchitoches y sus inmediaciones...; id. id. correspondientes al Partido de Opeluzas; id. id. al Rápido...; id. id. al de Atacapas. Fdo.: Eduardo Nugent y Juan Kelly.

AGI. Papeles de Cuba 81

1771

n.º 13. Recensements des Postes Opeloussas et Atakapas.

AGI. Papeles de Cuba 188-C

1772

n.º 14. Recensemens generalle du distrite et caute Diberville depuis Manchaque jusqua lille aux Marais çe 10 may 1772. Fdo.: Louis Dutisné.

AGI. Papeles de Cuba 202

1777

n.º 15.   Padrón General de todos los individuos de la Prov. de la Luissiana. Avril 1777. Nueva Orleans, 12 de mayo de 1777.

AGI. Papeles de Cuba 2351

n.º 16.   Recensement Generale des Postes Attakapas et Oppeloussas du 4 May 1777 (certificado sin firma).

AGI. Papeles de Cuba 2358

n.º 17.   Ettat géneralle du resençemens du district dyberville depuis Manchak jusqua liles au Marais de la rive gauche en montant ce fleuve... (id.) de la rive droite. A hyberville le 6 Mars 1777. Fdo.: Louis Dutisné.

AGI. Papeles de Cuba 190

n.º 18.   Année 1777. Janvier premier. Reçensemant Général des habitans qui sont etablies dans l'etendûe de la Paroisse Saint Jacques à Cabana-noces sur les deux rives du fleuve y complis les noms des personnes leurs âges... le 15 Avril 1777. Fdo.: Michèl Cantrelle.

AGI. Papeles de Cuba 190

n.º 19.   Année 1777. Recensement Général des habitants du District de la Paroisse de Lascension a la fourche de chetimachas, qui commence, sur la rive droitte du fleuve par en bas chez Basil Prejean et finis par en haut au bout de lisle au Marais, et sur la rive gauche, chez le Sieur Maurice Conoée, autre fois le village des houmas et finis par en haut chez François Babin, vis a vis le bout den haut de la ditte isle... à la Fourche de Chetimachas. District de la Paroisse de l'Ascension, le 23 Avril 1777. Fdo.: Louis Judice.

AGI. Papeles de Cuba 190

1778

n.º 20.   Censo de Nueva Orleans del mes de junio de 1778.

AGI. Papeles de Cuba 191

1779

n.º 21.   Recenssement General des familles malagaines et autres établis a la Nouvelle Iberia et le nombre de leurs esclaves.

AGI. Papeles de Cuba 208-A

n.º 22.   Índice de las familias isleñas que han de establecerse en Galveztown, 1779.

AGI. Papeles de Cuba 568

n.º 23.   Índice de las familias isleñas que se han establecido en Tierra de Bueyes, 1779.

AGI. Papeles de Cuba 568

n.º 24.   Índice de las familias isleñas que se han establecido en Valenzuela, 5 mayo 1779.

AGI. Papeles de Cuba 568

V. — 32

n.º 25. Regimiento de Infantería de la Luysiana. Relación de los Reclutas, solteros y casados con sus Familias que, para el expresado Regimiento se embarcan en este Puerto para el de Nueva Orleans..., Castillo del Morro, 11 de febrero de 1779. Fdo.: Franco. de Alburquerque.

AGI. Papeles de Cuba 1232

n.º 26. Relación de los cabezas de familia establecidos en Valenzuela, acompañando a Instrucción dada al Subteniente D. Antonio de Maxent para su gobierno, Nueva Orleans, 18 mayo 1779.

AGI. Papeles de Cuba 192

n.º 27. Estado del número de habitantes que hay en San Luis y Santa Genoveva con expresión de clases, sexos y edad, San Luis, 31 diciembre 1779. Fdo.: F. Leyba.

AGI. Papeles de Cuba 193-A

1783

n.º 28. Índice de las principales cabezas de familias que contiene este libro de familias isleñas destinadas a la Nueva Gálvez, 1783.

AGI. Papeles de Cuba 568

n.º 29. Regimiento de la Luisiana. Relación que manifiesta el número de Familias y Personas venidas de Islas Canarias que con destino a la Provincia de la citada Luisiana se han hallado depositadas en esta Plaza, y se remiten a la Nueva Orleans..., Havana, 28 de junio de 1783. Fdo.: Franco. Varela.

AGI. Papeles de Cuba 1393

n.º 30. Regimiento de la Luisiana. Id. id. (como el anterior), Havana, 7 de agosto de 1783. Fdo.: Franco. Varela.

AGI. Papeles de Cuba 1393

1784

n.º 31. Padrón General del Distrito de Natchez. Año de 1784.

AGI. Papeles de Cuba 116

n.º 32. Recensement General de la Paroisse St. Jean Baptiste de la cote des Allemands.

AGI. Papeles de Cuba 117

n.º 33. Padrón General de la Plaza de Panzacola y su jurisdicción con expresn. de edad y distinon. de clases. Fdo.: O'Neill.

AGI. Papeles de Cuba 2360

1785

n.º 34. Estado y Relación de familias e individuos (...) que de orden de S. M. se embarcaron en Nantes con destino (...) a Luisiana en el año 1785, Nueva Orleans, 15 junio 1786. Fdo.: J. Ventura Morales y M. Navarro.

AGI. Santo Domingo 2575

n.º 35.   Recensements des Postes Opelousas et Atacapas, 1785.

AGI. Papeles de Cuba 2360

1786

n.º 36.   Noticia y nombres de los Habitantes en general de la Plaza y Jurisdicción de la Movila; en 1.º de enero de 1786. Fdo.: Pedro de Favrot.

AGI. Papeles de Cuba 2360

n.º 37.   Rêcensement de la Pointe Coupée et la Fausse Riviére. Année 1786. Pte. Coupée le 20 Janvier 1787. Fdo.: Nicolás Delassize.

AGI. Papeles de Cuba 2361

n.º 38.   Recensement de la partie du Baton-Rouge sur la rive droite District de la Pointe-Coupée, année 1786. Pte. Coupée le 23 Janvier 1787. Fdo.: Delassize.

AGI. Papeles de Cuba 2361

n.º 39.   A Return of the District of the Natchez, Natchez 18 de enero de 1787. Fdo.: Carlos de Grand-Pré.

AGI. Papeles de Cuba 200

1787

n.º 40.   Année 1786. Recensement General du Poste des Natchitoches, Natchitoches 17 de agosto dc 1787. Fdo.: Josef de la Peña.

AGI. Papeles de Cuba 201

n.º 41.   Noticia y nombres de los Blancos, Pardos y Negros libres; Pardos y Negros esclavos de la Jurisdicción de la Mobila; con especificación de los artículos de su producto... Primero de enero del año 1787. Fdo.: Pedro Favrot.

AGI. Papeles dc Cuba 2361

1788

n.º 42.   Resumen General del Padrón hecho en la Provincia de la Luisiana, distrito de la Movila y Plaza de Panzacola, 1788. Fdo.: Estevan Miró.

AGI. Papeles de Cuba 1425

n.º 43.   Padrón del Distrito y Jurisdicción de la Movila en 1788 con expresión de cosecha y piezas de ganado, Movila, 15 de marzo de 1789. Fdo.: Vicente Folch.

AGI. Papeles de Cuba 202

n.º 44.   Padrón General del Distrito de Natchez. Año de 1788. Fdo.: Carlos de Grand-Pré.

AGI. Papeles de Cuba 2361

n.º 45.   Année 1788. Recensement du Poste de Oppeloussas.

AGI. Papeles de Cuba 2361

n.º 46. Ressensement Général des habitans etablies dans la Fourche, qui commence sur la rive droite par en haut chez le nommé Francisco Mathias, et finis par en haut chez Marie Moyse Veuve Pitre, et commence sur la rive gauche par en haut chez Nicolas Daublin et finit par en bas chez Jean Saumier ainsy quil suit... le premier de Janvier de l'année 1788. Fdo.: Nicolás Verret.

AGI. Papeles de Cuba 201

1789

n. 47. Ressensement General, des habitants etablis Dans la Fourche, qui commence sur la rive Droitte par en haut chez le nommé Francisco Mathias, et finis pas en bas chez Marie Moyse Ve. Pitre, et commence sur la Rive Gauche par en haut chez Nicolas Daublin et finis par en bas chez Jean Saumier ainsie quil suit... ce premier janvier De l'année 1789. Fdo.: Nicolás Verret.

AGI. Papeles de Cuba 202

1791

n.º 48. Ressensement général. Des habitans etablis Dans la fourche qui commence sur la Rive Droitte, par en haut chez le nommé Francisco Mathias, et finis par en bas chez Fransois Bruner et commence sur la rive gauche par en haut chez Nicolas Daublin et finis par en bas chez Joseph Antoine Arabiy ainsi quil suit... le premier janvier de l'année 1791. Fdo.: N. Verret.

AGI. Papeles de Cuba 2362

1792

n.º 49. Padrón que manifiesta los vecinos que existen en la Nueva Población de Nuevo Madrid en el día y año de la fcha. con exprecion de Mugeres, hijos, hijas y su total..., Nuevo Madrid, 31 de marzo de 1792. Fdo.: Tomás Portell.

AGI. Papeles de Cuba 2363

n.º 50. Resumen General del Padrón del Distrito de Natchez a fines del año 1792, Natchez 27 abril 1793.

AGI. Papeles de Cuba 2353

1793

n.º 51. Etablissement de la Nouvelle Feliciane année 1793.

AGI. Papeles de Cuba 208-A

n.º 52. Padrón que manifiesta por nombres las cabezas de familia que hay en este Pueblo con expresión de Mugeres, hijos y hijas que tienen cada una..., Nuevo Madrid, 20 de noviembre de 1793. Fdo.: Tomás Portell.

AGI. Papeles de Cuba 2363

n.º 53. Padrón del Puesto de Arkansas. Au Arkansas ce 31 dessembre 1793. Fdo.: Ignace Delino.

AGI. Papeles de Cuba 123

n.º 54. Población de la villa de Galvez-town y su distrito. Año de 1793.

AGI. Papeles de Cuba 27

1794

n.º 55. Padrón que manifiesta por nombres las cabezas de familia que hay en este pueblo con expresión de Mugeres, Hijos, Hijas, Esclavos, Ganado caballar y vacuno..., Nuevo Madrid, 2 de diciembre de 1794. Fdo.: Tomás Portell.

AGI. Papeles de Cuba 2363

n.º 56. Padrón del Puesto de Arkansas Fuerte San Estevan de Arkansas, 28 de octubre de 1794. Fdo.: Carlos de Vilemont.

AGI. Papeles de Cuba 2364

n.º 57. Resumen General del Padrón del Distrito de Natchez a fines del año 1794, Natchez, 14 abril 1795. Fdo. Ml. Gayoso de Lemos.

AGI. Papeles de Cuba 31

1795

n.º 58. Pte. Coupée et Fausse Rivière. Detail des habitants femmes et enfants etablis au Poste de la Pointe Coupée, par rangs d'habitans en montant le fleuve, 1795 (según Roscoe Hill en *Descriptive Catalogue...*, op. cit.).

AGI. Papeles de Cuba 128

n.º 59. Padrón del Puesto de Arkansas Fuerte San Estevan de Arkansas, 31 de diciembre de 1795. Fdo.: Carlos de Vilemont.

AGI. Papeles de Cuba 2364

n.º 60. Recensement du 1.ᵉʳ Quartier, Nouvelle Orleans.

AGI. Papeles de Cuba 211

n.º 61. Recensement du 2em. Quartier du mois de Juillet 1795, Nouvelle Orleans.

AGI. Papeles de Cuba 211

n.º 62. Relación del Padrón General de los establecimientos Occidentales de Illinois desde 1 noviembre 1794 a 31 octubre 1795. S. Luis de Illinois, 31 octubre 1795. Fdo. Zenón Trudeau.

AGI. Papeles de Cuba 2364

1796

n.º 63. Censo de Nueva Feliciana, 1796 (según Roscoe Hill, *Descriptive Catalogue...*).

AGI. Papeles de Cuba 212

n.º 64. Rècensement général de tous les individus des Opelousas tant blancs que des gens de couleur libres et esclaves. Aux Opelousas le 23 Mai 1796. Fdo.: Mn. Duralde.

AGI. Papeles de Cuba 2364

n.º 65. Padrón de los vecinos de la Nueva Madrid, sus esclavos, ganados y sus cosechas en el año de 1796, Nuevo Madrid, 20 de noviembre de 1795. Fdo. Tomás Portell.

AGI. Papeles de Cuba 2364

n.º 66. Padrón del Puesto de Arkansas, Arkansas, 31 de diciembre de 1796. Fdo.: Carlos de Vilemont.

AGI. Papeles de Cuba 2364

n.º 67. Resumen General del Tercer Barrio de la Nueva Orleans echo el día 18 de febrero del año de 1796.

AGI. Papeles de Cuba 212

n.º 68. Resumen del Padrón General de los establecimientos occidentales de Illinois con expresiones de los nacidos matrimonios y muertos, animales y producciones de este presente año de 1796, S. Luis, 31 octubre 1796. Fdo.: Zenon Trudeau.

AGI. Papeles de Cuba 2364

1797

n.º 69. Recensement Général des habitans de Valenzuela dans la Fourche, le 10 Avril 1797. Fdo.: N. Verret.

AGI. Papeles de Cuba 213

n.º 70. Estado de curatos que comprende la Diócesis de Luisiana (...) y relación de la visita de 16 de ellos (...) con arreglo a la instrucción publicada..., Nueva Orleans, 15 febrero 1797.

AGI. Santo Domingo 2588

1798

n.º 71. Recenssement Général des habitans dans la Fourche. Année de 1798. 1.er Janvier. Fdo.: Verret.

AGI. Papeles de Cuba 215

1800

n.º 72. Estado de curatos, curas y Misioneros de estas Provincias de la Luisiana y Florida Occidental, de sus Poblaciones, y número de habitantes católicos y protestantes, 1800.

AGI. Papeles de Cuba 1815

1803

n.º 73. Recensement des Recapitulations Generales des Quartiers situés sur le Bayou Thèche, Atacapas 25 mayo 1803.

AGI. Papeles de Cuba 220

n.º 74. Recensement general de la Pointe Coupée, Fausse Riviere et Isles au Chacta, 28 mayo 1803.

AGI. Papeles de Cuba 212

BIBLIOGRAFíA

Acosta Rodríguez, Antonio, «Problemas económicos y rebelión popular en Luisiana en 1768», *Actas del Congreso de Historia de los Estados Unidos*, Universidad de La Rábida, 5-9 julio de 1976, Madrid, 1978, pp. 131-146.

Andreu Ocariz, Juan J., «Luisiana Española», *Publicaciones del Departamento de Historia Moderna de la Universidad de Zaragoza*, 1973, pp. 47-72.

Arena, C. Richard, «Philadelphia-Spanish New Orleans Trade in the 1790's», *Louisiana History*, III, 1961, pp. 429-445.

Armas Medina, Fernando de, *Luisiana y Florida en el reinado de Carlos III*, Sevilla, 1960.

Bjork, David K., «Documents relating to Alejandro O'Reilly and an expedition sent out by him from New Orleans to Natchitoches, 1769-1770», *Louisiana Historical Quarterly*, n.º 7, pp. 20-39.

Bridges, Katherine y W. Deville, «Natchitoches in 1766», *Louisiana History*, IV, 1936, pp. 145-159.

Caughey, John W., «Bernardo de Gálvez and the English smigglers on the Mississippi, 1777», *The Hispanic American Historical Review*, XII, 1932, n.º 1, pp. 46-56.

— *Bernardo de Gálvez in Louisiana, 1776-1783*, Berkeley, Ca., 1934.

Clark, John G., *New Orleans, 1718-1812. An economic history*, Baton Rouge, 1970.

De Pages, M., *Voyages autour du monde*, París, 1782.

Demos, John, «Notes on life in Plymouth colony», *The William and Mary Quarterly*, rd. series, XXII, n.º 2, 1965, pp. 264-286.

— «Families in colonial Bristol. Rhode Island: An exercise in Historical Demography», *The William and Mary Quarterly*, XXV, Jan. 1968, pp. 40-57.

— *A little Commonwealth. Family life in Plymouth Colony*, New York (rep.), 1976.

Deville, Winston, *The Opeloussas Post from the earliest settlement to 1803*, Master's Tesis, Louisiana State University, 1967.

Din, Gilbert C., «The immigration policy of Governer Esteban Miró in Spanish Louisiana (1785-1791)», *Southwestern Historical Quarterly*, n.º 73, pp. 155-175.

— «Proposals and Plans for Colonization in Spanish Louisiana, 1787-1790», *Louisiana History*, 11, pp. 197-213.

— «Early Spanish colonization efforts in Louisiana», *Louisiana Studies*, XI, n.º 1, pp. 31-49.

— «Spain's immigration policy in Louisiana and the American Penetration, 1792-1803», *Southwetern Quarterly*, LXXV, n.º 3, pp. 255-276.

Dunn, Richard S., «The Barbados Census of 1680: Profite of the richest colony in English America», *The William and Mary Quarterly*, v. XXVI, Jan. 1969, pp. 3-30.

Everett, Ronald E., «Free Persons of color in colonial Louisiana», *Louisiana History*, n.º 1, pp. 21-50.

Faye, Stanley, «The Arkansas Post of Louisiana: Spanish Domination», *The Louisiana Historical Quarterly*, XXVII, n.º 3, pp. 629-715.

Gayarre, Charles, *History of Louisiana*, 4 vols., ed. rep., New Orleans, 1965.

Gerard, H. y G. Wunsch., *Demografía*, Madrid, 1975.

Greven, Philip J. Jr., «Family structure in seventeenth-century Andover, Massachussets», *The William and Mary Quarterly*, XXIII, Ap. 1966, pp. 234-256.

— «Historical Demography and colonial America», *The William and Mary Quarterly*, 3rd. series, vol. XXIV, n.º 3, 1967, pp. 438-454.

— *Four Generations: Population, Land, and Family in Colonial Andover, Massachusetts*, Ithaca and London, 1970.

Henripin, J., *La population canadienne au debut du XVIIIᵉ siècle*, París, 1954.

Henry, Louis, *Manuel de Démographie Historique*, Genève-París, 1970.

Holmes, Jack D. L., «La última barrera: La Luisiana y la Nueva España», *Historia Mexicana*, X, n.º 40, 1961, pp. 637-649.

— «Some economic problems of Spanish Governers of Louisiana», *The Hispanic American Historical Review*, Nov. 1962, pp. 521-543.

— *Gayoso. The Life of a Spanish Governor in the Mississippi Valley, 1789-1799*, Baton Rouge, 1965.

— *Documentos inéditos para la historia de Luisiana, 1792-1810*, Madrid, 1963.

— «De México a Nueva Orleans en 1801: el diario inédito de Fortier y St. Maxent», *Historia Mexicana*, XVI, 1966, n.º 1, pp. 48-70.

Houck, Louis, *A History of Missouri from the earliest explorations and settlements until the admission of the state into the Union*, Chicago, 1908.

Houdaille, J., «Quelques données sur la population de Saint-Domingue au XVIIᵉ siècle», *Population*, n.º 4-5, 1973, pp. 859-872.

Jones, E. L., «Los orígenes agrícolas de la industria», *Agricultura y desarrollo del capitalismo*, Madrid, 1974, pp. 303-341.

King, Ruth A., *Social and economic life in Spanish Louisiana*. Tesis doctoral no publicada, presentada en la Universidad de Urbana, Illinois, 1931.

Lockridge, K. A., «The population of Dedham, Massachussets, 1636-1736», *Economic History Review*, 2nd. series, XIX, rt. 1966, pp. 329-339.

Lotka, A. J., «The size of American families in the eighteenth century», *Journal of the American Statistical Association*, XXII, Jun. 1927, pp. 154-170.

Mc Dermott, John Francis (ed.), *The French in the Mississippi Valley*, Urbana, 1965.

Mols, Roger S. J., *Introduction à la Demographie Historique des villes d'Europe du XIVe au XVIIIe siècle*, 3 vols., Louvain, 1954.

Noel, Raymond, «La population de la Paroisse de Laguiole (Aveyron) d'aprés un recensement de 1691», *Annales de Demographie Historique*, 1967, pp. 197-223.

Nunemaker, J. Horace, «The Bouligny affair in Louisiana», *The Hispanic American Historical Review*, XXV, 1945, n.º 3, pp. 339-363.

Potter, J., «The growth of population in America, 1700-1860», *Population in History*, ed. by D. V. Glass and D. E. C. Eversley, London, 1965, pp. 631-688.

Rodríguez Casado, V., *Primeros años de dominación española en la Luisiana*, Madrid, 1942.

Sauvy, Alfred, *Théorie Générale de la Population*, 2 vols., París, 1963.

Scramuzza, V., *Galveztown: a Spanish settlement of colonial Louisiana*, Master's thesis, presentada en Louisiana State University, 1924, no publicada.

Serrera Contreras, Ramón M., *Lino y Cáñamo en Nueva España*, Sevilla, 1974.

Solano Costa, F., «La emigración acadiana a la Luisiana Española (1783-1785)», *Cuadernos de Historia Jerónimo Zurita*, II, 1954, pp. 85-125.

— «La fundación de Nuevo Madrid», *Cuadernos de Historia Jerónimo Zurita*, IV-V, 1956, pp. 91-108.

Torres Ramírez, Bibiano, *Alejandro O'Reilly en las Indias*, Sevilla, 1969.

Trewartha, Glenn T., *Geografía de la población*, Buenos Aires, 1973.

Van Bath, B. H. Slicher, *Historia agraria de Europa occidental, 500-1850*, Barcelona, 1974.

Vilar, P., «Crecimiento económico y análisis histórico», *Crecimiento y desarrollo*, Barcelona, 1974, pp. 17-105.

Viles, Jonas, «Population and extent of settlement in Missouri before 1804», *Missouri Historical Review*, V, n.º 4, pp. 189-213.

Villeré, Sidney, *The Canary Islands migration to Lousiana, 1778-1783*, New Orleans, 1971.

Villiers du Terrage, Marc, *Les derniéres anneés de la Louisiane Française*, París, 1903.

Wade, Richard, «Urbanization», *A comparative approach to American History*, s/l., 1968, pp. 99-113.

Wells, Robert V., *The Population of the British Colonies in America before 1776. A Survey of Census Data*, Princeton, New Jersey, 1975.

Whitaker, Arthur P., *The Spanish American Frontier, 1783-1795*, Boston, 1927.

— *The Mississippi Question, 1795-1803*, rep. ed. Gloucester, Mass., 1962.

Wood, Minter, «Life in New Orleans in the Spanish Period», *The Louisiana Historical Quarterly*, XXII, n.º 3, July 1939, pp. 642-709.

Wrigley, E. A., *Historia y Población*, Madrid, 1969.

Zelinsky, Wilbur, *Introducción a la Geografía de la Población*, Barcelona, 1971.

Zitomersky, J., «Urbanization in colonial Louisiana (1706-1766)», *Annales de Demographie Historique*, 1974, pp. 263-278.

ÍNDICE   GENERAL